河南专门史大型学术文化工程丛书

主编　谷建全
执行主编　张新斌

河南水文化史

朱海风　贾兵强　等著

中原出版传媒集团
中原传媒股份公司
大象出版社
·郑州·

图书在版编目(CIP)数据

河南水文化史 / 朱海风等著.— 郑州 : 大象出版社, 2020. 5
(河南专门史大型学术文化工程丛书 / 谷建全主编)
ISBN 978-7-5711-0456-6

Ⅰ. ①河… Ⅱ. ①朱… Ⅲ. ①水-文化研究-河南 Ⅳ. ①K928. 4

中国版本图书馆 CIP 数据核字(2019)第 280881 号

河南专门史大型学术文化工程丛书

河南水文化史

HENAN SHUI WENHUA SHI

朱海风　贾兵强　等著

出 版 人　王刘纯
选题策划　王刘纯　张前进
项目统筹　李建平
责任编辑　李建平　杨天敬
责任校对　李婧慧　万冬辉　安德华
装帧设计　张　帆

出版发行　大象出版社(郑州市郑东新区祥盛街 27 号　邮政编码 450016)
发行科　0371-63863551　总编室　0371-65597936
网　　址　www.daxiang.cn
印　　刷　北京汇林印务有限公司
经　　销　各地新华书店经销
开　　本　720 mm×1020 mm　1/16
印　　张　27.25
字　　数　443 千字
版　　次　2020 年 5 月第 1 版　2020 年 5 月第 1 次印刷
定　　价　120.00 元

印厂地址　北京市大兴区黄村镇南六环磁各庄立交桥南 200 米(中轴路东侧)
邮政编码　102600　　电话　010-61264834

河南专门史总论

张新斌

河南专门史研究,是河南历史的细化研究,是河南历史的全面研究,是河南历史的深入研究,也是河南历史的综合研究。河南历史研究,不仅是地方史研究,也是中国史研究,是中国史的核心研究,是中国史的主干研究,更是中国史的精华研究。

一、河南称谓的区域变迁及价值

(一)河南:由地理到政治概念的演变

河南是一个地理概念。河南概念的核心是"河",以黄河为指向形成地理方位概念,如河南、河东、河西、河内、河外等。《史记·殷本纪》:"盘庚渡河南,复居成汤之故居。"又,《战国策·齐策》:"兼魏之河南,绝赵之东阳。"魏惠王徙都大梁(今开封),而河南地区为魏之重要区域。《史记·项羽本纪》:"彭越渡河,击楚东阿,杀楚将军薛公。项王乃自东击彭越。汉王得淮阴侯兵,欲渡河南。"这里的"河南"明显不是一个政区概念,而是一个地理概念。

河南也是一个政治概念。《史记·货殖列传》所云"三河"地区为王都之地。"昔唐人都河东,殷人都河内,周人都河南。夫三河在天下之中,若鼎足,王者所更居也。"可见河南为周之王畿之地。又,《史记·周本纪》:"子威烈王午立。考王封其弟于河南,是为桓公。"《史记·项羽本纪》:"故立申阳为河南王,都洛阳。"这也从一个侧面反映出河南在战国、秦汉之际与王都连在一起,无疑应为政治中心。《通志·都邑略》对河南有一个重要评价:“故中原依大河以为固,吴越依大江以为固。中原无事则居河之南,中原多事则居江之南。自开辟以来皆河南建都,虽黄帝之都、尧舜禹之都于今皆为河北,在昔皆为河南。”

（二）河南：以洛阳为中心的政区概念

1.河南郡。汉代始设,至隋唐之前设置。《汉书·地理志》云,河南郡,辖县22,有洛阳、荥阳、偃师、京、平阴、中牟、平、阳武、河南、缑氏、卷、原武、巩、谷成、故市、密、新成、开封、成皋、苑陵、梁、新郑。以上地区包括今洛阳市区周边,含今新安、孟津、伊川、偃师,今郑州市的全部,今开封市区,以及今原阳县,今汝州市。据《晋书·地理志》,河南郡领河南、巩、安、河阴、新安、成皋、缑氏、新城、阳城、陆浑。西晋时,汉河南郡东部析置荥阳郡,而西晋时的河南郡大致包括今洛阳市区及嵩县、新安、偃师、伊川等,以及巩义、登封、新密,还有荥阳的一部分和今汝州市。《宋书·州郡志》:南朝宋司州有三郡,包括河南郡,领河南、洛阳、巩、缑氏、新城、梁、河阴、陆浑、东垣、新安、西东垣等,其范围与西晋河南郡差不多。《魏书·地形志》说河南郡仅领县一个,其区划郡县叠加。《隋书·地理志》记述隋设河南郡,统领18个县,为河南、洛阳、桃林、阌乡、陕、熊耳、渑池、新安、偃师、巩、宜阳、寿安、陆浑、伊阙、兴泰、缑氏、嵩阳、阳城,涉及今三门峡市区及灵宝、渑池、义马等,今洛阳市区及新安、偃师、嵩县、宜阳等,今郑州所辖巩义、登封等。

2.河南尹。东汉时洛阳为都,在都城设河南尹。《后汉书·郡国志》:河南尹,辖洛阳、河南、梁、荥阳、卷、原武、阳武、中牟、开封、苑陵、平阴、缑氏、巩、成皋、京、密、新城、偃师、新郑、平。其所辖范围与西汉河南郡基本相当。三国魏时亦有“河南尹”,如《三国志·魏志》:夏侯惇曾“转领河南尹”,司马芝于“黄初中,入为河南尹”。

3.河南县。西汉时设县,沿至东汉、西晋、刘宋、北魏、隋、唐、宋等,金代已无河南县,洛阳的“河南”“洛阳”双城结构正式瓦解。

4.河南府。唐代始设,沿至宋、金、元,但元代已称之为路。据《旧唐书·地理志》,河南府辖河南、洛阳、偃师、巩、缑氏、告成、登封、陆浑、伊阙、伊阳、寿安、新安、福昌、渑池、永宁、长水、密、河清、颍阳、河阳、汜水、温、河阴、阳翟、济源、王屋。《新唐书·地理志》载,河南府共辖20县,有河南、洛阳、偃师、巩、缑氏、阳城、登封、陆浑、伊阙、新安、渑池、福昌、长水、永宁、寿安、密、河清、颍阳、伊阳、王屋。由此可以看出，其地含今洛阳绝大部分，今郑州的巩义、登封，甚至今豫西北的济源。《宋史・地理志》有河南府，辖河南、洛阳、永安、偃师、颍阳、巩、密、新安、福昌、伊阙、渑池、永宁、长水、寿安、河清、登封共16县。《金史・地理志》载，金时河南府仅辖9个县，即洛阳、渑池、登封、孟津、芝田、新安、偃师、宜阳、巩。以上县名与今县名比较接近，主要分布在今洛阳周边。《元史・地理志》载，在河南行省下有"河南府路"，实相当于河南府，相关县有洛阳、宜阳、永宁、登封、巩县、孟津、新安、偃师，以及陕州的陕县、灵宝、阌乡、渑池，相当于今三门峡市一部分、洛阳市一部分及郑州市一部分。《明史・地理志》记录的河南省下有河南府，属地有洛阳、偃师、孟津、宜阳、永宁、新安、渑池、登封、嵩县、卢氏及陕州的灵宝、阌乡2县。其地较元代河南府稍大。

5.河南道。仅在唐代、五代时实行。据《旧唐书・地理志》载，"河南道"辖河南府、孟州、郑州、陕州、虢州、汝州、许州、汴州、蔡州、滑州、陈州、亳州、颍州、宋州、曹州、濮州等，其范围"约当今河南、山东两省黄河故道以南(唐河、白河流域除外)，江苏、安徽两省淮河以北地区"[①]。《新唐书・地理志》也讲到"河南道"，相当于古豫、兖、青、徐四州之域。据《旧五代史・郡县志》载，五代时有"河南道"，含河南府、滑州、许州、陕州、青州、兖州、宋州、陈州、曹州、亳州、郑州、汝州、单州、济州、滨州、密州、颍州、濮州、蔡州等，可见其范围是极大的。

（三）河南：以开封为中心的政区概念

自元代开始，"省"成为地方最高级行政建制。元代正式设立"河南江北等处行中书省"。《元史・地理志》云，河南行省辖路12、府7、州1、属州34、属县182。其中，汴梁路，领录事司1(县17，开封一带)，还领郑、许、陈、钧、睢等5州21县。河南府路，领录事司1(县8，洛阳一带)，还领陕州及4县。南阳府，领南阳、镇平2县及邓、唐、嵩、汝、裕5州11县。汝宁府，领汝阳、上蔡、西平、确山、遂平5县及颍、息、光、信阳4州10县。归德府，领睢阳、永城、下邑、宁陵4县及徐、宿、邳、亳4州8县。襄阳路，领录事司1县6，还领均、房2州4县。蕲州

---

① 复旦大学历史地理研究所《中国历史地名辞典》编委会：《中国历史地名辞典》，江西教育出版社1988年版，第538页。

路，领录事司1县5。黄州路，领录事司1县3。以上仅为“河南江北道肃政廉访司”，所领范围已包括今河南省黄河以南部分，以及今湖北省江北部分地区，今苏北、皖北部分地区。

明代正式称河南行省（承宣布政使司），《明史·地理志》记录河南省辖府8、直隶州1、属州11、县96。府有开封府、河南府、归德府、汝宁府、南阳府、怀庆府、卫辉府、彰德府，以及直隶州汝州。总的来看，明代的河南省已经与现在的河南省大体范围相当，成为一个跨越黄河南北的省。

清代沿袭了相关的行政建制。需要注意的是，其治所在开封。直到民国及新中国成立初期，开封一直为省会所在。

从以上的史料罗列中可以看出，“河南”是一个重要的概念。先秦时期，河南是一个重要的地理概念，而这个概念中实际上包含了非常深刻的政治含义，河南实际上是天下政治中心的具体体现。从西汉开始到清代，河南成为一个非常重要的行政建制名称。隋唐之前是河南郡（尹），隋唐之后则为河南府（路）。元代之前，河南郡、府、道、尹、县的治所，以及地理概念、政治概念的核心，均在今洛阳。可以说，河南的范围时有变化，作为河南中心的洛阳地位始终是不变的，洛阳甚至是河南的代名词。元代以后行省设立，开封成为行省治所（省会）所在，数以百年。虽然如此，但河南的根源、灵魂在洛阳。

二、河南历史的高度与灵魂

（一）河南历史的高度：河南史的实质就是中国史

河南是个大概念，不仅涉及地理、政区，也涉及政治，研究中国历史是绕不开以洛阳为中心的河南的。《元和郡县志》卷六对“河南”有一个解读：“《禹贡》豫州之域，在天地之中，故三代皆为都邑。”这里对夏至唐的洛阳为都有一个清晰的勾勒，如禹都阳翟、汤都西亳、成王都成周，东汉、曹魏、西晋、北魏等均都洛阳，隋炀帝号为东京，唐代号称东都或东京，“则天改为神都”，到了北宋则成为西京。可以说，一部王朝史，绕不开以洛阳为中心的河南。《说苑·辨物》载“八荒之内有四海，四海之内有九州，天子处中州而制八方耳”，而这个“中州”就是河南。

对于河南的认识，其战略地位的重要性不言而喻，还有另外一个角度的分析。《读史方舆纪要》卷四十六:“河南,古所称四战之地也。当取天下之日,河南在所必争;及天下既定,而守在河南,则岌岌焉有必亡之势矣。周之东也,以河南而衰;汉之东也,以河南而弱;拓跋魏之南也,以河南而丧乱。朱温篡窃于汴梁,延及五季,皆以河南为归重之地。以宋太祖之雄略,而不能改其辙也,从而都汴。都汴而肩背之虑实在河北,识者早已忧之矣。”在这里,作者将洛阳的战略地位定性为“四战之地”,讲到得天下者首先要得河南,反映了作者的敏锐性。但是,将洛阳定位于岌岌可危之地则有所不妥。河南对关中的承接,实际上反映了中国古代的两大政治中心相互补充完善的作用。中国历史上的统一王朝,基本上都经历了定都于关中长安和河洛洛阳两个阶段。所以,从某种意义上讲,河南历史既是河南地方的历史,也是中国古代的历史;从区域角度来看,可以说河南区域史是极为精练的中国史,是影响甚至决定王朝走向的关键历史;从中国历史的大视野考察,具备这种关键作用的区域,在中国这种大格局中,也就是那么一两个地区,而河南无疑是其中之一。

(二)天地之中:中国历史最具灵魂的思维探寻

中国古代都城的选择是与中国人特定的宇宙观联系在一起的。在中国人的观念中,“中”具有极为特殊的意义。中国古代历史上最具影响力的都城中,最能体现这种观念的非洛阳莫属。①

周灭商之后,周公受命探寻“天地之中”。《太平寰宇记》卷之三云:“按《博物志》云:‘周在中枢,三河之分,风雷所起,四险之国也。昔周武王克殷还,顾瞻河、洛而叹曰:“我南望三涂,北望岳鄙,顾瞻有河,粤瞻雒、伊,毋远天室。”遂定鼎郏鄏,以为东都。’《周书》又曰:‘周公将致政,乃作大邑,南系于洛水,北因于郏山,以为天下之大凑也。’皇甫谧《帝王世纪》云:‘周公相成王,以丰、镐偏在西方,职贡不均,乃使召公卜居涧水东、瀍水之阳,以即中土。而为洛邑,而为成周王都。’”周朝建立后,最大的问题是“择中而居”。选择“天下之中”与“天地之中”,关键是“中”。《路史》卷三十:“古之王者,择天下之中而立国,择国之中而立官,择官之中而立庙。”又,《周礼订义》卷十五:“夫天不足西北,地不足东南,有余不足皆非天地之中,惟得天地之中,然后天地于此乎合土播于四时,所

① 张新斌:《“天地之中”与“天下之中”初论》,《中州学刊》2018 年第 4 期。

以生长收藏万物一时之气,不至则偏而为害。惟得天地之中,然后四时于此而交,通风以散之,雨以润之,偏于阳则多风,偏于阴则多雨。惟得天地之中,然后阴阳和而风雨以序,而至独阴不生,独阳不成。阴阳之和不成则反伤夫形。"这里论述了天地之中的阴阳秩序。但从众多文献看,天地之合、四时之交、风雨之会、阴阳之和是个立体的概念。"天地之中"刻意强调了思想观念上的特殊性,着重关注了本质文化上的特质性,重点强化了政治统治上的正当性,具有综合意义。

"天地之中"所在地,以洛阳(洛、洛地、洛师、洛邑、洛之邑、洛河之邑、洛水之涯、洛邑之地、河洛等)之说为绝对主流观点;与"天地之中"对应的"天下之中",则更多强调了位置适中,交通便利,其地方文献也多以洛阳为主。《河南通志》卷七:"河南居天下之中,嵩岳表其峻,大河、淮、济萦流境内。"这里所说的河南实则是大河南,河南的本质是洛阳。所以,洛阳为都的观念思想特征的探寻,反映了中国古代的思维方式与思维特点,其理论的深刻性极大丰富了中国古代的思想宝库,也是中国古都历史的灵魂所在。

三、河南历史:既是地方史也是区域史

河南地方史同时还是河南区域史,这是我们对河南专门史进行研究时时常要注意的关键性问题。我们应该如何对待我们的研究?

(一)作为地方史的河南专门史

地方是相对中央而言的。每一个王朝,都有中央与地方。中央就是皇帝,以及三省六部;地方则是郡县、省府县。对中央而言,省及以下建置都是地方。地方史就是研究一定行政建制内的历史,比如县的历史、市的历史、省的历史。

关于地方史,有人认为"所谓地方史研究,就是专门考察、分析某一地区历史变迁的史学工作"①,或认为"地方史的书写往往是一种以国家宏大历史叙事为背景,又兼具本土地方特色的历史书写","地方历史的建构既是对国家宏大

---

① 叶舟:《地方文献与地方史研究》,载《上海地方志》编辑部编《2017 年地方志与地方史理论研讨会论文汇编》,第 199~203 页。

历史叙事的补充,也是新时期国家与地方共同致力于民族地方形象、软实力及文化生态打造的努力"。[①] 一般而言,地方史是与一定级别的行政建置有关联的。河南长期为地方行政建置,从河南郡与河南县,到河南尹与河南县,到河南府与河南县,到河南路与河南县,再到河南省,作为省级建置也有七百余年的历史。相对王朝而言,河南的历史理所当然地就是地方史。换句话说,河南地方史就是研究河南地方的历史,就是研究在省的建置下河南这一特定范围内所发生的历史。河南地方史,就是对河南特定行政建置(省)内所有历史大事、历史人物、历史规制、历史机构、历史社会、历史文化等总的汇集、总的提炼、总的评价,是一部中国特定地方的小通史,是中国通史的河南卷。河南专门史,则是河南地方历史的细化,是河南专门历史的汇集,是作为地方的河南的历史的总的盘点。

河南地方史的研究,在河南是个"偏科"。河南史学界研究中国史,研究世界史,研究考古学,研究史学理论,当然,大家的研究无疑必然会触及河南,因为在中国史的研究范畴中,如果回避了河南,中国史肯定就不是完整的中国史。一方面,从夏到北宋,河南是王朝的政治中心所在,从某种意义上讲,这期间河南史中的重大事件无疑也是中国史中的重大事件,河南的历史也是中国的核心历史、中国的精英历史。另一方面,关键是要从河南的角度来研究中国的历史,从历史纵的时间轴来研究河南史,从历史横的空间区域比较中研究河南历史。所以,对于研究中国史的学者而言,河南地方史既是熟悉的,又是陌生的。

（二）作为区域史的河南专门史

区域是相对总体而言的。区域可以是一个地方行政建置,如河南、郑州、新郑,也可以是一个地区,如豫北、河朔、齐鲁、三秦、华北。当然,区域也可以是永恒的,对全球而言,中国、东亚、远东,都是区域。在全球史的背景下,区域史是个很时尚的东西,研究中国史与世界史(世界各国的历史),实质上研究的都是区域史。

学界有关区域史的讨论,是非常复杂的。例如,将地方史等同于区域史就

① 杨旭东:《近年来地方史研究评述》,《中原文化研究》2016 年第 1 期。

是一种常见的声音,如:“地方史,或称区域史,是历史学科的一个重要分支。”① 有的直接将区域史的研究范式等同于地方史的研究范式;②也有的将区域史作为地方史的支脉,“地方史内部也演化出了新的支系”③。尽管区域史和地方史有一定的契合点,但两者还不能完全画等号。区域史研究一般多关注区域的特殊性,但是,“区域史研究的意义不仅仅在于认识作为个案的区域本身,而且有助于对国家整体史的认识。于是,区域史研究的一个重要归宿还在于对中华帝国整体史的理解和把握,并不是局限于孤零零的区域个案,也非仅凭借一两个新线索的发现来填补漏洞、空白,而是从局部、微观、特殊性中找到一些带有普遍性的反映整体的现象和规则”④。区域史,就是由诸地理要素所构成的特定地理空间,有较长时段的经济交流与政治联系,以及内部所共生的以文化为纽带的规律性问题的研究。区域史更多关注点在基层社会,是对特定的人群、组织架构、民间信仰,以及形成的民风进行的研究。除利用正史、正志之外,区域史也要更多关注地方文献,如家谱、文书、契约、方志等,只有这样,区域史才会更加丰满。

河南历史,就河南而言,其起点是地理概念。从历代史志可以看出,行政区划的河南是立足于地理概念河南之上而设置的,在中国古代由特定地理概念而产生的政区并不多见,仅从这一点而言,河南历史既可以是地方史,又可以成为区域史,甚至由于以洛阳为核心的河南在历史上特殊的政治地位,河南史在某些时段可以上升为中国史。这就是河南历史的特殊价值所在。

四、河南历史的研究现状与努力目标

(一)河南历史的主要研究成果

改革开放以来,河南省社会科学院及全省学界陆续推出了一系列河南历史

---

① 叶舟:《地方文献与地方史研究》,载《上海地方志》编辑部编《2017 年地方志与地方史理论研讨会论文汇编》,第 199~203 页。

② 段建宏:《地方史研究的思考》,《忻州师范学院学报》2007 年第 1 期。

③ 姚乐:《如何理解地方史与区域史?——以〈江苏通史·魏晋南北朝卷〉为例的分析》,《南京晓庄学院学报》2014 年第 3 期。

④ 孙竟昊、孙杰:《中国古代区域史中的国家史》,《中国史研究》2014 年第 4 期。

的研究成果：

一是通史类。如《简明河南史》（张文彬主编，1996）、《河南通史》（4卷本，程有为、王天奖主编，2005）。以上成果有首创意义，但分量不足，不足以反映河南历史文化的厚重与辉煌。

二是专门史类。如《河南航运史》（河南省交通厅史志编审委员会，1989）、《河南少数民族史稿》（马迎洲等，1990）、《河南陶瓷史》（赵青云，1993）、《河南新闻事业简史》（陈承铮，1994）、《河南考试史》（李春祥、侯福禄主编，1994）、《河南文学史·古代卷》（王永宽、白本松主编，2002）、《河南文化史》（申畅、申少春主编，2002）、《河南教育通史》（王日新、蒋笃运主编，2004）、《河南农业发展史》（胡廷积主编，2005）、《河南经济通史》（程民生主编，2012）、《河南生态文化史纲》（刘有富、刘道兴主编，2013）、《中原科学技术史》（王星光主编，2016），以及即将出版的《中原文化通史》（8卷本，程有为主编，2019）等。总体来讲，质量参差不齐，形成不了河南专门史体系类的成果。

三是市县通史类。如《驻马店通史》（郭超、刘海峰、余全有主编，2000）、《商丘通史（上编）》（李可亭等，2000）、《洛阳通史》（李振刚、郑贞富，2001）、《南阳通史》（李保铨，2002）、《安阳通史》（王迎喜，2003）、《嵩县通史》（嵩县地方史志编纂委员会，2016），以及我们即将完稿的《郑州通史》（张新斌、任伟主编，2020）等。

（二）河南历史的研究机构与研究重点

河南历史研究以河南省社会科学院历史与考古研究所为核心。河南省社会科学院历史与考古研究所是专门从事河南历史研究的权威机构，该所前身为成立于1958年的河南省历史研究所。1979年河南省社会科学院成立之际，河南省历史研究所正式成为河南省社会科学院历史研究所，以后又成立了河南省社会科学院考古研究所，2007年正式合并为河南省社会科学院历史与考古研究所。该所现有工作人员19人，其中研究员4人、副研究员10人，博士或在读博士7人，其研究涉及中国历史的各个方面，尤以中国古代史研究实力最为雄厚，在省级社科院中位列前茅。该所主编的"河南历史与考古研究丛书"已出版第一辑（9本）、第二辑（6本），在中原文化、河洛文化、姓氏文化研究方面均有标志性成果。郑州大学的历史研究在以刘庆柱研究员领衔的中原历史文化重点学科、王星光教授为代表的中原科技史方向、吴宏亮教授为代表的河南与近现代中国方向、陈隆文教授为代表的河南史地方向等方面成果卓著。河南大学以黄河文明研究作为主轴，李玉洁教授的河南先秦史研究、程民生教授为代表的以汴京为核心的宋史研究等较为突出。河南师范大学、新乡学院立足新乡，开展牧野文化研究。安阳师范学院则形成了以甲骨文、殷商史为代表的特色学科。河南理工大学立足于焦作，研究太行文化、太行发展。河南科技大学、洛阳师范学院、洛阳理工学院及文物部门的徐金星、蔡运章、薛瑞泽、毛阳光、扈耕田等先生立足于洛阳，开展河洛文化和洛阳学研究。商丘师范学院立足于商丘，对三商文化与商起源的研究颇有建树。许昌学院对汉魏许都的研究、黄淮学院对天中文化的研究、南阳师范学院对东汉文化的研究则各具特色。信阳师范学院以尹全海教授为代表的根亲文化研究、以金荣灿教授为代表的淮河文化研究及三门峡职业技术学院李久昌教授的崤函文化研究等均独树一帜。这些都已经成为河南历史研究的重要力量，也总体反映出河南历史研究的特色。

（三）河南专门史大型学术文化工程运作的过程与目标

2007年以来，为了进一步整合力量，推出标志性成果，我们在已完成的《河南通史》等研究成果的基础上，提出加大对河南历史研究的力度，并以“河南专门史”作为深化河南历史研究的重要抓手。河南专门史的研究工作得到了河南省社会科学院历任领导的重视。早在2008年，河南省社会科学院副院长赵保佑研究员就积极支持专门史研究的工作构想，积极推动该项工作的落实。2010年，院长张锐研究员、副院长谷建全研究员，专门带历史与考古研究所的相关人员到北京社科院进行调研，向他们学习北京专史集成研究的工作经验。2015年，院党委书记魏一明、院长张占仓研究员、副院长丁同民研究员积极推动，将河南专门史正式纳入河南省社会科学院重大专项工作，并于年底召开了河南专门史的正式启动会。在河南专门史创研期间，院领导积极关注工作进展，副院长袁凯声研究员统筹协调，有力地推动了后续工作。2019年，院领导班子对河南专门史工作给予了大力支持，尤其是院长谷建全研究员更是将专门史作为院哲学社会科学创新工程的标志性成果，院办公室、科研处等相关部门为本套书的出版做了大量的后勤保障工作，使河南专门史第一批成果能够按时高质量地出版。河南省社会科学院历史与考古研究所在承担繁重的创研工作的同时，也承担了大量的学术组织工作，张新斌、唐金培、李乔、陈建魁多次在一起商议工程的组织与推动，唐金培在学术组织工作方面，在上下联动、督促、组织上付出了大量的艰辛。大家只有一个想法：尽快拿出一批高质量的学术成果。

为了有效推动河南专门史大型学术文化工程，我们在工作之初便编辑了《河南专门史研究编写实施方案》《河南专门史大型学术文化工程第一批实施方案》《河南专门史大型学术文化工程工作方案》《关于征集河南专门史重大专项书稿的函》等文件，成立了以魏一明、张占仓为组长的“河南专门史大型学术文化工程”领导小组，工程实行首席专家制，由河南省社会科学院历史与考古研究所所长张新斌研究员为首席专家。整个工程坚持“三为主、三兼顾”的原则，即以河南省社科院科研人员为主，兼顾河南史学界；以在职科研人员为主，兼顾退休科研人员；以团队合作为主，兼顾个人独著。在写作上，采用“三结合”的方法，即史实考证与理论提高相结合、学术价值与当代意义相结合、学术性与可读性相结合。

在第一批书稿创研中，我们结合各自的研究基础，自动组成团队，不但河南省社会科学院历史与考古研究所全体科研人员参与了该项工程，文学研究所、哲学与宗教研究所等单位的科研人员也都承担了相关的任务。河南大学、河南师范大学、河南农业大学、华北水利水电大学、郑州市委党校等同行均参与了创研。最终确定了第一批 15 本书稿的创研目标：《河南考古史》《河南水利史》《河南移民史》《河南园林史》《河南哲学史》《河南水文化史》《河南道教史》《河南城镇史》《河南行政区划史》《河南基督教史》《河南古都史》《河南家族史》《河南书院史》《河南诗歌史》《河南史学史》。我们的总体目标是推出 100 部具有学术意义的河南专门史成果。

从第一批 15 部书稿中我们归纳出以下几个特点：一是极大丰富了河南历史研究的内容。这些书稿所涉及的门类有大有小，其研究不仅梳理了相关门类的历史脉络，也丰富了通史类成果无法容纳的分量。如考古史、基督教史时段较短但内容更为丰满，有的甚至可以形成重大事件的编年。二是从更高的视角研究河南。现代考古学在河南的发展对中国考古学的分期具有标志性意义，实际上我们是从中国考古史的角度来研究河南考古史的。正因为这样，我们对河南考古学在中国考古学中的地位有了更为清晰的看法。三是从史料梳理中探寻发展规律。对于每一个专题的研究者，我们更多地要求大家在对史实进行研究的基础上,要探寻相关门类发展的规律,寻找兴衰的规律,以及决定这种兴衰规律的内在因素。我认为在这批成果中,有的已经超越了地方史的范畴,而进入区域史的研究探索之中。当然,研究是一个永无止境的过程,我们期待着河南专门史在以后的创研过程中不断有更多的学术精品问世。

2019 年 8 月

目 录

绪论

“水是生命之源、生产之要、生态之基。兴水利、除水害,事关人类生存、经济发展、社会进步,历来是治国安邦的大事。”①这是当代中国对人水关系作出的一个最有代表性的科学论断,也是中华水文化体系中的一个甚为重要的理论命题。这一论断和命题,不仅有着深厚的学理基础,而且集中反映了当今时代的普遍共识。从水文化、水科学的视角来看,人水关系属于人类与自然关系的一大子系统,水与人天然相干。回顾历史,人类的人水和谐的梦想与生俱来,但水危机、水冲突的警言与告诫仍然振聋发聩,不绝于耳。能否正确看待和妥善处理人水关系,关乎民生民享,关乎治国安邦,乃至人类社会的永续发展。

马克思主义哲学认为,人类的生存发展既要认识自然、改造自然,还要顺应自然、敬畏自然,既要秉持能动性和发挥主动性,还要认同被动性和接纳受动性。只有如此,人类才能与自然和谐共生。人类生存发展的历史告诉我们,人类永远离不开水,无论过去、现在还是未来。水文化历史也就此而发生,缘此而发展,由此而不会终结。水利部原部长陈雷曾经指出:“水文化的实质就是人与水关系的文化,是人类活动与水发生关系时所产生的以水为载体的各种文化现象的总和,是不同民族以水为轴心的文化集合体,它产生于人民之中,涉及社会生活的各个方面。”②这也意味着五千年来的中华水文化,注定要从人水关系或人水情缘状况及其发生发展说起。中华水文化的形成,一方面是中华民族赋予水以丰富的文化内涵,文化的主体是中华民族,中华水文化源于中华民族对水的感悟、体验、认识和改造;另一方面,也结缘于水,即与水的客观属性、水的自然形态、水的运动方式、水的循环演变情况密切相关,中华水文化没有也不可能

---

① 《中共中央国务院关于加快水利改革发展的决定》,中央人民政府门户网站 2011 年 1 月 29 日。

② 陈雷:《弘扬和发展先进水文化　促进传统水利向现代水利转变》,《中国水利》2009 年第 22 期。

脱离中华大地的“水世界”或水自然状态。中华之水世界、水自然，尤其是中华江河湖海之水系运转，是中华民族水文化的重要源泉，也是中华民族物质生活和精神生活的重要源泉。中国水文化深深地植根于中华民族与中华之水错综复杂的关系之中。

由此深入探索我们不难发现，中华水文化是和中华民族生存发展及创造的实践活动相伴而生的。中华水文化渊源于斯、形成于斯、发展于斯，肇始于中华民族亲水、畏水、敬水的原始性情结，扎根于中华民族用水、治水、兴水的创造性实践，凝聚于思水、识水、论水的创新性思想。经过几千年的积累与沉淀、拓展与深化、传承与创新，中华水文化越发显现出无穷的魅力，其内涵可谓博大精深，其特征可谓自成一体，其具象可谓洋洋大观。

中华水文化同样是一种历史的沉淀和传承，有一个历史发展过程。河南地处中原，是中华民族古代文明的发祥地之一。从夏朝到宋代3000多年间，河南一直是我国政治、经济和文化的中心，先后有200多位帝王建都或迁都于此，几度发展为政治文明、经济文明、社会文明乃至生态文明的巅峰。《管子·乘马》载：“凡立国都，非于大山之下，必于广川之上。高勿近旱而水用足，下勿近水而沟防省。因天材，就地利，故城郭不必中规矩，道路不必中准绳。”①中国八大古都中，河南的郑州、开封、洛阳、安阳等都是依水而建，与水和谐共处。河南是全国唯一横跨黄河、淮河、海河、长江四大水系的省份，境内有1500多条河流。黄河横贯中部，淮河源在桐柏，北部的卫河、漳河流入海河，西南部的丹江、湍河、唐白河注入汉水。在长期的水事活动中，中原人民逐渐形成了种类繁多、独具特色的水文化，发生在河南地区的以用水、治水、兴水为主线的水文化史实及现象灿若星河，光耀千秋。

历史上，济、淮、江、河被尊称四渎，皆建有神庙。四渎之神庙，河南拥有其三。长江的水神庙江渎庙在湖北秭归县，后因长江三峡水利工程的修建，被就近搬迁到秭归县城凤凰山。黄河的水神庙河渎庙，在河南省巩义市，初建于唐，明初由朱元璋敕建，祀洛水视同河渎，共祀二水神，因此河渎庙也称大王庙，现存清代建筑十余间。淮河的水神庙淮渎庙，在河南省桐柏县，尚存遗址和古碑。济水的水神庙济渎庙，在河南省济源市，在我国现存的四渎水神庙中，济渎庙建

---

① 《管子》，《诸子集成》（全十册）第六册，岳麓书社1996年版，第15页。

筑规模最大,保存也最为完整,堪称天下第一水神庙。庙院南北长 510 米,大门和二门之间是一条狭长甬道,主院落东西宽 215 米,占地面积 8.6 万平方米。现存建筑 30 多座,180 余间。沧海桑田,岁月变换,虽然当今只能在河南的济源市尚可看到济水的源头踪迹,在山东境内尚可看到它的故道,但作为一条曾孕育众多城镇、哺育万千中华儿女的大河、文化河,济水在人们的记忆里永远不会消失。至今,当我们吟诵唐代李颀的诗“济水出王屋,其源来不穷。洑泉数眼沸,平地流清通”时,当我们读到白居易的诗“朝宗未到海,千里不能休。惟独是清济,万古同悠悠”时,仍会对济水文化的兴与衰生发出莫名的向往或些许惋惜。

且不说这些大河的文化底蕴如何,就说源于山西陵川,流经河南辉县、林州、鹤壁市淇滨区、淇县,于浚县淇门注入卫河的不过是 100 多千米的淇河,在我国水文化史上也占有重要的位置。淇河古称淇水,俗名山河、响河、清水河。我国第一部诗歌总集《诗经》中共收录 305 首诗,其中歌咏淇河的竟有 6 首之多。汉武帝刘彻,晋代的陆云,南朝的鲍照、谢朓,唐朝的李白、长孙无忌、王维、高适,北宋的邵雍,南宋的李昴英、魏了翁等都曾吟咏过淇河。2014 年 9 月 13 日,中国诗歌学会在鹤壁市举行授牌仪式,授予淇河“中国诗河”的称号。

流传在中原大地上的女娲补天、大禹治水等神话传说,集中反映了远古时期的中华先人在对水的利用和治理过程中所创造出的中华水文化。女娲是治理“滔天洪水”的女英杰,大禹是治理“漫地洪水”的男豪雄,他们都是“苟利国家生死以,岂因祸福避趋之”的伟大先驱。面对导致天昏地暗、生灵涂炭的洪涝灾害,女娲、大禹们毫无畏惧、挺身而出,以救黎民安天下为己任,可补即补,能堵就堵,宜疏则疏,堵塞与疏导因时制宜、因地制宜,相对而用,不愧是大胆识、大智慧。特别是大禹,他的封地在河南禹州(古阳翟),他从父亲鲧治水的失败中吸取教训,坚持以疏导为主、堵疏相成的治水新思路、新方法,走遍当时中州大地上的山山水水,三过家门而不入,终将河水驯服,使人民在中原站稳脚跟,过上安居富足的生活。大禹通过治水,还划天下为九州,使全国形成统一安定的局面。正是大规模长时间治水,才打破了原始氏族社会老死不相往来的封闭状态,人们才冲破天神统治的思想禁区,生产力才得以较快发展,创造和刷新了华夏文明的历史,并且极大影响了中国历代政治、经济、社会、文化乃至生态的发展。

可以说,中华文明始于治水,水是孕育中华文明的摇篮。河南水文化作为中华水文化的重要组成部分,它既是中华水文化的宝贵资源,又是中华水文化的丰厚给养,在中华水文化资源中占有重要的分量。从这里不难看出,河南水文化与中华民族的渊源关系。河南水文化是中国水文化的根脉,是中华水文化的根源和主干,在中华水文化发展史上占有突出位置,发挥着核心作用。河南水文化,尤其是治水文化、用水文化、法水象水文化、咏水写水文化对于社会安定、安邦富民产生的重大影响不可低估。

河南水文化历史就像一座蕴藏丰富的宝藏,需要我们去探查、发掘,一旦我们淘去历史的尘封,就会使其重新绽放出灿烂的光华。研究河南水文化历史一个突出的感受,就是河南水文化尤其是水利文化,其文献之繁多、资料之丰富,可能是其他省份可望而不可即的。仅从治水文化来看,除了女娲补天、大禹治水等神话传说外,还有其他数不尽的“第一”和“唯一”。2018 年 2 月,在河南省西平县谢老庄遗址发现了 6 眼距今近 9000 年的水井和完整的汲水器,这是迄今我国乃至东亚地区发现的最早的水井,把我国有水井的历史提早了 2000 多年。此前有学者认为,我国水井最早出现在长江流域新石器文化晚期,距今 7000 年至 6000 年前的河姆渡文化遗址内曾发现带井架的水井遗迹。谢老庄遗址同时发现的还有编号为 H39、H29 等水井中出土的 5 件保存完整的汲水器——罐形壶、圆腹壶,它们都有便于提吊的双耳。

4000 年以前,在伊洛河三角平原龙山文化的洛阳矬李遗址中就有圆筒式水井,在汤阴县龙山文化的白营遗址中就有木构架支护的深水井,在淮阳平粮台古城址中就有陶制管道的排水设施工程。3600 多年前,在郑州商城遗址宫殿区就有陶水管道、石筑水管道等排水设施,有了陶制水管三接头(三通)。公元前 651 年,齐桓公为中原霸主,集诸侯于葵丘(今河南民权)会盟,为解决边界水事纠纷,订立了以“无曲堤、毋壅泉”为主要内容的盟约,规定不准以邻为壑,搞边界阻水工程。这一盟约是最早解决水事纠纷的条例。公元前 605 年,楚相孙叔敖“作期思之陂”,即开发史河水源修建雩娄灌区,灌溉今河南固始和安徽金寨的农田,是有记载的最早的引水自流灌溉。公元前 500 多年,郑国大夫邓析利用杠杆原理,创制了汲水用的提水工具桔槔,这是最早发明的提水机械。据考古发掘,登封古阳城供水工程是距今已有 2500 多年历史的战国时代的工程,是从阳城东的告成北沟和城西的肖家沟引水入城的供水工程,有 8 条干支输水管道向城内供水,估计总长有 8000 米。整个供水系统计有输水管(管道槽和陶管)、沉淀池、贮水设施、控制流量的四通管等,是我国最早的城市供水系统工程。公元前400多年,西门豹修建漳河十二渠,灌溉今河南安阳和河北磁县等地的农田。公元前360年,魏惠王开古运河鸿沟,沟通黄淮运道,形成了诸侯国的水道交通网,兼有灌溉之利。公元前210年,秦国在济源五龙口修筑沁河枋口渠,经历代修缮,至今仍为广利灌区所沿用。公元前140年,汉武帝时在汝河平原地区修建鸿隙陂大型蓄水灌溉工程,曾有过长期显著的灌溉效益。公元前109年,汉武帝发卒数万人,并率领群臣,参加黄河濮阳瓠子堵口工程劳动,决口终于堵合。西汉绥和二年(前7),贾让应诏上书,提出治理黄河方案三种,后世称为"贾让三策"。东汉建武七年(31),杜诗任南阳郡太守时造作水排,这是一种利用水力作原动力的冶炼鼓风机械,水排的发明和应用要比欧洲早1000多年。南阳人民感其政绩,赞曰"前有召父,后有杜母"。汉明帝永平十二年(69),发卒数十万,命王景治理黄河和汴渠,自荥阳以下东至千乘修堤千余里,并开凿阻碍水道的山阜,破除河道中旧有阻水工程,修建水门,使黄、汴分流,收到了防洪、航运和稳定河道等重大作用,并使黄河在以后的800多年中没有发生过重大改道。建安元年(196),曹魏政权发布了《置屯田令》,开始召募流民屯田许昌,兴办农田水利,使许昌地区大面积种上了水稻,促进了粮食生产。为了及时运送军粮,曹魏政权还修了许多运粮河,从襄城到许昌,从繁昌(今临颍西北)到许昌,运粮河四通八达。隋代营建东都洛阳和开凿南北大运河。大业元年(605),隋炀帝开通济渠,"发河南诸郡男女百余万"。通济渠施工从大业元年三月开工,到八月结束,由东都洛阳至江苏江都,共长1000多千米。大业四年(608),开挖永济渠,"发河北诸郡男女百余万"。永济渠流经武陟、新乡、汲县(今卫辉)、黎阳(今浚县境)、临河(今浚县东)、内黄,河北省大名西,山东省临清,东北流入河北至天津,再西北行通至涿郡(今河北涿州),全长1000多千米。通济渠和永济渠的开挖成功,形成了以洛阳为中心,以通济渠为纽带从中原通向江南,以永济渠为纽带通向北方,沟通了南北的航运系统。

除此之外,河南也保留了不少价值很高、相对完整的水文化遗产。在已发现的商代甲骨卜辞中,以水的形态、水的物理性能、水的利害来创字的,在甲骨文文字中占比很大。我国第一部诗歌总集《诗经》里有不少是最早描述黄河、淇水等中原河流和人水情缘的诗篇。我国著名思想家老子的"水几于道"[①]等水

① 老子:《道德经》第八章,安徽人民出版社1990年版,第8页。

哲理、水伦理思想精华至今仍闪耀着理性的光辉。宋代张择端的《清明上河图》所描绘的当时汴京的漕运景况，形象地描绘了黄河下游曾经有过的繁荣，是河南水文化景象的艺术再现，生动反映出当时的政治、经济、文化中心盛况。包括河南省名在内的以水命名的诸多地名，如市级名洛阳、濮阳、漯河、周口、三门峡、济源等，如县级名淮阳、淮滨、泌阳、沁阳、临颍、潢川、伊川、淅川、淇县、内黄、延津、渑池、孟津等，无不令人顿生历史沧桑感和文化自豪感。

应当指出的是，我们说河南水文化具有诸多“第一”和“唯一”，只是在叙述河南水文化独特性的意义上使用的一个判断，并不意味着可以忽视河南水文化其他同样具有厚重意义的方面。当然，我们研究河南水文化史，也须戒坐井观天，不可唯吾独尊。同时，研究河南水文化史，我们需要清醒地认识到，不是仅仅罗列这些引以为豪的林林总总的水文化资源，或者只是叙述这样那样的水文化事件、水文化载体，我们所要做的还有更为重要的，就是力求深入理解且大力彰显水文化的深层内涵、精神基因和核心理念。同其他任何文化一样，水文化实质也是“人化”，水文化的主体也是人；水文化的灵魂不是别的，而是水文化遗产和水文化载体中的内在精神。毫无疑问，水文化史研究，不能见物不见人，见行为不见精神，而是应当注意人的主体性，兼论行为的主观能动性，突出水文化历史现象所蕴含的向真、向善、向美、向上的主体精神禀赋。

众所周知，马克思主义历史唯物论有两个重要发现，其中一个就是在纷繁复杂的社会关系中，人首先需要满足衣食住行，然后才会产生意识、习俗、信仰等精神活动。文化形成和发展的基础是人类的生活、生产，文化必须以人类的行为和物质为载体。归根结底，中华水文化的深层内涵、精神基因和核心理念，是在中华民族认识水自然、顺应水自然、改造水自然和敬畏水自然的历史过程中形成的，也是在秉持能动性同时认同被动性、发挥主动性同时接纳受动性的精神灌注中升华的。河南水文化史既是一部基于人水互动状况的主体实践博弈活动演变史，又是一部追求人水和谐共处的主体“精气神”发育生长史。这些内在于水文化史的主体追求与“精气神”，并不会因为年代久远而丧失它的价值，其中承载的思想仍然在哺育着一代代河南人。我们要做的工作，就是从水文化史料的阅读、诠释中，把握好水文化的主动脉，发现其中跳动的精神、智慧和理念。

本书的撰述思路，就是以人水关系发生发展历史过程及其形成的系列成果为主线，以人水关系的最高境界和水文化的核心理念“人水和谐共处”为切入点，首先概述水文化概念、核心内容、分支分类等基本问题，提出河南水文化史学研究的思路、价值及方法，接着以河南水文化时空演变为序，分史前河南水文化、历史时期（夏商、春秋战国、秦汉、魏晋南北朝、隋唐宋元和明清）河南水文化，系统梳理了河南水文化的起源、演化和变迁的历程。然后以创水战水文化、法水象水文化、防水利水文化、用水兴水文化、节水惜水文化、管水护水文化、崇水祈水文化、咏水写水文化、水文化遗产等为专题，分门别类地对河南水文化主体作为、主要成果和遗存进行了考察，对河南水文化的"精气神"作了理性分析和论述。本书注意到了划分时期与阶段、纵排横写的专门史的基本要求，同时也考虑到文化发生发展具有超越行政区域与历史时空的特点，力图让历史说话，使文化活起来，客观揭示河南水文化在华夏历史文明形成中的地位作用，为建设华夏历史文明传承创新区提供一定的信息资料参考及历史经验借鉴。为此，我们尽量采取理论研究、文献考察、实证调研、多学科综合研究相结合的方法，注意吸收哲学、地理学、考古学、生态学、水利学、图书情报学等学科的研究成果和方法。从中华文化的视角来看，我们或许可以把河南当作国家的缩影，多少国家有关水问题的政治经济主张、文化产物、宗教构成、记忆建构等话语方式及理解方式都曾发生或渗透在这个区域里。因此，本书的研究视角往往会涉及国家宏观层面的相关客观事实及文献记载。

从目前我们掌握的资料来看，国内外学术界对河南水文化史的研究已经有了一些成果。从论文方面来看，最早研究河南水文化的论文是李良等的《水与河南地域经济文化发展探讨》（1999）一文，文章认为水对河南经济文化的发展、兴衰起着至关重要的作用。贾兵强的《河南先秦水井与中原农业文明变迁》（2012），通过系统地收集整理先秦河南水井的相关报告、文献、史料，运用历史学、考古学、农业考古和文化学等多学科知识，初步阐述了河南水井文化在先秦时期农业文明社会发展中的作用。郭永平的《广博深厚　璀璨耀人——河南水文化的内容体系》（2013），较为详细地阐释了河南水历史文化、河南水工程文化、河南水民俗文化、河南水组织文化、河南水艺术文化、河南水科技文化、河南水旅游文化这样一个丰富的河南水文化的内容体系。王树山在《传承和弘扬河南水文化》（2013）一文中，则简要阐述了河南现有水文化成绩和状况，并提出了今后加快河南水文化建设步伐的建议。朱海风的《应重视中国治水历史深层次经验教训研究》（2015），结合我国 5000 年的治水史，从系统治理与人水和谐共处的视角，初步分析了治水问题方面的基本经验和沉痛教训。他在《为官楷模，治水名臣——林则徐在河南期间的治水思想研究》(2013)中,通过梳理林则徐两次在河南期间的治水经历,对他的治水思想进行了深入评析。王瑞平、陈超的《浅析南水北调移民精神——以河南省南水北调丹江口库区移民为例》(2014),以河南省南水北调丹江口库区移民这一实例为出发点,深入探究了南水北调工程移民所体现的民族精神及时代精神。另外,杜红亮的《黄河视阈中的河南地名及其水文化》、李乐乐等的《传承和弘扬中原独特的水文化》、王学军等的《传承历史文化　打造郑州水域靓城——论郑州市地域水文化与城市水系规划建设》、费先梅的《清代豫西地区水纠纷解决机制研究》、陈超的《河南农业水文化传承与创新研究》和张建松的《河南水文化遗产所反映的鱼稻饮食文化》等,均从不同角度对水文化进行了论述。

就现有的学术专著成果来看,有当代河南历史丛书编辑委员会的《当代河南的水利事业》(1996)、朱海风等人合著的《中原水文化资源开发利用与数据库建设》(2017)等。较多的是与之相关的学术著作,如杨玉厚的《中原文化史》(2000)、徐光春的《中原文化与中原崛起》(2007)、张新斌的《中原文化解读》(2007)、李民的《中原文化大典·总论》(2008)、王星光和贾兵强的《中原历史文化遗产可持续发展研究》(2009)、贾文丰的《中原文化概论》(2010)、《中国河湖大典》编纂委员会的《中国河湖大典》(2010)等。这些著作中对河南水文化多有涉及,尽管还不够系统和深入,但仍为本课题的研究奠定了较好的研究基础。

习近平总书记曾经指出,经历了5000多年历史变迁的中华文明,积淀着中华民族最深层的精神追求,代表着中华民族独特的精神标识。河南是当之无愧的文化大省,是现在的也是未来的华夏历史核心文明传承创新区。构筑中原水文化高地,加强水文化建设、水文化史研究正逢其时,使命重大。水文化史研究肯定会在见证河南悠久历史、维系文化纽带、增强文化自信、践行“人与自然和谐共处”新发展理念、惠及广大民众方面发挥其独特作用。应该说,组织撰写河南水文化史,本身表明的就是一种文化态度,无疑是对河南水文化建设乃至中华文化历史积淀与发展的珍惜与尊重,同时也反映了学术界、教育界对河南水文化源流及其对中国水文化的显著贡献的深度认同。我们参与写作的本意,也就在于为服务华夏历史核心文明传承创新区建设、弘扬中华水文化优良传统和解决当前水问题尽些绵薄之力。但就本书而言,作为第一部河南水文化史方面的著述,也只能说是一种探索性尝试。本书力所不逮之处,唯希今后我等同人与各界学术同好共同努力而不断加以提升完善。

最后，需要说明的是，文化本身是一个非常宽泛的概念，也是一个难以精准定义的概念。据《文化学辞典》所论，当前学界对文化的解释和定义多达500余种。由于学界至今尚无达成共识的定论，以至于弄清文化概念的内涵问题仍在多方探索中。本书当然也是如此。尤其是在当前，水文化还是一个新兴的概念，是在20世纪80年代提出来的，其内涵的界定也多是从文化的一般概念中引申或推演出来的。应当说，作为文化学科的组成部分，它还是一个新的成员。但是，从实质上看，水文化的提出、研究的深化，并不是学术思维逻辑推演的结果，而是因应人类社会水安全之整体需要，反映人与自然和谐共处之现代追求的一种必然。更为重要的，水文化作为一种特殊的文化现象与文化形态，有着与人类共生共存的历史逻辑。此其一。

其二，无论从理论上还是实践上都不难证明，水文化的主体是水利文化。这是因为，正是水与人、水与社会各方面联系的活动，才形成了以人为主体、以水为载体的文化现象。离开了人水关系，离开了认识水、适应水和改造水的水利实践活动，水文化就有可能成为无源之水，无本之木。水文化与水利文化是既有联系又有区别的两个概念，以除害兴利为主要内容的水利文化在水文化中居主体地位。将水利文化作为河南水文化主要组成部分来理解，是本书的特色之一。

其三，毋庸置疑，河南水文化属于中华水文化的重要组成部分，是整个中华民族精神财富的重要组成部分，但同时也受中华水文化整体的滋养与深远的影响。本书正是基于河南地域特色的中华优秀水文化的集合体的视角来研究河南水文化历史问题的，书中提到的思想学派代表人物有的并非出生在河南地区，但这决不是随意剪贴历史，往河南脸上贴金，一是因为当时这些思想家的活动范围主要在古代的河南境域，二是基于精神文化和文化精神穿越时空的特性，在这些思想家的水文化思想成果已经上升和应用于国家意识形态层面的背景下，对于河南水文化的形成发展，其渗透和引导作用不可低估，已经成为河南水文化不可或缺的重要组成部分。

其四，由于本书采取的是历史与逻辑相统一的撰写方式，即先按历史演变分期叙述，再按内在逻辑线索分析，固然是尊重了文化学科的研究规律，但可能会产生内容重复等问题。对此，我们尽量注意前后各有侧重，详略得当，但如果没有完全避免，也敬请读者能够给予原谅和理解。

第一章 河南水文化史脉

文化是人文化成的各类成果的总和,包括物质性成果、精神性成果、制度性成果等不同方面。《易经·贲卦·彖辞》说:“刚柔交错,天文也;文明以止,人文也。观乎天文,以察时变;观乎人文,以化成天下。”按照《周易》的说法,文化应当是自然的“文”与人类的“化”相互结合、相互作用的产物。文化在人类社会的各个领域均有所表现,涉水活动是人类的主要活动之一,亲水、利水、治水、用水、赏水等几乎覆盖到人类生活的方方面面,当文化积累表现于特定的人水关系即人类的涉水活动时,就会形成不同形式的水文化。

第一节 水文化的概念与特征

水文化是人类整体文化的一个有机组成部分,由于水在人类生活中具有至关重要的特殊地位,水文化自然也是人类整体文化的核心形态之一。

一、水文化的概念

目前学术界关于水文化的概念有诸多表述,但多数乃是从文化的从属概念推演而来的。由中国水利文学艺术协会编的《中华水文化概论》一书从两个方面来进行定义:“广义的水文化是人们在水事活动中创造物质财富和精神财富的能力与成果的总和;狭义的水文化是指观念形态的水文化,主要包括与水有密切关系的思想意识、价值观念、精神成果等。”①李宗新在《浅议水文化的界定、实质和定位》一文中认为，根据文化概念的不同界定，水文化的概念相应地可以有不同的表达方式，他认为：“水文化是人们在水务活动中，以水为载体创造的各种文化现象的总和或是民族文化中以水为轴心的文化集合体。如果按文化学的观点来界定，水文化是人们在水务活动中创造物质财富和精神财富的能力和成果的总和；作为观念形态的水文化则是人们在水务活动中形成的一种社会意识。”②靳怀堾《中华文化与水》一书把水文化定义为“人类活动与水发生关系所产生的以水为载体的各类文化现象的总和，是民族文化以水为轴心的文化集合体”③。类似表述还有很多，不一而足。

以上这些表述尽管角度有所不同，但其基本意义较为一致。大致可从以下几个方面加以总结：其一，水文化是水事活动或者涉水活动中各种文化现象与文化成果的总和；其二，水文化是在人类与水相互关系中产生的文化，体现了人与水的关系状态；其三，水文化是民族文化以水为纽带或者轴心的文化集合体；其四，水文化有不同的层次和范围。根据以上理解，我们认为水文化是社会文化的一个核心组成部分，是有史以来人类在与水的互动关系中创造的各种文化成果的总和，它突出地体现出人水关系的状态和特点，其最高追求是人水和谐。

二、水文化的内涵

水文化的内涵是指水文化的内在蕴含，体现出事物的精髓、本质和要义，也是水文化最为核心的要素和品格。为了更准确地把握水文化的内涵，我们还需要注意以下几点：

首先，水文化一定是与水有密切关联的文化。水是人类的命脉，人类活动和人类社会每时每刻都离不开水，当人类与水相互作用的过程积累起来各种各样的文化现象时，这些文化现象就是水文化。由于人与环境之间存在着多重互

---

① 中国水利文学艺术协会：《中华水文化概论》，黄河水利出版社 2008 年版，第 2 页。

② 李复兴：《水与文化》，中国市场出版社 2007 年版，第 19 页。

③ 靳怀堾：《中华文化与水》（上卷），长江出版社 2005 年版，第 11 页。

动关系,人与水的关系只是这些关系的一个方面,我们在界定水文化的内涵时,一定要注意鉴别哪些属于水文化现象,哪些不属于水文化现象。简单地说,水文化是指人的生产、生活与水有密切关联的文化积累。

其次,水文化一定是指有深厚人文积淀的文化。文化是人文化成的结果,它借助人类对环境的认识、改造和利用而加以表达。就水文化而言,人类对自身所处水环境的认识、改造和利用而积累出丰富的经验和成果,也积淀出深厚的文化内涵。我国的水文化实践源远流长,在不同时期都积累了丰硕的成果,这些成果也是整个中国文化的一个重要组成部分。

再次,水文化一定是指能够表达出人水关系状态的文化。水文化注定是人水关系发生、发展的文化。人类产生以前,水早就存在了,离开人及其活动,纯自然状态的水与文化是不相关的。问题的实质就在于,自人类产生以后,人与水便开始周旋互动,人与水亦友亦敌的矛盾关系伴随着人类生命的整个过程。由于人源于水、依赖于水,所以任何时候都离不开水,但水不会在任何状态下都顺从于人,人在自己的生存实践中也不会任水摆布。人们正是在与水进行永无休止的周旋过程中,延续并创造着自己的历史文化。人水关系就是这样产生、形成或由此而变化发展的。人水关系往往因人而变、因时而异、因地而别,呈现出不同的存在状态,甚至是错综复杂的局面。究其原因,就在于人与水亦友亦敌的矛盾关系是多维的、立体的。

所谓人水关系状态,就是指在不同历史时期和历史阶段,由于人与水互动的规模、质量、途径、特点的不同而导致不同的人水关系实际状况。影响人水关系状态的因素很多,概括而言,大致有以下三个方面:一是自然环境水情变化对人类社会的影响;二是人类利用水、改造水能力的提高;三是人类对水的生态完备性的认识和认同度。以上这些因素都会影响到人水关系的存在状态,并影响到人类水文化的形成、构建和发展。所以,水文化的建设状况实际上反映了人水关系的状态,在某种意义上其实就是人水关系状态的一种表征。从以上角度出发,我们可以把水文化的内涵确定为人与水的关系状态及其文化积累。在历史上会因为人与水关系的具体情况不同而生发出各种各样的文化积累,也就是说人与水的关系会表现出各种不同的文化状态。从历史发展的总趋势来看,人与水的关系是在矛盾中寻求和谐的过程,因此,水文化的本质内涵体现出由单层面和谐到多层面和谐、由低级别和谐到高级别和谐、由部分和谐到整体和谐、由不尽和谐到充分和谐的螺旋式递进。照此理解,水文化最核心的内涵便表现出一种对人水和谐的终极追求,这也就是我们后面所要讲的水文化精髓。

三、水文化的特征

任何事物的发展都有其独特的表征,水文化的内涵也是通过它的一系列特征表现出来的。为了准确理解水文化的内涵,必须从人水关系的角度明确水文化的特征。

(一)水文化的形成是自然人化的结果

人水和谐作为水文化的精髓,不是自然形成的,而是来源于人类的社会实践活动对自然的适度作为,通过适度合理的实践活动,变天然自在的自然为人化的自然,最终达到人与自然的高度和谐。水本是一种自然存在物,它不仅是人类的生命之源,更是人类的生产之要和生态之基。人们通过自身的实践活动,逐渐消除水与人之间的那些紧张的甚至是对抗的关系,最终实现人与水的和谐相处。在人自身的活动作用于水的过程中积累下来的文化成果,与其说是自然人化的结果,毋宁说是作为自然的水不断人化的结果。总体上看,水的人化过程主要有三种形式:一是人们通过治水、理水、用水,使水直接服务于人;二是在人与水打交道的过程中,使得纯自然的水打下了人的精神烙印,使得水成为人类的某种精神象征;三是作为人们的生存环境而被赋予人化的意义。

(二)水文化的对象具有客观实存性

水文化虽是自然人化的结果,但这种文化成果一旦形成就具有客观实存性,也就是说,水文化并不是任何人的一种主观臆想。水文化是在人类的生产实践和生活实践中形成的,其中的精华也是人们总结出来的,这种总结来自于实践,来自于生活,升华为理念,影响和指导实践与生活。具体来说,水文化的客观实存性表现在以下三个方面:一是水文化的既定事实性,也就是说水文化作为一种历史事件,曾经客观地表现为一种物质实践的劳作过程,是一种真切的历史存在,如大禹治水等;二是水文化的历史遗存性,历史上曾经存在的水文化事件经过长期积淀而保留至今，形成了水文化实物性遗产，如都江堰水利工程遗存等；三是水文化的历史记录性，无论是物质层面的水文化构建，还是精神层面的水文化构建，都在不同历史文献中有所记载，并成为一种文献资源，如关于治水文化的历史记载，如关于“上善若水”“逝者如斯”的人文思考等。

（三）水文化的发展具有人文积淀性

任何一种水文化形态的形成和发展，都不是一朝一夕的事情，都有一个不断积累和不断凝聚的过程。例如大禹治水，改堵为疏，其理念与方案作为一种具有深远历史影响的水文化实践，并不是大禹一个人一时的心血来潮和偶然发现，而是通过不断探索和长期思考而逐渐形成的，是在不断总结历史上有关治水经验与教训的基础上厚积薄发的结果。大禹最终取得治水的巨大胜利，就在于他从其父鲧用堵的方法治水失败中汲取经验教训，改变了其父鲧不科学的治水方法。可以说，没有其父鲧等人的治水经验的积累，大禹治水也就不可能获得成功。

（四）水文化的精神成果具有历史传承性

水文化的历史积淀性是通过水文化的历史传承性表现出来的，可以说没有传承就没有积淀，反过来说没有积淀也就没有传承，二者是相辅相成、互为因果的两个方面。任何形式的人类水文化成果，其深厚的文化蕴含都是经过一代又一代人的不断探索与实践，在传承中发展、在发展中创新的，都是在不断革故纳新中凝练升华不断深化的。

（五）水文化的表现形式具有丰富多样性

由于人类的水文化实践涉及方方面面的内容，来自不同的文化探索领域，其表现形式也是多种多样的。可以说，不同的水自然开发和水功能运用领域就会形成不同的水文化，如表现于治水领域便有水利文化，表现于赏水领域便有咏水写水文化和画水摹水艺术文化，表现于宗教信仰领域会形成崇水祈水文化，表现于教化养成领域会形成法水象水文化，表现于科学技术领域会形成水科学、水工程、水技术、水工具等文化。此外，水文化的表达还可以从水文化的载体上表现出不同形式，如物质水文化、精神水文化、制度水文化和生态水文化等。

第二节　中华水文化的精髓

事物的精髓就是指事物的精华、真髓和精粹,凝结了事物最本质的内涵和最核心的内容。中华水文化精髓是中华水文化历史发展中逐渐形成的水文化核心精神及其本质内涵。中华水文化精髓的形成来自中华水文化实践的提升和中华水文化理论的凝练,体现了中华水文化从实践到理论的全部要义,其最高追求便是人水和谐。

一、中华水文化精髓的逻辑形成

在中国传统文化中,人与大自然是融为一体的,倡导人与自然山水的和谐相处是中国哲学的根本理念,人水和谐便是这一理念的具体体现。从逻辑上讲,人水和谐的文化理念经历了从天人合一的宇宙意识、以人为本的人文意识再到人水和谐的水文化意识的递进过程和逻辑层级。

(一)天人合一的宇宙意识

人水和谐的根本出发点和深层根基是中国文化中的天人合一观念。在儒家文化中,"天"是一切人伦原则的根源,人内心的道德原则是天然禀赋,人和天在脉理上是相通的。《周易・系辞上》曰:"是故天生神物,圣人则之;天地变化,圣人效之;天垂象,见吉凶,圣人象之;河出《图》,洛出《书》,圣人则之。"[①]在二程那里,"一天人"是其最基本的观念,这里的"天"主要是指整个自然界,包括自然界的核心要素——水。"一天人"就是"合天人",也就是讲人与自然和谐共生的关系。《程氏遗书》卷六云:"天人本无二,不必言合。"《程氏遗书》卷十

① 《周易》,阮元编《十三经注疏》,上海古籍出版社 1997 年版,第 82 页。

八还载有程颐的话说："天地人，只一道也，才通其一，则余皆通。"季羡林先生在谈到先秦道家和墨家对待自然的态度时指出："老子说：'人法地，地法天，天法道，道法自然'，王弼注说：'与自然无所违。'《庄子·齐物论》说：'天地与我并生，而万物与我为一。'看起来道家在主张'天人合一'方面，比儒家还要明确得多。"①从天人相应到天人合一，中国文化倡导人与大自然和睦相处的思想体现出一种大宇宙意识，即人与自然都是宇宙生命的一种载体，是息息相关的，这种思想在中国文化中一以贯之。中国传统文化中的人水和谐理念便是这种大宇宙意识的一种具体体现。

（二）以人为本的人文意识

任何文化的形成和发展都不是自然发生的，人为了生存而与自然环境进行互动，在互动中造就了人类的文明和人类的文化。苏联学者尼·瓦·贡恰连科说："环境是人类得以发展的无止境的、经常的、'永久的'源泉，并且它既是人类存在之前就有的自然环境，又是由于人的创造活动而形成的人为环境。人在适应环境、改造环境（即改变环境本身）的同时也必然使自己得到改造。人本身的改变、人的适应环境以及人为了自身的利益改造环境的活动，所有这些经常进行着的过程，是构成文化的最重要的因素。"②中国文化追求天人合一，但并不是在这种合一中去消融人的主体意识，而是借自然之道行人文之道。神农氏缔造了中华先始农业文明，这种先始农业文明是本着人类早期的生存冲动而确立的。随着人类繁衍速度加快，人口剧增，单靠渔猎和采集已经无法维持人们的日常生活了，于是人的生存问题遇到了困境，炎帝神农氏生逢其时，救人类于危难之际。《淮南子·修务训》云："古者民茹草饮水，采树木之实，食蠃蛖之肉，时多疾病毒伤之害。于是神农乃始教民播种五谷，相土地宜燥湿肥墝高下，尝百草之滋味，水泉之甘苦，令民知所辟就。"毫无疑问，文明的核心是人，没有人任何文明都无从谈起。文明的演进要遵从自然规律，但更要奉天之道而尽人事之功。《周易》中强调天、地、人三才之道，倡导"人道""天道"与"地道"并行而不悖。如《周易·系辞下》说："《易》之为书也，广大悉备。有天道焉，有人道焉，

① 季羡林：《此情犹思：季羡林回忆文集》（第肆卷），哈尔滨出版社 2006 年版，第 250 页。

② 尼·瓦·贡恰连科：《精神文化：进步的源泉和动力》，求实出版社 1988 年版，第 28 页。

有地道焉。兼三才而两之,故六。六者非它也,三才之道也。"《周易·说卦》也说:"是以立天之道,曰阴曰阳;立地之道,曰柔曰刚;立人之道,曰仁曰义,兼三才而两之,故《易》六通而成卦。"儒家文化本质上是一种伦理文化,三才之道的落脚点最终还是"立人之道"的仁与义。《周易·序卦》里还说:"有天地,然后有万物;有万物,然后有男女;有男女,然后有夫妇;有夫妇,然后有父子;有父子,然后有君臣;有君臣,然后有上下;有上下,然后礼义有所错。"《左传·昭公二十五年》记载,郑太子叔(游吉)曾引用子产的话则说明了另一种意义:"夫礼,天之经也,地之义也,民之行也。天地之经,而民实则之,则天之明,因地之性。生其六气,用其五行。"这里是用天地之道来说明人的道德禀赋,其出发点还是人。

(三)人水和谐的水文化意识

由上可知,人的生存离不开自然界。马克思早就指出:"人靠自然界生活。这就是说,自然界是人为了不致死亡而必须与之不断交往的、人的身体。所谓人的肉体生活和精神生活同自然界相联系,也就等于说自然界同自身相联系,因为人是自然界的一部分。"[①]同样地,人生活在世界上,每时每刻也离不开作为自然核心的水,可以说水是人类的命脉,是人类的生存之本。在中国传统金、木、水、火、土五行学说中,水居其中。因此,无论从何种角度来看,人都应该与水和睦相处,人与水始终应该保持和谐的关系。

二、中华水文化精髓的丰富内涵

人水和谐作为中华水文化的精髓,有着极为丰富的思想内容与理性张力,主要表现在以下四个方面:

(一)利人利水,良治共赢

人水关系的最高境界是人类必须认识到自然也是有生命价值的,人与自然

---

① 《马克思恩格斯全集》第42卷,人民出版社1979年版,第95页。

山水有着同样的生命禀赋。美国学者霍尔姆斯·罗尔斯顿说:“所有的生命现象都是自然的。我们可以勉强说文化是由人类的心智延展而成,因而是人为的,但对于生命我们就只能说它是自然的。这样,生命的价值毋容置疑是自然的。”①正因为如此,中国古代的水文化实践一直是在尊重自然、信任自然的基础上来做到合情合理地引水、用水、利水,大禹治水就是最突出的例子。大禹在总结前人经验的基础上,没有与作为自然的水进行对抗式处理,其治水的基本理念是尊重自然,借势而为,达到人与自然的和谐共赢。他改堵为疏,给洪水以出路。如《孟子·离娄下》谓:“禹之行水也,行其所无事也。”“行其所无事”的意思是说,顺其自然而不劳民伤财,一意孤行。《孟子·滕文公上》称大禹“疏九河,瀹济、漯而注诸海,决汝、汉,排淮、泗而注之江”,也就是通过合理的手段把洪水导入大江大海,因势利导,为而不争,这是其取得治水成功的关键所在。

(二)法水象水,融通至善

老子的“上善若水”体现了古代人水和谐思想的基本精神。“善”是人类追求的最高价值体系之一,体现出人类实践活动合规律性与合目的性的高度统一。追求至善是人类实践活动的根本目标之一。《论语·述而》说:“择其善者而从之,其不善者而改之。”《吕氏春秋·长攻》说:“所以善代者乃万故。”作为自然界一种物质存在的水来说,其本身并没有善与不善的问题,只有在人与水发生关系时水才被赋予了善的品格。老子对“上善若水”的具体描述,更显示出水的各种特点象征着人类对各种美好品质的追求。不过,老子的“上善若水”并没有明确说明水是人类追求的至善,而只是表明水是人类追求的至善品格的象征。但是我们通过老子的这一命题,能够看到水蕴含着人类至善追求的基本内容,于是水便由此而由一种自然物质上升为一种具有至善品格的文化境界。这样,水便因为自然人化的途径而成为人类追求的至善境界。也就是说,只有在人水关系所追求的人水和谐境界中,水才能成为人类追求的至善。

(三)乐水爱水,涵养情操

人水和谐不仅仅体现在物质层面,更体现在精神层面。水作为人的生命之

---

① 霍尔姆斯·罗尔斯顿著,刘耳、叶平译:《哲学走向荒野》,吉林人民出版社 2000 年版,第 139 页。

源,自然赋予了人们的爱水情结。在人们爱水、护水的过程中,又激发出人们乐水畅神的情怀。例如孔子的“智者乐水”是从道德涵养的角度讲,带有一定的道德比附色彩。到了魏晋时期,文人审美化的乐水、爱水之情陡然高涨,面对他们钟情的水,从道德比照拓展到涵养情操,提出了“以玄对自然”“澄怀观道”“山水以形媚道”等主张。文人之间流行对自然山水的特质进行情感化观照,以性情对山水,水成了人们获取快乐的体验对象。人们对水的钟爱与热忱呈现于艺术领域,激发了山水诗的勃兴和山水画的滋长。魏晋六朝人在山水中畅神快乐、畅叙幽情的状况在当时的文献中举不胜举,如王子敬云:“从山阴道上行,山川自相映发,使人应接不暇,若秋冬之季,尤难忘怀。”石崇《金谷诗序》云:“有别庐去城十里,或高或下,有清泉……又有水碓、鱼池、土窟。其为娱目欢心之物备矣!”又如《晋书·谢安传》所载:“出则渔弋山水,入则言咏属文,无处世意。”《文选》卷一一孙绰《游天台山赋》云:“凝思幽岩,朗咏山川。”《南史·宗炳传》云:“每游山水,往辄忘归。”自此以后,这种乐水畅神、涵养情操的风尚在中国古代士人中一直十分流行。

(四)以人为本,守中致和

在中国传统哲学中,“中”这个概念有着丰富的哲学内涵。东汉许慎《说文解字》说:“中,和也”,直接把“中”解释为“和”。其实“中”不是事物简单的形式上的“和”,而是各种事物的一种过犹不及、不偏不倚的内在秩序。它不仅表现在客观事物本身的一种和谐秩序上,也表现于人与事物的一种和谐关系上,更主要还表现为人们处理事物的一种态度,即处理任何事物时都要把握好一个“度”。《尚书·大禹谟》云:“人心惟危,道心惟微,惟精惟一,允执厥中。”表现在人水关系上的“中”,主要有以下三个方面的体现:一是掌握好对待水的“度”,例如治水上,既不能太“过”也不能“不及”,既不能乱作为也不能不作为;二是处理好人水关系中的“适”,即保持人与水之间融洽的、适度的关系;三是面对水时要保持一种平和、稳定、冷静的心态,防止因心态失衡而造成人水关系的紧张或不和谐。

总之,中华传统水文化精髓体现了传统水文化实践合规律性与合目的性的高度统一,同时也包含着高度的真理性,因此,其合理内核至今依然对指导和推进我国当代水文化建设具有重要意义。

第三节　传统水文化的分类

目前我国学术界有一些学者，从不同角度对水文化进行了不同的分类。如刘星元在《水文化分类结构大纲》(2005)一文中，将水文化分为水的自然文化、水的理念文化、水的利用文化、水的功能文化、水的环境文化、水的灾害文化、水的衍生文化七大类。靳怀堾在《中华文化与水》(2005)一书中，从水的具体表现形态将水文化分为江河文化、湖泊文化、海洋文化、泉文化、瀑布文化、雨文化、雪文化、中华茶文化、中华酒文化等种类。有的学者还从物质形态方面对水文化进行了考察，如李雪松的《中国水资源制度研究》(2006)、李宗新的《中华水文化概论》(2008)等。

一、分类标准的确定

由于分类角度不同，水文化可能存在很多的分类标准和分类方法，如上所述，有的学者将一般的文化分类方法套用到水文化分类上，有的学者则根据水文化的表现形态对水文化进行分类。我们认为，水文化的分类必须依据水文化的内涵来确定。

人水关系是中华水文化资源的核心线索，如何对待和处理人水关系是中华水文化的本质和灵魂，其最高境界是人水和谐，这也是中华水文化资源的基本枢纽与核心理念，对水文化包括河南水文化资源的分类也应当以此为出发点。同时，在分类中，也必须注意到人水关系中人的主体地位以及人与水和谐共生的理念，因为任何文化都是人文化成的结果，追求和保持人水和谐关系以及开发利用水资源的主体是人，认识水、顺应水、改造水和敬畏水的主体也是人。

二、水文化主要类型

纵观整个水文化的发展史，通过人与水和谐关系的历史形成和不同表达，可以将水文化分为创水战水文化、法水象水文化、治水防水文化、用水兴水文化、节水惜水文化、管水护水文化、亲水嬉水文化、祈水忌水文化、咏水写水文化、识水研水文化等类型。

（一）体现人合于水、人斗于水的创水战水文化

在人类的童年时代，由于生产力的低下，人们的生活往往要受制于恶劣的自然条件，人在自然面前是懵懵懂懂的，是很被动的，这里的自然当然包括与人们生活关系最为密切的水自然。譬如，面对周围的世界包括江河湖泊在内的水世界，不知道这是从哪里来的，于是他们往往会通过自己的想象编造出一些神话故事和寓言传说，或说天地间的一切皆为顶天立地的人神盘古身体所转所生所变而来，江河湖泊本来就是人神盘古血液体流的毫无保留的牺牲与贡献。这种形式的水文化，我们称之为创水（合水）文化。譬如，面对泛滥的洪水、连绵不断的阴雨，人们的农耕生活会受到极大的限制，甚至难保家园的稳定和生命安全，人们在被逼无奈的情况下，又不得不拼死抗争，不得不联合起来、组织起来，依靠自身的智慧和力量战胜水灾害，以恢复生产作业，保持生活稳定，维护生命安全。这种形式的水文化，我们称之为战水（斗水）文化。马克思在《〈政治经济学批判〉导言》中说："任何神话都是用想象和借助想象以征服自然力，支配自然力，把自然力加以形象化；因而，随着这些自然力实际上被支配，神话也就消失了。"[①]由此可以看出，创水战水文化都是在生产力不发达的远古时代，面对人屈从于水的社会现实，人们通过艺术加工的方式创造出来的一种水文化形式。在中华民族文化包括中原文化发展史上，这种创水战水文化有很丰富的表现，如大禹治水、盘古开天创水引水、精卫填海等。《五运历年记》等书中关于盘古开天的记载中就写到盘古开天辟地之后，"垂死化身，气成风云，声为雷霆""血

① 《马克思恩格斯选集》第 2 卷，人民出版社 1972 年版，第 113 页。

液为江河”“汗流为雨泽”等，又称盘古“嘘为风雨，吹为雷电”“死后骨节为山林，体为江海，血为淮渎”。此外，在《左传》《诗经》《吕氏春秋》和先秦诸子散文等许多古代典籍中都有这方面的记载。

（二）体现人学于水、人鉴于水的法水象水文化

在天人合一的文化语境下，“法自然”是中国传统文化的基本主张，这里的“法自然”当然也包括“法山水”。《道德经》第二十五章中说：“人法地，地法天，天法道，道法自然。”这是对人们效法自然、效法山水的终极表述。《周易·系辞传》也指出：“古者伏羲氏之王天下也，仰则观象于天，俯则观法于地，观鸟兽之文与地之宜，近取诸身，远取诸物，于是始作八卦。以通万物之德，以类万物之情。”这也具有同样的意义。所谓法水象水文化，就是指建立在“法自然”基础上的一种以水为师、以水为范、以水为鉴、向水学习的水文化成果，其实质是在认识水、感悟水、效法水的基础上来开掘人类的生命精神和人生态度。老子“上善若水”和庄子“水静犹明”的哲学命题、孔子对“逝者如斯”的感喟、孟子的“观水有术，必观其澜”等，都是这方面的具体体现。在中国传统文化中，水也是有生命的东西，也拥有丰富的内涵和无穷的智慧，因而能开启人们的思考方式，提升人们的思想境界。

（三）体现人驭于水的治水防水文化

如前所述，人与水的关系是一种亦友亦敌的矛盾关系，水是人类的生命之源，人类生命一刻也离不开水，水养育了人的生命存在，开启了人类的生命智慧，滋养了人类的生命精神。但对于人类生活来说，水一直是一柄双刃剑，它不仅滋养人的生命，有时也会危害人的生命。历史上所谓的水患、水难、水害、水灾即是如此，如洪水泛滥、暴雨滂沱、阴雨连绵、河道壅塞等。在《管子·度地篇》中曾记载管仲的治水主张，他认为善治国者必须先除去“五害”，而在“五害”之中，水害最为突出：“水，一害也；旱，一害也；风雾雹霜，一害也；厉，一害也；虫，一害也。此谓五害。五害之属，水最为大。”为了避免水给人类带来的危害，治水防水是不可或缺的。所谓治水防水文化，就是指人们面对水的危害所采取的治水防水活动及其文化成果，包括各种治水防水思想、治水防水工程、治水防水制度等。中国古代治水防水文化源远流长，从鲧舜治水到大禹治水、从

郑国渠到灵渠、从通济堰到都江堰、从赵州桥到京杭大运河、从《水经注》到《河防通议》等，都是古代治水防水文化的典型表现。

（四）体现人得于水的用水兴水文化

水作为人类的生命之源，是否得到有效利用与保护，与人们合理地用水兴水，也就是科学、合理、有效地使用水，发挥各种水资源最大的综合效益是分不开的。在人类的日常生活中，如何有效开发水资源以便利人类生活是一个根本性的问题。从生活用水到生产用水、从河流航运到江湖航运、从农田灌溉到水产养殖等，都存在一个如何开发利用水资源、保护水资源的问题。从某种意义上说，用水兴水甚至决定着人们的生活方式与生产方式。所谓用水兴水文化，就是指人们本着获取最大水效益的目的，通过各种措施和手段来开发水资源、利用水资源所积累的文化成果。用水兴水文化的范围很广，从用水兴水思想的形成到用水兴水战略的制定、从用水兴水规范的形成到用水兴水制度的确立、从用水兴水的局部战略到用水兴水协调战略、从河流水资源开发到湖海水资源开发、从雨雪水资源利用到井泉水资源利用、从自然用水到纯化用水等，不一而足。中国古代包括河南历史上这方面的文化积累异常丰富，如《周礼》《农政全书》与唐代的用水兴水法规《水部式》中农田用水策略以及遍布全国各地的各种用水兴水工程遗存等。

（五）体现人惜于水的节水惜水文化

人类受益于水，人类也必须学会如何去节约水资源和保护水资源，否则，随着社会的发展，人们生产生活用水量激增，如果随意开发、铺张浪费，不采取有效措施保护有限的水资源，就必然会造成水资源污染和水资源短缺，从而危及人类生产生活。所谓节水惜水文化，就是从可持续发展的角度，本着节水惜水就是保护人类生命的理念，采取各种有效措施，提倡人们节约用水和珍惜水资源。节水惜水文化在中国古代和河南水文化史上有丰富的积累。如在精神文化成果方面，在《吕氏春秋》《氾胜之书》《齐民要术》《四民月令》等古代文献中，都记录了丰富的节水惜水思想，包括节水惜水的理念、节水惜水的制度、节水惜水的措施、节水惜水的成果等。此外，在一些文学作品中也有很多倡导人们节水惜水的内容。而在物质文化成果方面，则有遍布各地的各种节水惜水遗存，如古代水田灌溉遗存、各种节水惜水井泉遗存、各种记载节水惜水乡规民约的石碑等。

（六）体现人利于水的管水护水文化

在错综复杂的人水关系中，人水和谐虽然是总的要求和水文化的精髓，但在这一关系中人的主体地位是不言而喻的。人要尊重水，水更要服务于人。为了更好地建构人与水的和谐关系，在保持水资源生态系统完善良好的前提下，作为水文化主体的人，必须通过有效的管理手段来实现水资源的合理利用、适度开发和科学保护。所谓管水护水文化，就是人们通过树立相应的管理理念，制定相应的管理措施和法律制度，处理好水资源的开发、保护和利用。中国古代从大禹治水的传说开始，就开始探索水利管理的人员、体制与机构设置，大禹本人就是一名管理水务的“司空”。之后，随着社会的发展，水务管理渐趋复杂，水事纠纷不断增加，各类“水官”越来越多，水事管理机构逐渐健全，分工也越来越细，并逐渐制定出一系列法规民约，如秦代的《田律》，唐代的《水部式》，金代颁布的《河防令》，元代《通制条格》中的《河防》，清康熙年间的《治河条例》、道光二十九年（1849）的《防汛章程》等专门的管水驭水法律文典。

古代水资源保护还蕴含有深刻的生态文化思想，如在一些记载有关水资源保护的碑文中，古人已经认识到森林是水的源泉，“树木之茂盛”被看作是“泉水汪洋”的根源和条件。如乾隆四十六年（1781）树立于云南楚雄鹿城西紫溪的一则封山护林碑云：“所以保水之兴旺不竭者，则在林木之荫翳，树木之茂盛，然后龙脉旺相，泉水汪洋，近因砍伐不时，挖掘罔恤，以至树木残伤，龙水细涸矣。”① 一旦树木被伐，必致生态破坏，进而导致水源枯竭，因此有必要制定相关的村规民约，用以保护森林，防止水土流失，避免自然灾害。古人还意识到保护森林就是保护风水，有的碑文便称“树木乃系远荫风水”。

（七）体现人乐于水的亲水嬉水文化

人们对水资源的利用，既有满足物质需求的内容，也有满足生理需求的内容，更有满足心理需求和精神需求方面的内容。从远古开始，人们就不仅取于

① 倪根金：《中国传统护林碑刻的演进及在环境史研究上的价值》，《农业考古》2006 年第 4 期。

水、用于水,同时也乐于水、嬉于水。所谓亲水嬉水文化,就是指在人水互动过程中,通过对水的亲近、善待和精神交流,来满足人们精神观照和身心健康的需要,获取精神上的快乐和身体上的闲适而积淀下来的水文化成果。严格来说,亲水文化和嬉水文化在范围上有所不同,亲水文化是基于人水情缘的宏观描述,嬉水文化则是亲水文化的一种具体表现,但二者都是基于人水情缘的和谐关系。具体来讲,人水情缘的文化积累包含以下三个层次:一是亲近水、善待水的亲水文化;二是望于水、观于水的乐水文化;三是嬉于水、游于水的嬉水文化。早在先秦时期,孔子就从人水和谐的角度提出了"智者乐水"的命题。在《论语·先进》篇里,孔子让子路、曾皙、冉有、公西华诸弟子交流一下自己的人生志向,曾皙说:"莫春者,春服既成,冠者五六人,童子六七人,浴乎沂,风乎舞雩,咏而归。""浴乎沂"就是到沂水旁边洗洗澡、玩玩水。在中国水文化史上,有关游乐山水、园林观水、体育嬉水的资料很多,反映了中国传统亲水嬉水文化的丰富内容。

(八)体现人拜于水的祈水忌水文化

在远古时代,人们有感于大自然的神奇和威力,出于对水滋养生命的感恩和对水灾的恐慌与迷茫,使得人与水亦敌亦友的矛盾关系上升为一种心理上的膜拜感,最终以巫术礼仪和图腾崇拜等形式加以表达和宣泄。而巫术礼仪和图腾崇拜的核心内容是通过一定的仪式和活动来祈求大自然风调雨顺,从而可以乐享人生。按照弗洛伊德《图腾与禁忌》等书中的理解,任何原始崇拜都与一定的禁忌有关,所以在水崇拜中自然也有大量的禁忌活动。所谓祈水忌水文化,就是通过一定的水崇拜形式所积累下来的有关水祭祀和水禁忌的文化现象。祈水忌水活动作为一种文化现象,一般具有正负(加法和减法)两方面的意义:从正(加法)的方面讲,是祈求水始终能够与人为友,滋养万物,给人类带来更多的福利;从负(减法)的方面讲,是祈求水尽量不要与人为敌,涂炭生灵,减少水对人的威胁。

(九)体现人感于水的咏水写水文化

水既然是人们生活的伴侣,人们的亲水情缘便会用各种形式加以表达。可以说,在中国传统士人文化和艺术文化中,水作为人们钟情的对象和情感表达的媒介,自然会成为文艺创作的重要题材。所谓咏水写水文化,就是指人们通过文学艺术创作活动表达出来的人水情缘与和谐关系,通过歌咏水、描绘水而积淀下来的文化成果。具体来说,中国传统咏水写水文化主要表现在以下几个方面:

首先,水对文学艺术创作的启发。沈从文在《我的写作与水的关系》中说:"在我一个自传里,我曾经提到过水给我的种种印象。檐溜,小小的河流,汪洋万顷的大海,莫不对于我有过极大的帮助,我学会用小小脑子去思索一切,全亏得是水,我对于宇宙认识得深一点,也亏得是水。"其实在我国古代,水始终是激发文人灵感的活物,是艺术家进行艺术创作的源泉。这其中有两类最主要的例子:一是艺术家受到自然山水的启发获得创作的灵感,从而成就了他们的艺术创作。如观海听涛常常能让艺术家精神振奋,心潮澎湃,情感充溢,产生巨大的震撼。南朝刘勰《文心雕龙·神思》云:"登山则情满于山,观海则意溢于海;我才之多少,将与风云而并驱矣。"刘勰认为屈原的创作便是受到了"江山之助"。曹植的《洛神赋》是有关洛神文学中最华美的篇章,在历史上影响巨大。二是茶和酒作为特殊意义上的水也是艺术家遣怀抒愤的重要媒介,此不赘述。

其次,中国传统文学艺术中包含了丰富的水意象:一是水抒情意象,即借水抒情,把水当作抒发情感的媒介,如王维的多数诗、周敦颐的《爱莲说》以及古代的山水画等。二是水环境意象,即把水作为创作主题的环境而加以描述。在中国早期的文学艺术作品中,有关水的描写多数是因为某种表达主题的需要而设置的水环境,最典型的就是《诗经》中的《关雎》、《庄子》中的《秋水》等。宋代张择端的《清明上河图》则是借河水这一环境形象来表达汴梁民俗文化的盛况,歌颂北宋政治、经济和社会的繁荣。三是水幻想意象,即通过有关水的神话传说来表达艺术家的情感。在中国古代早期大量的神话传说和民间故事中,有很多关于水的幻想形象,甚至很多图腾形象,如龙、四海神、河伯等都与水有着密切的关系。

再次,水在中国传统文学艺术欣赏中的意义,主要包含以下三点:一是人生况味的蕴含,如庄子的《秋水》、李白的《赠汪伦》等所表达出的人生感喟;二是崇高境界的启迪,如庄子的《逍遥游》、李白的《望庐山瀑布》《将进酒》所表达出的阔达境界;三是品格升华的促动,如周敦颐的《爱莲说》通过对莲花"出淤泥而不染,濯清涟而不妖"的描绘,表达了自己对清正廉洁的品格境界的向往,陶渊明的《桃花源记》则通过对桃花源山水环境的描绘，表达了作者追求安宁、自由的生活品格和生活理想。

（十）体现人知于水的识水研水文化

中国古代不仅有丰富的水文化实践成果，也有很多优秀水文化理论成果。总体上看，无论是水文化实践成果抑或是水文化理论成果，都是人们在思水、识水、研水的基础上产生的。也就是说，无论是有关水的哲学见解或是有关水的科学见解，都是人们在对涉水活动进行思考、认识、研究的基础上提出来的。所谓识水研水文化，就是指基于人们认识水、研究水而积累下来的文化成果。其主要内容表现在以下几个方面：

首先，知水的核心是关于水的哲理思考。关于水的哲理思想，就是以水为思考和反思对象，并从中总结出具有深厚人文内涵的意识、观念、态度、理念等。例如老子所说的“上善若水”，就是以水的自然特征为出发点，通过对水所隐喻的人文情怀和道德比附的提升，将水视为最为接近“道”的一种至高无上的大善，是宇宙间最具包容性、最能体现人类至高追求和理想信念的存在物，可谓是“道”的最忠实的使者或形象代言人。再如对水的伦理思考也可以看作水哲理思考的一部分，水伦理是环境伦理与生态伦理的核心层面，是指体现在人水关系中的一切伦理现象。这些现象包括：一是充分认识到水之于人类的社会意义，水不仅是自然存在物，同时也是社会存在物，应赋予水更多的社会文化价值；二是充分认识到水的伦理教化和道德熏陶意义，彰显水的心灵净化和德行完善价值；三是充分认识到水的生态伦理意义，凸显水在生态完善、和谐社会建构中的价值。

其次，识水研水的核心是关于水的科学探索。治水用水的关键在于认识水，即关于水的科学探索及其文化积累。早在先秦时期，管子等人就在人们治水的经验上进行了有关的科学探索，成为最早的水利专家。战国中后期或汉代初中期的《山海经》虽然看上去是一部荒诞不经的神话寓言著作，但也体现了人们对于水的思考。西汉司马迁的《史记》里的《河渠书》、东汉班固《汉书》里的《沟洫志》，可称为中国早期的水利通史。东汉桑钦著的《水经》是中国第一部记述水系的科学专著。北魏时期郦道元的《水经注》是中国古代最著名的水地理著作，虽然不是严格意义上的水利学专著，但却是一部内容丰富的水文化专著。元代出现了著名的水利科学家郭守敬,同时还涌现出了一些其他水利研究专家,如《元史·赡思传》里列举了赡思的十余种著述目录,其中之一便是《重订河防通议》。水利著作另有任仁发的《浙西水利议答录》、欧阳玄的《至正河防记》、王祯的《农书》等。之后,明代河道工程专家潘季驯的《河防一览》,清代杨守敬的《水经注疏》、杨守敬与熊会贞的《水经注图》等,都是识水研水的重要著述。

再次,识水研水的内容还应包括关于水资源管理以及与水相关的政治、法律等方面的思考。水文化是一个综合系统,对水的思考与认识也应该是全方位的,除了上面所说的水哲理思考、水科学思考,对水的资源管理、有关治水用水的政治制度和法律制度也应该成为识水研水的一部分。在我国古代,由于学科划分不清晰,很少有专门研究某项与水有关的学术专著,大都散见于各类史书、政书、业书等之中,如《管子》《吕氏春秋》中的某些篇章,《氾胜之书》《齐民要术》《农政全书》《唐律疏议》《大明律》《大清律》《田律》中的某些内容。像《水部式》《治河条例》《防汛章程》等书虽然勉强可以看作专门化的识水研水著作,但其陈述性要远远大于研究性。

第四节　河南水文化发展的逻辑轨迹

河南是中华文化的核心区域,以河南传统文化为核心的中原文化源远流长,绵延不断,是中华民族传统文化的重要组成部分。长期以来,地处中原腹地的河南依托中国传统政治的核心地位优势和黄河、长江、淮河、海河及众多其他河流的区位优势,秉承人水和谐与人水情缘的理念,在思水识水、治水兴水、管水用水等方面积累了丰富的水文化成果,包含了丰富多彩的水文化内容和博大精深的水文化精神。对河南水文化发展逻辑脉络的梳理,有利于我们准确把握河南水文化的核心特点、基本精神、主要内容及历史轨迹,从而为继承、开发和保护河南传统水文化资源提供帮助。

历史文化的研究应遵循逻辑与历史相统一的方法,也就是要把逻辑的东西与历史的东西融为一体,既尊重历史发展的客观现实,又要从纷繁复杂的历史线索中总结、抽象、提升出其内在的必然性和规律性。恩格斯说:“历史从哪里开始,思想进程也应当从哪里开始,而思想进程的进一步发展不过是历史过程在抽象的、理论上前后一贯的形式上的反映。”①根据这一原则,我们可以将河南水文化的逻辑轨迹总结如下。

一、从经验摸索到理论建构

在远古时代的河南大地,人们本着生存的需要开展了大量的涉水实践,通过艰辛的努力,积累了丰富的治水用水经验,这些经验代代相传,不断改进,最终形成了许多卓有见识的水文化理论智慧。远古时期,由于生产力水平低下,人们所面对的水环境极为恶劣,这直接促成了人们治理水患的举动。《尚书·洪范》说:“昔鲧堙洪水。”《吕氏春秋·爱类篇》载:“昔上古龙门未开,吕梁未发,河出孟门,大溢逆流。无有丘陵沃衍、平原高阜,尽皆灭之,名曰鸿水。禹于是疏河决江。”早在大禹治水之前,他的父亲鲧就进行了大量的治水活动,但因经验不足,最终导致了治水的失败。禹在治理洪水的过程中,明显接受了其父治水失败的教训,不是采取与自然硬性对抗的方法,而是以疏导为主。如《孟子·离娄下》谓:“禹之行水也,行其所无事也。”他没有一意孤行地用人力去与大自然进行对抗,而是顺其自然,审时度势,因势利导,以疏导和导引为主,使洪水有路可走。《国语·周语》称他“高高下下,疏川导滞”。《孟子·滕文公上》称他是“疏九河,瀹济、漯而注诸海,决汝、汉,排淮、泗而注之江”,把洪水合情合理地导入江、海。鲧、禹父子治水从失败到成功,无疑是在不断总结实践经验的基础上完成的。这种基于治水实践的经验后来被人们总结凝练,在各种水利文献中都获得了理性化的表述,逐渐成为一种理论观念。如《史记·河渠书》云:“河菑衍溢,害中国也尤甚,唯是为务,故道河自积石,历龙门,南到华阴,东下砥柱,及孟津,洛汭,至于大邳。于是禹以为河所从来者高,水湍悍,难以行平地,数为败,乃厮二渠,以引其河,北载之高地,过降水,至于大陆,播为九河,同为逆河,

① 《马克思恩格斯选集》第2卷,人民出版社1972年版,第122页。

入于勃海。”之后，有许多中原古代水利专家都提出一些富有理性的治水思想，如提出著名“治河三策”的西汉末年治黄战略家贾让；第一个全面实践“治河三策”的东汉水利家王景；主张疏、浚、塞并举，提出“治河二策”的元至正年间工部尚书贾鲁；被清光绪帝追封为“永济显应昭孚”黄河大王的明代水利家白英；被清光绪帝追封为“显佑”大王的明永乐年间工部尚书宋礼；总结出黄河堤防“植柳六法”的明代著名河官刘天和；提出“筑堤束水，以水攻沙”治黄方略的明末著名治河专家潘季驯；著有《河防疏略》，被民间称颂为“河神”的清顺治年河道总督朱之锡；采取“疏浚筑堤”并举治河的清康熙年间河道总督靳辅；修建武陟黄河龙王庙（即嘉应观）的清雍正年间河道总督齐苏勒；著有《河防奏议》，提出“引流杀险”法治理黄河的清雍正年间河南山东河道总督嵇曾筠；被民间称为“河神”的清道光年间河南山东河道总督栗毓美；等等。可谓英才辈出，群星灿烂。

二、从情感体验到理性反思

在河南传统水文化实践中，有不少内容经历了从感性体验到理性反思的过程。综合考量，以下四方面具有典型意义：

（一）远古时代的热情执着具有非理性色彩

远古时期的一些治水活动，往往迫于现实的急切需要，在理性建构还不太发达的情况下，先民们往往凭借自己的一腔热情去执着地进行探索。如炎帝神农氏作为传说中的先古帝王，基于对民生多艰的考虑，往往靠自己的满腔热情去为天下除害，为家国造福。《淮南子·修务训》记载：“古者民茹草饮水，采树木之实，食蠃蛖之肉，时多疾病毒伤之害。于是神农始教民播种五谷，相土地宜燥湿肥垵高下，尝百草之滋味，水泉之甘苦，令民知所辟就。”这种执着奉献的精神无疑是中华民族宝贵的精神财富，但多少也有些非理性色彩。

（二）从盲目决策到理性思考

在治水过程中，由于没有足够的理性指导和科学依据，往往在治水策略上过于简单草率。例如在禹之前，共工、鲧等皆以堵、湮、障为治水之法。《尚书·洪范》云："箕子曰：我闻在昔，鲧湮洪水，汨陈其五行。"《祭法》："鲧障鸿水而殛死。"《山海经·海内经》："洪水滔天，鲧窃帝之息壤，以湮洪水。"这种与自然相对抗的方法屡遭失败，所以禹便总结了他们的经验教训，进行了相应的理性反思，改堵、湮、障为疏、导、引，为而不争，因势利导，才取得了治水的巨大成功。《史记·夏本纪》："禹伤先人父鲧功之不成受诛，乃劳身焦思，居外十三年，过家门不敢入。"而包括禹本人也是经过了反复的实践和"劳身焦思"的理性思考，才最终取得成功的。

（三）从感性想象到现实反思

在先民们治水活动屡屡受挫的情况下，往往出于急切的现实考虑，通过编造一些涉水的民歌民谣和神话传说，借助于感性想象来表达自己对风调雨顺和人水和谐美好愿景的祈盼。如《周礼·春官》记载："司巫掌群巫之政令。若国大旱，则率巫而舞雩。"《管子·水地》说："水者万物之准也，诸生之淡也，违非得失之质也。是以无不满无不居也，集于天地而藏于万物。产于金石，集于诸生，故曰水神。"唐代学者尹知章注云："莫不有水焉，不知其所，故谓之神也。"这里指水为神，也就是直接把水称为"神"，以求其造福于民。这种感性的水神话、水传说或水民谣，最后只能通过理性的反思才能服务于现实。

（四）从内心感悟到理论建构

在一些情感性水文化实践中，人们起初感恩于大自然的生态多样性，对自然之水有很多的感悟，但往往只是停留于内心的感受和情感的表达，后来才上升为一种理性反思。譬如在《诗经》中，有许多篇章是借水而起兴的，通过对洋洋大河的感悟，不由得产生一种精神上的释放与发自内心的赞叹。这种缘水而起情的方式，正是作为自然事物的水向情感生成的一个通道。因此，水在《诗经》中的自然性便被赋予了丰富的精神文化内涵。如《关雎》一诗中的"关关雎鸠，在河之洲；窈窕淑女，君子好逑"；《氓》一诗中的"送子涉淇，至于顿丘""淇水汤汤，渐车帷裳""淇则有岸，隰则有泮"；《葛藟》一诗中的"绵绵葛藟，在河之浒""绵绵葛藟，在河之涘""绵绵葛藟，在河之漘"。正是有了这些融情于水的感悟，才有了老子"上善若水"和孔子"智者乐水"的理性思考。另外，在《河广》

一诗中有“谁谓河广？一苇杭之”的美好想象，从理性的角度看，“一苇杭之”显然是不可能的，但却表达了人们对渡河过江的迫切需要，正因为有这些需要和情感表达，才有了各种理性化设计建造的舟船和桥梁。

三、从民间自发到官方促导

原始时期的社会组织不够健全，在农业社会相对松散的社会结构里，自给自足的作业方式是主流，因而各类水文化实践都带有明显的个体色彩和家族色彩，各种水文化实践往往是民间自发的。在《列子·汤问》篇中提到远古时期人们“缘水而居，不耕不稼”，在《老子》一书中提到“小国寡民”们“甘其食，美其服，安其居，乐其俗”的状况，其实这都是一种虚幻的想象，只是表达出在与世无争的远古时代和谐的人水关系。实际情况是，由于存在丰厚的水资源，人们取水用水都十分方便。譬如家家户户可以凿井而饮，安居乐业。我国远古先民咏赞美好生活的一首歌谣《击壤歌》说：“日出而作，日入而息。凿井而饮，耕田而食。”《吕氏春秋·察传》里记载，有一户姓丁的人家，曾经“家无井而出溉汲，常一人居外”。后来这家人凿出一口用于灌溉农田的水井，节省了劳动力，相当于增加了一个劳动力，即所谓“丁氏穿井得一人”。后来“国人道之，闻之于宋君”，也就是说这件事被宋国的国君知道了，宋国的国君详细了解了情况，明白了事理。虽然古书上并未讲到宋国国君对这种做法的官方引导，至少说明官方是了解民间自发的利水用水实践的，这无疑启发了后世官方对井灌事业的重视。乾隆五十年(1785)河南巡抚何裕派遣官员在新乡、汲县等地推行凿井事业，道光二十七年(1847)许州(今许昌一带)知州汪根敬“劝民掘井三万余”等就是明显的例子。由于洪水泛滥，个体或民间的治水能力有限，官方自然会出面促导甚至组织相应的治水活动。可以说，在河南水文化史上，大规模的治水活动基本都是官方组织或引导的。《史记·河渠书》记载，武帝元光三年(前132)，官方曾派十万民工去洪水泛滥的地方堵口，元封二年(前109)，汉武帝命令汲仁、郭昌主持，再次动用几万民工进行堵口治水活动等。

四、从乡规民约到制度建设

乡规民约也叫村规民约,是中国基层社会组织中社会成员共同制订并自觉遵守的一种社会行为规范和禁约条款,具有约定俗成、自发协议等民间化的特点。乡规民约在我国各地非常流行,且源远流长,对管理村寨和村寨联盟往往能起到很好的作用。乡规民约大多游离于法律之外,但却有准法律的性质,不过有些乡规民约的处罚措施可能与我国现行的法律相冲突。

在河南各地众多的乡规民约中,有不少是涉水的,即与水资源保护及相关的林木资源保护相关。有关水土保护和树木保护等生态保护的民间禁约文化在中国历史上曾起到非常重要的作用,而这种禁约文化很大一部分是通过各种地方史志、禁碑、民间文学等传承下来的。河南自古就有利用乡规民约保护自然生态和水资源的传统。由于森林防护对保护水资源意义重大,如《荀子·致士》中说:"川渊深而鱼鳖归之,山林茂而禽兽归之",所以各地都有不少保护森林树木的乡规民约。清咸丰五年(1855)巩县(今河南巩义)《公议断坡碑》针对毁林导致生态环境恶化,提出相应的规约:"公议立一罚规,以勒诸石。使后之人目触心惊,不敢私意妄取,庶几本立道生,根深叶茂,而材木复至不可胜用焉。是以幸甚。立碑后,如有筑官坡圪塔者,罚钱五千文充公,放荒亦如此。"再如光绪三十三年(1887)滑县《断沙会碑记》称,以前断沙会规矩严肃,确保当地飞沙不起,美丽自兴。然岁远年湮,规矩疏忽,采伐薪木者甚多,牧牛羊者亦复不少,甚而无赖之徒,砍树株,偷窃田苗,为此村民共同商议:"公恳邑侯□吕大老爷出一告示,特为严禁,凡附近邻村居民人等,一体知悉,自勒石之后,务将牲畜圈养,毋得任意牧放,周围树株柴薪,亦莫故意窃伐,倘敢故违,一经查出,或被指控,定即传案究罚云。"

2008 年 4 月 20 日,洛阳市文物管理局普查队在指导洛宁进行全国第三次文物普查时发现了一块刻有乡规民约的清代古碑,碑阴上端竖行楷镌七条"公议村规",其中一条为:"凡窃取竹木五谷菜果者,不论长幼尽罚钱五百,夜加倍,半给拿获之人,半入公,私纵隐匿者加倍罚之。"

乡规民约毕竟不是真正的成文法,所以其能够发挥的效力是有限的,为此,在河南历史上,各级政府机构都有一定的保护水资源的法律建构与管理制度。

五、从畏水惧水到礼水敬水

《左传·昭公十八年》载子产语:“天道远,人道迩,非所及也,何以知之?”地处黄河中下游的郑国(今河南新郑)著名政治家和教育家子产在这里明确论述了天道与人道的区别,以及人对于天(自然)的认识有限性。在水患严重、人们又对造成水患的原因感到迷茫不知的古代,人与水的关系经历了从畏水惧水到礼水敬水的过程。

(一)水灾水患引发心理恐慌

古代典籍中对于因洪水泛滥所造成的民不聊生现象有众多描述,而水土流失、河水泛滥、暴雨不止又给人们的生活带来了极大的危害,加上人们对很多自然现象觉得神秘莫测,这就造成人们畏水惧水的恐慌心理。《孟子·滕文公上》说:“当尧之时,天下犹未平,洪水横流,泛滥于天下,草木畅茂,禽兽繁殖,五谷不登,禽兽逼人,兽蹄鸟迹之道交于中国。”元至元三年(1266)七月,处于今河南境内的丹河、沁河泛滥成灾,“湮没人畜房舍田禾甚众,民皆栖于树”。明成化十八年(1482)怀庆府城(今河南沁阳),“决堤毁城,摧房垣,漂人畜不可胜记”。

(二)从水畏惧到水崇拜

在畏水惧水的情况下,古代先民往往会通过水神崇拜来表达自己的愿望。在现实生活中,水对于人们的影响主要来自两个方面:一是水为人们提供了最基本的生活源泉,是维持人们生命的最核心元素之一,因此,如果水源枯竭,人们的生活就会受到极大的影响,这样一来,水受到人们普遍的敬畏和崇拜,那么将其神圣化、神秘化便是顺理成章的事情。二是水如果受到自然环境的影响,也有可能泛滥成灾,从而成为危害人们生命的力量。每每如此,人们又会杜撰出各种神话来解释这一现象。譬如黄河神“河伯”,他既可以造福人类,也可以危害人类。人们只有通过祭拜来祈求他扬善去恶,保佑苍生。水崇拜简单地说就是对水或水生物的崇拜。《管子·水地》:“人,水也。男女精气合,而水流形。”古人直接把人看作由水生成的,因此水就是人的生命的一部分。由于水在人们的生活中有着举足轻重的地位,所以对水的崇拜自古而然,而且十分普遍。

(三)从水崇拜到礼水敬水

水崇拜直接促发了人们的礼水敬水心理。以水图腾崇拜为例,在河南水文化发展史上,出现过各种各样与水有关的图腾崇拜物,包括中华各民族共同崇拜的最核心的图腾崇拜物——龙,也是与水有着千丝万缕的联系。水图腾崇拜中包含了大量的水祭祀与水礼仪活动,因为水图腾作为一种崇拜符号,只有被加以祭祀才能显示其权威性和庄严性。同时,水图腾作为一种与水有关的崇拜对象,还寄托着人们对人与水之间和谐关系的祈盼,而人们对水的敬畏和崇拜心理又需要借助于一定的仪式即礼仪表现出来。在这种礼仪形式中,人们往往要投入深厚的感情,产生剧烈的情绪体验。由此,水崇拜必然导致人们的亲水性心理,并由此建立起一种基于人水情缘的人水和谐关系。水是万物之源,是生命之源,而水崇拜则体现着对生命力的渴求,是对水的生命力与人自身的生命力的一种双重崇拜。

六、从战水治水到爱水利水

人与水亦友亦敌的矛盾关系,决定了人们战水治水与爱水利水必然统一起来。事实上,在历史发展中,人与水的关系经历了从友水伴水到战水治水,再从战水治水到爱水利水的辩证发展过程。

(一)从友水伴水到战水治水

水是人的生命之源,爱水利水是人类自古以来的基本情结。但水作为自然存在物,有它自身的规律性,如果人摸不透这些规律,水并非是在任何情况下都会听命于人的。毫无疑问,在古人的想象中,人与水的关系曾经有过宁静的和谐状态,在凿井而饮的安定生活中,人类从一开始都会感恩于大自然赐予的水。葛洪《抱朴子·诘鲍》在描述“曩古之世”时说:“穿井而饮,耕田而食,日出而作,日入而息。”因而一开始古人也都有爱水利水的情结。在河南古代哲人的心目中,人与自然最初是惺惺相惜、并行不悖的,如《庄子·齐物论》说:“天地与我并生,而万物与我为一。”但当水对人们的生活造成不便甚至灾难的时候,人们无所选择,只有通过战水治水来消除灾难,便利生活。

(二)从战水治水到爱水利水

当战水治水取得相应的成果时,人与水在更高层次上又建立起一种和谐关系,达到了更高层次的爱水利水情结。战水治水并非是与水进行强行对抗,而是利用水的运行规律,因势利导,服务于众生。《庄子·大宗师》云:“不以心捐道,不以人助天。”《庄子·秋水》云:“无以人灭天”“无以故灭命”。《程氏遗书》卷十八程颐说:“天地人,只一道也,才通其一,则余皆通。”王弼在注解《老子》“道法自然”的命题时说:“法,谓法则也。人不违地,乃得全安,法地也。地不违天,乃得全载,法天也。天不违道,乃得全覆,法道也。道不违自然,乃得其性,法自然也。法自然者,在方而法方,在圆而法圆,于自然无所违也。”从鲧治洪水的失败到大禹治水的成功,这最好地诠释了河南古代哲人的这一思想。对于治理水患而言,“于自然无所违”并不是说逆来顺受,完全听命于自然,而是在战水治水的过程中要尊重自然的规律,也就是《老子》第八十一章所谓的“天之道,利而不害;圣人之道,为而不争”。大禹把洪水合情合理地导入江海,就是最好的写照。

合情合理地战水治水是人水关系的深刻体现,并由此达到人水和谐的最高境界,从而进一步深化了人们的爱水利水意识。如大禹通过自己的艰辛努力和理性思考,建立了治水的丰功伟业,使得国家稳定,天下太平,人民安居乐业,这无疑从更高层次上提升了人们的爱水利水意识。

第二章 史前时期河南水文化

水是生命之源，生产之要，生态之基。文明的产生和发展，与水有着不解之缘。河流是人类文明发源的摇篮，源于黄河流域、长江流域的中华文明就属于“大河文明”。河南地处黄河中下游地区，是一个洪涝灾害多发的地区，有关大洪水的记载很多。因此，防洪自古以来就是中原先民最主要的水事活动之一。与洪水作斗争，成为中原人民生存和经济社会发展的必要条件。史前时期河南的水文化源于裴李岗文化，是中原农耕文明的源头。水井的出现是定居农业出现的主要标志，大禹治水是中原治水文化的主要标识。

第一节　环境变迁与人类文明

生态环境在史前文明中起着基础性作用。旧石器时代河南温暖的生态环境，为早期人类和农耕文明在黄河中下游地区的孕育提供了基础。新石器时代河南优越的地理位置和适宜的生态环境孕育了裴李岗文化、仰韶文化、龙山文化，由此构成华夏历史的文明内核。早期人类的出现是与生态环境相适应的结果，同时人类发展也在影响环境变迁，是双向渐进螺旋式的发展，由此推动中华文明的持续发展。

一、旧石器时代河南的生态环境

旧石器时代早期，黄河中下游地区气候温暖湿润，森林密布，植被茂密，生物资源多样。旧石器中期气候湿热、森林密布、动植物品种多样的生态环境特点，可以从安阳小南海石器文化、新密李家沟遗址中得到证实。

安阳小南海洞穴遗址位于太行山东麓的浅山区，洞深约 50 米，宽 2—3 米，高 2.5—3 米。据测定，人类在小南海洞穴居住的时间为 24100±500 年—11000±500 年。在这一遗址中发现的动物化石有刺猬、猩猩、方氏鼹鼠、洞熊、狗獾，最晚有鬣狗、狼、豹、野驴、披毛犀、野猪、狍、赤鹿、水牛、普氏羚羊及苏氏鸵鸟蛋等。[①] 在考古发现的动物中，披毛犀、野驴、刺鹿、普氏羚羊等动物的存在，说明这一时期该地区森林与草原相结合的生态环境特征，表明小南海文化时期这里既有草原和茂密森林，也有河流和沼泽，四季分明，冬季则较为干燥寒冷。上述表明，旧石器时代河南丰富的植被、众多的河流和湖泊、多样的动物及水生物，为该地区人类的生存提供了适宜的客观条件。借助该时期良好的生态环境，丰富多彩的旧石器文化在黄河中下游地区大量地孕育产生，其中尤以黄河中游地区的河南、陕西、山西地区最为丰富。

距今 10500—8600 年的李家沟遗址，位于河南新密市李家沟村，地处从嵩山东麓向华北平原过渡的低山丘陵区，海拔高度为 205 米，附近地势由北部向南部倾斜，溱水上游椿板河河段自北向南流经遗址西侧，遗址位于河左岸，属于旧石器时代晚期。[②] 李家沟遗址位于中纬度地带，季风为东亚海洋季风之边，气候属温带与亚热带之交，地貌属黄土高原、豫西山地与华北平原之交，这都呈现出地貌过渡带的鲜明特征。而地貌过渡带是旧石器文化向新石器文化过渡，同时也是人类由采集狩猎经济向农业经济过渡的最佳生境。这是因为，由于生产力水平低下和适应能力弱，人类不可能一下子就进入广阔的平原，而必须在三级阶地和二级阶地之间的地貌过渡带做一定时间的停留，以便逐渐适应新的环境。地貌过渡带地质新构造运动活跃，易形成高于河流水面的台地和阶地，为人类提供安全可靠的生产生活空间。众多的河流，为居民带来水利之便。河谷本身也形成了沟通二级阶地和三级阶地的通道。地貌过渡带的明显坡降，有利于从二级阶地带来的河流物质在这里快速堆积，形成肥沃的冲积扇和河谷平

---

① 安志敏:《河南安阳小南海旧石器时代洞穴堆积的试掘》,《考古学报》1965 年第 1 期。

② 北京大学考古文博学院、郑州市文物考古研究院:《河南新密市李家沟遗址发掘简报》,《考古》2011 年第 4 期。

原。并且,地貌过渡带复杂多样的地形,促使植物的垂直地带性清楚,有利于植物多样性增加。[①] 李家沟遗址正处在嵩山地区向东延伸的丘陵地带,属由黄土高原边缘向黄淮海平原过渡的地貌过渡带,恰是适宜人类繁衍生息和农业起源的地区。[②]

李家沟遗址发现的小型鹿类等动物骨骸,反映了温暖湿润的森林草原的环境特征,丰厚的黄土层也有利于土地的开垦和作物的生长,这对农作物的培育及农业生产是非常有利的。与此同时,李家沟早期遗存发现的有石锛、砍砸器、刮削器、尖状器、石磨盘等石器、陶器和猪、马、牛、羊等动物标本,表明中原地区的原始农业已经孕育产生,该区域有可能已培育了粟、黍等农作物,为探讨中原地区旧石器时代向新石器时代过渡、新石器时代早期文化及农业的起源都提供了新资料。[③]

从历史的演进过程来看,旧石器时代后期与现代生态环境关系最为紧密。在第四纪后期,"从距今 5.4 万年到 2.3 万年,气候相对温湿,在黄土高原、华北平原和东北平原均以云杉、松等针叶林为主,在东北地区和华北南部出现栎、桦等阔叶树林,而在后期……从距今 2.3 万年到 1 万年气候干冷,以蒿、藜等干草原为主。华北南部和东北平原……出现过短暂针阔混交林……距今 5.4 万—3.6 万年,北方主要是针阔混交林或疏林草原景观;距今 3.6 万—3.2 万年,植被为干草原;距今 3.2 万—2.3 万年,植被演变为针阔混交林或疏林草原景观"[④]。这一期存在的动物类型是:"在华北地区,代表阶段早期的萨拉乌苏动物群共发现 8 目 30 属 36 种,如诺氏古棱齿象、最后鬣狗、河套大角鹿等,占优势的是啮齿类和有蹄类,几乎占 3/4,大部分适应干旱—半干旱气候,也有一些森林或灌丛中喜湿性的栖居者。峙峪遗址……未发现象类,而适应干旱的野马、野驴数量却十分可观,现今这两类动物的分布已向北偏移 10 度左右。……山顶洞遗址发现的哺乳动物化石……食肉类占较大优势,动物群的性质比较复杂,既有生活在热带亚热带的林栖或林缘地带的种类,也有生活在混交林草地或边缘的种

① 宋豫秦等:《中国文明起源的人地关系简论》,科学出版社 2002 年版,第 213 页。

② 王星光等:《生态环境变迁与社会嬗变互动——以夏代至北宋时期黄河中下游地区为中心》,人民出版社 2016 年版,第 10 页。

③ 王星光:《李家沟遗址与中原农业的起源》,《中国农史》2013 年第 6 期。

④ 杜水生:《中国北方旧石器时代晚期文化的分期分区及相关问题》,《考古学报》2007 年第 2 期。

类以及生活在干草原的种类，反映了森林草原种类，气温曾一度高于现今。”①“东北地区主要是披毛犀—猛犸象动物群。”②

由此我们可以看出，旧石器时代河南覆盖着大面积的森林，河流纵横，湖泊沼泽密布，整个地区植被良好，黄土的形成和堆积、黄河的发育和形成对这一地区生态环境的变化更是起到了决定性的作用。从某种意义上讲，中华文明的形成和演进，与这一时期形成的黄土和黄河为主体的生态环境有着紧密的关联。

二、新石器时代河南的生态环境

距今 8500—3000 年，即更新世晚期的末次冰期结束以后，全球处在气温升高的阶段，北半球森林带北移，山地树线升高，冰盖融化，海面迅速上升，距今 6000—5000 年，达到温度高峰，正是我国仰韶文化时期。全新世时期的生态环境状况与中国以后各个历史时期的生态环境关系最为紧密，也就是在这一时期，人类进入了一个新的文明阶段——新石器时代。

新石器时代河南地区气温总体的变化是：初期由凉转暖，中期气温达到最高，到后期开始向干凉转化。与气温的变化相对应的是，在整个全新世时期，海平面的变化经历了三个阶段：距今 10000—6500 年是海平面上升期，其中距今 7500 年已达现今的海面；距今 6500—4000 年间为高海面期，海面普遍高于现今 1.5—3 米；距今 4000 年以来海平面总体呈下降趋势。③ 新石器时代中期出现的最为温暖湿润的时期在距今 8000—3000 年间，这一时期也被西方学者称为“全新世气候最适宜期”。④

河南的农业开始萌发并得到迅速发展，新石器文化出现了繁荣，代表权力象征的国家开始奠基。这一时期奠定的文明根基，影响了中华民族及其历史的

① 赵希涛：《中国全新世海面变化及其与气候变化和海岸演化的关系》，载施雅风：《中国全新世大暖期气候与环境》，海洋出版社 1992 年版，第 111—120 页。

② 杜水生：《中国北方旧石器时代晚期文化的分期分区及相关问题》，《考古学报》2007 年第 2 期。

③ 赵希涛：《中国全新世海面变化及其与气候变化和海岸演化的关系》，载施雅风：《中国全新世大暖期气候与环境》，海洋出版社 1992 年版，第 111—120 页。

④ 施雅风：《中国全新世大暖期气候与环境》，海洋出版社 1992 年版，第 1—18 页。

发展方向。因此,也可以说“全新世气候最适宜期”为中国新石器文化的形成和中华传统文明的孕育生长提供了最适宜的环境条件。与此同时,在黄河中下游的中原地区,先后孕育产生了裴李岗文化、仰韶文化、龙山文化等多种文化。

(一)新石器时代早期河南的生态环境

新石器时代早期河南生态环境的特点,在裴李岗文化遗址及黄河下游山东地区的动植物考古发现中有明显体现。

裴李岗文化遗址集中分布在河南省中部地区,大别山北麓和太行山东麓的山前地带也有同类型遗迹,年代与磁山文化时期基本相同。通过对裴李岗文化遗址考古发现的野生动物、植物等品种的研究可以发现,在裴李岗文化初期的地面上的孢粉组合中,喜暖植物的数量进一步增加,环纹藻类比例增大,而耐旱的蒿属等植物比例递减50%以上,呈现出蒿属草原面积缩小而湖沼面积扩大的趋势,反映出的气候条件可能与现在相似或略显暖湿,应属温和半湿润气候。在裴李岗文化时期,黄河中下游地区出现了大量的现今分布于长江流域及其以南地区的动物,如鳄、闭壳龟、獐、麂等。考古遗址中发现的环纹藻类比例增大,蒿属等植物比例减少,反映出草原面积进一步缩小而湖沼面积进一步扩大的趋势,表明当时的气温和降水量都比现今这一地区更高,呈现出温暖湿润的气候特征,与现在的长江流域气候相似。[①] 裴李岗遗址距今7445±200年,莪沟北岗遗址距今7240±80年,磁山文化距今7235±105年,石固遗址距今7450±90—7010±85(第四层)年[②],上述遗址同属考古学上的新石器时期早期。除上述遗址外,还在许昌发现许昌灵井遗址[③]。通过对早期新石器遗址的研究发现,在这一时期,陶器已广泛应用,农业种植及家畜饲养业开始出现。人类和自然环境的关系表现出与旧石器时期极大的不同,在模仿自然的同时,人类开始实现对自然的部分改造。

位于河南舞阳境内的贾湖遗址,据测定年代在距今9000—7800年之间,遗址范围达5万平方米以上。对遗址中发现的孢粉进行分析,考古学者发现了现

---

① 张居中:《环境与裴李岗文化》,载周昆叔:《环境考古研究(第一辑)》,科学出版社1991年版,第122—129页。

② 河南文物所:《长葛石固遗址发掘报告》,《华夏考古》1987年第1期。

③ 周国兴:《河南许昌灵井的石器时代遗存》,《考古》1974年第2期。

生长在淮河以南地区的菱角和非野生水稻品种①,说明距今9000—7800年的河南舞阳地区水利状况要好于现在。

综上所述,新石器时代早期整个河南气候状况出现了冰期后由干冷向温暖湿润发生转化的迹象,尽管气候还略显干凉,但气温和降水量呈现出逐渐上升的趋势。到了裴李岗文化时期,气候已转化为温暖湿润,生态环境明显好转,开始进入"仰韶温暖期"的早期阶段。施雅风等根据黄土高原、河北东部、青海湖、内蒙古白素海、辽南地区等地距今8500—7200年间的孢粉资料分析,认为当时温度比现在高2℃—4℃。距今7200—6000年间不仅是"仰韶温暖期"中稳定的暖湿阶段,也是温暖期的鼎盛阶段,各地气候普遍较为暖湿,季风降水几乎波及全国,植物生长空前繁茂。②

(二)新石器时代中晚期河南的生态环境

这一时期黄河中下游地区的生态环境状况可以从河南大河村遗址、尉氏椅圈马遗址、杞县段岗遗址的考古发现中得到某些显现。

河南大河村遗址距古代的莆田泽较近,地处西南浅山、丘陵区与豫东大平原的接壤地带,具体位置位于现郑州市东北郊区约6千米的大河村南,北距贾鲁河2.5千米,距现在的黄河7.5千米。遗址内包括了仰韶文化、龙山文化、二里头文化和二里岗文化的丰厚遗存,记录了仰韶文化从产生、发展到消亡长达2400年演化史的全过程。对大河村遗址发现的植物孢粉和动物骨骼等遗存③分析表明,大河文化正处在全新世的温暖湿润的最佳时期,冬季较现在更为温暖,"年平均降雨量应大于1000毫米"④,明显高于现在。尽管期间也有过冷暖干湿的气候变化,但从整体上看,这一时期生态环境状况优良,动植物品种多样。

河南郑州大河遗址同为黄河中下游地区新石器的代表遗址。"第一、二期属仰韶文化中期。……第三期属仰韶文化晚期。……第四期属过渡期。……

① 赵志军、张居中:《贾湖遗址2001年度浮选结果分析报告》,《考古》2009年第8期。

② 施雅风:《中国全新世大暖期气候与环境》,海洋出版社1992年版,第1—18页。

③ 郑州文物考古研究所:《郑州大河村》,科学出版社2001年版,第7页。

④ 王邨、王松梅:《近五千余年来我国中原地区气候在年降水量方面的变迁》,《中国科学》(B辑)1987年第1期。

第五期属龙山文化早期。……第六期属龙山文化晚期。”[①]在第一期文化层中，考古人员发现的工具有：石镞、骨镞、蚌镞、角矛、骨簪、角锥、陶球、陶网坠、鹿角器、石饰、石斧、陶环、骨饰等。发现的陶制容器有：碗、钵、彩陶盆、尖底瓶、罐、器座、鼎等。在二期发现中，最为引人瞩目的是彩陶和豆的发现。属于仰韶文化晚期的第三期考古发现中，陶制品品种较上期明显增多，出现了陶弹丸、陶壶、陶瓮、陶杯、盛簪器、陶甑等新的陶器具。品种众多的陶制品的发现表明，人类在逐渐适应自然的实践活动中创造能力在进一步提高。

对河南东部尉氏县椅圈马遗址仰韶文化遗存和杞县段岗遗址龙山文化遗存中的植物孢粉分析的结果是，椅圈马文化遗址时期孢粉组合中以草本植物花粉含量最高——以葎草、蒿、藜为主；而木本的栎、冬青的生长则均需有温暖潮湿的环境；孢粉组合苹草—蒿—藜—栎—冬青—松—石松，反映当时气候温暖湿润，代表了以草原为主的针阔叶混交林草原植被景观。对椅圈马遗址中选取样品的全岩化学分析和微量元素分析[②]，同样支持这一时期气候环境暖湿的结论。杞县段岗龙山文化层选取孢粉分析结果表明，当时这一地区的木本花粉最少，仅占花粉总量的2.6%[③]，这也表明，在龙山文化时期，河南地区气候有从温湿向干凉方向过渡的迹象。

总之，在仰韶温暖期，北亚热带典型的植物——水蕨类、常绿阔叶和落叶阔叶植物大量存在于河南；现存在于皖南青戈江流域的扬子鳄、存在于江南的丽蚌等亚热带水生动物，在河南也多处被发现；竹鼠、大象等多品种亚热带动物也有大量发现。这些发现表明，在仰韶温暖期，黄河中下游地区属亚热带气候。

新石器时代河南优越的生态环境条件，促生了我国历史上黄河中下游地区农业文明中心在中原的形成。严文明曾将史前文化划分为中原、甘青、山东、燕辽、江浙和长江中游六大文化区，并认为其中的“五个文化区都紧邻和围绕着中原文化区，很像一个巨大的花朵，五个文化区是花瓣，而中原文化区是花心。各文化区都有自己的特色，同时又有不同程度的联系，中原文化区更起着联系各

---

① 郑州市博物馆：《郑州大河村遗址发掘报告》，《考古学报》1979年第3期。

② 郑州大学文博学院、开封市文物工作队：《豫东杞县发掘报告》，科学出版社2000年版，第19—20页。

③ 郑州大学文博学院、开封市文物工作队：《豫东杞县发掘报告》，科学出版社2000年版，第185—186页。

文化区的核心作用”①。

三、中原早期人类文明与生态环境互动

新石器时期中原的气候特点属于现代意义上的亚热带气候。与这一时期温湿的气候环境相对应，人类文明的发展尽管与前期一样，表现更多的是适应自然，但伴随着人类自身的发展和生态环境的变化，人类对自然的适应能力已经得到了很大的提高。到了仰韶温暖期的中期，在逐步适应自然的过程中，人类已经开始实现对自然的模仿，人和自然的关系开始进入“人类对自然的模仿阶段”，农业耕作开始取代采集业和渔猎业成为人类生存的主要方式。

（一）中原早期人类产生条件

历史的发展表明，人类必须首先从自然界获取满足自身生存的物质生活资料，来保证自身的生存；在保证自身生存的基础之上，才有了人类的繁衍和人类社会的产生及发展。物质生活资料构成了人类社会存在的前提。早期人类的生活资料首先是源于自然，人们通过从自然中获取植物果实、野生动物等食物来保证自己的生存，而水资源则是原始人类存在的另一个必不可少的先决条件。所以，能够提供丰富自然食物和水源的地区，就能最先诞生早期的人类。由于早期人类对自然生态环境有很强的依赖性，所以，自然环境对早期人类文明有极大的制约作用。

在早期人类产生的地区，一定拥有较其他地区更为优越的生态环境、地理环境，生态环境和早期人类文明的出现具有很强的关联性；同时，气温条件作为影响生态环境的重要因子，对人类的起源也产生了重大的影响——人类文明的产生多出现在气温较高的间冰期：小南海文化处于第四纪气候冰期的全新世大暖期。有学者将这一现象总结为“暖扬—冷抑”文明进程。② 从本质上看，是相对温湿的气候条件孕育出的良好生态环境，为人类的自我生存和发展提供了有

---

① 严文明：《中国史前文化的统一性与多样性》，《文物》1987 年第 3 期。

② 葛全胜等：《中国历朝气候变化》，科学出版社 2011 年版，第 47—49 页。

利的外部客观条件。

(二)早期人类活动与生态环境之间的关系

在人类的文明发展史上,生产工具的出现,表明了人类开始试图通过自身的努力来实现对自然环境的改变。人类通过制造工具以使自身更好地适应自然,或者使自然更好地满足人类的需要。不同时期人类所使用的工具情况,很好地折射出人类和自然之间的相互关系。

早更新世西侯度遗址距今约180万年,在该遗址的黄河岸边高阶地的交错砂层和夹有砾石的薄层中,考古人员发现了西侯度人所使用的工具:遗址出土石制品30多件,多为简单粗糙的打击石器、石核和石片,可视为西侯度人所使用的工具;除简单的石器外,同时还发现有带有切痕的鹿角及有火燃烧过的骨、角、马牙等遗物。[①] 西侯度发现的原始工具表明,这一时期的人类已经开始有限地实现了对自然的部分改造。距今80万—70万年的陕西蓝田文化遗址发现的石器工具明显较西侯度时期的多,其地层中发现有超过200种的石制品,其中包括砍砸器、刮削器、大尖状器和石球,最有特色的是呈三角形的大尖状器。[②]蓝田文化遗址中石器工具数量、品种的增多表明,随着人类的发展,其自身适应自然与改造自然的能力在逐步提高。

距今7万年的山西襄汾丁村遗址发现的丁村人使用的工具也表明,在逐步实践的基础上,人类自身适应自然的能力及自身的生存能力在不断提高。丁村文化遗址共发现石制品2000余件,分散于20多处,石器以石片和石核为多,其中石片多采用碰砧法和摔击法制成。丁村石器与前期石器相较,石器的种类明显增多,体积明显变大。类型有单边或多边砍砸器、石球、多边形器、三棱大尖状器、鹤嘴形厚尖状器、小型尖状器、刮削器和手斧等,其中以三棱大尖状器最具特色,被专称为"丁村人尖状器"。[③]

距今2.7万年左右的安阳小南海洞穴遗址中发现的石器类型与峙峪文化发现的石器工具大致相同。在该遗址中发现的石器有菱形或三角形尖状器、圆刮

① 贾兰坡:《西侯度文化遗存》,载贾兰坡:《贾兰坡旧石器时代考古论文选》,文物出版社1984年版,第31—36页。

② 吴汝康:《陕西蓝田发现的猿人头骨化石》,《古脊椎动物与古人类》1966年第1期。

③ 裴文中等:《山西襄汾县丁村旧石器时代遗址发掘报告》,科学出版社1958年版,第23—94页。

器、长刮器、复刃刮削器、双边刮器和多边刮削器，另有少量的砍砸器和柱状石核等。值得一提的是，在该遗址中发现了一件表面光滑、扁平椭圆的珠状带孔石饰。安志敏先生认为："从质料上观察，是利用天然的石灰质结核，表面所呈现的光润以及中心的穿孔都是天然形成的，还看不出任何加工痕迹，不过两端孔口稍有崩落，说明它曾被穿绳佩带过，应是一种装饰品。"①尽管结论似乎仍有探讨的余地，但小南海人开始佩戴天然石质饰物这一现象，还是反映出人类文明的进步，表现出人类开始自觉地模仿和利用自然——人和自然之间的关系正在发生某些微妙的变化。

通过对古人类使用工具所发生的变化分析，可以看出人类获取生活资料方式所发生的变化：大石器工具所反映的是人类以采集为主、以狩猎为辅的获取生活用品的方式；而小石器则是人类以狩猎为主、以采集为辅的生活资料获取方式。人类由采集植物果实为主到捕获动物为主生活方式的改变，既说明这一时期的生态环境状况的某些改变，同时也表明人类对自然的利用程度在逐步提高；人类在与自然环境变化的互动过程中，自身适应自然的能力在逐步提高。

综上所述，从距今约 180 万年的旧石器时代早期西侯度文化开始，经旧石器时代中期，到旧石器晚期的小南海文化遗址，黄河中下游地区古人类的生活工具发生了不断的演进：生产生活工具由"大石片砍砸器—三棱大尖状器系统"（或称"大石器"系统）发展到了"船头状刮削器—雕刻器系统"②（或称"类似细石器"系统③）。石器工具的发展，在体现出人类自身发展的同时，亦显现出早期人类和自然关系所发生的变化。

从人类历史的发展过程来看，人和自然的关系大致经过以下五个阶段：第一阶段，人类被动地适应自然阶段。在这一阶段中，人类对自然更多体现出的是一种敬畏和崇拜，自然和人类的关系多表现为自然对人类单方向的影响，人类对自然的影响力极其微弱，自然环境决定着人类的生存和繁衍。第二阶段，人类对自然的模仿阶段。在这一阶段，人类在适应自然的过程中，逐步发现自然界中的某些特殊的有利于自身生存和发展的现象，进而开始实现对自然界的

---

① 安志敏：《河南安阳小南海旧石器时代洞穴堆积的试掘》，《考古学报》1965 年第 1 期。

② 贾兰坡等：《山西峙峪旧石器时代遗址发掘报告》，《考古学报》1972 年第 1 期。

③ 安志敏：《河南安阳小南海旧石器时代洞穴堆积的试掘》，《考古学报》1965 年第 1 期。

模仿。农业文明的诞生从一定意义上讲,就是人类模仿自然界的结果。第三阶段,充分利用自然的阶段,所谓“制天命而用之”①。这一阶段中,人类通过对自然的模仿,自身适应自然的能力得到了提高,同时也发现了自然界的某些规律,并对这些规律加以运用。这一时期,人和自然的关系体现出明显的双向性和互动性。第四阶段,试图“征服自然”“改造自然”的阶段。人类通过对自然规律的运用,创造出自然界原本不存在的事物,人类的自信心得到了提高,甚至错误地认为,自然完全是为了满足人类的存在而存在的一种异己力量。人和自然的关系在这一阶段表现的是与第一阶段相同的单向性,但这种单向性与第一阶段相反,更多地体现出人对自然环境的影响。自然生态环境在人类的错误认识及实践活动中,出现了被破坏的现象,人和自然的关系严重恶化。第五阶段,人和自然之间的和谐阶段。人类开始审视自身活动对自然及对自身的影响并充分认识到,人类本身就是自然的一个组成部分,对自然的破坏从一定意义上讲就是对人类自身的破坏。在这种认识基础之上,人类开始思考人与自然的某种“和解”,以期实现人与自然的双向良性互动关系,从而实现真正意义上的“天人合一”。

当然,由于人类历史发展具有连续性,后一个时期的某些特征也可能在前一个时期的发展阶段中有某些体现,反之亦然。所以,要想从时间节点上对上述几个发展阶段做出准确的划分可能性比较小。但从总体上讲,人和自然的关系大致是按照上述五个发展阶段不断地演进。

很明显,第四纪早、中、末期的人类和自然的关系是属于人与自然关系的第一个阶段。从西侯度人到安阳小南海人,虽然人类的生产工具得到了发展,但人类的活动仍属于为了维持自身的生存而被动适应自然的过程;从栖息地的选择来看,那时的人类对自然充满了十足的崇敬和畏惧。在这一时期,生态环境的状况对人类的发展几乎起着决定性的作用,而人对自然的影响和改造程度处于极其低下的水平。

---

① 《荀子》第十七篇《天论》。

第二节　水井与农耕文明

农耕文明是我国古代农业文明的主要载体，是中华文明的重要组成部分。而水作为自然资源、生命的依托，与人类的繁衍生息、劳动生活结下了不解之缘。“缘水而居，不耕不稼”①，不仅形象地展示了原始社会人类与水的关系，而且也说明水与农耕的渊源。在史前时期，原始先民对于水的依赖性更大。水井的发明使人类摆脱了对地表自然水资源的完全依赖，在生产生活中能够更好地利用水资源。在中原地区，龙山时期已经发现有四口水井，两口在邯郸涧沟遗址，一口在汤阴白营遗址，一口在洛阳矬李遗址。对于水井与文明的关系，苏秉琦先生认为水井与文明起源有高度相关性。② 水井的出现，改变了人类生活的进程，人们由以采集渔猎为生到从事农业生产、饲养家畜、纺织与制陶，从而出现人类农业文明的曙光。定居农业的一个重要标志是凿井技术的发明和运用。凿井技术的逐步成熟是台地农业完成向平原农业过渡的重要反映。③ 龙山文化时期，在伊洛河三角平原的矬李遗址的水井和汤阴龙山文化的白营遗址的木构架支护的深水井，印证了“伯益作井”等文献记载。④

一、史前河南水井分布与类型

我国是世界上发明水井最早的地区，埃及在新王国二十王朝（前1206—前1070）时期，还未见有水井的记载。在两河流域，底格里斯河中游地区的亚述城邦国家，利用水井是公元前 2000 年以后的事，而古代印度有水井的记载，是孔

① 《列子》卷五《汤问》。

② 苏秉琦主编：《中国通史》第二卷，上海人民出版社 1994 年版，第 323 页。

③ 吴存浩：《中国农业史》，警官教育出版社 1996 年版，第 139 页。

④ 李先登：《夏商周青铜文明探研》，科学出版社 2001 年版，第 18 页。

雀王朝(前324—前185)时期。我国黄河流域发明水井的时间比古亚述人早五六个世纪。① 黄河流域最古老的水井距今长达4500多年,是在河南汤阴白营村发现的。该井井口距地表深2.65米,略呈正方形,井的四壁用直径10厘米左右的圆木棍自下而上一层一层叠垒而成,共有46层,最下一层水架距井口11米,可谓深井。② 汤阴白营水井不仅年代最早(龙山文化早期),而且形制相当复杂,显然已经超越了水井的初期阶段。据文献记载,仰韶文化时期在中原地区已经发明水井。《周书》《世本》等均有黄帝凿井的记载,说明水井的发明是相当早的。只不过到了龙山时期水井才得以普遍运用。龙山时期聚落空前增加,平原地区大型聚落的涌现均与水井在人畜饮水、烧制陶器乃至灌溉农田等各项日常生活和生产活动中广泛运用有密切关系。③

根据已发表的考古报告和遗址,据笔者统计,截至2017年6月,河南在各个历史时期都发现有先秦时期的水井遗迹。河南新石器时期水井遗迹为19处,主要分布在河南的舞阳、汤阴、临汝、鹿邑、洛阳、平顶山、禹县(今禹州)、郾城、偃师、驻马店、新乡和辉县等地区。史前时期,河南最浅水井是平顶山蒲城店二里头水井,仅2米多④,河南最深水井是荥阳薛村18米的古井⑤。详细情况,可以参阅表2.1。

表2.1 先秦时期河南水井遗迹一览表

序号	遗址名称	深度(米)	位置	数量(口)	形制⑥	资料出处
1	洛阳矬李	6.1	不详	1	土井	《考古》1978(1)
2	汤阴白营	11	居住区内	1	木井	《考古》1980(3)
3	临汝 煤山	0.8 2.5	陶窑附近	2	土井	《考古学报》1982(4)

① 马世之:《史前文化研究》,中州古籍出版社1993年版,第71页。

② 齐吉祥:《最早的水井》,《中国食品报》2000年6月22日。

③ 赵春青:《郑洛地区新石器时代聚落的演变》,北京大学出版社2001年版,第172页。

④ 魏兴涛等:《河南平顶山蒲城店发现龙山文化与二里头文化城址》,《中国文物报》2006年3月3日。

⑤ 崔志坚:《南水北调中线考古:"踏"进八千年文明史》,《光明日报》2007年4月23日。

⑥ 这里水井的形制划分是以水井的材料为标准,分为土井、木井、陶井、瓦井、竹井和混合型水井,对于考古报告里面没有明确表明的,我们全部用"不详"来表示。

续表

序号	遗址名称	深度(米)	位置	数量(口)	形制	资料出处
4	禹县阎砦	不详	不详	1	不详	《中国考古学年鉴》1984
5	郾城郝家台	不详	不详	5	不详	《中国考古学年鉴》1987
6	偃师二里头	不详	不详	5	不详	《中国考古学年鉴》1987
7	鹿邑栾台	0.8	不详	不详	土井	《华夏考古》1989(1)
8	驻马店高明楼、高桥、党楼、杨庄	不详	不详	不详	不详	《中国考古学年鉴》1993
9	汝州煤山	不详	墓葬附近	1	不详	《中国考古学年鉴》1996
10	舞阳大岗	6	聚落中心	不详	土井	《舞阳贾湖》科学出版社 1999
11	辉县孟庄	4	不详	4	木井	《考古》2000(3)
12	济源峡北头新村	不详	城址	1	土井	《中国文物报》2000-9-10
13	偃师灰嘴	不详	不详	不详	木井	《中国考古学年鉴》2003
14	平顶山蒲城店	不详	房址	不详	不详	中新网 2004-10-30
15	新乡李大召	6.1	遗址	1	不详	《中国考古学年鉴》2004
16	荥阳薛村	18	聚落	不详	不详	《光明日报》2007-4-23
17	偃师 灰嘴	5.16 3.71	城址	2	土井	《考古》2010(2)
18	博爱西金城	不详	城址	不详	不详	《考古》2010(3)
19	登封南洼	不详	城址	3	不详	《中原文物》2011(6)

由此可见,水井的发明是生产力发展的一种标志。相传凿井技术是与禹同时并跟随禹治水的伯益发明的。《吕氏春秋·勿躬篇》说:“伯益作井。”《经典释文》卷二《井卦》下引:“世本云:‘化益作井。’宋衷云:‘化益,伯益也,尧臣。’”因此,伯益作井是一种较为普遍的说法,是较可信的,这与河南龙山文化晚期所发现的临汝煤山龙山文化遗址中发现的两口水井①时间大致相符合。《世本·作篇》就有“田头作井以灌田”的明确记载。这不仅说明水井的发明与文明的起源有着密切的关系,而且通过文献与实物相印证,证明在4000多年前中原地区

① 中国社会科学院考古研究所河南二队:《河南临汝中山寨遗址发掘报告》,《考古学报》1982年第4期。

已经比较普遍地用人工凿井来取水了。水井发明以后,大大方便了中原先民的生产和生活,因为人们不仅可以离开河旁、湖畔,深入到广阔的平原上去开发土地,定居生活,而且还可以扩大耕种面积,可以灌溉浇地、抵御干旱,增加农作物的收成,发展农业生产。①

二、井灌与中原农业文明的肇始

传说时代,中原地区就已经出现了农业。《周书》载:"神农之时,天雨粟,神农遂耕而种之,制耒耜,教民农作,神而成之,使民宜之,故谓之神农。"《史记·五帝本纪》载:"轩辕之时,神农氏衰。""(黄帝)治五气,艺五种,抚万民,度四方。"这说明黄帝轩辕氏是在神农氏衰落时兴盛起来,进而取代神农氏。与此同时,中原地区出现传说时代的水井——泌阳盘古井。泌阳盘古山,就是传说中盘古开天辟地、繁衍人类、造化万物的地方。盘古山顶峰的北坡,山势陡峭,松林葱郁,顶峰以下约 50 米处,有一口盘古井。自上至下有重叠"之"字形山径可到井旁。井周芳草葱茏,外围马尾松环立。井口为椭圆形,直径近 1 米,由天然岩石形成。水面如同明镜。汲水饮之,水质清澈,甘甜爽洌,沁人心脾。传说盘古兄妹便用此水生活。②

考古发现表明,新石器时代在河南的舞阳、汤阴、临汝、鹿邑、洛阳、平顶山、禹州、郾城、偃师、驻马店和辉县等地区发现水井遗迹。水井的出现为井水灌溉农业提供了可能。在洛阳矬李水井遗址发现一条宽 4 米、深 0.4 米的仰韶文化时期的古渠道。③ 尤其值得一提的是,在洛阳矬李遗址中还发现一段宽 2—3 米、深 1 米的龙山文化水渠④。矬李遗址发现水井和水渠遗迹,可以说明当时在农业上已经出现灌溉的水利技术了,并且有可能是井渠灌溉的开始。在济源市

---

① 贾兵强:《中国先秦水井文化研究》,中国水利水电出版社 2018 年版,第 70 页。

② 张正、王瑜廷:《盘古神话》,中州古籍出版社 2006 年版,第 100 页。

③ 洛阳博物馆:《洛阳矬李遗址试掘简报》,《考古》1978 年第 1 期。

④ 方酉生、赵连生:《试论中原地区文明的起源》,《史学月刊》1989 年第 2 期。

轵国故城附近的峡北头新村发现二里头文化大型水井①。凿井溉田,可以利用地下水提高劳动生产率,进而提高整个农业劳动生产率,增加单位面积的产量。所以,井灌对农业文明社会发展有重要的作用。

在辉县孟庄遗址中南部发现龙山文化水井 4 口②。井内出土大量深腹罐、盆、豆、甑等陶片,并且井底还出土 9 件完整高领瓮及大量高领瓮碎片。在这里发现的高领瓮,可以看作当时的灌溉汲水器具。汤阴白营早期龙山文化中的水井,是中原地区最早的水井③。汤阴水井的井壁是用木棍以“井”字形结构方式自下而上层层垒成,井深 11 米,叠压的井字形木架共有 46 层。河南汤阴水井是中原地区迄今发现的结构最复杂的水井,为研究中国水井的起源和构筑技术提供了宝贵资料④。从汤阴水井井底出土的大量的汲水陶器来看,汤阴水井主要是汲水井,兼有苗圃用水。从驻马店杨庄水井⑤标本层位中采集到大量水稻植硅石⑥,我们可以知道,杨庄水稻种植已成规模,因为杨庄遗址位于杨庄村西,紧靠练江河北岸,为高于周围地表约 1—2 米的漫坡状高地。在河岸的台地发现水井和稻作物,可以说明龙山文化时期杨庄已经具备原始农业灌溉体系。

随着中原地区农业生产工具种类和数量的增加,龙山文化农业生产工具除石斧、石铲、石刀等以外,还普遍使用了蚌制的刀镰和铲等。2004 年秋季,郑州大学历史学院和郑州市文物考古研究院在登封南洼遗址发现二里头文化水井 3 口⑦。在南洼水井中出土有大量的石器、骨角器、蚌器、陶器和少量铜器的生产工具,其中农业生产工具有石器铲、斧锛和镰。2006 年 6 月至 2008 年 1 月,山

① 陈彦堂等:《济源发掘二里头文化大型水井——填补了济源地区古文化序列上的空白 对研究夏都原城有重要意义》,《中国文物报》2000 年 9 月 10 日。

② 河南省文物考古研究所:《河南辉县市孟庄龙山文化遗址发掘简报》,《考古》2000 年第 3 期。

③ 王祖武等:《中华文明史》第一卷,河北教育出版社 1989 年版,第 114 页。

④ 安阳地区文物管理委员会:《河南汤阴白营龙山文化遗址》,《考古》1980 年第 3 期。

⑤ 宋豫秦、李亚东:《驻马店市杨庄龙山时期与二里头文化遗址》,载中国考古学会:《中国考古学年鉴(1993)》,文物出版社 1995 年版,第 126 页。

⑥ 邹逸麟:《历史时期黄河流域水稻生产的地域分布和环境制约》,《复旦学报》(社会科学版)1985 年第 3 期。

⑦ 郑州大学历史学院考古系、郑州市文物考古研究院:《登封南洼 2004—2006 年二里头文化聚落发掘简报》,《中原文物》2011 年第 6 期。

东大学考古系在博爱西金城遗址发现龙山时期的井 3 口①。井内出土很多生产工具,以铲、刀、镰数量最多,这表明西金城遗址龙山文化农耕技术的发达。

关于史前时期中原农耕文化对中华文明的贡献,许顺湛在《黄河文明的曙光》一书中归纳为八大贡献:第一,农耕技术发达,不仅发明了耒耜,使农业跨入锄耕农业新的历史阶段,而且还发明了犁耕农业,为古代文明奠定了经济基础;第二,发明了地下粮仓;第三,发明了粮食加工工具;第四,家畜的驯化奠定了"六畜"的基础;第五,建筑技术出现夯筑、高台建筑、石灰、土坯等,奠定了民族建筑风格的基础模式;第六,出现了丝织品;第七,发明了水井;第八,发明了酿酒技术。②

水井的出现,改变了人类生活的进程,人们由渔猎为生到从事农业生产、饲养家畜、纺织与制陶,从而出现人类农业文明的曙光。凿井技术的逐步成熟是台地农业完成向平原农业过渡的重要反映。这表明史前人类已能开发利用地下水资源,在一定程度上摆脱了对自然河流、湖泊的依赖,至此人类不再仅仅局限于河湖旁边台地,可以较广泛地选择生产和生活场所。

三、水井与中原先民生活

对于水井与文明的关系,苏秉琦先生认为水井与文明起源有高度相关性。③水井的发明,改变了人类生活的进程,从而出现人类农业文明的曙光。史前河南水井除井灌外,还给先民提供生活用水和制陶用水等,足以说明水井在中华水文化中的作用和地位。

水是生命之源,水井是人们日常生活的重要水源之一。对先秦水井在生活中的作用,张明华先生认为:"如果我们分别对照一下距今 6000 年或 4000、5000 年左右的新石器时代遗址的分布情况,那么不难发现,后者的数量及范围骤然扩大。这里除了其他的诸多因素外,水井的发明并广泛使用肯定起到了关键的

---

① 河南省文物管理局南水北调文物保护办公室、山东大学考古系:《河南博爱县西金城龙山文化城址发掘简报》,《考古》2010 年第 6 期。

② 许顺湛:《黄河文明的曙光》,中州古籍出版社 1993 年版,第 93 页。

③ 苏秉琦:《中国通史》第二卷,上海人民出版社 1994 年版,第 323 页。

作用。”[1]龙山文化时期，平原地区大型聚落的涌现均与水井在人畜饮水、烧制陶器乃至灌溉农田等各项日常生活和生产活动中广泛运用有密切关系。[2] 从考古发现看，史前水井主要分布在生活区和房址聚落附近。史前时期，河南舞阳大岗遗址的水井位于聚落中心，河南平顶山蒲城店遗址、河南汤阴白营遗址的水井位于房址附近。

由于史前时期的汲水工具主要是陶器（瓮、罐、缶），从汲水工具的发展进程看，也可以佐证史前水井主要用于先民生活用水。河南汤阴白营水井遗址出土有双耳罐、瓮等汲水工具。[3] 由此可见，史前水井在中原人民生活中具有重要的作用。

史前时期，水井不仅可以满足人民的生活用水，而且在农田灌溉的同时，也用在制陶手工业上。如在河南临汝煤山遗址所发现的两口水井，分别坐落在两座陶窑附近，似是烧陶工场专用水井。[4] 这些陶器很像因汲水而沉落井底，考虑到水井在陶窑附近，因为用水量大的原因，消耗的水量自然也要多一些。这可以进一步说明，水井具有提供生活用水兼制陶用水的功能。

总之，史前水井给原始先民生活提供了很大的便利，解决了众多人口的饮水问题，大大方便了人们的生产和生活。更为重要的是，原始先民不仅利用井水灌溉农田，大大增加了农作物的产量，而且还在手工业生产中利用水井，推动经济社会的发展，为农业生产的发展做出了重要的贡献，促进了农业社会经济的发展。

---

① 张明华：《中国新石器时代水井的考古发现》，载上海博物馆：《上海博物馆集刊》（第五期），上海古籍出版社 1990 年版，第 74 页。

② 赵春青：《郑洛地区新石器时代聚落的演变》，北京大学出版社 2001 年版，第 172 页。

③ 安阳地区文物管理委员会：《河南汤阴白营龙山文化遗址》，《考古》1980 年第 3 期。

④ 中国社会科学院考古所河南二队：《河南临汝煤山遗址发掘报告》，《考古学报》1982 年第 4 期。

第三节 水文化与文明起源

水环境是人类社会赖以生存和发展的重要因素之一,也是受人类干扰和破坏最严重的领域之一。在史前的水事活动中,中原人民逐渐形成了识水、治水、用水、护水的思想、理念、行为、风俗、习惯、思维方式、规章制度等具有知识价值的精神财富,以及在人类实践活动中创造的物质财富,形成了内涵深厚、源远流长、博大精深的水文化,诸如大禹治水的传说、汤阴白营水井、平粮台古城遗址等都代表了史前时期的中原水文化。从某种意义上说,水文化是中原文明社会的一种表现和重要特征。中原先民在长期的水事活动中,积累了丰富的治水经验,发展水利技术工程,对中华民族的科技进步和发明创造产生了深远的影响。比如,由于治水斗争的需要,以规矩、准绳为代表的测量工具相继被发明,并进而催生了原始数学。

一、水环境与水资源

水环境主要包括河流、湖泊、沼泽、湿地等自然水体和运河、陂塘、沟渠等人工水体,以及这些水资源的地理位置、气候概况、植被等地理环境和政治经济制度、文化状况、管理行为、法律法规、人口因素等人文环境。中原地区河流众多,有着较为丰富的径流资源和地下水资源,其中地表径流总量主要蕴藏在江、淮、黄、卫四大水系中。流域面积在 100 平方千米以上的河流在整个地区就有 460 多条,各个区域的河流分布较为均匀。除了本区内自产流的 352.82 亿立方米外,还有从中原地区之外流入境内的年径流量 64.55 亿立方米。因此,中原地区地表径流的毛总量约为 869.07 亿立方米。但由于年际变化大,年内分配不均,黄河过境流量因上游利用情况而不稳定,所以要全部利用这些地表水资源是不可能的。就本区径流的地表水资源而言,山区径流约 208.9 亿立方米;平原地区年径流量有 143.92 亿立方米。[①]

河南境内的水资源主要有河系水道和淮系水道。河系水道是指中原地区境内北部以黄河为主的河流体系，具体又可分为两支：一是黄河水系，其支流有济水、沁水、丹水、洛水、伊水、汜水等。二是河北的卫河水系，其支流有漳河、安阳河、汤河、淇河等。淮系水道是以中原地区南部的淮河为主体的河流体系，具体也可分为两支：一是淮河水系，支流有洪河、沙河、汝水、颍河、史河、白露河等。二是汉江水系，主要支流有唐河、白河。唐河支流有泌河和毗河，白河支流有湍河、万河、潦河等。两大水系共有河道近 20 条，为中原水利灌溉事业提供了良好的条件。

史前时期，中原地区分布着大量的湖沼，唐代还出现了许多新的湖泊和沼泽。但是在宋金之际黄河南泛以来，中原地区的湖泊、沼泽出现了变化，它们或淤浅，或被开垦为农田。从史前时代一直到周代以前，中原地区正处在气候温暖时期。从孢粉所反映的植被类型来看，当时中原地区的气候明显要比现代温暖而湿润，这个基本的特征得到平原及相邻地区众多的孢粉分析的证实，因此这个时期通常也被称为全新世高温期。在距今 8000—3000 年的时间里，中原地区的植被类型比现代要多。[②] 安阳殷墟考古发掘中发现了大量的动物骨骼，这些骨骼中包括了 29 种动物，除了猪、牛、羊、狗等家畜外，还有一些野生动物，它们的来源无疑是商王田猎时的收获。商代田猎区大约在今河南沁阳一带。因此这些动物基本上可反映中原地区北部的动物群，以及这些动物群所对应的自然环境。在这些动物中有中小型的猿和竹鼠，它们目前只分布在长江流域。大型的犀牛和象等动物目前仅存在于热带地区，历史时期中它们出现的地域要比现代宽，但其成群活动一般不过亚热带北界。这些动物的存在表明，在公元前 14 至公元前 11 世纪时，中原地区气候比现在温暖。

水利事业是人类对自然环境的应对、利用和改造，是对自然灾害的抵御和对自然资源的开发利用，特别是对水旱灾害的防御和对水资源的开发和利用，从本质上讲属于人与自然关系的一部分。因此，水利事业离不开具体的生态环境和自然资源，特别是水环境和水资源。同时，水利事业的主体是人，人是社会

---

① 马雪芹：《明清河南农业地理》，台湾洪叶文化事业有限公司 1997 年版，第 38 页。

② 王星光：《生态环境变迁与夏代的兴起探索》，科学出版社 2004 年版，第 57 页。

化的动物,因此,水利事业也与社会环境,包括政治、经济、文化等相关联。各个时期的水利也受到当时经济社会状况的制约。总之,水利事业的发展在客观上取决于地形、水资源等自然条件,更取决于一个稳定的社会环境。

河南优越的水环境和丰富的水资源,对中原地区的经济生活产生了深刻的影响,不仅有利于发展河流航运、兴建大型农田水利工程、发展水稻生产以及在某些地区发展水力碾磨加工等,而且有利于众多鱼类等水产的栖息繁育,为当地以淡水捕捞为主的渔业生产发展提供不可缺少的自然生态条件。

二、农业文明

农业被视为人类社会由旧石器时代步入新石器时代的标志之一。距今约一万年前,由旧石器向新石器过渡,开始产生了农耕。由此开始,世界上先后出现了几个各具特色的农耕中心。最早的是西亚地区,在美索不达米亚周围地带,驯化了野生麦类,发展为种植小麦、大麦的农耕中心。其次是包括中国在内的东亚、东南亚地区。长江流域的河姆渡文化遗址和黄河流域的前仰韶文化遗址的发现,表明在七八千年以前我国两河流域的先民们已经创造了灿烂的农耕文化。[①] 农业最早是在中原地区兴起的。考古资料证明,在距今四五千年前黄河中下游地区已有相当发达的原始农业。裴李岗文化有关遗存中有不少农业生产工具,为早期农耕文化的发达提供了实物证据,尤其是琢磨精制的石磨盘棒,为我国所发现的最早的粮食加工工具。根据文献记载,炎帝神农氏所属的部落是最早进入农耕的氏族。《周易·系辞下》载:“包牺氏没,神农氏作,斫木为耜,揉木为耒,耒耨之利,以教天下,盖取诸益。”《管子·轻重》载:“神农作五谷于淇山之阳,九州之人乃知谷食。”淇山,在河南省北部。《逸周书·尝麦篇》载:“神农之时,天雨粟,神农遂耕而种之……为耒耜,徂耨以垦草莽,然后五谷与助,百果藏实。”《周书》记载有“神农之时,天雨粟,神农遂耕而种之,制耒耜,教民农作”等等,这些可以作为我国农耕的肇始。

① 王星光:《试论中国耕犁的本土起源》,《郑州大学学报》(哲学社会科学版)1987 年第 1 期。

（一）农业文明产生的条件

钱穆先生认为农耕文明程度的高低是与各水系的灌溉水准相依归的，对水系等级也进行了分类，"如黄河、长江为第一级，汉水、淮水、济水、辽河等可为第二级，渭水、泾水、洛水、汾水、漳水等则为第三级，此下还有第四级、第五级等诸水系。……此外还有涑水、淇水、濮水、伊水、澧水等小水系"。[①] 黄河则为华夏文明的发展提供了丰厚的养分，使农耕文明在这片丰饶的东方古陆产生并最终成为主导中国社会进步的力量。

河南位于黄河中游的下段和黄河下游的中段，自古中天而立，东有辽阔无垠的豫东冲积平原，西依巍峨连绵的伏牛山、熊耳山，南有蜿蜒起伏的桐柏山、大别山和南阳盆地，北有太行山脉、华北平原。奔腾澎湃的黄河浩浩荡荡地从河南中间穿过。优越的地理位置和丰富的自然资源，使河南自远古起就成为黄河流域古老文化的一颗明珠。黄河被称为中华民族的母亲河，是因为在黄河中下游产生了高度发达的古代文明。同时，河南境内的淮河、伊洛河、漳河等河沿河的台地和平原上，土层深厚，土质肥沃，气候温和，雨量充沛，既有适合狩猎采果、种植五谷的地方，又有能躲避水灾的地方，为古代人类提供了良好的生存环境。[②]

史前时期，中原地区优越的生态环境吸引了人类先祖在这里繁衍生息。《孟子·滕文公上》载："草木畅茂，禽兽繁殖，兽蹄鸟迹之道交于中国。"旧石器时代，中原气候温暖，雨量充沛，河流纵横，湖泊密布，森林连绵，动植物繁盛。适宜的生存环境，为中原农耕文化出现奠定了基础。在全新世中期，中国大地出现了温暖湿润的气候环境。[③] 在新石器时代，中原气候依然温暖湿润，年平均气温比现在高 3℃—5℃，降水量也明显多于现在，更适合各种动植物生长和繁殖。竺可桢在《中国近五千年来气候变迁的初步研究》一文中指出："仰韶时代气候温和，年平均温度高于当代 2℃。"[④]当时中原地区自然植被茂密，遍布郁郁葱葱的森林和草原，其中生长着众多种类的亚热带植物和动物，而且河流纵横

---

① 钱穆：《中国文化史导论》，商务印书馆 1994 年版，第 712 页。

② 赵保佑：《中原文化及其现代价值》，《中州今古》2001 年第 5 期。

③ 曹伯勋：《中国第四纪气候研究及对我国未来气候与环境变化的探讨》，《中国区域地质》1990 年第 2 期。

④ 竺可桢：《中国近五千年来气候变迁的初步研究》，《考古学报》1972 年第 1 期。

交错。河南境内的土壤主要是黄土,含有大量的氮、磷、钾等作物营养元素,具有一定的天然肥力,不需要进一步分化即可生长植物,只需用木、石等简单的工具就可耕作,再加上土层深厚,便于保墒蓄水,在当时的生产力条件下,中原地区最适宜于人类获取生活资料和发展生产,因此在这里最先发展起了原始农业。伊洛河盆地及太行山前土层深厚、疏松肥沃,便于耕种,成为我国最早的农业开发区。

同时,生产力的发展,生产工具的不断改进,也是中原农耕文化发展的原因之一。如仰韶文化和龙山文化时期,随着人口的增加、居住地域的扩大、生产技术的提高,我国的原始农业已进入发达阶段,开辟荒地以垦耕的石铲、中耕用的石锄、收割用的镰刀及加工谷物的石磨盘等都已十分精致、耐用。[①]

(二)水利与农业文明发展

传说时代,中原地区就已经出现了农业。《淮南子·修务训》载:"神农……尝百草之滋味……日遇七十毒。"《帝王世纪》载:"神农……尝味草木,宣药疗疾,救夭伤人命。"《史记·补三皇本纪》云:"以赭鞭草木,始尝百草,始有医药。"《周书》记载:"神农之时,天雨粟,神农遂耕而种之,制耒耜,教民农作,神而成之,使民宜之,故谓之神农。"《管子·轻重篇》载:"神农作五谷于淇山之阳,九州之人乃知谷食。"这些文献都是记载神农氏尝遍百草,历尽艰辛,多次中毒,找到了解毒办法,终于选择出可供人们食用的谷物,接着又观察天时地利,创制斧斤耒耜,教导人们种植谷物,于是农业出现了。"神农时民方食谷,释米加烧石上而食之"[②],这是传说时代人类饮食文化的反映。"神农耕而作陶"[③]则是农业发明之后,人类为改进谷物熟食方法而发明制陶的历史真实。《史记·五帝本纪》载:"轩辕之时,神农氏世衰。""(黄帝)治五气,艺五种,抚万民,度四方。"《集解》曰:"艺,种也,树也。五种即五谷也。"引郑玄曰:"五种:黍、稷、菽、麦和稻也。"这些记载说明黄帝轩辕氏是在神农氏衰落的基础上兴盛起来,进而取代神农氏。这些就是传说时代中原农业产生和发展的情形。

---

① 王星光:《试论中国耕犁的本土起源》,《郑州大学学报》(哲学社会科学版)1987年第1期。

② 《艺文类聚·食物部》引《古史考》。

③ 《太平御览》卷八三三引《周书》。

考古证明,旧石器时代河南已经发现采集野生谷物的生产工具。如河南安阳小南海洞穴遗址和许昌灵井遗址中出土的弧背长刮器,主要用途是收获野生谷穗,其形制已与新石器时代的石刀和石镰相当接近。[①] 在新石器时代,中原地区就开始了农耕实践。中原地区发现了可以说是整个黄河流域迄今发现最早也最有代表性的农耕文化遗址,就是距今约八九千年的河南裴李岗文化。[②] 在河南新郑沙窝李遗址,发现有 0.8—1.5 平方米的粟的炭化颗粒。[③] 在许昌丁庄遗址中,曾在一方形半地穴房子中发现炭化粟粒。[④] 在河南舞阳贾湖遗址,不仅发现了距今 8810 年到 7868 年的炭化稻米,而且还有面积在几千平方米到 5 万平方米以上的聚落。[⑤] 在河南密县莪沟遗址中,不仅发现有房屋基 6 座,其中 5 座为圆形半地穴式,而且还发现了迄今我国最早的陶纺轮。[⑥] 另外,还发现有槲树果核、枣核、核桃核等,说明当时也辅以采集的经营。[⑦]

到距今 6000 年左右的仰韶文化时期,河南地区的农作物种类有粟和稻等,农业生产工具有石斧、石铲、骨铲、石刀和陶刀等,人们居住的聚落规模也有了扩大,分布的居民点也更多了,说明这时期的农业生产已经有了进一步的发展,以农业经济为主体的经济生活已经更加稳固和发展了。[⑧] 在渑池仰韶村发现一片印有稻谷粒的压痕[⑨];在洛阳王湾遗址中,15 号房址内的小陶罐内壁附着有粟的痕迹发现[⑩];在洛阳孙旗屯遗址[⑪]和郑州林山寨遗址[⑫]中均发现有粟类作物遗存。在洛阳西高崖遗址中的红烧土上发现了稻谷印痕[⑬];在社旗谭岗和内乡

---

① 安志敏:《河南安阳小南海旧石器时代洞穴堆积的试掘》,《考古学报》1965 年第 1 期。

② 开封地区文管会、新郑县文管会:《河南新郑裴李岗新石器时代遗址》,《考古》1978 年第 2 期。

③ 薛文灿:《沙窝李新石器时代遗址调查》,《中原文物》1982 年第 2 期。

④ 吴梓林:《古粟考》,《史前研究》1983 年第 1 期。

⑤ 陈报章:《河南贾湖遗址出土炭化稻米与初步研究》,《农业考古》1995 年第 3 期。

⑥ 河南省博物馆等:《河南密县莪沟北岗新石器时代遗址发掘简报》,《文物》1979 年第 5 期。

⑦ 方酉生:《从考古材料看我国中原地区原始社会的农业生产》,《农业考古》1984 年第 1 期。

⑧ 严文明:《略论仰韶文化的起源和发展阶段》,载严文明:《仰韶文化研究》,文物出版社 1989 年版。

⑨ 黄其煦:《黄河流域新石器时代农耕文化中的作物——关于农业起源问题的探索》,《农业考古》1982 年第 2 期。

⑩ 北京大学考古实习队:《洛阳王湾遗址发掘简报》,《考古》1961 年第 4 期。

⑪ 河南省文物工作队二队:《洛阳涧西孙旗屯古遗址》,《文物参考资料》1955 年第 9 期。

⑫ 安金槐:《郑州地区的古代遗存介绍》,《文物参考资料》1957 年第 8 期。

⑬ 洛阳博物馆:《洛阳西高崖遗址试掘简报》,《文物》1981 年第 7 期。

小河也分别发现有水稻遗存[①]。在临汝大张遗址出土有粟。[②] 最为重要的是,在三门峡南交口遗址同时发现有水稻籽实与粟。[③] 同时,在郑州大河村[④]、淅川下王岗遗址[⑤]、郑州西山古城[⑥]等出现了大型定居村落,还出现了家畜饲养业。

距今4000多年的龙山文化时期,中原地区农业生产工具的种类和数量都有了增加,这时的农业生产工具除石斧、石铲、石刀等以外,还普遍使用蚌制的刀、镰和铲等。在禹州严寨遗址发掘中发现稻米的窖藏遗迹,在其内发现了大量的半炭化粳稻的籽实和稻壳。[⑦] 在驻马店杨庄遗址,在标本层位中采集到大量水稻植硅石,可以推测此时杨庄水稻种植已成规模。[⑧] 尤其值得一提的是,在河南汝州李楼遗址中发现了100多粒龙山文化的炭化稻米。这些炭化稻米呈黑色,外观形态保存完整,表面纵沟清晰可辨,有的呈长圆形,有的呈短圆形。经中国科学院遗传研究所的古作物专家鉴定,确认它们是人工栽培的稻米,其中既有籼型稻也有粳型稻,另外还有个别的小粒野生稻。据测定,这批炭化稻米大约是距今4000年的遗物。[⑨] 在河南陕县(今三门峡陕州区)庙底沟新石器遗址553号灰沟北壁发现许多用双齿木耒掘土的痕迹。[⑩] 生产工具的制作也更加精致,如有磨制的扁平穿孔石铲、穿孔石刀和蚌刀等。而且数量也增加了,如在洛阳西干沟遗址的T4H4一个灰坑中,就出土有石刀15把,说明了当时石刀作为收割农具数量的增多情况。[⑪] 当时人们居住的村落已经相当密集,规模相对较大,充分说明该时期是以农业经济为主体的。在安阳地区的“洹水沿岸十

---

① 张居中等:《舞阳史前稻作遗存与黄淮地区史前农业》,《农业考古》1994年第1期。

② 河南省文化局文物工作队:《河南临汝大张新石器时代遗址发掘简报》,《考古》1960年第6期。

③ 魏兴涛等:《三门峡南交口遗址仰韶文化稻作遗存的发现及其意义》,《农业考古》2003年第3期。

④ 郑州市博物馆:《郑州大河村遗址发掘报告》,《考古学报》1979年第3期。

⑤ 河南省文物研究所、长江流域规划办室考古队河南分队:《淅川下王岗》,文物出版社1989年版。

⑥ 国家文物局考古领队培训班:《郑州西山仰韶时代城址的发掘》,《文物》1999年第7期。

⑦ 张居中等:《舞阳史前稻作遗存与黄淮地区史前农业》,《农业考古》1994年第1期。

⑧ 邹逸麟:《历史时期黄河流域水稻生产的地域分布和环境制约》,《复旦学报》1985年第3期。

⑨ 中国社会科学院考古研究所河南一队:《河南汝州李楼遗址的发掘》,《考古学报》1994年第1期。

⑩ 中国科学院考古研究所:《庙底沟与三里桥》,科学出版社1959年版。

⑪ 丁清贤:《河南新石器时代农业考古的发现与研究》,《农业考古》1990年第1期。

五华里的一个地段就有十九个居集区”①，在河南灵宝铸鼎塬一带甚至发现面积近百万平方米的大型聚落②。还有一种考古发现同农业生产很有关系，就是水井。根据目前考古发现，在中原地区的龙山时期已经发现有两口水井，一口在汤阴白营遗址，一口在洛阳矬李遗址。其中，汤阴白营遗址水井是中原地区发现的最早的水井。水井的发明，是生产力发展的一种标志。水井发明以后，大大方便了中原先民的生产和生活，因为人们不仅可以离开河旁、湖畔，深入到广阔的平原上去开发土地，定居生活，而且还可以扩大耕种面积，可以灌溉土地，可以抵御干旱，增加农作物的收成，发展农业生产。③ 此时，中原农业已由锄耕阶段进入了犁耕阶段。④

水利是农业的命脉。面对滔天洪水，中华民族依靠自己的智慧、力量和百折不挠的精神，与洪水进行顽强抗争，并最终战胜了洪水，广为传颂的“大禹治水”的故事即反映了这一点。大禹采用疏导的办法治水，推进了我国水利事业的发展，也促进了数学、测绘、交通等相关方面的进步。《孟子·滕文公上》记载：“当尧之时，天下犹未平，洪水横流，泛滥于天下。……尧独忧之，举舜而敷治焉。”治水成功后，大禹“身执耒锸，以为民先……尽力乎沟洫”⑤，兴建水利灌溉工程，开垦土地，植谷种粮，栽桑养蚕，发展农业生产。特别是利用低洼积水之地“予众庶稻”，就是禹率领人民引水灌田，种植水稻，发展农业生产。考古发现，在登封王城岗遗址出土的磨制石器有铲、斧、凿、刀、镰、镞等，以及炭化农作物粟、黍、稻、大豆，说明农业工具得到改良和进步，耜耕得到大力推广。⑥ 另外，通过对九州的土壤普查，分清了土壤的品质优劣，在了解了各地不同物产的同时，可以根据不同的土壤性状，因地制宜地种植不同的农作物，促使旱作和稻作都得到了较快发展。沟洫农业的兴起是大禹“卑宫室而尽力乎沟洫”的继续和发展，标志着先民在改造自然的道路上向前更进了一步。⑦

---

① 中国科学院考古研究所：《梁思永考古论文集》，科学出版社 1959 年版。

② 河南省文物考古研究所等：《河南灵宝铸鼎塬及其周围考古调查报告》，《华夏考古》1999 年第 3 期。

③ 贾兵强：《中国先秦水井文化研究》，中国水利水电出版社 2018 年版，第 70 页。

④ 王星光：《试论中国耕犁的本土起源》，《郑州大学学报》（哲学社会科学版）1987 年第 1 期。

⑤ 《韩非子·五蠹》。

⑥ 安金槐、李京华：《登封王城岗遗址的发掘》，《文物》1983 年第 3 期。

⑦ 王克林：《略论我国沟洫的起源和用途》，《农业考古》1983 年第 2 期。

总之，在我国古代历史上，农耕文明的格局在新石器时代已经基本定型。以秦岭—淮河为界，中原地区是以粟、黍为代表的旱地农业区，在裴李岗遗址中已发现了粟的遗存，距今8000年左右，这是目前所知世界上经过种植的作物品种的最早标本。考古还发现，当时已经有了家畜的豢养，猪、狗、鸡、牛、羊、马六畜已基本具备。家畜业的产生又进一步稳固了以土地为生存依据的农耕文明的地位。[①]

三、裴李岗文明

“缘水而居，不耕不稼”，不仅形象地展示了原始社会人类与水的关系，而且也说明水与农耕的渊源。我国黄河流域最早的农业遗址，为距今七八千年的黄河中下游的裴李岗文化遗址。究其原因，黄河流域土壤肥沃，具有良好的保水和供水性能，是原始农业生产的适宜土壤。因而处于黄河流域的河南新郑裴李岗成为我国古代农业的重要起源地。[②]

（一）裴李岗时期的农作物

考古发现，我国史前农业经济按照种植作物的主要种类可以划分为两大文化区，即大致以秦岭—淮河一线为分界线，北部是以黄河流域为中心的粟作农业经济文化区，南部是以长江流域为中心的稻作农业经济文化区。[③] 同样，在裴李岗文化中，不仅出现了粟类和稻类的农作物，还出土了与之相对应的农业生产工具和粮食加工工具，表明裴李岗时期农耕文明已经确立，并且还发现有相当规模的聚落和纺织工具，这些都可以说明当时农业文明发展的情形。

1.粟类作物

我国的黄河流域及黄土地带是栽培粟的发生地[④]，黄河流域粟类作物至少

---

① 王保国：《地理环境、农耕文明与中原文化的基本趋向》，《殷都学刊》2006年第1期。

② 贾兵强、朱晓鸿：《图说治水与中华文明》，中国水利水电出版社2015年版，第3页。

③ 钱耀鹏：《略论中国史前农业的发展及其特点》，《农业考古》2000年第1期。

④ 何炳棣：《黄土与中国农业的起源》，香港中文大学出版社1969年版。

已有八千年的栽培史[①]。黄河流域有关粟的材料最早可追溯到1931年山西万荣荆村遗址的发掘。[②] 同时,在河北武安磁山遗址、河南新郑沙窝李遗址、陕西西安半坡遗址、河南郑州大河村遗址、山西夏县西荫村遗址、青海乐都柳湾遗址、甘肃永靖大何庄遗址等均发现有粟类作物遗存。据研究,新石器时代粟类作物自西至东,经甘肃、青海、陕西、山西、河北、河南、山东,遍及黄河流域,东北至辽宁、黑龙江,西南至西藏、云南,东南至台湾,但多数集中在黄河流域的甘肃、陕西、河南。[③]

在河南裴李岗文化中,新郑沙窝李遗址、许昌丁庄遗址等地都发现有粟,说明粟是裴李岗文化时期河南地区种植最普遍的农作物之一。经鉴定其年代均与河北武安磁山遗址的粟大体同时,为距今七八千年,是河南粟作的最早记录。据考古发掘和研究表明,在新郑沙窝李遗址,发现有分布面积为0.8—1.5平方米的粟的炭化颗粒。[④] 在许昌丁庄遗址中,在一方形半地穴房子中发现炭化粟粒。[⑤] 其中,根据许昌丁庄遗址炭化粟粒鉴定来看,炭化状态小米的千粒重为1.88克;以现代小米炭化后的比例折算,新石器时代出土的小米千粒重可达到3.02克,相当于春谷的米粒大小,高于目前栽培的夏谷米粒。从籽实的实物看,当时谷物种的进化已经达到相当高的水平,具有现今谷子种植的品种特点。除从千粒重加以衡量外,也进行了小米体积的观察:出土小米的长、宽、高分别为1.73毫米、1.68毫米、1.36毫米,而炭化后现代的夏谷小米则分别为1.61毫米、1.58毫米、1.18毫米。出土小米不比现代的夏谷小米小,说明当时种的很可能是春谷。[⑥]

与此同时,在新郑裴李岗遗址还发现有少量炭化谷物,经鉴定为稷。[⑦]

从作物遗存发现情况来看,裴李岗粟作物与农业生产环境有很大的关系。

---

① 刘军社:《黄河流域史前粟作文化遗存的发现与研究》,《农业考古》2000年第3期。

② 董光忠:《本校与山西图书馆美国福利尔艺术陈列馆发掘山西万泉石器时代遗址之经过》,《师大月刊》1933年第3期。

③ 游修龄:《黍粟的起源及传播问题》,《中国农史》1993年第3期。

④ 薛文灿:《沙窝李新石器时代遗址调查》,《中原文物》1982年第2期。

⑤ 吴梓林:《古粟考》,《史前研究》1983年第1期。

⑥ 张履鹏:《谷子的起源与分类史研究》,《中国农史》1986年第1期。

⑦ 中国社会科学院考古研究所河南一队:《1979年裴李岗遗址发掘报告》,《考古学报》1984年第1期。

我们知道,土壤是农作物生长的根本。黄河中下游地区丰厚的黄土是非常适宜农作物栽培的土壤,由于呈粉尘颗粒状,是由西北气流从亚洲内陆搬迁而来,逐渐飘洒沉积而成,其成岩作用不强。这些风成的黄土在结构上呈现出均匀、细小、松散、易碎的特点,这就使得粗笨的木耒、石铲等原始工具容易入土和耕作。① 在黄河流域,第四纪黄土高原已开始形成,全新世冰后期黄土高原干旱少雨,气候温暖,用于采集的植物、果实逐渐减少,可猎取的动物数量由于人口的增加、猎手的日增以及捕猎手段的提高也逐渐减少,从而迫使原始先民不得不驯化野生植物,于是适于食用、耐干旱、生长期短的野生粟类首先得到驯化。我国是世界上最早种植粟的国家。② 因此,处于黄河流域的裴李岗文化也孕育着农业文明的发生。

通过对裴李岗文化的研究,我们发现裴李岗文化遗址的分布具有以下三个特点:第一,遗址坐落在靠近河床的阶地上,或在两河的交汇处,一般高出河床10—20米,这类遗址具有较好的生存环境和生存空间。第二,遗址坐落在靠近河流附近的丘陵地带,遗址的位置本身较高,距河床较远。这类遗址既临河,又有大片可供农耕的土地,是人类生息活动的好场所。第三,遗址坐落在海拔较低并且临近河流的平原地带,这类遗址一般距河床较近,所以,周围环境多为平坦的沃田。③ 如许昌丁村遗址为平原地带,位于老溵河南岸,比河床高出3米,距新郑裴李岗遗址50千米;新郑裴李岗遗址位于裴李岗村西北的一块高出河床25米的岗地上,双洎河自遗址西边流过,然后紧靠遗址的南部折向东流,遗址就在这一河湾上。粟的发现,说明粟确是裴李岗文化时期河南地区种植最普遍的农作物之一。

2.稻类作物

我国是世界上稻作农业最早的发生地。1995年,在江西万年仙人洞和湖南道县玉蟾岩(蛤蟆洞)遗址都发现有公元前10000年前后的稻谷花粉和硅酸体,尤其是玉蟾岩遗址还发现了稻谷实物遗存。④ 根据史前考古学研究和对古代植

---

① 王星光、张新斌:《黄河与科技文明》,黄河水利出版社2000年版,第23页。

② 杨东升:《论自然地理环境对中国农耕文化的形成及其地域差异的影响》,《黔东南民族师范高等专科学校学报》2006年第6期。

③ 王吉怀:《论黄河流域前期新石器的文化特征和时代特征》,《东南文化》1999年第4期。

④ 袁家荣:《玉蟾岩获水稻起源重要新物证》,《中国文物报》1996年3月3日。

物遗存的分析鉴定成果,这是目前我国发现的最早的稻作遗存。

中原地区,稻与粟、黍类作物同时见于七八千年前的裴李岗文化,其稻作农业的发生期与长江中游地区大体同步。目前,河南发现的稻作遗存,主要见于裴李岗文化中的舞阳贾湖遗址。[①] 具体来说,舞阳贾湖稻作遗存主要有10 枚稻壳印痕[②]、1000 多粒炭化稻米和水稻叶硅酸体以及水稻颖壳双峰乳突碎片[③]。舞阳贾湖遗址稻作遗存的发现对我国稻作起源的研究具有十分重要的意义。

通过对舞阳贾湖遗址稻壳印痕、炭化稻米和水稻硅酸体的鉴定,舞阳贾湖遗址的稻类作物属于新石器时代,主要是具有原始形态的栽培稻。[④] 通过对贾湖遗址出土的较完整的 43 粒炭化米的粒形观察,认为贾湖古稻米比现代稻米明显要小一些,籽粒表面多有 1—2 条明显隆起的脊(维管束),L/W 测量的平均值为 2.38,变幅为 1.88—3.53,除 1 粒可能为野生稻外(L/W 为 3.53),绝大多数可以认定为栽培稻,而且其中 32 粒可能为粳或偏粳稻,占总数的 74.4%,有10 粒为籼或偏籼稻,占总数的 23.3%。[⑤] 由此可知,贾湖古稻虽然已驯化为栽培稻,但与现代已分化很彻底的栽培稻不同,是一种籼粳分化尚不明显并且还含有野生稻一些特征的原始栽培稻。[⑥]

上述稻作遗存的发现充分表明,在贾湖类型时期,淮河上游一带出现了野生稻,这应是全新世暖湿气候北进淮河上游一带的重要证据。孢粉分析表明,贾湖遗址出现了目前生长在亚热带的枫香、小青冈乔木花粉和热带的水蕨孢粉。而生长于水、沼区域的植物硅酸体等也充分表明,在公元前 6800—前 5800年间,贾湖一带的自然环境条件适合于稻作的栽培,大量贾湖原始栽培稻遗存的发现无疑表明了贾湖原始稻作农业的发展水平似高于彭头山文化的原始稻

---

① 河南省文物研究所:《舞阳贾湖遗址的试掘》,《华夏考古》1988 年第 2 期。

② 张居中:《河南舞阳贾湖遗址发现水稻距今约八千年》,《中国文物报》1993 年 10 月 31 日。

③ 陈报章等:《舞阳贾湖新石器时代遗址炭化稻米的发现、形态学研究及意义》,《中国水稻科学》1995 年第 3 期。

④ 河南省文物考古研究所:《舞阳贾湖》,科学出版社 1999 年版。

⑤ 张居中等:《也论中国栽培稻的起源与东传》,《农业考古》1996 年第 1 期。

⑥ 王象坤等:《中国稻作起源研究中的新发现》,载王象坤、孙传清:《中国栽培稻起源与演化研究专集》,中国农业大学出版社 1996 年版。

作农业的发展水平。①

与贾湖原始稻作农业大致同步兴起的是贾湖聚落址的出现,贾湖聚落址清理出房址 45 座、灰坑 370 座、陶窑 9 座、墓葬 349 座、瓮棺 32 座、埋狗坑 10 座以及笛形骨管乐器、刻符龟甲片等。② 与此同时,贾湖遗址还出土了大量的磨制工具和动物骨骼,还有不少炭化果核。③ 通过对贾湖遗址发现的大量动植物遗骸、石制品原料和废料以及地貌、土壤的研究,我们知道当时气候温暖、雨量充沛、湖沼发育、动植物资源丰富,为人类的生存提供了充足的食物来源和理想的生活环境。④

(二)裴李岗时期农耕文明的特点

黄河流域迄今最早的农业遗址,属于距今有七八千年的河南中部的裴李岗文化遗址。由于黄河流域广泛覆盖着肥沃、深厚的黄土,但雨量相对较少,在这里发展了以种植粟、黍等作物为主的旱作农业;淮河流域、长江流域及其以南地区,气候温暖,无霜期长,水源充足,雨量充沛,在这里发展了以种植水稻为主的水田农业。⑤ 同时,在新石器时代,黄淮地区形成了粟稻交会的过渡地带。⑥ 考古发现的裴李岗作物遗存,不仅有黄河流域的粟、稷,也有淮河流域的稻,说明在新石器早期我国已经初步形成南稻北粟及粟稻交错分布的格局。

一般来说,农业生产工具的种类和形式与农作物的种植、收获特点有关,这也反映了裴李岗时期农作物的分布状况。裴李岗文化中出土大量的石斧、石铲、石刀、石镰、石磨盘和石磨棒等农业生产和粮食加工工具,详细情况见表 2.2。

---

① 朱乃诚:《中国农作物栽培的起源和原始农业的兴起》,《农业考古》2001 年第 3 期。

② 朱乃诚:《中国新石器时代早期文化遗存的新发现和新思考》,《东南文化》1999 年第 3 期。

③ 河南省文物考古研究所:《舞阳贾湖》,科学出版社 1999 年版。

④ 张居中:《淮河上游新石器时代的绚丽画卷——舞阳贾湖遗址发掘的主要收获》,《东南文化》1999 年第 2 期。

⑤ 卢嘉锡:《中国科学技术史 · 农学卷》,科学出版社 2003 年版。

⑥ 王星光、徐栩:《新石器时代粟稻混作区初探》,《中国农史》2003 年第 3 期。

表 2.2 河南裴李岗文化遗址出土农业工具统计表

河南裴李岗文化遗址名称	翻耕工具		收割工具		加工工具		资料来源
	石斧	石铲	石镰	石刀	石磨盘	石磨棒	
郑州南阳寨遗址					1		《考古》1979(4)
郑州宋庄遗址					1		《考古》1982(3)
新郑裴李岗遗址	26	79	23	4	57	25	《考古》1978(2),《考古》1979(3),《考古学报》1984(1)
新郑沙窝李遗址	15	33	7		12	6	《考古》1979(12),《中原文物》1982(2)
新郑唐户遗址		1			1		《考古》1979(3)
新郑西土桥遗址					1		《考古》1979(3)
新密莪沟遗址	18	52		6	9	9	《河南文博通讯》1979(3)
新密马良沟遗址	2	2			1	1	《考古》1981(3)
新密东关遗址		2					《考古》1979(3)
新密城东北角遗址					2		《考古》1979(3)
新密青石河遗址					1		《考古》1979(3)
新密张湾遗址		1					《考古》1979(3)
新密王嘴遗址		1					《考古》1979(3)
登封王城岗遗址	3	1	1			1	《登封王城岗与阳城》,文物出版社,1992
登封东岗陵遗址					1	1	《考古》1979(3)
巩义铁生沟遗址	12	30	5		6	6	《文物》1980(5),《考古》1986(3)
巩义赵城遗址						1	《考古》1979(3)
巩义瓦窑嘴遗址					1	1	《考古》1997(1)
巩义东山原遗址		3	1		1		《中原文物》1992(4)
巩义北营遗址						1	《中原文物》1992(4)
中牟业王遗址					2	2	《考古》1979(3)
中牟冯庄遗址		3					《考古》1979(3)
长葛石固遗址	12	15	6		9	4	《中原文物》1982(1),《华夏考古》1987(1)

续表

河南裴李岗文化遗址名称	翻耕工具		收割工具		加工工具		资料来源
	石斧	石铲	石镰	石刀	石磨盘	石磨棒	
长葛西杨庄遗址			3		4		《中原文物》1982(1)
长葛南张庄遗址					1		《中原文物》1982(1)
长葛夹岗遗址	1	1					《中原文物》1982(1)
许昌丁庄遗址	1					1	《考古》1986(3)
舞阳贾湖遗址	14	5	1		9	3	《中原文物》1983(1),《华夏考古》1988(2)
郏县水泉遗址	53	49	18	5	47	43	《考古》1979(6),《考古学报》1995(1)
汝州中山寨遗址		8	7			8	《中原文物》1985(4),《考古》1986(6)
汝州槐树阴遗址	1	2			1	11	《中原文物》1985(4)
汝州安沟遗址		1				1	《中原文物》1985(4)
方城大张庄遗址	1	1	1			1	《考古》1983(5)
潢川鲁寨遗址					2	1	《中原文物》1985(4)
淇县花窝遗址	2	1				2	《考古》1981(3)

据对裴李岗文化时期的裴李岗、沙窝李、莪沟、铁生沟、马良沟5处遗址的初步统计,这类工具发现有石镰35件,石刀4件,石磨盘85件,石磨棒45件。①裴李岗文化中出土数量众多的石磨盘和石磨棒是谷物加工工具,证明当时已有大量的谷物加工。在裴李岗文化中,发现的这些收割和加工工具之所以能制作得如此精细,并占有较大分量,说明这些农业工具是在长期采集经济的制造、使用中优先发展而来的。正是由于采集和谷物加工工具的进步和作用,人们从事采集活动收获量不断增大,谷物加工技术的进步使植物籽粒更适于人们的胃口,才使得先民们越发看重栽培这些植物对自己谋生的重要性。②

与此同时,在贾湖遗址中,与这些水稻标本共同出土的工具类器物中,农业

① 王吉怀:《从裴李岗文化的生产工具看中原地区早期农业》,《农业考古》1985年第2期。

② 王星光:《工具与中国农业的起源》,《农业考古》1995年第1期。

生产工具共计260余件①,其中既有与裴李岗等遗址相同的两端舌形刃石铲,也有较大型的有肩石铲,有个别类似河姆渡的骨铲,还有大量石斧以及收割用的齿刃石镰,谷物加工用的石磨盘、石磨棒等②。对于贾湖遗址出土的农业工具而言,贾湖遗址属于原始稻作农业,但生产工具却与粟作相同,表明了在相同的地理环境中形成的原始农业工具具有相同的特点,也许反映了贾湖类型分布区域的淮河上游地区在当时可能是原始稻作与粟作农业进行交会的地区。只是粟作农业遗存尚未发现。③ 农业的出现与文明起源的关系至为重要,我国古代文明是随着农耕的发展而逐渐发展起来的。黄河流域不仅土壤肥沃,而且具有良好的保水和供水性能,是原始农业生产的适宜土壤。因而处于黄河流域的裴李岗也成为我国古代农业的重要起源地。从生产工具和发现的农作物遗存来看,在郑州附近的裴李岗文化中心分布区以粟作农业为主,而在淮河上游的舞阳一带则是稻作农业区,虽然粟稻混作的遗址目前尚未发现,但是已经初步形成了"南稻北粟"的农业格局。④

然而,裴李岗时期虽然已经产生农耕文明,但还处在农业发展的初级阶段,这时的采集渔猎经济,在裴李岗人的全部生产活动中还占有非常重要的地位。如贾湖遗址出土的生产工具中,农具仅占25.4%,而狩猎工具则占49.5%,捕捞工具占25.1%。⑤ 同时,裴李岗的农业聚落遗址发现还不多,面积也较小,文化内涵亦不甚丰富。这也更能说明裴李岗时期的农业耕作发展规模有限,农业文化并不很发达,表明当时社会处于经济和文化发展都比较落后的状态。而原始农业的发展为裴李岗文化的繁荣奠定了坚实的基础。裴李岗文化应是厚重的中原文明乃至博大精深的中华古代文明的重要源头之一,值得我们加以深入的研究。

---

① 杨肇清:《河南舞阳贾湖遗址生产工具的初步研究》,《农业考古》1998年第1期。

② 张居中等:《舞阳史前稻作遗存与黄淮地区史前农业》,《农业考古》1994年第1期。

③ 朱乃诚:《中国农作物栽培的起源和原始农业的兴起》,《农业考古》2001年第3期。

④ 许天申:《论裴李岗文化时期的原始农业——河南古代农业研究之一》,《中原文物》1998年第3期。

⑤ 贾兵强:《裴李岗文化时期的农作物与农耕文明》,《农业考古》2010年第1期。

第四节 大禹治水与先夏文化

治水在中华文明的形成与发展中居于重要地位,可以说,河南的历史就是一部治水史。河南既是中华民族的重要发祥地之一,也是水利大省,河南水文化为黄河文明、中原文明的形成和发展奠定了坚实的基础。[①] 史前人类治水活动构成中华文明之源,其内容不仅包括筑堤建坝、修筑城池、疏浚河道、堆筑高台等防御水患的实践,而且包括凿井、挖池、修渠以利取水、储水、排灌等开发利用水资源的活动。治水文明正如中华文明一样,具有根源性、完整性、开放性和多元性的特征。史前时期,人类治水活动催生中华农业文明的曙光。我国是一个洪涝灾害多发的国家,有关大洪水的记载很多。因此,防洪自古以来就是中华民族最主要的治水活动之一。与洪水作斗争,成为人类生存和经济社会发展的必要条件。没有洪水就没有治水,就不能产生中国特色的文明——治水文化。

一、大河之患与大禹治水

大禹治水是我国著名的古代神话传说之一,在《尚书》《山海经》《论语》《淮南子》《墨子》《史记》等文献中均有相关记载。今天,我们能够见到的最早文献记载是《尚书》和《诗经》,内容记载较为完备的是《史记》。《史记·夏本纪》载:“禹乃遂与益、后稷奉帝命,命诸侯百姓兴人徒以傅土,行山表木,定高山大川。禹伤先人父鲧功之不成受诛,乃劳身焦思,居外十三年,过家门不敢入。薄衣食,致孝于鬼神。卑宫室,致费于沟淢。陆行乘车,水行乘船,泥行乘橇,山行乘檋。左准绳,右规矩,载四时,以开九州,通九道,陂九泽,度九山。令益予众庶

① 郭永平:《水利万物 人心思水——河南水文化建设的意义》,《河南水利与南水北调》2013年第7期。

稻，可种卑湿。命后稷予众庶难得之食。食少，调有余相给，以均诸侯。禹乃行相地宜所有以贡，及山川之便利。”由此可见，尧舜时期的“洪水横流，泛滥于天下”，致使大地一片汪洋。为了制止洪水泛滥，保护农业生产，禹总结父亲的治水经验，改鲧“围、堵、障”为“疏、顺、导、滞”的方法，就是利用水自高向低流的自然规律，依地形把壅塞的川流疏通。大禹把洪水引入疏通的河道、洼地或湖泊，然后合通四海，从而平息了水患，使百姓得以从高地迁回平川居住和从事农业生产。禹因此而成为夏朝的奠基者，并被人们称为“神禹”而传颂后世。

著名历史学家范文澜先生在《中国近史简编》中曾说过：“禹是古帝中最被崇拜的一人。……神话里说是洪水被禹治得‘地平天成’了。这种克服自然、人定胜天的伟大精神，是禹治洪水神话的真实意义。考洪水的有无或禹是否治洪水，都是不必要的。”值得一提的是，最近发现并公之于世的西周中期铜器“遂公盨”中有关于大禹治水事迹的记述，在内容乃至用语上均与传世的《尚书》等文献一致，被认为是大禹治水的证据。所以，大禹治水的神话传说是可信的，至少反映出4000多年前我们先民在应对洪涝灾害中所表现的敢于同自然灾害作斗争的大无畏精神。

二、大禹治水与夏的诞生

司马迁在《史记・夏本纪》中是把大禹作为夏王朝的创立者来描述的，其活动时代相当于新石器时代龙山文化晚期。大禹在治理洪水的过程中，加强了各个部落联盟的联系和协作，而且各部落联盟也需要强有力的统一领导，原来由血缘关系为纽带的氏族部落被以行政区划分的“九州”所代替，即《左传・襄公四年》中所谓的“芒芒禹迹，划为九州，经启九道”。划分了九州之后，大禹又任命了九个地方行政长官“州牧”进行管理。同时，大禹还把夏邑作为统治中心，按地区的不同来部署原有部落，此时的部落联盟统治已经由氏族公社那种靠血缘纽带来维系逐渐变为按居住地区来组织居民，亦即由血缘关系向地缘关系转变，而这正是国家形成的标志之一。

治理全国水患的工程极其浩大，可以想象在当时生产力低下的情况下，去治理泛滥的洪水，需要多么复杂的组织管理才能够成功。大规模的治水活动需要有统一的意识和行动，也需要建立强有力的指挥机构，从而有效地组织和协调人力、物力用于治水斗争。大禹治水过程中建立了相应的职官体系来进行系统管理。

在治水的过程中，大禹为了更好地治理洪水，在舜的基础上逐步构建完善各种组织机构，并使之分工明确，各司其职。大禹在帝舜时期是负责平治水土的“司空”，兼任总摄联盟内各项具体事务的“百揆”。也正是由于治水任务职责的重大和时间的紧迫而赋予治水领导者至高无上的权力，才促成了中央集权国家的产生。《国语·鲁语下》载：“昔，禹致群神于会稽之山，防风氏后至，禹杀而戮之。”禹在会稽大会诸侯之时，防风氏部落的首领因迟到被大禹当场杀掉，足见禹的权力之大、权威之强。同时，大禹治水过程中，为了更好地管理各部族，还在虞舜时期就已经创制出的法律的基础上，制定了相关的法律制度，并付诸实施。《史记·夏本纪》载：“皋陶于是敬禹之德，令民皆则禹。不如言，刑从之。”《吕氏春秋·离俗览·用民》载：“夏有乱政，而作禹刑”。法律和刑罚的制定，都是国家正式形成的标志。

治水依赖统一国家，而统一国家又促进了治水的成功，大禹治水与中国国家的形成正是如此相互促进的关系。大规模的治水活动促进了王权的产生，为禅让制转变为世袭制的专制制度的建立提供了重要条件。与此同时，在长期治水过程中形成的凌驾于各氏族部落之上的组织机构，演化成奴隶制的国家机器。在治水成功之后，大禹凭借其在治水过程中所赢得的威望，接替舜的位置成为部落联盟的首领。通过征三苗、划九州、合诸侯、戮防风氏等一系列行动，联合各部族，并且逐步使血缘团体向地缘团体过渡，挑战古老的氏族制度，使国家的出现成为一种不可阻挡的历史趋势，促进了国家的形成。大禹因治水有功而被推举为夏王。

《史记·夏本纪》记载：“禹死，天下授益。三年以后，益让位于禹子启，于是启遂即天子位，是为夏后帝启。”启世袭禹的帝位，是一个划时代的举动，标志着“各亲其亲，各子其子”的政权“世及”时代的来到，特殊的公共权力开始凌驾于氏族社会之上。因为治理黄河是重点，所以在黄河流域最早形成了国家，客观上有利于民族和社会的发展。从禹开始，禅让的传统被破坏，禹的儿子启夺得了王位，建立了我国第一个奴隶制国家——夏。大禹治水的传说，有力证明了治水活动对国家的产生和文明进步的重大影响。

三、大禹治水思想

从大禹治水的神话传说和文献记载中我们可以看出，不论是大禹的治水方法，还是大禹治水中所体现出来的不畏艰险、艰苦奋斗、吃苦耐劳、公而忘私、不屈不挠的精神，都已经积淀而形成了大禹治水精神。大禹治水精神是我国传统文化精神的象征，这样一种精神是中华文明创造的前提条件，也反映了中华文明的特色。直到今天，我们仍然看到这样一种精神在促进我们民族继续创造着新的文明。[①] 具体来说，大禹治水的精神内涵，我们概括起来主要包含以下内容：

（一）公而忘私精神

大禹之时，"鸿水滔天，浩浩怀山襄陵，下民其忧"[②]，民不聊生。大禹受命于危难之中，担负起了治水安民的重任。在治水的过程中，为了治理水患，大禹"娶涂山氏女，不以私害公，自辛至甲，四日，复往治水"[③]。《史记·夏本纪》载："（禹）劳身焦思，居外十三年，过家门不敢入。"大禹"舍小家顾大家""三过家门而不入"的崇高品质，体现了大禹公而忘私的奉献精神。难能可贵的是，在治水过程中，大禹生子启，也没时间去看望，禹说："启呱呱而泣，予弗子，惟荒度土功。"[④]他劳而忘身，率先垂范，始终奋战在治水第一线，《庄子·天下》载"禹亲自操橐耜，而九杂天下之川"，顶风冒雨，不避寒暑，"腓无胈，胫无毛，沐甚雨，栉疾风，置万国。禹大圣也，而形劳天下也如此"。他足迹遍神州，"手足胼胝，面目黧黑"[⑤]，"禹劳身苦思……闻乐不听、过门不入、冠挂不顾、履遗不蹑"[⑥]，历尽

---

① 沈长云：《论大禹治水及其对中华文明进程的影响》，载中国先秦史学会：《禹城与大禹文化文集》，中国文联出版社 2007 年版，第 19 页。

② 司马迁：《史记》卷二《夏本纪》，上海古籍出版社 1997 年版。

③ 郦道元撰，陈桥驿校正：《水经注》卷三〇《淮水注》，中华书局 2013 年版。

④ 王世舜译注：《尚书·虞书·益稷》，中华书局 2011 年版。

⑤ 司马迁：《史记》卷八七《李斯列传》，上海古籍出版社 1997 年版。

⑥ 赵晔：《吴越春秋·越王无余外传第六》，江苏古籍出版社 1986 年版。

千辛万苦，终使“九州攸同，四隩既宅，九山刊旅，九川涤源，九泽既陂”①。大禹这种忘我忘家、全身心献身治水的精神，已成为历代学习的榜样。

同时，据文献记载，禹之父鲧用“堙”“障”之法治理水灾，“九载，绩用弗成”，“帝殛鲧于羽山”。② 禹不因父鲧被诛而记仇推辞，继父遗志，以治水和公众利益为己任，接受虞舜所嘱托任务，竭尽全力平治水土，同样体现了大禹公而忘私的精神。

（二）民族至上精神

在5000多年的历史演进中，中华民族形成了以爱国主义为核心的团结统一、爱好和平、勤劳勇敢、自强不息的伟大民族精神。它使得中华民族不仅创造了灿烂的文明，而且生生不息、连绵不绝，表现出强大的生命力。③ 我们知道，大禹是古代羌族的首领，在带领羌人治理洪患的艰苦历程中，推动各民族间的交流，使之相互影响、渗透、交融，形成优势互补，促进了华夏民族的融合、成长、壮大，使夏成为中华民族文化的源头。同时，大禹既根据不同民族的特点，采取相应的政策，尊重各民族的生活方式、风俗习惯，又通过传授先进的生产技术、传播优秀的文化艺术等方式，增进了民族团结，促进了生产力的发展。④

治水目标也凸显了民族利益高于一切。关于大禹治水的目的，《墨子·兼爱》指出，禹治水土“（西）以利燕代胡貉与西河之民”“（东）以利冀州之民”“（南）以利荆楚、干、越与南夷之民”。也就是说，其治水的终极目标是使包括华夏族与非华夏族在内的所有民族都免受旱涝灾害的威胁。《吕氏春秋·爱类》曰：“疏河决江”“所活者千八百国，此禹之功也”。这就意味着，大禹治水成功后使更多的部落或部族的生命财产和耕地山林免于遭受损失。大禹治水，对形成一个统一的九州起到了重要作用，因而大禹是中华民族从局部发展到全面发展以至多民族大融合的推动者和领导者，完成了一次伟大的历史跃进。⑤ 所

① 王世舜译注：《尚书·虞书·禹贡》，中华书局2011年版。

② 王世舜译注：《尚书·虞书·尧典》，中华书局2011年版。

③ 胡金星：《从大禹治水精神浅谈水文化与民族精神和时代精神》，载首届中国水文化论坛组委会：《首届中国水文化论坛优秀论文集》，中国水利水电出版社2009年版，第277—281页。

④ 谢兴鹏：《大禹精神的内涵及其现实意义》，《绵阳师范高等专科学校学报》1997年第1期。

⑤ 杨超：《论大禹精神——过渡时期的政治经济文化》，《中华文化论坛》1994年第1期。

以说，在治水过程中，大禹以民族根本利益为重，促进华夏各民族之间的融合，奠定了中华文明社会的发展。

（三）民惟邦本精神

大禹认为民众为邦国之本，本固则邦宁。大禹说："民可近不可下，民惟邦本，本固邦宁。予视天下愚夫愚妇一能胜予。……予临犯民，懔乎若朽索之驭六马，为人上者，奈何不敬。"[①]刘向在《说苑·君道》中说："河间献王曰：'禹称：民无食，则我不能使也；功成不利于人，则我不能劝也。'……民亦劳矣，然而不怨苦者，利归于民也。"《淮南子·修务训》载："禹沐浴霪雨，栉扶风，决江疏河，凿龙门，辟伊阙，修彭蠡之防，乘四载，随山刊木，平治水土，定千人百国。"由此可知，大禹治水的目的是解除洪水对民众的危害，从而达到固本强基，实现国富民强的目的。

在治水过程中，大禹始终以人民利益为出发点，从而得到人民的爱戴和拥护。墨子说："为天下厚禹，为禹也。为天下厚爱禹，乃为禹之人爱也。"[②]如有些部落食物缺乏，禹便"命益予众庶稻，可种卑湿，命后稷予众庶难得之食。食少，调有余相给，以均诸侯"。[③] 就是说，大禹与益、稷一起，施与饥民粮食与肉类，如果一个地区食物缺乏，就从食物多的地区调入，于是，"众民乃定，万国为治"。[④] 在治水成功后，大禹"身执耒锸，以为民先"[⑤]，兴建水利灌溉工程，开垦土地，植谷种粮，栽桑养蚕，发展农业生产。这就是大禹治水精神的最高境界，成为历代治国思想和理念的核心。

（四）科学创新精神

在面临"汤汤洪水方割，荡荡怀山襄陵，浩浩滔天"[⑥]和鲧治水失败的局面下，大禹通过"陆行乘车、水行乘船、泥行乘橇、山行乘樺"[⑦]，认真总结治水规律

---

① 王世舜译注：《尚书·夏书·五子之歌》，中华书局 2011 年版。

② 《墨子·大取》。

③ 司马迁：《史记》卷二《夏本纪》，上海古籍出版社 1997 年版。

④ 司马迁：《史记》卷二《夏本纪》，上海古籍出版社 1997 年版。

⑤ 《韩非子》卷四九《五蠹》。

⑥ 王世舜译注：《尚书·虞书·尧典》，中华书局 2011 年版。

⑦ 司马迁：《史记》卷二《夏本纪》，上海古籍出版社 1997 年版。

和方法,尤其是总结其父鲧的治水经验,创造发明了测量工具,提高了治水的技术水平,在此基础上创造性地提出了"疏川导滞"①的疏浚排洪治水方案。由于当时的科技发展、生产力水平低下,大禹采取的不是征服自然、人定胜天的办法,而是顺其自然、给洪水出路的办法。所以说,大禹治水包含有因势利导的科学精神。

关于大禹治水的疏导方法,《孟子·滕文公上》记载:"禹疏九河,瀹济、漯而注诸海,决汝、汉,排淮、泗而注之江,然后中国可得而食也。"禹治水时采用疏导的方法,而鲧治水是用堵截的方法,因此禹成功了,而其父鲧失败了。那么,治水究竟从哪里开始疏导为好呢?大禹同四岳等人顺着黄河上溯,历尽艰难险阻,希望找到黄河发源处,从那里开始导河。《尚书·禹贡》记载大禹"导河积石",可见禹秉持了实事求是的科学态度。

在治水活动中,大禹以人为本、吃苦耐劳、无私奉献的治水精神成为中华民族精神的象征。继承和发展大禹治水精神是中华民族生生不息、薪火相传的动力和支撑,是凝聚中华民族的重要思想基础,是各族人民团结和睦、共同奋斗的精神纽带。大力弘扬大禹治水精神是国家不断创新和发展的力量源泉,是中国特色社会主义建设的不竭动力。②

在治水过程中,大禹组织各部族力量共同治水,由此促进了以血缘关系为纽带的氏族部落的大联合,促进了华夏各部族的融合与团结。大禹治水前后,通过开展农田水利建设,大力发展农业,实行平衡政策等方式,从而为国家的建立奠定了经济基础。大禹治水成功后,民心思定,渴望实行必要的集权体制以对抗较大的自然灾害并进行大规模的农业开发,为国家的建立奠定了思想基础;同时,组织严密、高度集权的治水机构逐渐沿袭为国家的组织机构,为国家的建立奠定了组织基础。由此,大禹治水催生了我国第一个奴隶制国家的产生,从此文明时代取代了愚昧的野蛮时代。

---

① 徐元浩等:《国语集解》卷五《周语下》,中华书局 2002 年版。

② 贾兵强:《大禹治水精神及其现实意义》,《华北水利水电学院学报》(社会科学版)2011 年第 4 期。

第三章

历史时期河南水文化

历史上，中原地区的先民在治水活动中创造出了丰富多彩的水文化。夏商至魏晋时期的河南水文化，处于中华水文化孕育发展时期。大禹治水在中原地区留下的启母阙、禹州等治水遗迹，以及夏商城市遗址内发现的陶水管道、石砌暗道、明水沟和水池、汲水工具等，是夏商时期水文化的主要标志。春秋战国时期，孔子、老子、孟子、庄子、管子、墨子等以水为喻理，孕育了中华水哲学思想。诸侯国修筑的鸿沟、漳水十二渠和圃田泽等水利工程，在河南水文化史上居于重要地位。秦汉时期，水排的发明、沁水枋口堰、鸿隙陂、马仁陂、六门堨以及王景、贾让治黄思想的形成，使当时成为中原水文化发展时期。魏晋南北朝时期，发明的灌溉工具翻车是我国古代最著名的农业灌溉机械之一，枣祇河、睢阳渠、白沟渠的修复，《水经注》的出现以及山水文化的兴起，表明魏晋时期中原人民已经形成了自然山水文化的审美意识，而这种审美意识里包含着深刻的历史文化、社会背景和地理环境的因素。隋唐大运河、唐代水利工程、宋元明清治理黄河等是河南水文化史上的重要标志。可以说根植于中原地区的河南水文化为中原文明、黄河文明乃至中华文明的形成和发展奠定了坚实基础。

第一节　夏商时期水文化

夏商是华夏文明的滥觞时期，中国历史上的第一个奴隶制王朝夏朝就建立在中原地区。根据考古发现，河南偃师二里头文化遗址据测定约在公元前 1900 年，属于夏代纪年范围内。商代的核心地区也在中原范围之内，其都城虽多次迁址，但也基本不出今天的河南省范围。夏商时期先民们在治水活动中创造了丰富的水文化,大禹治水的事迹自古以来就在中原大地上流传,在今天的河南还遍布着众多的关于大禹治水的传说,有的物化于中原大地,构成了河南水文化遗产的座座丰碑,有的世代相传于民间,成为中原人民的精神之源。

一、大禹治水文化遗存——开启中国第一个王朝的水文化

大禹治水是中国古代著名的治水传说,大禹治水传说故事从古至今流传于中国民间。《山海经·海内经》《史记·夏本纪》《国语》《孟子》《吕氏春秋》《淮南子》等古籍中都有关于大禹治水的记载。大禹治水遍及古代中国的许多地区,由于夏的活动中心主要在中原地区,所以今天的河南留下了许多与大禹治水有关的遗迹。

(一)启母阙

启母阙位于河南登封嵩山南麓,距离县城 2 千米的嵩山万岁峰下。启母阙为启母庙前的神道阙,阙的北边 190 米处有一开裂的巨石,即启母石。根据《淮南子》记载,上古时期大禹奉命治理泛滥的河水,三过家门而不入,其妻涂山氏化为巨石,巨石从北面破裂而生启。西汉武帝游览嵩山时,为此石建立了启母庙。东汉延光二年(123),颍川太守朱宠于启母庙前建神道阙,即启母阙。今天启母庙已荡然无存,但东汉时在庙前修建的启母阙还依然保留着。从残存的碑文中,依稀可见汉代对禹治水的记述和对启母涂山氏助夫治水的颂扬。启母阙铭记述了夏禹及其父亲鲧治水的故事,字体遒劲俊逸,是汉代书法中的精品,一直为国内外金石学家所看重。铭文间隙处及其他石块上有浮雕人物画像、幻术、骑马出行、斗鸡、驯象、吐火、进谒、倒立、饮宴、日御羲和、启母化石、夏禹化熊、郭巨埋儿、月宫等,是汉代文化中的珍品。

(二)禹州

舜时期,禹受封为夏伯。禹的儿子启创建了第一个奴隶制王朝,并大飨诸侯于钧台,举行开国典礼。《水经注》载:“河南阳翟县有夏亭城,夏禹始封于此,为夏国。”《竹书纪年》载:“夏禹之子夏启,即位夏邑,大享诸侯于钧台,诸侯从

之。”帝相失国后，少康中兴，也由夏众灭浞，奉少康归于夏邑，诸侯始闻之，立为天子，而都于此。故在史籍中，早期多称禹州为夏邑。

禹州也留下了许多关于大禹的遗迹，如在禹州城内古钧台南街中段东侧一个单位的院子里，还有一个禹王锁蛟井，它是为纪念大禹治水成功而建造的。早年的建筑毁于清末，井已填没。现在的锁蛟井是禹州市人民政府 1984 年于原址稍东处重建的。井上建有一仿古亭阁，歇山抹角，上覆琉璃瓦，前面四根明柱，八扇透雕门窗，门额上刻有“禹王锁蛟井”五个大字。殿内正中靠后塑有禹王立像一尊，禹王右手摁住蛟头，左手握铁链，一副威武气概。禹王像前有一口井，以巨石掩盖。石上穿有锁链一条，以示井内缚有蛟龙。移开井盖，则见井内有水，水中有一石雕蛟龙，仰面朝天，呈蹦出之状。

二、城市文明——夏商城市遗址中的水文化

城市的出现是人类进入文明时代的重要标志，中国早在夏商时代就出现了城市。考古发现的夏商城址主要有偃师二里头遗址、郑州大师姑二里头文化城址、偃师商城、郑州商城、东下冯商城、垣曲商城、焦作府城商城、盘龙城商城、郑州小双桥遗址、洹北商城和安阳殷墟等。在这些城址中，大都发现了水井、护城壕、水池、输水管道等水利遗存。这些遗存内容丰富、种类繁多，为我们研究夏商城市水文化提供了大量的实物资料。

夏商时期，水井是最常见的供水设施，不仅见于夏商城址，而且在一般遗址中也有普遍发现，但尤以人口密集的城址内最为集中。二里头遗址发现的水井几乎全为方形或长方形，井壁设对称的两行脚窝，有的还有讲究的井台。郑州商城发现的水井种类繁多，据宋国定先生的研究，可分两大类五个类型。[①] 夏商城址内已发现的输水管道主要有深埋于地下的陶质管道、石砌或石木兼施的暗道及地面上挖的浅水沟渠，它们共同承担着城市的供水或排水任务。

---

① 宋国定：《试论郑州商城商代水井的类型》，载河南省文物研究所：《郑州商城考古新发现与研究（1985—1992）》，中州古籍出版社 1993 年版。

（一）陶水管道

陶水管道由多节陶水管连接构成。这些陶水管道的上部或附近都发现有夯土或柱穴。据此推测，它们应是夯土建筑物的输水设施。其他如郑州商城、偃师商城也都发现有残破的陶水管。

（二）石砌暗道

见于二里头遗址、郑州商城、偃师商城三大夏商都邑遗址。二里头遗址第二号宫殿庭院东南部发现一处石板砌筑的输水管道，沿着东廊房向南至南墙内。郑州商城的石砌输水暗道位于宫城墙外侧 8 米处，并与宫墙平行，呈西北—东南向。水道全部用青石板材砌筑而成，已发掘部分残长 30 多米，两端均未到头。偃师商城石砌输水道已发现多处，以位于商城南部的一处保存最好。它分东、西两部分：西段西出西一门与城外护城河相接，向东经两次直角拐折后进入宫城，与其北部的蓄水池接连；东段起蓄水池向东出宫城，再经两次直角拐折出东一门与城外护城河相衔接。

夏商城市规模空前扩大，给排水量随之增大，无论是供水还是排水，仅靠陶质输水管道已无法满足日益膨胀的城市的需要，因此，输水量更大的大型石砌水管道便应运而生，成了夏商城市主要输水设施。它不仅用于大量排放城内废水、污水和过量自然降水，而且把城外干净的河湖之水引入城内，弥补城内水源不足。引水入城是商代城市建设的一个伟大创举，这对净化城市、美化环境具有重要作用，在中国城市发展史上占有重要地位。

（三）明水沟

二里头遗址第二号宫殿基址西墙的西北角，有一条与西墙平行的敞露明水沟，北高南低，上宽下窄，中间有一级台阶，北端上口宽 1.25 米，下口宽 0.70 米，深 0.45 米。水沟北端已超出北围墙 6.60 米，南端压在房屋下面，发掘长度 14.50 米。沟壁土质较硬，经水浸泡过。发掘者推测它应该是宫殿的排水沟。偃师商城五号基址群中每座基址周围，大致在台基与台基间的中部均开挖有 0.80—1.00 米宽、0.30—0.40 米深的水沟，且每座基址周围的小沟纵横贯通，形成棋盘状网络系统。

发现于夏商城内宫殿庭院、建筑物附近的陶质水管道、小型石砌暗道及明水浅沟渠等应是这些建筑物的局部排水设施，而像郑州商城内的大型石砌输水管道，特别是贯穿偃师商城大城、小城、宫城东西的石木混砌输水管道与城外的护城河相衔接，排水量大，更是承担着全城的排水任务。

（四）水池

郑州商城宫殿区东北部的石砌蓄水池，有石砌暗水道与之沟通。平面为长方形，口大底小，坑壁斜直，东西长约100米，南北宽约20米，深约2米。池壁及底部先用料礓石铺垫，池壁再用圆石加固，池底则铺较规整的青灰色石板。石板经打制成方形或长方形，向上一面略经磨制，较为光滑，向下的一面略为粗糙。偃师商城宫城北部的石砌水池，为一座人工挖掘并用石块垒砌的长方形水池，东西长约130米，南北宽约20米，深约1.50米。池岸距离宫城的东、西、北三面城墙均20多米。水池全部用大小不等的自然石块砌成缓坡状，并经石砌输入管道与城外护城壕相通，构成注水、蓄水、排水三位一体的完整水利设施。偃师商城Ⅱ号基址群中的坑状遗迹，南北长约25米，东西宽约8米，深1.20—1.40米，内填淤积沉淀土，坑边缘斜坡下缓。

我国古代建筑，特别是夏商时代的建筑，由于砖瓦尚未被发明使用，多为木骨泥墙、木构架、茅草屋顶，即所谓“茅茨土阶”，且城内又是宫殿林立、人口聚居的密集区，一旦出现火灾，附近没有水源，其后果不堪设想。《韩非子·说林上》说：“失火而取水于海，海水虽多，火必不灭矣，远水不救近火也。”这是对历史经验教训的总结。据此，推测夏商先民当有消防意识，夏商城址宫殿宗庙区内的水井、蓄水池、壕沟、大小明沟渠等都可起到灭火的消防作用。然而消防作用大而明显的水利设施当属蓄水池，它们均建于主要建筑区内，面积大，储水量多，能够供众多的人同时取水。王学荣先生曾明确指出它们的功能主要是蓄水以备防火灭火之用。

夏商城市各种类型的水利设施，是一个经过精心设计、科学规划而建造的相互关联的有机整体，每种设施同时兼具多种功能。如偃师商城内的石砌输水渠、蓄水池，与护城壕相衔接，形成了以供水、排水、蓄水、防御为主，同时兼具消防、娱乐、灌溉功能于一体的多功能水利设施网络。

夏商城市水利设施是在继承史前先民治水、用水先进经验技术和优良传统的基础上，加以发展改进和创新，集中应用于城市建设，从而形成一套完整的科学的城市水利设施体系。这一体系对周秦及其以后繁荣的封建城市水利建设具有重要的影响。

三、汲水工具——夏商先民用水的智慧创造

（一）桔槔

桔槔，俗称吊杆、称杆，《墨子·备城门》中作"颉皋"，是一种原始的汲水工具。早在商代，农业灌溉方面就开始采用桔槔。桔槔是一种利用杠杆原理的取水机械，在一根竖立的架子上加上一根细长的杠杆，当中是支点，末端悬挂一个重物，前端悬挂水桶。一起一落，汲水可以省力。当人把水桶放入水中打满水以后，由于杠杆末端的重力作用，便能轻易把水提拉至所需处。桔槔在春秋时期就已相当普遍，而且延续了几千年，是中国农村历代通用的旧式提水器具。这种汲水工具虽简单，但它使劳动人民的劳动强度得以减轻。

《说苑·反质》记载，郑国大夫邓析过卫国，见五位农夫"俱负缶而入井灌韭终日一区"。邓析下车为之教："为机，重其后，轻其前，命曰桥。终日溉韭百区不倦。"但卫国人说，并不是不知道有这种机械，而是"有机之巧，必有机之败"，所以不用之。这里邓析对桔槔的总结和工作效率有较全面的描述。孔子弟子子贡南游楚国，过汉阴，见一丈人抱瓮入井出灌，也向其介绍桔槔："有械于此，一日浸百畦，用力甚寡而见功多，夫子不欲乎？"为圃者仰而视之曰："奈何？"子贡曰："凿木为机，后重前轻，挈水若抽，数如沃汤，其名为槔。"以上记载反映了春秋战国时使用桔槔的地区主要是经济比较发达的鲁、卫、郑等国，即今山东西南、河南北部、河北南部等地区。

（二）辘轳

早在公元前1100多年前商代晚期人们就已经发明了辘轳。辘轳也是从杠杆演变来的汲水工具。到春秋时期，辘轳就已经非常流行。《物原》记载："史佚始作辘轳。"史佚是周代初期的史官。

辘轳也作轮、车轮，是用金属、木料或其他坚固材料做的圆形构架以提取井水的起重装置。辘轳有三只脚，三点构成平面。它稳妥地立在井口，为方便操作，空出了最大活动空间。辘轳有脚也有头，叫辘轳头，是一块圆硬木，中有轴孔，穿在轴上，上绕绳索，绳头系水斗，辘轳头上嵌一摇把，算是它的胳膊，一般用杨柳木制，把歪成一定角度。水斗为白柳条编制，遇水膨胀，有韧性，耐磨，耐碰撞，上有两三个环，与绳连接。井上竖立井架，上装可用手柄摇转的轴，轴上绕绳索辘轳，绳索一端系水桶。摇转手柄，使水桶一起一落提取井水。辘轳的制造是和农业的发展紧密结合的，它广泛地应用在农业灌溉上。辘轳的应用在我国时间较长，虽经改进，但大体保持了原形，说明在3000年前我们祖先设计的辘轳结构就非常科学合理。

第二节　春秋战国时期水文化

春秋战国时期是中国历史上第一次的大动荡、大变革时期，诸侯争霸，战国争雄，战争频繁，国运无常。旧制度、旧统治秩序被破坏，新制度、新统治秩序在确立。同时这一时期也是思想文化空前大繁荣的时代，各种思想流派纷纷登场，出现了百家争鸣的盛况，而水则成为先秦哲学思想中的一个重要元素，诸子百家在创立自己思想学派时都不约而同地从水那里寻找自己的理论根源，水与哲学思想联系密切，成为这一时期水文化的一个重要特点。

一、孕育哲学思想的水

春秋战国时期是中国古代思想迸发的时代，而水则是中国早期思想家著作中最常用到的一个意象。在《论语》《老子》《孟子》《庄子》《荀子》《孙子》等典籍中，以水为喻来说明观点、论证学说，已成为思想家们一个共同的思维特点。其中，《荀子·宥坐》《管子·水地篇》更是以水的特性为譬喻来论证学说和说明观点的范例。《老子》被认为是中国早期最具代表性的哲学著作,其中有许多关于水的论述,构成了老子哲学思想的核心内容。可以说,从某种角度上是水孕育了中国古代的思想家,或者至少可以说中国古代的思想家与水有着密不可分的联系。

(一)智者乐水的儒家

1.以水悟道

《论语·雍也》载:“智者乐水,仁者乐山。智者动,仁者静;智者乐,仁者寿。”其中的“智者乐水,仁者乐山”成为孔子传之后世的名言。

孔子为何特别指出智者乐水?对此,后世儒家学者多有自己的解释。刘向《说苑·杂言》载有对这个问题的解释,虽是假托孔子所言,不妨看作后儒对孔子乐水的注解:“夫智者何以乐水也?曰:泉源溃溃,不释昼夜,其似力者。循理而行,不遗小间,其似持平者。动而之下,其似有礼者。赴千仞之壑而不疑,其似勇者。障防而清,其似知命者。不清以入,鲜洁以出,其似善化者。众人取平品类,以正万物,得之则生,失之则死,其似有德者。淑淑渊渊,深不可测,其似圣者。通润天地之间,国家以成,是知之所以乐水也。”①孔子认为,水奔流澎湃,日夜不停,好像毅力坚强的人。按照一定的规律流着,不遗漏一个小地方,好像是秉持公平的人。它向着低下的地方流动,好像很知礼节的人。流向千仞的深壑,毫不犹豫,好像勇敢的人。遇到障碍能清正对待,好像知道天命的人。不清洁的水流进去,干净的水流出来,好像善于感化人的人。一般人都拿它作为衡量万物的标准,万物得到它就能活下去,失去它就会死亡,好像有仁德的人。它深不可测,像个通达事理的圣人。它滋润天地万物,国家因此形成。所以知道聪明的人为什么喜欢水。

何晏《论语集解》选载包注“知者乐水”说:“知者乐运其才知以治世,如水流而不知已。”注“知者动”为:“日进故动。”②这种解释取水之流动不已,认为君子效法水的这种特性,运用智慧以治世,自强不息,积极进取,乐而不知老之将至。流水确有日动不停的特点,但仅是这一点还不足以让孔子说出“智者乐水”

---

① 刘向:《说苑·杂言》,中华书局 1987 年版。

② 何晏:《论语集解》,中华书局 1954 年版,第 127 页。

这样的话。孔子既然说“智者乐水”，智者自是指所有智慧高超的人，否则，他这句话可以说是全无意义。朱熹《四书章句集注》注“知者乐水，仁者乐山”云：“乐，喜好也。知者达于事理，而周流无滞，有似于水，故乐水；仁者安于义理，而厚重不迁，有似于山，故乐山。动静以体言，乐寿以效言也。动而不括故乐，静而有常故寿。”①这一解释说明智者明于事理，而且能灵活运用之，如水一般灵动，智者的品性与水性相近，故不由得喜而乐之。由此可见，水具有川流不息的特点，而智者捷于应对，敏于事功，两者具有极大的相似性。显然，朱熹的解释很贴近孔子“智者乐水”之说的本义，但仍然没有揭示出它的全部内涵。实际上，孔子“智者乐水”的内涵，除了朱子所说，还有智者以水体道的深刻含义。智者之所以为智者，就在于其以认识事物的内在规律、不断地发现自然和人生之道为乐。智者之所以乐水，就在于水中含有至上之道而值得智者乐之。

美国学者艾兰指出：“中国早期哲人总是对水沉思冥想，因为他们假定，由水的各种现象传达出来的规律原则亦适用于整个宇宙。”②也就是说，先秦儒家乐水、崇水的根本缘由在于从水中悟道，那么水中包含着什么样的道呢？《荀子·宥坐》载有一段孔子论水的话：“孔子观于东流之水。子贡问于孔子曰：‘君子之所以见大水必观焉者，是何？’孔子曰：‘夫水，大遍与诸生，而无为也，似德；其流也，埤下裾拘，必循其理，似义；其洸洸乎不淈尽，似道；若有决行之，其应佚若声响，其赴百仞之谷不惧，似勇；主量必平，似法；盈不求概，似正；淖约微达，似察；以出以入，以就鲜洁，似善化；其万折也必东，似志。是故君子见大水必观焉。’”刘向《说苑·杂言》中也记载有孔子的这段话，内容基本一致。孔子指出了水中包含着众多的人生哲理，认为水具有德、仁、义、智、勇、明察、坚贞、善于教化、公正、度量、意志等优良品格，而这些正是君子所必须具备的，所以君子见到大水一定要观赏。《论语·子罕》还记载孔子站在奔流不息的江边，感慨事物的流逝变迁，生命光阴的易逝，感悟人生之真谛：“子在川上曰：逝者如斯夫！不舍昼夜。”后儒在论及这句话时有更多发挥。程颐在论述这句话时说：“此道体也。天运而不已，日往则月来，寒往则暑来，水流而不息，物生而不穷，皆与道为体，运乎昼夜，未尝已也。是以君子法之，自强不息。”朱熹也提出：“天地之化，

---

① 朱熹：《四书章句集注》，中国书店1985年版，第90页。

② 艾兰：《水之道与德之端——中国早期哲学思想的本喻》，上海人民出版社2002年版，第63页。

往者过,来者续,无一息之停,乃道体之本然也。然其可指而易见者,莫如川流。故于此发以示人,欲学者时时省察,而无毫发之间断也。”

孔子乐水不仅在于悟道,还在于喜爱山水的自然之美给人带来愉悦的精神享受。《论语·先进》载:“(曾子)曰:‘莫春者,春服既成,冠者五六人,童子六七人,浴乎沂,风乎舞雩,咏而归。’夫子喟然叹曰:‘吾与点也!’”从孔子内心深处颇为赞叹曾子的志向来看,足以说明孔子也是向往那种在河边洗洗澡、在土台上吹吹风的逍遥自在的生活,这也体现出了一种智者的洒脱之情。

以继承孔子衣钵自居的孟子对水同样有着深厚的感情。孟子曾给自己的弟子解答为何孔夫子多次称赞水,水都有什么可取之处:“源泉混混,不舍昼夜,盈科而后进,放乎四海。有本者如是,是之取尔,苟为无本,七八月之间雨集,沟浍皆盈;其涸也,可立而待也。故声闻过情,君子耻之。”孟子认为,水之所以值得取法,在于水有本源。有源之水一步步地把自己前进路上的坑洼填满,填满后再继续向前,踏踏实实,不弄半点虚假。借以说明君子做人处世也应该有本,应当效法有源之水,有本而后进,这个本就是修养身心,增进真才实学。如果没有真才实学而自我鼓吹,捞取名誉,誉过其实,就像雨后浮水一样,无以为继,很快就干涸了。

孟子根据孔子所讲的“智者动,仁者静”提出了“观水有术,必观其澜”的观点:“孔子登东山而小鲁,登泰山而小天下,故观于海者难为水,游于圣人之门者难为言。观水有术,必观其澜。……流水之为物者,不盈科不行;君子之志于道也,不成章不达。”这与孔子“智者乐水”之说是一脉相承的。智者乐水,尤其喜爱流动之水,只有从奔腾不息、波澜起伏之水中才更能透视出与“智者”相似的性情与品格,从水的自然形态和功能中寻觅和挖掘出对人生对社会的深切体验和认识。流水不注满坑坑洼洼不往前流,君子有志于行道,不经日积月累的学习修养不求仕进。学问和事业上求进取犹如流水,也不仅仅是“不舍昼夜”而已,还要“满而后渐”。

孟子认为有源之水具有取之不尽、用之不竭的特点,从中体悟出君子必须立于儒家之道的根本,才能获得立身之本、处世之则。从流水之“不舍昼夜”“盈科而后进”的状态,体悟到君子修炼、锻造自己道德学问的过程也必然如此,君子完美的人格借水性充分表达出来。

2.以水比德

刘向《说苑·杂言》云:“夫水者君子比德焉。”先秦儒家在观水悟道的同时,试图寻找水与人类道德精神的内在联系,尤为注重通过水的特性对人的道德品格的比附,并由此推演出儒家立身处世的道理和准则,形成了“以水比德”的观念。先秦儒家通过对水的观察和体悟,发现水实有与人相似的道、德、仁、义、智、勇、察、包容、法、正、度、志等品德。孔子与子贡的对话揭示了水的这些品格。孔子甚至通过实践来教育他的子弟。《荀子·宥坐》载:“孔子观于鲁桓公之庙,有欹器焉。孔子问于守庙者曰:‘此为何器?’守庙者曰:‘此盖为宥坐之器。’孔子曰:‘吾闻宥坐之器者,虚则欹,中则正,满则覆。’孔子顾谓弟子曰:‘注水焉!’弟子挹水而注之,中而正,满而覆,虚而欹,孔子喟然而叹曰:‘吁!恶有满而不覆者哉!’子路曰:‘敢问持满者有道乎?’孔子曰:‘聪明圣知,守之以愚;功被天下,守之以让;勇力抚世,守之以怯;富有四海,守之以谦。此所谓挹而损之之道也。’”孔子通过宥坐之器比喻做人的道理:谦受益,满招损。只有做到智高不显锋芒,居功而不自傲,勇武而示怯懦,富有而不夸显,谦虚谨慎,戒骄戒躁,才能保持长久不衰。

人性论是先秦儒家道德论的基础,无论是主张“人性善”的孟子还是主张“人性恶”的荀子,都喜欢用水的特性来作比附。

孟子同时代的告子主张性无善恶之说,以水为据同孟子辩论:“性犹湍水也,决诸东方则东流,决诸西方则西流。人性之无分于善与不善也,犹水之无分于东西也。”孟子主张性善,也以水为据,说:“人性之善也,犹水之就下也。人无有不善,水无有不下。”从逻辑上讲,孟子的说法未必能够站得住脚,但是孟子能够抓住水向下的特性来说明人性是向善的论点,显现出孟子作为一个辩者、智者的特有机智。以水性比人性论为孟子的道德论提供了理论依据,说明了人生来就具有的善端,“恻隐之心”“羞恶之心”“辞让之心”“是非之心”就是仁、义、礼、智等道德品质萌芽的基础。

荀子是主张人性恶的,同样也用水性来作比附,借以说明正因人性恶所以必须要用礼仪来教化引导。他用盆水来作比喻:“人心譬如槃水,正错而勿动,则湛浊在下,而清明在上,则足以见鬒眉而察理矣。微风过之,湛浊动乎下,清明乱于上,则不可以得大形之正也。故导之以理,养之以清,物莫之倾,则足以定是非决嫌疑矣。”荀子认为人心就像盆水一样,盆水放正,浊污自然沉淀在下,上面清澈之水就足以鉴人;如果摇晃振荡,把盆底的污浊搅动,上面的清水也会随之变得浑浊,也就不能进行鉴照了。同样的道理,人只要接受良好的教化导引,就会像“正错而勿动”的盆水一样,自然能够明辨事理,晓得是非大义。

从水的观照中荀子洞见了儒者的圣人品质,《荀子·成相》载:“水至平,端不倾,心术如此象圣人。”荀子不仅在道德品质方面用水来作比附,还通过水的特性来比喻学习精神,这成为荀子在用水比喻方面的特有贡献:“冰,水为之,而寒于水。”又说:“不积细流,无以成江海。”以水变冰更寒、以江海积细流终成其大的道理,来劝勉人们只有用锲而不舍的精神努力学习,才能不断丰富和提高自己的知识和才能。荀子的这两句名言已成为激励无数后人努力学习的座右铭。

3.以水喻政

先秦儒家以孔子为发端的崇水思想,到孟子和荀子这里则更多地体现在服务于自己的政治主张。以水喻政最早见于召公谏周厉王弭谤的言论。《国语·周语上》载召公说:“防民之口,甚于防川,川壅而溃,伤人必多,民亦如之。是故为川者,决之使导;为民者,宣之使言。”①

先秦时期,以水论政更是成了诸子阐述自己思想观念的常用比喻方式,儒家的代表人物就尤为注重以水喻政。孟子在宣扬自己的仁政学说时就经常以水来比喻政治。孟子说:“民之归仁也,犹水之就下、兽之走圹也。故为渊驱渔者,獭也;为丛驱雀者,鹯也;为汤武驱民者,桀与纣也。”就是说,民心归顺仁政,就好像水顺流而下,野兽自然向旷野奔跑一样,这个趋势是谁也阻挡不了的。桀纣就是因为施行暴政,像为渊驱鱼、为丛驱雀一样把民众驱赶到了汤武那里,导致了自己覆灭的结果。他借此警告统治者,只有施仁政于民众,以民众的利益为根本,才能使民众“犹水之就下”一样望仁德而归附。孟子进一步指出:“仁之胜不仁也,犹水胜火。今之为仁者,犹以一杯水救一车薪之火也;不熄,则谓之水不胜火。此又与于不仁之甚者也,亦终必亡而已矣。”孟子强调,在治理国家中,实行仁政必然要胜过暴政,这好比水可以扑灭火一样。但如今有些所谓的行仁者,他们的为仁就好像用一杯水来救由一车柴燃起的大火一样,火没有扑灭,他们就说不能灭火。这些人和不仁的统治者差不多少,结果他们会把自

① 左丘明:《国语》,上海古籍出版社1978年点校本。

己仅有的一点仁也丢掉了。孟子以水必然胜火的事实,说明了“仁胜不仁”是必然无疑的。同时他也尖锐地指出,为政者如果为了沽取仁德的好名声,半心半意甚至虚情假意地施行仁政,就会像杯水车薪那样无济于事,充其量不过是小恩小惠的短期行为,不会收到“仁政”的效果。

孟子通过盛赞大禹治水为民造福的业绩、实行王道的功德来说明施行仁政的真谛。孟子同时代有个水利专家白圭曾自负地对孟子讲过自己的治水功劳比大禹有过之而无不及:“丹之治水也,愈于禹。”孟子指责他:“子过矣。禹之治水,水之道也,是故禹以四海为壑。今吾子以邻国为壑。水逆行,谓之洚水。洚水者,洪水也,仁人之所恶也。吾子过矣。”孟子指出大禹治水是遵循治水之道、体恤天下民众,体现的是仁德精神,岂是白圭这样以邻为壑、只顾自己不顾他人、不讲仁义道德的人物所能相提并论的。他说:“禹思天下有溺者,犹己溺之。”大禹想到天下有遭水淹没的百姓,就像自己使他们淹没一般。为了救民于水患灾难之中,禹继承了父亲鲧未竟的治水事业,薄衣食,卑宫室,栉风沐雨,历尽艰辛,“八年于外,三过其门而不入”,“决九川致四海,浚畎浍致之川”,经过多年的艰苦努力,终于制服了洪水,使人民安居乐业。大禹治水不仅仅是功在治水,更为重要的是通过治水体现出来一种心忧民众、情系天下的仁德精神,而这正是孟子仁政思想的核心所在。

如果说孟子是以水的特性来阐发自己仁政学说的话,那么荀子则是从水的另一特性来论述自己的礼法思想。荀子通过召公的“防民之口,甚于防川”的观点,进一步说明君民关系的重要性:“传曰:君者,舟也;庶人者,水也。水则载舟,水则覆舟。”荀子形象地把君主比作舟,把民众比作水,水能载舟,也能覆舟,强调了民众的力量和作用,告诫统治者要爱民利民,勿蹈桀纣的覆辙。这种“平政爱民”的主张与孟子的“仁政”思想并不冲突。荀子还说君民关系犹如水的源流关系,以水源的清浊对支流的影响为喻,指出:“君子者,治之原也。官人守数,君子养原,原清则流清,原浊则流浊。故上好礼义,尚贤使能,无贪利之心,则下亦将綦辞让,致忠信而谨于臣子矣。”荀子继而指出君臣之间的相互影响关系:“君者,盘也,民者,水也,盘圆而水圆。君者,盂也,盂方而水方。君射则臣决。楚庄王好细腰,故朝有饿人。”这里荀子把臣比喻为水,把君主比喻为盛水的盘、盂,而水的形状取决于盘、盂的形状,这既形象地说明了君主对臣的巨大影响力,同时也从另一方面强调了君主修身养德的重要性。

君主爱民利民，民便亲爱君主，否则，民便不会亲爱君主，更不会为君主所用，为君主而死。荀子以水论政的主旨是讲他的礼法思想。他说：“水行者表深，表不明则陷。治民者表道，表不明则乱。礼者，表也。非礼，昏世也；昏世，大乱也。”水路要设置标志，标明水的深浅，治民要给民指明“道”，这个“道”指的就是礼。荀子强调以礼防乱，给礼赋予法的意义，体现了他礼法结合的政治思想。

先秦儒家以水喻政思想对后世的政治影响颇大。《盐铁论》中汉代儒生说：“礼所以防淫，乐所以移风。礼兴乐正则刑罚中。故堤防成而民无水灾，礼义立而民无乱患。故礼义坏、堤防决，所以治者未之有也。”其与荀子的看法毫无二致。汉儒还以治水的经验阐发了政治中德与贤、禁与纵的关系：“洪水之灾，尧独愁悴而不能治，得舜、禹而九州宁。”要治平洪水，仅有尧之德而无舜禹之贤是不够的。荀子提出的“水则载舟，水则覆舟”的君民关系论，更是成为流传千古的格言警句，为后世的明君贤臣所镜鉴。

总之，先秦儒家的崇水思想既丰富了儒家的思想体系，也成为中国思想史中的宝贵财富，在中国历史上产生了深远的影响。

（二）上善若水的道家

1.水几于道

老子的思想核心是道，其具体本质是什么却是“惟恍惟惚”难以捉摸。但老子又提出了道的喻体——水，认为自然界中最能揭示道的本质的是水：“上善若水。水善利万物而不争，处众人之所恶，故几于道。”老子以水喻道，未必使人真正懂得道的本质，但却为道找到了一个可以比附的物象，将虚幻玄奥的道具体化、感性化了，从中可以得到更多的人生启迪。这里老子以水性来比喻人性，认为水有两个最显著的特性和作用：一是滋润万物而不与任何事物相争，二是甘愿处在最卑下的地方，而这正是上德之人应有的高贵品质。水自处下流，甘居卑地，默默奉献自己，滋养万物又不与万物争功；自然生物，得水则生，无水则死，受水之恩惠而不知。这正如“道”的本质，万物得道则生，失道则死，天得到它则生，地得到它则宁，神得到它则灵，道与万物而不争。老子又进一步具体指出了水所具有的品行：“居善地，心善渊，与善仁，言善信，政善治，事善能，动善时。”水善于自处卑下之地，心如深渊包容万物，交往真诚而友善，说话言而有信,为政善于精简处理,做事能调剂融合,善于把握机会,应时而动,应时而止,水的这七种善行品质正是老子对理想人格的内在追求,他把水具有的品质赋予最完善的人应具有的人格。具有这种品德之人能够做到别人不愿去的地方他愿意去,别人不愿意做的事他愿意做,他具有宽阔的心胸、坚强的意志力以及虚极静笃的心灵境界。老子通过观察分析水的品质,阐释了一个具有上善之德的人应具有的道德内涵。

2.谦下宽容的道德品质

水的最显著特点之一就是向下,先秦许多哲学家都认识到了这一点,并且都善于利用水的特性来论证自己的观点。孟子在论证人性本善时就举例说:"人性之善也,犹水之就下也。人无有不善,水无有不下。"在讲君主实行仁政时又讲道:"民之归仁也,如水之就下。"荀子在论述君民之间的关系时说:"原清则流清,原浊则流浊。"《晏子春秋·问下》讲人性有如水者,有如石者,如水者"其浊无不雩途,其清无不洒除",如石者"内外皆坚"。与诸子用水作简单的比附不同,老子则对水作了深层的发掘,发现水的特点与道的本质相近,并进而将之作为自己理想人格的理论依据。老子认为江海因为居下才能汇集百川,"江海之所以能为百谷王者,以其善下之,故能为百谷王"。这句话包含了水的两种属性,一是居下,二是包容,并且呈因果关系。水有善下的品质,居下才能包容大度。江海所处之处正是善地,因其处下,所以善下的水便归集于此,才可形成波澜壮阔之江海。老子正是通过发现水的这一特性,进而引申为人应具有谦下宽容的美德。

老子认为天下万物与道的关系,正如川谷与江海的关系。道生万物,万物终归于道,江海因居下宽阔,故能包容天下川谷。人的生命也应如江海一样无所不包,无所不容,汇集天下溪流,才能体现道的宽阔和包容。水的居下既是一种形态,也是一种自然的约束力,还是一种方向。没有向下的约束力和明确的方向,水不可能汇成宽阔的江海,谦下作为人的美德也正如此。在老子看来,人谦下正是"居善地""心善渊""处众人之所恶",是"几于道"的。谦下对于人来说,是一种低姿态,低姿态下才可以容人,容人才能得人。同时具有这样的约束力,进而形成人的涵养力——宽容。故老子从"几于道"的水性悟出了人生之道的德性。

老子认为要使大道相随、常德不离人必须要像溪流那样,"为天下溪,常德不离,复归于婴儿”。只有作为天下的溪涧,常德才不会离失,才能回到婴儿的纯真状态。也应像川谷一样,“为天下谷,常德乃足,复归于朴”,作为天下的川谷,常德才能充足,才能回复到真朴的状态。这里的“天下溪”和“天下谷”意思相近,皆指水所归之处。老子认为道的本质就是纯朴归真,而人性未离为婴儿,木质未散为朴,人像溪流川谷那样则是通向纯朴归真之径。老子说:“譬道之在天下,犹如川谷之于江海。”道存在于天下,犹如江海为河川所流注一样,道如同江海,河川譬如天下万物。江海居下乃有容,有容乃大,大乃可与仁万物,这正揭示了道容纳万物又滋养万物的本质。所以老子认为谦下宽容的品质正是道的本质体现,也是理想人格的基本要求。

3.柔弱胜刚强的处世原则

水的另一个特点是柔弱,老子认为“天下莫柔于水,而攻坚强者,莫之能胜,以其无以易之”,但同时又认识到,攻击坚强的东西没有能胜过它的,也没有什么能够取代它。老子从水的柔弱特征悟出人生的一个处世原则——柔弱胜刚强。

柔弱是水的特性,也是生命的自然特征。老子从人类和草木的生命现象中总结出这样一个规律:“人之生也柔弱,其死也坚强。草木之生也柔弱,其死也枯槁。故坚强者死之徒,柔弱者生之徒。是以兵强则灭,木强则折。强大处下,柔弱处上。”生长的东西都是柔弱的状态,而死亡的东西都是坚硬的状态;坚强的东西已失去了生机,柔弱的东西则充满生机。这是老子从生命的内在发展规律来说明柔弱的处世之道。从外在表现来讲,坚强者之所以属于死之徒,乃是因为其显露突出,当外力冲击时,便首当其冲。譬如高大树木容易引来砍伐,或者容易遭受狂风摧折,而小草由于其柔软,反可以迎风招展,显现勃勃生机。老子还认为,凡是气势壮盛的就会趋于衰败,这是不符合道的,并且会很快死亡,“物壮则老,是谓不道,不道早已”。老子认为水的特性显示其是世间最为柔弱之物,但却是最为能够保全自己的。水遇方则方,遇圆则圆,无论处在什么样的环境,总能够适应对方,保全自己,“曲则全,枉则正,洼则盈,敝则新”,委曲才能保全,屈就反而能伸展,低洼反而能充盈,敝旧反而能生新。从中可以看出,柔弱不是目的而是一种策略,是一种为达到自己的目的而暂时采取的迂回策略。老子的思想是贵生哲学,即保全生命为第一要务,既然柔弱可以保全自己,刚强却是死亡之徒,所以以柔弱姿态来处世是保全自己的不二选择。

柔弱是为了保全自己,战胜刚强才是自己的最终目的。老子一方面认识到水的柔弱可以保全自己,另一方面也看到作为柔弱的水却是战胜刚强不可替代的。“天下之至柔,驰骋天下之至坚”,水性至柔,但却无坚不摧。从生活中我们也可以看到,屋檐下滴滴答答的雨水,由于它长年累月的持续性,可以把一块巨石滴穿。洪水泛滥之时,所过之处淹没田舍,冲毁建筑,任何坚固的东西都抵挡不了。由此可见,老子讲的柔弱并非真正的孱弱,也并非软弱无力的意思,而是蕴含着无坚不摧的信心和坚韧不克的意志。这种柔弱也是战胜刚强的一种策略。老子说“将欲夺之,必固与之”,以退为进正是老子柔弱胜刚强的思想体现。柔弱体现在生命中还是一种韧性,这种韧性正是生命所需的忍耐力和意志力,是战胜各种困难挫折的力量源泉,如道一样,“绵绵若存,用之不勤”。

老子还说“弱者道之用”,道的作用是柔弱的,道创生万物辅助万物时,万物自身并没有外力降临的感觉,柔弱是形容道在运作时,并不带有压力的意思,然而世界万物在不知不觉中都受到了道的支配。同样,人类社会中最为理想的治理方式是“道法自然”:“悠兮其贵言。功成事遂,百姓皆谓:我自然。”统治者能够遵从道的规律,事情成功了,业绩创立了,老百姓也会说:“我们本来是这样的。”这正是道作用于万物的方式。道作用于万物时,由于其表现的柔弱,使万物并不感到是强力所迫的,而是自生自长的。实际上这也是老子最为推崇的在不知不觉中战胜刚强的方式:“弱之胜强,柔之胜刚,天下莫不知,莫能行。”由此可见,老子主张的柔弱胜刚强包含着这样几层含义:一是柔弱可以保全自己,二是柔弱可以战胜刚强,三是柔弱是一种“日用而不知”的方式。

4.“致虚极,守静笃”的心灵境界

老子认为道创生万物,万物最终还是要回归到道的本身,即与道合一。那么,作为生命存在的人怎样才能实现与道的统一呢?老子提出了“致虚极,守静笃”的理想境界追求。

老子认为“夫物芸芸,各复归其根。归根曰静,是谓复命”,万物蓬勃生长,纷纷纭纭,最终要各自返回到它的本根。返回本根的叫作静,静叫复命,即回归本性。老子认为事物只有回归本性,才是符合道的,这样体道而行才能长久,终身可免于危殆。“复命曰常,知常曰明。不知常,妄作凶。知常容,容乃公,公乃全,全乃天,天乃道,道乃久,没身不殆。”复命和归根都是要万物回到一切存在的根源,而根源之处便是呈现虚静的状态。这便如同水之特性,“水之性,不杂则清，莫动则平”。水的原始状态是清澈的，是平静的，犹如“天德之象”，也近乎道的本质特征。所以老子讲“清静为天下正”，水清则纯，静则平，堪为天下范式。在老子看来，虚静既是一种境界，也是回归道的一种方式和路径，因此，上德之人追求心灵的虚静便成了实现与道体统一的终极路径。

老子认为人的心境原本是空明、宁静的状态，只是因为私欲的活动与外界的扰动，才使得心灵闭塞不安，所以必须时时做致虚守静的功夫，以恢复心灵的清明，其最高境界便是“致虚极，守静笃”。虚极是指心灵达到的最高层次，静笃则是要求持之以恒地保持安静的状态。虚极即是无，最接近道本体的状态。老子的道是虚之又虚，玄之又玄，无形无象，但是它却又无处不在，无所不包，所以追求虚极便是要追求道的本根。

老子认为“大道废，有仁义，智慧出，有大伪”，大道废弃，才提倡仁义，智巧出现，才会产生伪诈，是人的心智作用遮蔽了大道的施行。基于这样的观点，老子才讲“绝圣弃智，民利百倍，绝仁弃义，民复孝慈”，主张“见素抱朴，少私寡欲，绝学无忧”。致虚即是对心智作用的消解，消解到没有一点心机和成见的地步。老子多次讲到要人们回归到婴儿状态，便是要人们复归到婴儿那样的质朴、纯真状态。“水之性，不杂则清”，人之心，无欲则清，所以人的心灵应该消除杂念，应明镜如水，洞察反观一切事物，追求生命的本真。致虚必须守静，守静是保持安静的状态，并且不为外界纷扰，持之以恒地坚持下去。人要在虚静无为的状态中才能洗清杂念，摒除妄见，聚敛心智，而不外逐于物。水静之徐清，清之徐平，平则可以照物，人心静止如水，则可以内省自身，外观万物。并且，人通过守静才能心平气和、深蓄厚养、积蓄力量。所以在老子看来，人只有在清静无为的状态中才能涵养出质朴、纯真的气质和高深、空灵的心境。清静是人认识之根源，心静智才明，才可反观生命之本真，回到本然之天性，才能到达清明的境界。

以无求有、以静制动、以不变应万变是老子对道的作用及本质的认识。守静是在静中求清明，在安定中孕育趋进的能量。“孰能浊以静之徐清？孰能安以动之徐生？”谁能在动荡中安静下来而慢慢地澄清？谁能在安定中变动起来而慢慢地趋进？静是为了清，清是为了寻找方向，并且为进一步的发展积蓄力量，也即为老子所讲的“事善能，动善时”做好准备。老子说：“重为轻根，静为躁君。”“轻则失根，躁则失君。”他认为厚重是轻率的根本，静定是躁动的主宰；轻率就失去了根本，躁动就失去了主体。事物的本根是虚静的状态，纷纭的万物只有返回到本根，持守虚静，才不起烦扰纷争。水躁动则不清，不清则不可净物。人的生命也一样，心境过分急躁就不能有自知之明，也不能正确认识世界万物，从而会危殆自身。所以生命也须如水一样要有清静的状态，才可以达到“澹兮其若海，飘兮若无止”的心灵境界。

综上所述，我们看到老子塑造的理想人格始终贯穿着水的内涵品质。相比先秦时期的其他思想家，老子对水的认识显然是比较深刻的。他不是简单地用水这个喻体来比附其理想人格，而是从水的特性中寻找出其内在规律和逻辑关系，以水为脉建构起了一个比较完整的理想人格结构学说。

（三）以水为本原的管子

1.本原之水

《管子》①一书是一部丛集诸说、涉及百家、包罗万象、宏博精深的奇书。其中《管子·水地》等篇关于水的论述堪称大观，别具特色，蕴含着丰富的水文化内容。近代以来，学者受到古希腊哲学的影响，认为《管子·水地》提出了“水为万物本原”的思想，与西方哲学具有相同之处。从《水地》篇来看，它首先认为地是万物的本原，水是地的血气，犹如人的血脉中流淌的血液。水可以聚集于江河湖泊，流入大海，也可以飘荡在天空，散落于大地，凝聚成冰霜雪雨，隐藏于万物之中，草木因水而丰茂，鸟兽因水而形体肥大、羽毛丰满。

本原就是事物的起源，本是木的根，原是水的源。西方泰勒斯是自然哲学家，他直接面对自然进行思考，所表现出的是一种理性思维，试图寻找万物的统一性。而中国古代思想中对本原的运用更多地带有隐喻性，具有形象思维的特点。如《水地》开篇说：“地者，万物之本原，诸生之根菀也，美恶、贤不肖、愚俊之所生也。”最后又说：“水者，何也？万物之本原也，诸生之宗室也，美恶、贤不肖、愚俊之所产也。”明确地把水看作世间万物的根源，是各种生命的根蒂。为了增强上述论点的说服力，《水地》篇接着说：“是(水)以无不满，无不居也。集于天地而藏于万物，产于金石，集于诸生，故曰水神。集于草木，根得其华，华得其数，实得其量。鸟兽得之，形体肥大，羽毛丰茂，文理明著。万物莫不尽其机，反

① 戴望：《管子集解》，中华书局1954年版。

其常者,水之内度适也。”这段话主要表达了两层含义:其一,水无处不在,世间万物中都有水的存在,这是水独具的神奇之处。其二,万物之所以繁衍生息,充满生机与活力,靠的是水的滋养哺育;如果没有水,万物就失去了生存的根本。其实,人和万物一样,不但生命孕育离不开水,生产生活更是时时刻刻离不开水。自从地球上出现人类以后,除了天上的太阳、地上的泥土,水成了人类生存最为重要的物质元素。从一定意义上讲,水是人类生存和文明进步的最重要的物质基础,人类创造的所有文明都离不开水的滋养哺育。

2.德性之水

水在自然界中具有丰富的形态,随顺而流,由高就低,无常形,无成势,清澈见底,澄明如镜。正是这些水的特性,给予人丰富的联想,尤其在古代思想家那里成为道德和正义的象征。《水地》篇说:“夫水淖弱以清,而好洒人之恶,仁也。视之黑而白,精也。量之不可使概,至满而止,正也。唯无不流,至平而止,义也。人皆赴高,己独赴下,卑也。卑也者,道之室,王者之器也,而水以为都居。”水柔弱而清澈,能涤除污秽的东西,这是仁的表现;看上去呈现黑色,而实质却是白的,这是“精”;至满而止,至平而止,体现出正义;由高而低,显现出谦卑的品质。这里描绘了水的五种德性:仁、精、义、正、卑。后面又说“水集于玉”而产生九种德性:仁、知、义、行、洁、勇、精、容、辞。由于《水地》篇认为水与人的道德品性有一种内在的关联,因此提出“圣人之治于世也,不人告也,不户说也,其枢在水”。一方水土养一方人,地域不同,人的品性也不同。齐地的水流湍急,所以齐民贪粗而好勇;楚地的水柔弱而清澈,所以其民轻果而敢;越地的水混浊而且向外浸润,所以越国人愚昧而好嫉妒;秦地的水浓聚迟缓而且淤浊混杂,所以秦国的人贪暴奸诈而好杀;晋地的水枯涩混浊,淤滞混杂,因此晋国的人阿谀奉承而暗藏奸诈,乖巧奸佞而好财尚利;燕地的水聚集于低洼而且柔弱,沉滞混杂,因此燕国的人愚朴刚直而忠诚坚贞,容易激动而不怕死;宋地的水轻缓强劲而清澈,所以宋国人淳朴平易而崇尚正直。圣人施行教化,就是根据各地水性的不同而采取不同的方式。

《水地》篇体现出古人的一种思维模式,对人生智慧的领悟可以通过对自然现象的观察获得,自然事物可以体现或具有与人类相似的价值观念、道德品性。美国汉学家艾兰说:“从这种最常见与最多变的自然现象的沉思冥想中,中国人找到了对生命基本原则的理解,这一原则不仅体现于物质世界也适用于人类社会。所以水成了抽象概念底部的一个本喻,它构成了社会与伦理价值体系的基石。”[①]水不一定是中国早期哲学的本喻,但由此我们可以看到,古人的确对自然抱有一种亲近的态度,愿意把自己的生命融入对自然的体验中去。

3.生命之水

也许是观察到人的生命离不开水,《水地》篇不仅认为自然界的草木鸟兽中凝结着水,而且说:“人,水也。男女精气合,而水流形。……凝蹇而为人。”在管子看来,水不仅是地球上各种生物的生命之本,同样也是万物之灵人的生命本源。这就强调了人是由水生化而来的。人类生命的孕育,是从男女精气交合开始,由水流布而成胎儿,三个月能含受五味,五味主五脏,五脏具备后产生五内,继而又发育出九窍,五个月成形,十个月而生。这就是《水地》篇对人的生命产生过程的描述,水在其中无疑是独特而重要的因素。对人的生命形成过程的描述,又见于《文子·九守篇》和《淮南子·精神训》,二者描述基本一致,其中《淮南子·精神训》说:“故曰一月而膏,二月而肤,三月而胎,四月而肌,五月而筋,六月而骨,七月而成,八月而动,九月而躁,十月而生,形体以成,五藏乃形。”不过这里不是以水为生命之源,而是与天地相附会。在我国古代少数民族中也存在着水孕育生命和产生世界的思想。

《水地》篇以水解释人的生命构成和发生,在我国古代文献中并不多见。但是,20世纪90年代郭店出土的楚简中有《太一生水》篇,其中说“太一生水,水反辅太一,是以成天。天反辅太一,是以成地”,然后产生神明、阴阳、四时、寒热、湿燥等。它把宇宙的生成演化和自然现象的形成与水联系起来,与《水地》篇具有相似之处,而且有些词语在《管子》中也经常出现,二者似乎都受到某种观念的影响。但“太一生水”主要讲宇宙演化,而《水地》篇讲水的重要性,二者侧重点有所不同。

(四)遵循大禹之道的墨子

1.效法大禹

《史记·孟子荀卿列传》附载墨子事迹曰:“盖墨翟,宋之大夫,善守御,为节

---

① 艾兰:《水之道与德之端——中国早期哲学思想的本喻》,上海人民出版社2002年版,第34页。

用。或曰并孔子时,或曰在其后。”[1]墨子是中国历史上一位卓越的思想家和身体力行的实践家,古代圣王尧、舜、禹的文化思想,尤其是大禹治水的伟大精神深深地影响了墨子,并成为墨子和墨家弟子效法的榜样。关于大禹治水精神对墨子及墨家的影响,《庄子·天下》说:“墨子称道曰:‘昔禹之湮洪水,决江河而通四夷九州也,名川三百,支川三千,小者无数。禹亲自操橐耜而九杂天下之川。腓无胈,胫无毛,沐甚雨,栉疾风,置万国。禹大圣也,而形劳天下也如此。’使后世之墨者,多以裘褐为衣,以屐蹻为服,日夜不休,以自苦为极。曰:‘不能如此,非禹之道也,不足谓墨。’”诚如庄子所言,墨子及墨家的言行的确体现了他们心目中的“禹之道”。墨子热心救世,其学说的基本内容尚贤、尚同、兼爱、非攻、节用、节葬、天志、明鬼、非乐、非命等皆为救世之术,与大禹治水为民造福的精神一脉相承。从行动上看,墨子及其弟子效法大禹亲操橐耜、栉风沐雨的榜样,热心实践,身体力行,他们多系直接参加生产的劳动者,手工制造更是墨家经常从事的劳动和必须掌握的基本技能。墨子本人即是精通机械制造的工匠。墨家这样做的直接目的,是通过总结劳动经验或制作生产工具,以便指导或便利民众的生产劳动,造福施惠于人民。难能可贵的是,墨家生活俭朴,刻苦自厉,“日夜不休,以自苦为极”,同时富于奉献和牺牲精神,“摩顶放踵而利天下”,以身殉道,死不旋踵。上述行为所表现出的言行一致、亲身践履、严于律己、勇于奉献的精神和品质,同样是大禹精神的集中体现。由此观之,如果说大禹治水为民造福的精神是中华文化尤其是水文化的重要特征,那么墨子的思想和行动则充分体现了“大禹之道”,或者说深深地打上了大禹治水精神的烙印。

2.以水喻论

同先秦诸子一样,墨子也善用水的特性和功能来作譬喻,为自己的主张作论据,从而增强其思想观点的说服力。“兼爱”是墨子的政治主张之一,有人认为它是墨子思想体系的核心和根本特征。墨子认为造成家、国、天下动荡不安的根源,是人人不相爱,彼此相互憎恶、残害。为了改变这种局面,唯有实行“兼相爱,交相利”,才能达到天下大治。墨子认为“兼爱”这种做法不但有利于天下,而且容易做到,之所以不能施行,是因为执政者不喜欢它。墨子指

---

① 司马迁:《史记》,上海古籍出版社1997年点校本。

出："苟有上说之者，劝之以赏誉，威之以刑罚，我以为人之于就兼相爱、交相利也，譬之犹火之就上，水之就下也，不可防止于天下。"他认为只要执政者大力倡导推行"兼爱"之道，就如同火向上蹿、水往低处流一样，将在天下形成一种不可遏止的态势。

墨子认为道德修养是为人治国的根本，因此君子必须努力提高自身的品行修养。他还特别指出了不注意品行修养的危害："本不固者未必几，雄而不修者其后必惰，原浊者流不清，行不信者名必耗。"这里墨子以水的源头污浊，整条河流也必将混浊的生动事例，形象地说明了不注重品德的修养，做人为官就容易私欲熏心、滥施恶行，就会招致身败名裂的恶果。

3.备水止战

墨子宣扬"非攻"，反对战争，并力主防御，即用防御战争反对侵略战争。对于当时经常出现的水攻形式，墨子和弟子提出了一套完备的系统的防御水攻的办法。《墨子·备水》曰："城内堑外周道，广八步，备水谨度四旁高下。城地中遍下，令耳(渠)其内，及下地，地深穿之，令漏泉。置则瓦井中，视外水深丈以上，凿城内水耳(渠)。并船以为十临，临三十人，人擅弩，计四有方，必善以船为轒辒。二十船为一队，选材士有力者三十人共船，其十二人擅有方，剑甲鞮瞀，十人人擅苗(矛)。先养材土为异舍，食其父母妻子以为质，视水可决，以临轒辒，决外堤，城上为射机，疾佐之。"这里详细地阐述了破敌水攻的战术：一方面，要在城中地势较低的地方开挖渠道，在地势更低的地方挖井，使它们相互贯通，以便引水泄漏。同时，还要在井中置放"则瓦"，随时测量井中的水位，如果发现水深达到一丈以上，就开渠泄水。另一方面，挑选训练有素的三百精兵以及快船二十只，组成决堤突击队，出其不意地冲到城外，决堤放水。为了加强攻击力量，每两只船并列在一起，叫作"一临"。每临配备三十名孔武有力、具有专门技能的士卒，携带弓弩、长矛、锄头，头戴盔、身披甲，利用黑夜，在城上转射机的掩护下，冲到城外，持锄挖堤，并辅以轒辒船冲堤。

二、水利工程

（一）鸿沟

战国中期，魏惠王雄心勃勃，力图称霸中原。为了达到这个目的，先在魏惠王九年（前361），将都城由安邑（今山西夏县西北）东迁大梁（今河南开封），继而又以大梁为中心，在黄淮之间大兴水利，形成了历史上著名的鸿沟水运枢纽。

鸿沟是沟通黄、淮两大水系的水运枢纽，这一工程经过两次大规模施工才告完成。它开工于公元前360年，即魏惠王迁都大梁的第二年。当时主要的工程是从黄河的汊道济水引黄河水南下，注于大梁西面的圃田泽，再从圃田泽引水到大梁。当时圃田泽是一个很大的湖泊，周围300里，它既可作为计划中鸿沟航道的水柜，以调剂鸿沟的水量，又可使水中的大量泥沙沉淀于此，以减轻下游运道的淤塞。

又过了20多年，即魏惠王三十一年（前339），魏国对它又作了大规模的扩展，将原来的大沟向东延伸，经大梁北郭到城东，再折而南下，至今河南沈丘东北，与淮水重要支流颍水汇合。这条人工河道，史称鸿沟。鸿沟从大梁南下时，一路上又沟通了淮河的另一批支流，如丹水（汴河上游）、睢水（已淤）、涣水（今浍水）等。

魏国境内，本来可通航的河道较少，黄河多沙，只有部分河段可以行舟，丹水、睢水、涣水、颍水等，流短水少，也很少舟楫之利，内河航运并不发达。鸿沟凿成后，引来了丰富的黄河水，不仅鸿沟本身成为航运枢纽，而且丹水、睢水、涣水、颍水等也因为补充了水量，航道比较畅通了，内河航运有很大的发展。魏襄王七年（前312），越国对魏国表示友好，赠送一批魏国需要的物资，其中除500万支箭杆外，还有300艘船只。赠箭、赠船分别反映了当时魏国在战争和航运两方面对这些物资的需要都在增加。鸿沟水系不仅改善了魏国的水上交通，由于这些水道还可灌溉农田，因而它也促进了魏国农业的发展。史念海先生在其所著《河山集》中，认为鸿沟和丹水、睢水、涣水、颍水等流域，是战国后期我国最主要的产粮区之一。

自春秋以来，由于邗沟和菏水两条运河的穿凿，江、淮与河、济之间已有水道可通,南北水上交通有所改善。但是对于经济、政治、文化比较发达的中原地区来说,这条水道的位置毕竟有些偏东,与南方各地交往未免过于绕远,而且因为它是当时南北之间的唯一水道,也不能满足通航需要。鸿沟凿成后,中原地区可以通过鸿沟本身及丹、睢、涣、颍等水径直入淮,与南方吴、楚等地的水上交通远比以前方便了。鸿沟的穿凿,使中原地区对其他各地的水上交通也有所改进。它可以循济、丹等水,东通卫、宋和齐、鲁,还可利用黄河,北通赵、燕,西连韩、秦。

穿凿鸿沟以前,黄河中下游和淮水流域已经形成一批城市。它们中的大部分是政治性的都城,如洛邑(东周都城,今河南洛阳)、大梁(魏都)、阳翟(韩都,今河南禹州)、帝丘(卫都,今河南濮阳西南)等。商业性城市较少,宋国的陶(今山东定陶西北)因为地处菏水、济水交汇点,交通方便,才发展成为“天下之会”的商业中心。鸿沟水利系统形成后,由于河、淮之间航运和农业的发展,上述这些都城的商业迅速繁荣起来。如帝丘繁荣到可与“天下之会”的陶相比,并称“卫陶”。洛阳和阳翟也成为战国后期非常活跃的商业城市,当时著名的大商人白圭和吕不韦,便分别为上述两地人。因有鸿沟可资利用,洛阳商人还“东贾齐鲁,南贾梁楚”。此外,在鸿沟运河网中还兴起了一批新的城市,如丹水和泗水汇合处的彭城(今江苏徐州)、睢水边上的睢阳、颍水入淮处的寿春等。鸿沟到汉朝时称狼汤渠,魏、晋时的蔡河也是鸿沟的一部分,它们在历史上长期发挥重要的作用。

(二)漳水十二渠

漳水十二渠位于漳河上,是中国北方最早的大型引河渠系工程之一,筑有十二级堰坝,引灌临漳、魏县(在河北省)和安阳的田地。战国时代,黄、漳等河在冀南、豫北的临漳、安阳一带交错泛滥成灾,引起土壤严重碱化,被称作“恶田”。《史记·滑稽列传》记载“西门豹即发民凿十二渠,引河水灌民田”,这表明司马迁认为引水渠为西门豹所凿。而《吕氏春秋·乐成》认为,该渠为魏襄王时(约在西门豹后100年)邺令史起所建。《汉书·沟洫志》亦采用此说。经考证,后人一般认为“西门豹溉其前,史起灌其后”。二人率领百姓,引漳灌邺,变“恶田”为水浇良田。百姓歌颂史起道:“邺有贤令兮为史公,决漳水兮溉邺旁,终古舄卤兮生稻粱。”邺地人民为了纪念西门豹,在他当年投巫之处的“大夫村”

(古邺城西南约10里)修建了“西门大夫庙”,立碑颂之曰:“投邪巫于河以除邺人之害,引漳水灌田以利邺人之生,惠民之功多矣。”以后曹魏都邺,整修旧渠称天井堰,东魏、北齐继之重建,称天平渠,唐代扩建并新建金凤、菊花等渠,并联引安阳河水。北宋时曾整修,后衰废。从渠道看,该工程是一梯级开发的典型,灌区面积最大时达60万亩。

(三)圃田泽与引黄淤灌

圃田泽位于郑州市东、中牟县西。大禹治理水患时在圃田泽东边开挖了一条河道,把圃田泽的水经开封引入淮河,这条河道就是古渠水的前身。到了战国时期,圃田泽水面收缩,渠水河道淤积严重,致使水流不畅,魏惠王十年(前360),魏惠王又重新疏通加宽了河道,并向西延伸引黄河水入渠。又在五池口开挖了一条五池沟,“沟上承泽水,下注渠”。这样就把圃田泽变成了一个巨大的滞洪区,引黄河水入此泽,蓄水溉田,种稻改土,肥田增产。这是古代引黄淤灌、种稻改土的最早典范。圃田泽东西宽40多里,南北长200余里,与黄河息息相通,在黄河大汛期间,能分杀黄河汹涌之水势,夏蓄水而春秋灌溉农田。它北通黄河,东连济水、狼汤渠,“水盛则北注,渠溢则南播”,成为黄河和鸿沟水系之间调节流量的水库。宋代继续起着调节汴河流量的作用。金代以后随着汴河的淤废,圃田泽不断受到黄河南泛的灌淤,明万历年间已变成一片由若干大小陂塘组成的沼泽洼地,清代以后渐被垦为农田。

第三节　秦汉魏晋南北朝时期水文化

秦汉魏晋南北朝时期是河南水文化的重要发展时期,主要表现在水利工具的改进、水利工程的兴修、水利名人的出现等方面。山水文化和水利著作是魏晋南北朝时期水文化的重要标志。

一、秦汉时期水文化

秦汉时期,中国历史上建立起了封建的中央集权的国家政权,出现了大一统局面,为社会经济发展创造了条件。秦汉王朝都非常重视农业生产,大力发展水利,中原地区作为封建王朝重要的赋税来源之地,在这一时期,修建了众多的水利工程,促进了农业生产的发展,在手工业方面,也开始利用水利资源。在强有力的封建王朝政权的主导下,中原地区的治黄也取得了重大成就。治黄理论的提出和河流专著的出现是这一时期水文化的突出特点。

(一)水排的发明

水排是我国古代一种冶铁用的水力鼓风装置,东汉建武七年(31),杜诗任南阳郡太守时造作,其原动力为水力,通过曲柄连杆机构将回转运动转变为连杆的往复运动。这是一种利用水力作原动力的冶炼鼓风机械。人类早期的鼓风器大都是皮囊,我国古代又叫"橐"。一座炉子用好几个橐,放在一起,排成一排,就叫"排囊"或"排橐"。最初的鼓风设备叫人排,用人力鼓动。继而用畜力鼓动,因多用马,所以也叫马排。直到杜诗时改用水力推动这种排橐,就叫"水排"。我国水排的发明和应用,要比欧洲早1000多年。杜诗"又修治陂地,广拓土田,郡内比室殷足"。南阳人民感其父母官的政绩,称颂作"前有召父,后有杜母"。

(二)水利工程

1.沁水枋口堰

沁水枋口堰位于济源市境内,该工程于沁河出山右岸凿石渠,渠首初为枋木垒成,秦代始建。大约秦始皇二十六年(前221),秦人以枋木垒堰,抬高水位,引沁河水流入渠道,用于灌溉良田。因为渠首以"枋木为门,以备泄洪",因此史料上也称之为"枋口堰"、方口或秦渠。三国魏时改为石门,历经各代,直至今日,是河南唯一的绵延达2000年之久而今仍焕发青春的大型渠系工程。

改枋木为石门是由司马懿的弟弟司马孚创建。因为是有关沁河水利灌溉的一件大事，北魏地理学家郦道元在其《水经注·沁水》[①]中对此作了较为详细的记载："沁水南径石门，谓之沁口。《魏土地记》曰：'河内郡野王县西七十里有沁水，左径沁水城西，附城东南流也。'石门是晋安平献王司马孚之为魏野王典农中郎将之所造也。按其表云：'臣孚言：臣被明诏，兴河内水利。臣既到，检行沁水，源出铜鞮山，屈曲周回，水道九百里。自太行以西、王屋以东，层岩高峻，天时霖雨，众谷走水，小石漂迸，木门朽败，稻田泛滥，岁功不成。臣辄按行，去堰五里以外，方石可得数万余枚。臣以为累方石为门，若天旸旱，增堰进水，若天霖雨，陂泽充溢，则闭防断水。空渠衍涝，足以成河。云雨由人，经国之谋，暂劳永逸，圣王所许。愿陛下特出臣表，敕大司农府给人工，勿使稽延，以赞时要。臣孚言。'诏书听许。于是夹岸累石，结以为门，用代木门枋，故石门旧有枋口之称矣。溉田顷亩之数，间二岁月之功，事见门侧石铭矣。"据此可知，第一，司马孚改造石门以前，沁口已有旧的水利工程枋口，但这个堰闸工程是用木料建造的，容易朽败，司马孚改建，主要是易木门为石门，使其坚固耐久；第二，沁口的水利工程主要是调节水量的堰闸，为灌溉下游稻田而筑，该项工程建造成功，为下游的灌溉提供了保证，并获得了明显的效果。

沁水枋口堰渠首工程是河南省开创年代最久、保存最为完好的古代水利设施。秦枋口堰的创开影响极其深远，至唐代中叶仍习惯地称之为秦渠，宋代称之为古枋口，明代弘治时则称之为广济渠枋口堰。工程建成后，历朝历代有所作为的官员，带领民众对渠首进行了改造和增修，使之规模愈来愈大，也更趋于实用。

2.鸿郤陂

公元前140年，汉武帝时修建了鸿郤陂大型蓄水灌溉工程。它位于汝河平原地区，曾有过长期显著的灌溉效益。鸿郤陂，在汝南县东南汝河支流上，位于淮河流域上游。秦汉时期，这一带有不少的湖泊，鸿郤陂属其中较大的一个，人们利用其水灌溉农田，收效很大。由于陂内田地肥美，权贵豪强不断加以垦殖以扩大自己的土地，致使灌溉效益锐减。东汉建武十八年(42)太守邓晨和水工许杨"因高下形势，起塘四百余里，数年乃立"，"百里得其便，累岁大称"。[②] 鸿

---

① 陈桥驿：《水经注校释》，杭州大学出版社1999年版。

② 范晔：《后汉书·许杨传》，中州古籍出版社1996年版。

郤陂有“鱼稻之饶,流衍它郡”的记载。说明当时已掌握了溉田和养殖等的综合利用。以后由于不断开垦,陂塘面积缩小,北魏时已无显著效益,至唐宋彻底废弃。

3.马仁陂

公元前40—前36年汉元帝时,南阳郡太守召信臣在泌阳修建马仁陂。马仁陂在河南省泌阳县,今称华山水库,是西汉元帝时南阳太守召信臣率民工创建的。郦道元《水经注》载:“马仁陂水出阴北山,泉流兢凑,水积成湖,盖地百顷,谓马仁陂。陂水历其下,西南竭之以溉田畴。”旧志云:“马仁陂,县北七十里,上有九十二岔水,西注陂中,周围五十余里,四面山围如壁,惟西南隅颇下泄水。汉太守召信臣始筑坝蓄水,复作水门,分流碌遂等二十四堰,灌溉民田万余顷。”历代曾多次复修,至康熙六十一年(1722)坝毁陂废。坝未毁前,这里溪水潺潺,众积成湖,山影倒悬,岸柳垂依。如果轻舟泛游,如临仙境,观此湖光山色,令人赏心悦目。每至春夏登山远眺,只见湖中水汽蒸腾,如降微雨,近之则细雨沾身。及至雨竭,水门畅泄,形如瀑布,水花飞溅,烟雾迷蒙。

4.六门碣

六门碣是湍河上的水利灌溉工程。湍河系白河支流,发源于伏牛山腹地宝天曼的西北巅,出内乡县后,于罗庄乡岑子村流入邓州境内,经邓州城北转向东南,经汲滩镇大韩营村后与白河交汇,最终注入汉江,总长约216千米。湍河古称湍水,《水经注·淯水》记载“湍水出弘农界翼望山,水甚清彻”,因上游穿峡切割而下,水流湍急,故得名“湍河”。自汉代开始,湍河一带便开始兴修水利,至今有1600多年的历史。其中六门堰就是较为著名的水利工程。西汉宣帝时始建之,初为土堰,后改建为石堰,名“穰西石碣”,于元帝建昭五年(前34)建成,汉平帝元始五年(5),土门改为石门,又称六门碣。之后,晋杜预重修。《水经注》载:“杜预继信臣之业,复六门陂,遏六门之水,下接二十九陂。诸陂散流,咸入朝水(今刁河)。”水由6个水门流出后,沿途形成了29个陂塘,形成了典型的“长藤结瓜”式的灌溉系统。

（三）治黄成就

1.堵塞瓠子决口

汉武帝元光三年（前132）春季，黄河于顿丘决口。入夏，又冲决了濮阳瓠子河堤，洪水注入巨鹿泽，流入淮河、泗水，梁、楚十六郡国均被水淹。汉武帝一向注意兴水利、去水患，这次遭灾后，他调拨10万人筑堤治水。不料，水患猖獗，塞而复坏，以至前功尽弃。“正道驰兮离常流，蛟龙骋兮放远游。归旧川兮神哉沛，不封禅兮安知外。”洪水不走正道而离开以往的河床，像蛟龙一样肆虐为害。汉武帝怨天，认为是上天的意志，人力无可奈何。其实，祸水之所以向南漫延，恰恰是“人祸”造成的。汉武帝治水，丞相田蚡却心下不安，他的封地尽在黄河以北地区，担心遭灾，就别有用心地对汉武帝讲“塞之未必应天”，用神意吓唬他，阻挠其继续治水，致使东郡百姓遭灾达23年之久。元狩三年（前120），灾情最为严重，引起朝廷的不安。汉武帝下令将70万灾民迁徙到关中、朔方。“为我谓河伯兮何不仁，泛滥不止兮愁吾人。齿桑浮兮淮泗满，久不返兮水维缓。”这是把水患全部归咎于水神河伯，说他没有半点仁慈，泛滥不止的洪水淹没了黄河以南的大片土地，却迟迟没有退去的迹象。到元封二年（前109），汉武帝发卒数万人，派汲仁主持堵口工程，并亲自督工，群臣参加堵口劳动，终于堵合决口。汉武帝亲临黄河决口现场，并即兴作诗《瓠子歌》。

2.贾让“治河三策”

西汉末至东汉初，黄河决泛，纵横乱流。西汉哀帝初，遂诏令各地，广求治河良策。绥和二年（前7），贾让应诏上书，提出治理黄河方案三种，后世称为“贾让三策”：上策是从黎阳（今浚县一带）改道北流，“徙冀州之民当水冲者，决黎阳遮害亭，放河使北入海”；中策是“多穿漕渠于冀州地，使民得以溉田，分杀水怒”；下策是在黎阳一带“缮完故堤，增卑培薄”。他主张黄河防洪问题，要预留容蓄洪水的适当场所，可以分流排泄，人们只能在洪水严重威胁区以外居住和生产，使人和洪水都有各自的居留场所，相互不妨碍，“此功一立，河定民安，千载无患”。他认为单纯依靠修筑堤防来防止洪水泛滥是下策，“劳费无已，数逢其害，后患无穷”，主张适应和改造不利的自然条件，趋利避害。

3.王景治河

汉平帝元始四年（4），安汉公王莽召集群众征求治理黄河的意见，大司马史

(大司马的副职)张戎首先指出黄河的特性是“水性就下,行疾则自刮除成空而稍深。河水重浊,号为一石水而六斗泥”,他从水流、泥沙角度分析黄河下游河患成因,提出要保持河水自身的挟沙能力及以水刷沙的主张。特别是“河水重浊,号为一石水而六斗泥”这句为黄河水沙作了量的估计,对后世对黄河的治理具有深刻意义,常为人们所引用。这是史书上关于黄河的水沙关系和利用水力冲沙的首次记载。

汉明帝永平十二年(69),发卒数十万,命王景治理黄河和汴渠,自荥阳以下东至千乘修堤千余里,并开凿阻碍水道的山阜,破除河道中旧有阻水工程,堵截横向串沟,防护险要堤段,疏浚淤塞的河段和渠道,修建水门,使黄汴分流,发挥了防洪、航运和稳定河道等重大作用,并使黄河从此以后的 800 多年中没有发生过重大改道。秦汉期间的河南水利,以北部治理黄河除害兴利和中南部发展灌溉之利为重点,取得了防洪、兴利的重要成就,是河南水利发展史上的一个兴盛时期。

(四)《水经》的出现

《水经》是一部记录我国 137 条河流的地理专著。《隋书·经籍志》载“《水经》三卷,郭璞注”,《旧唐书·经籍志》改《隋书》之郭“注”为“撰”,郭璞成为作者。但《新唐书·艺文志》称为桑钦撰,宋以后人的著作大多称为桑钦撰。后为著名地理学家、文学家郦道元注释为《水经注》,对我国的地理学研究作出了巨大贡献,是中国 6 世纪以前水系研究比较全面的著作。

《水经》基本反映的多是东汉时的情况,也有少数西汉和三国初的情况。《水经》继承了《山海经》《禹贡》《史记·河渠书》的传统,将记水之书发展成专门著作,可以说《水经》是我国第一部较完整的记述有关河流水道的专著。全书只有 8200 多字,每一条写在此书上的河流,都是公式化的:发源,简单的流程,入海,或在何处汇入另一条大河。郦道元虽评价这部书“粗缀津绪,又缺旁通(即记经水不记支流),罕能备其宣导”,但毕竟他所著的《水经注》是以《水经》为纲,详加增补后而成巨著的。可以说,正因为郦道元看出了《水经》的不足之处,所以他才能站在《水经》作者的肩上,以《水经》为“经”而“布广前文”的。

二、魏晋南北朝时期水文化

魏晋南北朝时期是中国历史上又一个社会大动荡的时期，政权更迭频繁，南北政权对峙，然而社会的动荡却导致了思想文化的活跃，在水文化方面有着两项突出成就：一是出现了《水经注》这样的鸿篇巨著；二是在玄学思潮的影响下，文人雅士隐逸之风盛行，他们纵情山林、忘乎山水，使山水文化得到了空前的发展。

（一）水利工具

三国时，魏国马钧发明了灌溉工具翻车。翻车，是一种刮板式连续提水机械，是我国古代最著名的农业灌溉机械之一。《后汉书》记有毕岚作翻车，三国马钧加以完善。翻车可用手摇、脚踏、牛转、水转或风转驱动。龙骨叶板用作链条，卧于矩形长槽中，车身斜置于河边或池塘边。下链轮和车身一部分没入水中。驱动链轮，叶板就沿槽刮水上升，到长槽上端将水送出。如此连续循环，把水输送到需要之处。可连续取水，效率大大提高，操作方便，还可及时转移取水点。我国古代链传动的最早应用就是在翻车上，这是农业灌溉机械的一项重大改进。

（二）水利工程

1.枣祗河

曹魏政权于建安元年（196）发布了《置屯田令》，任命枣祗为屯田都尉，开始召募流民屯田许昌，兴办农田水利，在临颍、西华境内开掘河道，名为“枣祗河”。枣祗河上通许昌南六里的南屯粮库，既可用来灌溉，又兼作运道，使许昌地区大面积地种上了水稻，促进了粮食产量的增长。为了及时运送军粮，曹魏政权还修了许多运粮河，从襄城到许昌，从繁昌（今临颍西北）到许昌，运粮河四通八达。

2.睢阳渠

202 年，曹操于浚仪（今河南开封）修睢阳渠，即疏通浚仪至睢阳（今河南商丘南）一段汴渠，以利运道。

3.白沟渠

建安九年（204），曹操北征袁尚，为了运粮，在淇水上用大枋木筑堰，遏淇水北流，开成白沟运渠。

（三）杜预治理陂塘

西晋初，徐、兖、豫三州大水，洪涝灾害严重。晋武帝下诏书，诏献对策，杜预上疏分析灾害，提出了废除兖、豫东界陂塘的对策。他认为由于陂塘的浸润，地下水位较高，每逢大雨，积水无法下渗，也无法居住，林业、牧业俱废，故不宜多留陂塘。为此，他提出兖、豫东界平原陂塘地区“宁泄不蓄”，主张保留汉代旧陂旧堰，以及山谷私家小陂，可能是因为这些工程建造得比较坚固实用，占地面积也较小，而废除魏以后所建的陂堰，可能是因为这些工程是在战争环境中应急之作，不仅工程粗糙，而且占地面积较大。杜预的奏疏被批准执行以后，在河南平原废掉了不少曹魏以后建立的陂堰，也取得了减少内涝灾害的效益，因而“朝野称美”。杜预经过对水情、地情、灾情的调查分析，提出了对平原河道首先要疏通排泄、废弃害多利少的陂堰的主张，留下了平原治水的实践经验，是难能可贵的。

（四）《水经注》的出现

郦道元（？—527），北魏范阳涿县（今河北涿县）人，曾在河南任颍川（今河南许昌）太守、鲁阳（今河南鲁山）太守、河南尹等官职。493 年，他曾随孝文帝巡视黄河，观三门山砥柱峡天险，也对河南的山川进行过广泛的调查研究。所著《水经注》，旁征博引，详加考证，集中国 6 世纪以前地理学著作之大成，是水文地理、水利考古的重要文献。由于郦氏身处半壁河山的北朝，足迹未到过南方，而在河南的经历较长，因而对山川的注述更具有实践性。

（五）山水文化的兴起

魏晋南北朝时期是一个动乱的年代，也是一个思想活跃的时代。人们的精神世界、自我意识不断觉醒。正是在这个时代，涌现出来以“竹林七贤”为代表的士人风范，他们在生活上不拘礼法，常聚于林中喝酒纵歌，追求清静无为。他们代表的“魏晋风度”得到后来许多知识分子的赞赏。也正是在这一阶段，人们对自然山水文化的审美意识达到了前所未有的阶段，把山水当作一种承载美和寄托情感的载体。李文初在《中国山水文化》中阐述道：“山水审美意识在我国魏晋南北朝特别是晋朝获得自觉并迅速拓展，这既是中国人对山水认识审美化的历史必然，又是当时的文化氛围，特别是社会政治纲纪的沦丧，老庄、佛学深入人心，玄风高畅，隐逸之风大盛的直接结果。”①这说明到了魏晋时期，人们已经形成了自然山水文化的审美意识，而这种审美意识里包含着深刻的历史文化、社会背景和地理环境的因素。

1.魏晋时期社会价值观念的转变促使水文化审美意识迸发

汉代末年中原就一直处于动荡不安的状态，儒家大一统的思想构架遭遇到前所未有的危机，老庄思想顺势回归并且盛行起来，这便导致世人的社会价值观念发生了根本性的变化，把追求自我身心愉悦作为奋斗目标。正是这种价值观念的变化深深地影响了自然山水在人们心目中的地位和作用。此时的人们对待自然山水的态度已经不再是先秦那种实用为主了，而是将一种赏玩的心理寄寓山水之情，将更多的审美情怀融入其中。在魏晋人们的眼中，山能寄情，水能畅神，山水之美已经展现得淋漓尽致。特别是当时的文人雅士、名门望族，他们不再单单追求政治和道德上的成就，更多人追求的是自身人格的飘逸和洒脱，而这种情怀正好与大自然山水之情完美结合，使人甘愿与山水为伴而远离喧嚣繁华的官场仕途，完全突破了“君子比德”的道德框架。这需要豁达情怀和人生追求，这无疑大大激发了人们对山水文化审美意识的自觉发展。

2.魏晋时期的隐逸之风提升了人们对自然山水的审美意识

中国传统文化里自古就有隐逸情结，而隐者的归处又都是大山名川之所在，故隐逸之行为必然会与山水之美结下千丝万缕的情愫。魏晋时期，战争多发，社会动荡不安，人们生活乃至生命得不到保障，为了逃离现实社会，许多文人志士纷纷归隐山林。在与山同住、与水同眠的生活中越来越依恋闲适生活，流连于大山名川而忘返。“山水有清音”，山水之美，使这些人的苦闷心理得到慰藉，无处释放的精神得到解脱，越来越多的人投身于大自然山水之中，寻求山水带来的美的享受。客观地说，隐逸之风促进了人们对山水文化审美意识的发展。

---

① 李文初：《中国山水文化》，广东人民出版社 1998 年版。

3.玄学之风为魏晋时期的水文化提供理论基础

玄学最重要的作用在于突出个人的存在价值和显示人的自觉意识,由此成为推动中华民族自然山水文化审美意识及观念形成的重要原因。玄学是由老庄哲学发展而来,作为魏晋时期的显学,它对社会各个方面都产生了深刻的影响。文化、艺术、审美也不例外,崇尚自然之美是魏晋玄学的基本思想。在如此玄风盛行之下,人的自我意识逐渐觉醒,它要求一种精神上的自由与满足,而将这种需求与老庄的哲学思想联系起来,强调"以玄对山水",即在自然山水中寻求玄学理论之精华,形成了"山水是道"的新认识。在这种观念下,自然山水无疑是这种自由的最好的载体,它意趣无穷且意境深远,既可清秀灵动又宜浑厚深沉。玄学崇尚自然的学术风气以及魏晋人主体的内在丰富,激发了当时人们对客观事物美的发现,使得士人们纷纷走向林泉之所,以达到对玄学的超脱感悟,这也是魏晋时期独特的山水文化审美价值观形成的根本原因。

4.山水美学

魏晋时期感物美学逐渐走向成熟,同时该时期也是以情景交融为形成根本的意境产生的重要时期。何谓感物美学?简单的解释即人对外界事物发生的情感上的认知。感物美学注重"天人合一"的生命体验,而"天人合一"也正是感物美学的哲学基础。在各家各派的理解中,天人合一有一个相通点,那就是将人与自然万物看成是共生共存的一个整体,追求平等,强调感应。正是这样的理念赋予了人与自然万物以充分的自由性,使审美意识形态得到自由的发展,这也决定了感物是一种自然、自由式的体验过程。此时的审美观达到了"感物兴情""托物寓情"的高度。感物美学的兴起,带来的是审美内容的极大丰富,换句话说就是人们对于美的概念和内涵的认识有了一定程度的转变。另外,在魏晋时期,人们对美好事物的追求也是空前的,从欣赏人格美,到欣赏自然山水美,然而本质并未改变,都是满足人们内心对于美好事物的渴望。徐复观先生解释此现象说:"在魏晋以前,山水与人的情绪相融,不一定是出于以山水为美的对象,也不一定是为了满足美的要求;但是到了魏晋时代,则主要是以山水为美的对象,追寻山水,主要为了满足追寻美的要求。"①

---

① 徐复观:《中国艺术精神》,广西师范大学出版社 2010 年版。

5.士人游历山水的体验对魏晋时期水文化的形成有着重大影响

古代中原地区有着丰富的自然山川景观,这为自然山水文化审美造就了丰厚的物质基础。魏晋时期的人们尤其是一些文人士大夫喜欢徜徉在山水之间,将山水胜境作为自己的心灵家园。他们大都有较高的文学修养与审美能力,常寄情于山水间,他们将人与自然视为浑融的世界,并认为万事之间是和谐共存的有机整体。这种丰富多彩的自然山水之美,以及这种真真切切的游历精神,对魏晋时期山水文化审美意识的形成起到了非常重要的作用。

对自然山水之美的追求,是中华民族审美观的重要特征之一。回顾历史不难发现,历朝历代的中国人骨子里依然保留着隐逸基因,对山水的审美观依然保持着崇尚自然之美和追求自由之美这一传统轨迹,这些无不说明魏晋南北朝时期坚实地奠定了华夏民族山水审美意识的基础,并在长期的历史发展过程中形成了具有鲜明民族特色的审美观念。就河南的水文化而言,魏晋时期人们对水的自然之美认知达到了全新的境界,也开创了艺术审美的全新领域。

第四节　隋唐宋元时期水文化

隋唐时期水利事业发达为水文化繁荣奠定了基础,并出现了专门的水利法律《水部式》和治水名臣。宋元时期治理黄河是河南水文化发展的重要载体。

一、隋唐时期水文化

隋唐时期是我国封建社会的繁荣阶段,社会文化生活因政治的稳定、经济的发展、民族间的大融合和外交的开放而丰富多元。这种繁荣体现在建筑、天文、医学、体育、宗教及文化等各个方面。

发源于巴颜喀拉山的黄河,是中国第二大河,流经九省(区),最终注入渤海。《管子·度地》说:"善为国者必先除五害。水一害也,旱一害也,风雾雹霜一害也,厉一害也,火一害也,此谓五害。五害之属水为大。"①黄河虽为中华民族的母亲河,但是历史上也是水患频发的大河,因此治理黄河的历史也是华夏民族不可或缺的历史片段。

隋朝的统一,结束了之前的分裂局面,政局开始稳定。但因长期分裂,对黄河河道维护不力,加之南粮北运和贸易的发展使运河的重要性不断凸显,以及隋唐时期黄河流域降水量充沛,因此,黄河在这一阶段的灾害相当严重。面对河道淤塞和不断增高的黄河大堤,隋唐两代的治河对策是在保持原有河道的基础上,对大堤进行保护和修复,出现了专门的堤防管理常设机构,如此才使黄河下游相对稳定,没有出现大改道。

隋唐水利事业十分发达,据《新唐书·地理志》②的统计,唐代全国各州县有各种水利工程 230 多处,其中有运河、水渠、陂、塘、泾、池、沟、浦、堰、湫、堤、海堤等。

唐朝时修建了引洛引黄灌溉工程。洛水下游虽为古灌区,但长期无水利建设。唐开元七年(719),姜师度主持重建引洛灌区,于"朝邑、河西二县,开河以灌通灵陂,收弃地二千顷,为上田置十余屯"。同时开凿沟洫,引水冲洗盐碱洼地,使其成为"原田弥望,畎浍连属"的膏腴稻田。此外,引黄灌溉也取得了成功。唐高祖武德七年(624),同州治中云得臣自龙门引黄河水溉韩城县田 6000 余顷。

唐朝在加强农田水利的管理上也积极作为。在"三省"之一的尚书省下设水部郎中和员外郎,"掌天下川渎陂池之政令,以导达沟洫,堰决河渠,凡舟楫灌溉之利,咸总而举之"。又设都水监,掌管京畿地区的河渠修理和灌溉事宜。制定水利法律《水部式》,规定关于河渠、灌溉、舟楫、桥梁及水运等法令。《唐律》也有水利方面的规定,如在"失时不修堤防"条中规定:"诸不修堤防及修而失时者,主司杖七十。毁害人家,漂失财物者,坐赃论减五等。以故杀伤人者,减斗杀伤罪三等";在"盗决堤防"条中规定:"诸盗决堤防者,杖一百(谓盗水以供私用,若为官检校虽供官用亦是),若毁害人家及漂失财物赃重者,坐赃论。以故杀伤人者,减斗杀伤罪一等。若通水入人家,致毁害者亦如之。"

---

① 戴望:《管子集解》,中华书局 1954 年版。

② 欧阳修、宋祁:《新唐书》,中华书局 1975 年版。

设官吏专管京畿之内的水利沟渠。《唐六典》[①]卷二三载："凡京畿之内，渠堰陂池之决坏，则下于所由而修复之。每渠及斗门，各置长一人。至于溉田时，乃令节其水之多少，均其灌溉焉。"在特别重要的堰渠，专设渠堰使，《通鉴》卷二一三载：开元十六年(728)正月"丙寅，以魏州刺史宇文融检校汴州刺史，充河南北沟渠堤堰决九河使"。《唐会要》[②]卷八九载："贞元十六年(800)十一月以东渭桥纳使徐班，兼白渠、漕渠及升原、成国等渠堰使。"这些记载都说明了唐代中央政府对水利建设的重视，是有甚于前代的。在唐政府的重视下，人民发展了水利事业，劳动人民在黄河流域和长江流域开凿了许多灌溉渠道，修筑了无数的堤堰。《新唐书·地理志》记载了这些水利建设的情况，顾炎武在他的《日知录》卷一二《水利》中载："欧阳永叔作《唐书·地理志》，凡一渠之开，一堰之立，无不记之，其县之下，实兼河渠一志，亦可谓详而有体矣。"

为加强农田水利的管理，了解农田水利设施的分布，唐朝出版专辑，其中以《新唐书》《元和郡县志》最详细。白居易的《钱塘湖石函记》记载了他治理钱塘湖的经过。此外，唐代有一部全国性的水利法典《水部式》，这是朝廷为了管理农田水利而颁布的法规。此书早已失传，到清末才在敦煌石窟藏书洞内发现了残卷。由残存文字知道，《水部式》的内容非常丰富，有灌溉用水制度，有灌区行政组织的条款，有处理农业用水与其他用水之间矛盾的规定等。

隋唐大运河的开通，是水利史上的重大工程。隋朝开皇四年(584)，为解决长安漕运问题，隋文帝杨坚"命宇文恺率水工凿渠，引渭水，自大兴城东至潼关，三百余里，名曰广通渠"。隋代开凿的大运河是举世闻名的伟大工程，其具体修筑过程大致如下：开皇七年(587)，隋文帝杨坚出于军事上的需要，下令调集民工开挖山阳渎，自楚州山阳(今江苏淮安)南行，经宝应、高邮、江都(今江苏扬州)，引淮水入长江。这主要是疏通春秋时吴王夫差开的邗沟，并不全是开挖新河。大业元年(605)，隋炀帝杨广下令调集河南诸郡男女民工百余万人开凿通济渠。自洛阳西苑引谷水、洛水入黄河，又从洛阳东面的板渚引黄河水，疏通狼汤渠故道入淮，直达淮河南岸的山阳。通济渠、山阳渎修通后，淮河南北的漕运畅通无阻。大业四年(608)春，杨广下令调集河北诸郡男女民工百余万开永济

---

① 李林甫：《唐六典》，中华书局1992年版。

② 王溥：《唐会要》，中华书局1955年版。

渠，引沁水南达于黄河。又自沁水东北开渠，至临清合屯氏河，用以通舟北巡，称为御河。又引淇水入卫，即曹操所修的白沟，合渠水北至涿郡（今北京）。这条南北运河全长二千余里，河面宽阔，通龙舟。大业六年（610）冬，杨广下令修江南运河，从京口（今江苏镇江）至余杭（今浙江杭州）入钱塘江，长八百余里，河宽十余丈，通龙舟。至此，这一世界水利史上的伟大工程全部完成。

隋朝修筑的南北大运河，以洛阳为中心，北通涿郡，南达余杭，总长2700多千米，水面宽50多米，窄的地方也有30—40米，是世界上最长的运河。它解决了中国主要通航河道都是东西流、无南北流的问题，把中国东部的钱塘江、长江、淮河、黄河、海河五大水系联系起来，形成了一个四通八达的水运网。

大运河是南北相连的大动脉，对隋唐时期的政治稳定、经济繁荣起到至关重要的作用，并在隋唐之后的各个朝代都发挥重要作用。正如《元和郡县图志》所说，"隋氏作之虽劳，后代实受其利"。① 从科学技术方面来讲，这一工程规模巨大，其中又遇到各种复杂的地理环境，展现了当时先进的科技水平。而具体施工又主要是用人力和简陋的生产工具，体现了古代劳动人民的辛勤和伟大。唐代对大运河进行了维修和扩建，使它发挥了更大的效益。主要工程有：整理广通渠，扩大汴渠系统，改善山阳渎，改进江南运河，扩建永济渠，等等。唐天宝元年（742），为了使漕船避开三门峡之险，陕郡太守李齐物"旁北山凿石为月河，以避湍急，名曰天宝河。岁省运夫五十万，又无覆溺淹滞之患，天下称之。其河东西径直长五里余，深三四丈，皆凿坚石"。这就是开元新河，它的长度为2790米，深9至12米。天宝二年（743），全年运抵关中的粮食达四百万石，创造了唐代漕运量的最高纪录。

隋唐在治理黄河和发展水利中，涌现了一批治水专家，杰出代表当属姜师度。姜师度（？—723），唐魏州（今河北大名北）人，"勤于为政，又有巧思，颇知沟洫之利"。据统计，姜师度自任职以来，主持和新建的水利工程达13项之多，占唐前期北方水利工程的十分之一。神龙年间（705—707），姜师度任易州刺史及河北道监察兼支度营田使，为防范奚人及契丹入侵，在蓟门以北开凿水沟；为了规避海运的风险，"傍海穿漕"，修建平虏渠，确保中原的粮食在交战时能运达边疆。开元元年（713），姜师度任陕州刺史。为节省运粮的人力和物力，姜师度

---

① 李吉甫：《元和郡县图志》，中华书局1983年版。

根据地形开挖地道，使粮食“自上注之，便至水次”。开元二年至四年（714—715），为“泄水害”，在华阴县开敷水渠；在郑县（今陕西华县）修罗文故渠，用于灌溉农田；在渭水之滨修建堤坝，防止河水满溢。开元六年（718），姜师度调任河中尹。所在辖区内原有一口盐池，但由于时间久远，已渐趋干涸，姜师度经过实地走访，决定“发卒开拓，疏决水道，置为盐屯”。开元七年（719），姜师度转任同州（治所在今陕西大荔县境）刺史，在“朝邑、河西二县界，就古通灵陂择地引洛水及堰黄河灌之，以种稻田，凡二千余顷，内置屯十余所，收获万计”。《旧唐书·姜师度传》云：“师度既好沟洫，所在必发众穿凿，虽时有不利，而成功亦多。先是，太史令傅孝忠善占星纬，时人为之语曰：‘傅孝忠两眼看天，姜师度一心穿地。’”①

隋唐城市水利也受到广泛重视。城市设计师们在规划长安城时，就同时规划了城市的供水系统。长安城的供水渠道主要有三条：一是龙首渠，引浐水入城；二是永安渠，引浐水入城；三是清明渠，引浐水入城。除了长安城以外，唐朝又在洛阳、坊州、陕州、虢州弘农、太原府、泽州高平等城市修建了城市供水工程。

二、宋元时期水文化

宋朝历史从960年宋太祖赵匡胤黄袍加身建立宋朝开始，一直到1279年赵昺跳海殉国为止，共计将近320年。宋代是市民文化生活极度丰富的时期，文化需求极度高涨，水文化也有突出建树。

《宋史·河渠志》②载：宋大中祥符八年（1015）“六月诏：自今后汴水添涨及七尺五寸，即遣禁兵三千，沿河防护”。这是中国设定“警戒水位”的最早记载。

宋天禧五年（1021），以物候之名描述黄河水年内涨落变化的过程。据《宋史·河渠志一》载，天禧五年有人提出：“以黄河随时涨落，故举物候为水势之名：自立春之后，东风解冻，河边人候水，初之凡一寸，则夏秋当至一尺，颇为信

---

① 刘昫：《旧唐书》，中华书局1975年版。

② 脱脱等：《宋史》，中华书局1977年版。

验，故谓之信水。二月、三月桃华始开，冰泮两积，川流猥集，波澜盛长，谓之桃华水。春末芜菁华开，谓之菜华水。四月末垄麦结秀，擢芒变色，谓之麦黄水。五月瓜实延蔓，谓之瓜蔓水。朔野之地，深山穷谷，固阴冱寒，冰坚晚泮，逮乎盛夏，消释方尽，而沃荡山石，水带矾腥，并流于河，故六月中旬后谓之矾山水。七月菽豆方秀，谓之豆华水。八月菼乱华，谓之荻苗水。九月以重阳纪节，谓之登高水。十月水落安流，复其故道，谓之复槽水。十一月、十二月断冰杂流，乘寒复结，谓之蹙凌水。水信有常，率以为准。非时暴涨，谓之客水。"这形象地描述了黄河一年之内水位涨落过程的年内分配规律。

宝元元年(1038)，全国测报雨雪。据《宋史·仁宗本纪》载："宝元元年六月甲申，诏天下诸州月上雨雪状。"

宋仁宗至和二年(1055)，欧阳修论述黄河泥沙堆积运动对河决的影响。北宋人对黄河泥沙运动的观察大都在河南境内的澶、滑地区进行。据《宋史·河渠志》记载，宋仁宗至和二年，欧阳修就曾说："且河本泥沙，无不淤之理。淤常先下流，下流淤高，水行渐壅，乃决上流之低处，此势之常也。"又说："臣不敢广述河源，且以今所欲复之故道，言天禧以来屡决之因……水既淤涩，乃决天台埽(今河南滑县)，寻塞而复故道；未几，又决于滑州南铁狗庙，今所谓龙门埽者。其后数年，又塞而复故道。已而又决王楚埽，所决差小，与故道分流，然而故道之水终以壅淤；故又于横陇大决。"这对黄河泥沙堆积运动对河决的影响有了实践的认识。

元丰元年(1078)，首次出现估计流量的概念。据《宋史·河渠志》载："汜水出玉仙山，索水出嵩渚山，合洛水，积其广深，得二千一百三十六尺，视今汴流尚赢九百七十四尺。以河、洛湍缓不同，得其赢余，可以相补。"这是中国水利史上第一次通过河流断面面积和水流速度来估计河流流量的概念。

宋嘉泰二年(1202)，颁布《河防令》，规定黄河汛期时间。据《金史·刑志》[①]载，是年颁布《河防令》十一条，其中规定"六月一日至八月终"为黄河涨水月，沿河州县必须轮流进行防守。

黄河在宋代并不平静，发生过三次大的改道。

第一次改道发生在北宋的"二股河"。黄河于宋仁宗庆历八年(1048)在今

---

① 脱脱等：《金史》，中华书局1975年版。

河南省濮阳县决口分为两股。从澶州(今河南濮阳西南)横陇埽(今河南濮阳东)决口形成的新河道称横陇河,从今宾县以北入海,后又从今天津市入海。这就是宋代两股河的北派。嘉祐五年(1060),黄河又从魏县、第六埽(今河南南乐西)决出一股,流经西汉大河故道和笃马河(今马颊河)入海,这就是北宋黄河的东派。其中,大河趋向北派的时间较长,而且直至宋哲宗元符二年(1099),东流断绝,全河才都向北脉流去,形成了又一条新的河道。

第二次改道发生在南宋建炎二年(1128),也称杜充决河改道。建炎二年冬,东京留守杜充"决黄河自泗入淮,以阻金兵",黄河下游河道,从此又一大变。杜充决河的地点,典籍中没有详细记载,《历史自然地理》①定在滑县上流的李固渡(今河南滑县西南沙店集南三里许)以西。决口以下,河水东流,经今滑县南,濮阳、东明之间,再东经鄄城、巨野、嘉祥、金乡一带汇入泗水,经泗水南流,夺淮河注入黄海。此后数十年间,"或决或塞,迁徙无定"。迁徙的范围,主要在今豫北、鲁西南和豫东地区。此次决河改道,使黄河由合御河入海一变而为合泗入淮,最终由淮河入海。

第三次改道是南宋蒙古军决黄河改道。南宋端平元年(1234),蒙古军"决黄河寸金淀之水以灌宋军"。寸金淀在今延津县胙城东偏北三十里的滑县境内。决河之水南流,经封丘西、开封东流入陈留县(今河南开封祥符区陈留镇)境,以下"分而为三,杞居其中"。杞县"城之北面为水所坦,遂为大河之道,乃于故城北二里,河水北岸,筑新城置县,继又修故城,号南杞县"。"大河流于二城之间,其一流于新城之北郭睢河中,其一在故城之南东流"。新城北一支夺濉河由睢州、宁陵、归德至夏邑,以下分流至宿迁入淮。中间一支是主流,由新旧杞县城之间南流入涡,经鹿邑、亳州、蒙城至怀远入淮。旧城南一支,经太康、陈州入颍,经颍州、颍上入淮,同时也分流入涡。后因归德、太康二地要求,"相次堙塞南北二汊,遂使三河之水合而为一",全由涡河入淮。直到元成宗大德元年(1297)才由泗入淮。

宋王朝对治河很重视,设置了权限较大的都水监,专管治河,各州设河堤判官专管河事。这个时期对黄河河情、水情的认识不断加深,河工技术有很大进步,特别是王安石主持开展机械浚河,引黄、引汴发展淤灌等,在治黄技术上有

① 中国科学院《中国自然地理》编辑委员会:《中国自然地理·历史自然地理》,科学出版社 1982 年版。

不少创新。

治理黄河水患的人物上至君王，下至臣民。赵顼（1048—1085），宋英宗赵曙长子，治平四年（1067）正月即皇帝位，庙号神宗。赵顼即位后，志在富国，锐意革新。熙宁二年（1069），大力支持王安石推行新法，在全国范围内颁发了《农田利害条约》，并派官员巡视天下，督促检查，很快四方争言水利，出现了一个“古陂废堰悉务兴复”的局面，黄河下游也出现了前所未有的引黄放淤高潮。当宋神宗了解到有人主张修复引泾古渠三白渠时，他认为“为利尤大，兼有旧迹，自可极力兴修”，并派都水监丞周良孺亲自前往考察。当研究恢复此渠的经费时，王安石请宋神宗“捐常平息钱助民兴作”，宋神宗表示“纵用内帑，亦何惜也”。当黄河下游出现放淤高潮，有人对放淤效果表示怀疑时，宋神宗又说淤过的土地“土细如面”，“中人视麦者，言淤田甚佳”，大力支持放淤。

宋神宗对黄河的治理也很重视。熙宁元年（1068），黄河连续于恩、冀、瀛州决溢，宋神宗召集司马光等筹议对策，争论激烈。遂命司马光、张茂则等前往工地考察。司马光考察回来后，同意“开二股以导东流”的意见。为使导河东流的方案更加稳妥可靠，司马光支持缓进办法，等三至五年后东流水量占全河水量八分以上，再将北流闭塞。熙宁二年八月，宋神宗采纳王安石的意见，排除司马光两步走的主张，命张茂则、张巩等堵塞了北流。但不久之后，黄河在许家港东决，泛滥于大名等五州军境。此后，黄河又先后决大名第四埽、第五埽，溢澶州曹村（今河南濮阳境）和卫州王供埽。此时，宋神宗对治河已失去信心，对王安石说：“闻京东调夫修河，有坏产者，河北调急夫尤多；若河复决，奈何！且河决不过占一河之地，或西或东，若利害无所校，听其所趋，如何？”王安石不以为然，宋神宗也未坚持己见。熙宁六年（1073）十月，于大名第四埽、第五埽处开直河，使北流回归二股河道。但过了四年，黄河复决于澶州曹村，全河南徙，灌郡县四十五，而濮、齐、郓、徐尤甚。元丰元年（1078）曹村口门堵塞，三年（1080）再决澶州孙村埽和大吴、小吴等埽，四年（1081）澶州小吴埽大决，黄河自澶州注入御河，仍由乾宁军入海。这次北流后，宋神宗认为“水之趋下，乃其性也”，不主张再复故道，下令在北流沿岸“分立东西两堤五十九埽”，以防河患，不再提回河之事。①

---

① 脱脱等：《宋史》卷九一《河渠志一》，中华书局 1977 年版。

李垂，字舜工，聊城（今山东聊城）人。大中祥符五年（1012），著作佐郎李垂上《导河形胜书》三篇并图。他针对宋初黄河连年决口、京东故道严重淤积的形势，主张“自汲郡东推禹故道，挟御河，较其水势，出大伾、上阳、太行三山之间，复西河故渎，北注大名西、馆陶南，东北合赤河而至于海”。他认为如此则“大伾而下，黄、御混流，薄山障堤，势不能远”，“百姓获利，而契丹不能南侵矣”。宋真宗阅奏后令枢密直学士任中正、龙图阁直学士陈彭年等详议。任等人在商议后上奏：“详垂所述，颇为周悉。所言起滑台而下，派之为六，则缘流就下，湍急难制，恐水势聚而为一，不能各依所导。设或必成六派，则是更增六处河口，悠久难于堤防；亦虑入滹沱、漳河，渐至二水淤塞，益为民患。又筑堤七百里，役夫二十一万七千，工至四十日，侵占民田，颇为烦费。”李垂的主张没有得到认可。

天禧三年（1019），黄河于滑州天台山决口，东入淮河，受灾 30 余州县。朝廷征发兵夫 9 万人治水，四年（1020）二月将决口堵塞。庆功后，李垂又上书言疏河利害。宋真宗命其至大名府及滑、卫、德、贝诸州与通利军等地考察，并与地方长吏计议。回京后，李垂向宋真宗禀报了考察情况。他认为，黄河北行，地方长吏“必虑水势浩大，荡浸民田，难于堤备”，但如不改道使北，则“决河而南，为害既多”“必东河泄水又艰”。他反复衡量，提出了一个中间方案：“自上流引北载之高地，东至大伾，复泄于澶渊旧道，使南不至滑州，北不出通利军界。”他还对工程作了较详计划，并请兵夫 2 万，于天禧五年（1021）二月开始，十月就可完工。李垂的这一建议经朝廷审议后，“虑其烦扰”，仍未予以采纳。①

陈尧佐，字希元，阆州阆中（今四川阆中）人。大中祥符八年（1015）任京西转运使，建议“开滑州小河分水势”。朝廷遣使勘察后，批准“自三迎阳村北治之，复开汊河于上游，以泄其壅溢”。天禧三年、四年滑州连续决口，堤防摧毁。五年陈尧佐知滑州，以“西北水坏，城无外御”，遂“筑大堤，又叠埽于城北，护州中居民”，时人呼为“陈公堤”。同时为加强堤防保护，复“凿横木，下垂木数条，置水旁以护岸，谓之‘木龙’，当时赖焉”。事闻朝廷，下诏嘉奖。此后知并州，又在汾水之滨督州民筑堤，并于堤上“植柳数万本”，以柳护堤，“民赖其利”，深得当地人士的信赖。②

---

① 脱脱等：《宋史》卷九一《河渠志一》，中华书局 1977 年版。

② 脱脱等：《宋史》卷九二《河渠志二》，中华书局 1977 年版。

欧阳修(1007—1072),字永叔,庐陵(今江西吉安)人,北宋著名文学家、史学家。欧阳修在黄河治理上提出过积极建议。宋庆历八年(1048),黄河在今河南濮阳东北决口改道。因当时饥荒严重,无暇顾及决口问题。皇祐三年(1051),决口后向北流的黄河水在馆陶郭固口决口,引起了北流和恢复故道东流的争论。至和二年(1055),欧阳修极力反对回河东流,连上两疏陈述不能回河的理由。在第一疏中,他分析了当时“天下苦旱,京东尤甚,河北次之”,“河北自恩州用兵之后,继以凶年,人户流亡,十失八九”的严重形势,认为在“国用方乏,民力方疲”之际,以“三十万人之众,开一千余里之长河”,不但人力、物力不允许,而且会引起“流亡盗贼之患”,危及宋王朝的根本利益。在第二疏中,他根据自己的观察体会,首先从分析黄河淤积决溢规律出发,阐述了不宜回河的原因。他说:“且河本泥沙,无不淤之理。淤常先下流,下流淤高,水行渐壅,乃决上流之低处,此势之常也。”接着他又分析了京东、横陇河道的具体情况,指出:“天禧中,河出京东,水行于今所谓故道者。水既淤涩,乃决天台埽,寻塞而复故道;未几,又决于滑州南铁狗庙,今所谓龙门埽者。其后数年,又塞而复故道。已而又决王楚埽,所决差小,与故道分流,然而故道之水终以壅淤,故又于横陇大决。是则决河非不能力塞,故道非不能力复,所复不久终必决于上流者,由故道淤而水不能行故也。及横陇既决,水流就下,所以十余年间,河未为患。至庆历三、四年,横陇之水,又自海口先淤,凡一百四十余里;其后游、金、赤三河相次又淤。下流既梗,乃决于上流之商胡口。然则京东、横陇两河故道,皆下流淤塞,河水已弃之高地。京东故道,屡复屡决,理不可复,不待言而易知也。”同时,欧阳修还认为,河渠司李仲昌等议开的六塔河,宽仅五十步,“欲以五十步之狭,容大河之水,此可笑者”,并断言六塔河“于大河有减水之名,而无减患之实。今下流所散,为患已多,若全回大河以注之,则滨、棣、德、博河北所仰之州,不胜其患,而又故道淤涩,上流必有他决之虞,此直有害而无利耳,是皆智者之不为也”。但欧阳修的上疏并未被采纳,最终回河失败。①

侯叔献(1023—1076),字景仁,抚州宜黄(今江西宜黄)人,曾任都水监丞一职。熙宁二年(1069),侯叔献在《农田利害条约》颁布后,向宋神宗上疏,指出:“汴岸沃壤千里,而夹河公私废田,略计二万余顷,多用牧马。计马而牧,不过用

① 脱脱等:《宋史》卷九一《河渠志一》,中华书局1977年版。

地之半，则是万有余顷常为不耕之地。观其地势，利于行水。欲于汴河两岸置斗门，泄其余水，分为支渠，及引京、索河并三十六陂，以灌溉田。”得到朝廷批准，并派杨汲与其一起主持汴河治理工作。熙宁三年（1070），侯叔献和杨汲“并权都水监丞，提举沿汴淤田”。放淤二三年成效显著，侯叔献也因此得到“淤田之劳”的奖励。侯叔献放淤过程中，一次汴水暴涨，睢阳县（在今河南商丘）“堤防颇坏陷，将毁，人力不可制”。在这种紧急情况下，侯叔献命令在睢阳以西几十里的古城处挖开汴堤，让水注入古城中，“下流遂涸，急使人治堤陷。次日，古城中水盈，汴流复行，而堤陷已完矣”。这个应急之策解决了淹城的危机，也展现了侯叔献的治水智慧。①

司马光（1019—1086），字君实，陕州夏县（今山西夏县）人，神宗年间参与过治河工作，提出过重要意见。熙宁元年（1068）六月，北流黄河“溢恩州乌栏堤，又决冀州枣强埽”，七月再“溢瀛州乐寿埽”，十一月，翰林学士司马光、入内内侍省副都知张茂则受命到北流所经四州视察，并研究“六塔、二股利害”。熙宁二年正月，司马光回奏：“请如宋昌言策，于二股之西置上约，擗水令东。俟东流渐深，北流淤浅，即塞北流，放出御河、胡卢河，下纾恩、冀、深、瀛以西之患。”三月，司马光再奏：“治河当因地形水势，若强用人力，引使就高，横立堤防，则逆激旁溃，不惟无成，仍败旧绩。臣虑官吏见东流已及四分，急于见功，遽塞北流。而不知二股分流，十里之内，相去尚近，地势复东高西下。若河流并东，一遇盛涨，水势西合入北流，则东流遂绝；或于沧、德堤埽未成之处，决溢横流。虽除西路之患，而害及东路，非策也。”根据这种情况，他认为东流方案要稳妥可靠，应当采取缓进办法，当年东流分水二分，等三至五年东流分水八分以上，二股河“冲刷已阔，沧、德堤埽已固”时，再将北流闭塞。七月，二股河通，北流分水减少，判都水监张巩力主即闭北流，司马光仍以为不可。他说：“巩等欲塞二股河北流，臣恐劳费未易。或幸而可塞，则东流浅狭，堤防未全，必致决溢，是移恩、冀、深、瀛之患于沧、德等州也。不若俟三二年，东流益深阔，堤防稍固，北流渐浅，薪刍有备，塞之便。”宋神宗意欲闭断北流，未采纳，命张茂则、张巩等全力进堵，北流塞。北流塞后不久，河决于许家港。此后数年东流不断决溢，元丰五年（1082）

① 脱脱等：《宋史》卷九一《河渠志一》，中华书局 1977 年版。

又全归北流，回河东流再告失败。①

王安石（1021—1086），字介甫，抚州临川（今江西临川）人，著名政治家、改革家。王安石在改革过程中积极参与水利建设。熙宁二年（1069），王安石开始主持变法，制定《农田水利害条约》，同时，派官员到各地监督巡查水利工作，在各地设立水利农田水利官。从熙宁三年（1070）到元丰元年（1078），全国兴修、恢复水利工程“凡一万七百九十三处，为田三十六万一千一百七十八顷有奇”，其中沿黄河兴修工程750余处，灌溉面积在10万顷以上。通过引黄河水放淤，改良土壤条件，大力发展农业生产。王安石非常重视黄河泥沙问题。有个叫李公义的人想到用铁龙爪扬泥车疏浚河道：“用铁数斤为爪形，以绳系舟尾而沉之水，篙工急棹，乘流相继而下；一再过，水已深数尺。”王安石考虑之后，让宦官黄怀信与李公义一起研究具体操作方法，在改良铁龙爪扬泥车重量太轻这个弊端之后制成浚川杷，“以巨木长八尺，齿长二尺，列于木下如杷状，以石压之；两旁系大绳，两端矴大船，相距八十步，各用滑车绞之，去来挠荡泥沙，已又移船而浚”。王安石非常高兴，立即向宋神宗上报：“开直河则水势分。其不可开者，以近河，每开数尺即见水，不容施功尔。今第见水即以杷浚之，水当随杷改趋直河，苟置数千杷，则诸河浅淀，皆非所患，岁可省开浚之费几百千万”。熙宁六年（1073）四月，设疏浚黄河司，“将自卫州浚至海口”。②

程师孟，字公辟，吴（今江苏苏州）人，曾任都水监一职。熙宁九年（1076）八月，程师孟上奏自己在河东了解到的淤田情况。根据他在河东时了解的情况，上书言淤田之利：“河东多土山高下，旁有川谷，每春夏大雨，众水合流，浊如黄河矾山水，俗谓之天河水，可以淤田。绛州正平县（今山西新绛）南董村旁有马壁谷水，尝诱民置地开渠，淤瘠田五百余顷。其余州县有天河水及泉源处，亦开渠筑堰。凡九州二十六县新旧之田，皆为沃壤。嘉祐五年（1060）毕工，绩成《水利图经》二卷，迨今十七年矣。”举南董村淤灌前后的产量说明淤灌的效果：“闻南董村田亩旧直三两千，收谷五七斗。自灌淤后，其直三倍，所收至三两石。”最后指出：“今臣权领都水淤田，窃见累岁淤京东、西碱卤之地，尽成膏腴，为利极大。尚虑河东犹有荒瘠之田，可引天河淤灌者。”得到宋神宗的批准和奖励，让

① 脱脱等：《宋史》卷九三《河渠志三》，中华书局1977年版。

② 脱脱等：《宋史》卷九一《河渠志一》，中华书局1977年版。

他开渠筑堰,继续发展河东引河淤灌事业。①

元朝是由蒙古族建立的朝代,也是统一全中国的王朝。元朝在水文化有新突破的同时,水患灾害不时眷顾河南地区。

元至元七年(1270),最早提出"海拔"概念。元代科学家郭守敬(1231—1316)1262年被任命提举诸路河渠,1263年又升为河渠副使,1265年升任都水少监。据《元朝名臣事略》载:"以海面较京师至汴梁地形高下之差,谓汴梁之水去海甚远,基流峻急,而京师之水去海至近,其流且缓。"这是在中国首次提出了"海拔"的概念。

有元一代,对水利建设十分重视。中央设都水监,地方置河渠司,以兴举水利、修理河堤为务。整个元代的水患周期比宋代有所缩短,而遏制水患的水利工程却全面跟进,远胜宋代。《王祯农书》②里《灌溉》一章提到:"官陂官塘,处处有之,民间所自为溪祸水荡,难以数计,大可灌田数百顷,小可灌田数十亩。"明人薛尚质曾针对明代水利失修的状况发出抚今追昔的喟叹:"元人最善治水!"元代治水名人当推贾鲁。

贾鲁(1297—1353),字友恒,元代高平人。他胸怀大志,谋略过人,多次领导黄河治理,帮助民众解除水患。至正四年(1344)五月,黄河决口改道。元政府为安抚民众,不得不治理黄河。至正八年(1348)二月,在济宁郓城设行都水监,贾鲁为都水使者,次年五月,在山东、河南等地设专治水患的行都水监。在讨论治河方略时,贾鲁主张"河必当治","必疏南河、塞北河,使复故道,役不大兴,害不能已",并根据之前通过实地调研走访获得的水患数据,提出两种治河方案:"一是修筑北堤,以制横溃;一是疏塞并举,挽河东行,以复故道。"最后决定采用后一种方案。至正十一年(1351)四月,贾鲁任工部尚书、充总治河防使,征发民工15万、军士2万,开始治河。

贾鲁做事果决,采取疏、浚、塞并举的治河方略,"疏浚中,凡生地新开,凿之以通,故道高低,取之以平;河身广狭,导之以直;淤塞之道,浚之以深;泽水之地,开渠以排洪。塞堵中,凡薄垒之堤,增之以固;决河之口,筑堤坝以塞其流"。贾鲁亲自指挥工人治理黄河,派人巡视,在该疏的地方疏通河道,需要泄水的地

---

① 脱脱等:《宋史》卷九一《河渠志一》,中华书局1977年版。

② 王毓瑚校:《王祯农书》,农业出版社1981年版。

方就开闸放水，让河道在地势高的地方不湍急，地势低洼的地方也不会有积水。贾鲁因势利导、因地制宜地治理黄河。在堵截山东曹县黄菱岗大堤决口时，因决口水势汹涌，又逢秋季汛期，难以堵塞决口。贾鲁用27艘大船做成一个大“方舟”，“方舟”装满石头沉入水里，得以筑成大堤，经过不断努力，终于完成黄陵岗截流工程。之后又经不懈努力，使黄河复归故道，治河才算完工。贾鲁回朝后向顺帝上《河平图》。至正十三年(1353)五月，贾鲁病卒，年57岁。

为表彰贾鲁的治河功绩，时人翰林学士欧阳玄著《河平碑》："鲁能竭其心思智计之巧，乘其精神胆气之壮，不惜卒，不畏讥评”“鲁习知河事，故其功之所就如此”。清代水利专家靳辅对贾鲁所创的用石船大堤堵塞决河的方法非常赞赏：“贾鲁巧慧绝伦，奏历神速，前古所未有。”为了纪念贾鲁，山东、河南有两条河均名贾鲁河。

贾鲁有一同伴欧阳玄，著《至正河防记》(1360)，详细而全面地叙述了筑堤、修埽、开渠等方法，为我国第一部有系统的水利工程著作。

第五节　明清时期水文化

明清时期治理黄河是河南水利文化的重要内容，从而形成治黄思想及其规章制度，丰富了水文化的制度文化。自然灾害影响社会发展并反映在用水护水文化意识方面，这是明清时期河南水文化的重要表现。

一、明代水文化

明朝(1368—1644)是汉族建立的最后一个封建王朝，是继周朝、汉朝和唐朝之后的又一个繁盛时代，史称“治隆唐宋”“远迈汉唐”。

明代以后，社会经济的发展让朝廷有能力也有实力完善治水机构，更好地开展治水工作。明代治河，仍以工部掌天下百工政令，治河兼漕运。明初由漕运都督监理河道,永乐年间以工部尚书宋礼治河,成化年间以王恕为总理河道,成为黄河上设总理河道之始。隆庆年间,总理河道又加提都军务职衔,山东、河南两省巡抚兼理河务,机构愈统一,权力愈集中。

一次是嘉靖年间改道。明朝初年黄河流经河南荥泽、原武、开封的下游河段,“自商、虞而下,由丁家道口抵韩家道口、赵家圈、石将军庙、两河口,出小浮桥下二洪”,经宿迁向南入淮河。洪武二十四年(1391),黄河决口于原武黑羊山,向东经开封后又折向东南,流经陈州、项城、太和、颍上,在寿州正阳镇经颍河入淮。

正统十三年(1448),黄河在新乡八柳树决口,漫过曹州和濮州,到达东昌府,冲过张秋,到张沙湾,最终东流入海。其后黄河又在荥泽孙家渡决口,洪水在原武、开封、祥符、扶沟、通许、洧川、尉氏、临颍、郾城、陈州、商水、西华、项城、太和等地肆虐,最终经颍水入淮。两次决口正好形成一南一北两支分流。分流之初,北支水势更大,景泰四年(1453)以后,南支水势变大。

景泰六年(1455)七月,北支在张沙湾堵水成功,黄河恢复到开封以北故道,经宿迁、淮阴入淮。弘治二年(1489)以后,采纳白昂、刘大夏的“北岸筑堤,南岸分流”对策,多次疏浚孙家渡河道,从而使下流水势变得平缓。嘉靖二十三年(1544),因黄河南岸故道全被堵塞,河水侵入淮河和泗水进海。隆庆六年(1572),加固黄河南岸河堤,阻断决口可能,河道也变得稳固。黄河结束南北两支的局面,归为一道从开封、兰阳、归德、虞城,下徐、邳入淮,这种局面维持了280余年。

明万历二十一年(1593),河南全省遭特大水灾。这次特大水灾,主要在淮河流域,有记载可查的受灾县有41个,东部、南部的灾情尤为严重。淮阳:“夏五月大水,淹麦。秋大水淹稼,淫雨弥月,平地水深数尺,破堤漫城,四门道路不通,出入以舟。”汝南:“春夏淫雨,历秋弥甚,势若倾注,淮、汝横溢,舟行于途,人栖于木,田禾庐舍崩坏殆尽,其溺而死者无算。”各州县地方志中多有记载,洪、汝、沙、颍等河横溢为患,洪汝交汇之新蔡,洪水自西北澎湃而来,平地水深数丈,人物房产冲陷殆尽。

明崇祯五年(1632),河南全省遭特大水灾,各流域皆大雨,加之黄河决孟津口,横浸数百里。有记载可查的受灾县有54个。新乡:“大水,县北行舟,淹没田禾。”汝南、正阳:“秋八月淫雨,大水,平地行舟”,“水坏民舍,鱼入街市”。内乡:“六月湍河水溢四十余日,庐舍尽淹”,灾情惨重。

明崇祯十一年至十四年(1638—1641),河南发生连续四年的干旱。旱灾遍布全省,黄河沿岸最为严重,各地河井干涸。旱灾对明王朝的灭亡起到加速的作用。

明崇祯十五年(1642),开封城被淹。这年,开封城被李自成的起义军围攻,明军采取决黄河大堤水灌起义军军营的方法,起义军也采取相应对策,另决一口,二水汇流冲灌开封,造成开封全城覆没的悲剧。

明代与其他朝代相比,其治河的鲜明特点是“保漕运”“护祖陵”。明代永乐年间迁都北京,京杭大运河便成为维持其统治的南北大动脉和生命线,而黄河与漕运又密切相关。因为当时黄河是夺淮流入黄海,黄、运、淮交错会造成运河淤塞,漕运中断,再者由于明太祖朱元璋祖籍安徽凤阳,黄淮并涨会泛及其祖坟,因此,明代为“保漕运”和“护祖陵”,便广泛寻求治河之策,各治河主张十分活跃,有分流论、改道论、汰沙澄源论、北堤南分论等多种治河主张,而最为引人注目的则是潘季驯的“筑堤束水,以水攻沙”。

万恭(1515—1591),字肃卿,别号两溪,江西南昌人。万恭对黄河特点和治河措施提出不少精辟见解。他批判了过去“多穿漕渠以杀水势”的治河观点,认为黄河的根本问题在于泥沙,治理多沙的黄河,不宜分流。因为“水之为性也,专则急,分则缓;沙之为势也,急则通,缓则淤”,黄河只有合流,才能“势急如奔马”。必须因势而利导,用堤防约束就范,使之入海,这样才能“淤不得停则河深,河深则永不溢”。他这一治河思想,对于当时治河是一重大创新。以后潘季驯治河时,即在此基础上进一步实践和发展,提出“筑堤束水,以水攻沙”的治河方针,延续应用达数百年之久。隆庆六年(1572)河决邳州(睢宁北),运道大阻。万恭与朱衡修长堤“自徐州至宿迁小河口三百七十里,并缮丰、沛大堤”,使“正河安流,运道大通”。当时高邮、宝应等湖堤,每到伏秋大汛,常漫溢泛滥,虽每岁培堤,仍不能免。万恭经过调查研究,改培堤为挖浚湖区积淤,并在沿堤修建平水闸20余处,以时泄蓄,水患乃除。

万恭在职期间,写有《治水筌蹄》一书,总结了长期以来治河治运的经验教训及其治河思想、方法、措施等,对后世治理黄、运有深远的影响。据万恭在《治水筌蹄》中记述:“黄河盛发,照飞报边情,摆设塘马,上自潼关,下至宿迁,每三十里为一节,一日夜驰五百里,其行速于水汛。凡患害急缓,堤防善败,声息消长,总督者必先知之,而后血脉通贯,可从而理也。”这是最早记载黄河从上游潼关向下游传送水情的文献。[①]

潘季驯(1521—1595),今浙江湖州人,明代著名治河专家,也是明代治河对后世影响最大的人物之一。他于1565年至1592年间,曾4次主持治理黄河10年,治河实践使他逐步磨炼成一位治河专家。他首任河官治河初识了水性,二任河官则已深知堤防的重要性,三任总理河道时便形成了"以河治河,以水攻沙"的思想并付诸实施,四任河官时则总结实践经验并升华为独特的治河理论。

潘季驯根据自己的治河经验,反复修改,最终写成《河防一览》和《宸断两河大工录》等著作,并提出自己有价值的治河理论。潘季驯治河理论的关键是"束水攻沙",即"缮治堤防,俾无旁决",让沙顺着水流排走。这种做法据《明史·河渠志》记载也是根据黄河水"合则流急,急则荡涤而河澡,分则流缓,缓则停滞而沙积"的特点。为了落实这一理论,潘季驯重视修建河堤,修堤方法有"缕堤以束其流""遥堤以宽其势""滚水坝以泄其怒"。缕堤修筑在靠近河岸的地方,平常用来约束河水,不让河水决口,但在汛期水流量较大、河水超过河床的容纳量时,就要修筑遥堤。遥堤距离河岸二三里,作用主要用于防止洪水浸漫到陆地上。而滚水坝用石头修筑在地势低洼且地基坚实的地段。当洪水来袭,可以通过石头的缝隙宣泄一部分水流至低洼之地,使河堤不易被洪水冲开决口。潘季驯的这些治河理论,是多年实际经验的总结。

明朝刘大夏也在治水过程中发挥重要作用。刘大夏(1436—1516),字时雍,湖南华容人,官至兵部尚书。明弘治五年(1492),黄河决封丘金龙口,溃仪封(今河南兰考)黄陵岗,溃水分多股犯运道,决张秋,漕运梗阻。弘治六年(1493),命刘大夏为右副都御史,主持治河,以通漕运。当时皇帝向他指出:"古人治河,只是除民之害,今日治河,乃是恐妨运道,致误国计,其所关系,盖非细故。"刘大夏根据朝廷的旨意,为了确保漕运,采取了"遏制北流",分水南下入淮的治河方策。弘治七年(1494),他一方面在张秋运河"决口西南开越河三里许",使被阻粮船得以通过;另一方面在开封以下分疏四道支河,即"浚仪封黄陵岗南贾鲁旧河四十余里,由曹出徐,以杀水势。又浚孙家渡口,别凿新河七十余里,导使南行,由中牟、颍川(今安徽阜阳)东入淮。又浚祥符(今河南开封)四

---

① 万恭原著,朱更翎整编:《治水筌蹄》,水利电力出版社1985年版。

府营淤河，由陈留至归德分为二：一由宿迁小河口，一由亳（今安徽亳州）涡河，俱会于淮”。由于上游分水，下游水势稍消，乃进堵张秋决口。因口门较宽堵筑困难，采用沉船法堵合，并用石堤维护，使漕运复通。最后堵塞黄陵岗、金龙口等七处口门，并在北岸修起了数百里的长堤，其中大名府长堤，“起胙城（今河南延津境），历滑县、长垣、东明、曹州（今菏泽）、曹县抵虞城，凡三百六十里”，名太行堤。西南金龙等口的新堤“起于家店，历铜瓦厢、东桥抵小宋集，凡百六十里”。从此筑起了阻挡黄河北流的屏障，大河“复归兰阳、考城，分流经徐州、归德、宿迁，南入运河，会淮水，东注于海”。①

二、清代水文化

清朝历史从1616年清太祖努尔哈赤建立后金算起，到1911年辛亥革命爆发止共296年，黄河在清朝时期活动依然很频繁。河南在地理位置上正处于黄河的中下游，是“多事之地”，但是清朝时期河南段黄河还是有一些利好消息。

清康熙十八年（1679），陈潢提出流量计算方法。陈潢（1638—1689）是河道总督靳辅（1623—1692）的得力谋士。靳辅在《治河方略》中记载：陈潢提出“测水法”，即先测出水流速度及河道横断面积，二者相乘即得流量，称作“水方”，这是最早提出计算流量的方法。“测水法”在清余金所著的《算迪》中也有记载。

清乾隆二十二年（1757），淮河开始建立报汛制度。《续行水金鉴》中记载：乾隆二十二年六月，乾隆皇帝提出淮河应建立报汛制度，按照黄河用塘马报汛的办法，正阳关为淮水上下关键，“大汛时，着白钟山（时任江南河道总督）酌委妥员在彼探报”。七月，河南抚院报在信阳州属之长台关河口，罗山县之周家渡口，息县之大埠口、乌龙集，固始县之往流集、三河尖等处设立水志，令地保乡约轮日看管，令州判巡检，每月派役巡查，如遇水发，则由各县挨次填单飞报下游。

清乾隆二十六年（1761），三门峡至花园口突发洪水灾害。伊河、洛河、沁河及黄河干流区间在八月十六日至二十日均发生连续大暴雨。雨区范围波及漳

① 张廷玉等：《明史》卷八三《河渠志一》，中华书局1974年版。

卫河和洪汝河流域。因伊洛河、沁河和黄河干流区间同时遭遇洪水，造成花园口出现400年一遇的大洪水，黄河下游涝灾严重。

清乾隆五十至五十四年（1785—1789），乾隆御笔淮渎庙碑。清乾隆五十年，河南布政使江兰探淮源，奏称："禹庙（今固庙）前有井，乃淮源所出。"乾隆五十四年，清高宗弘历对江兰奏称淮源在固庙井有疑，命河南巡抚毕沅详勘，御笔淮渎庙碑："……至中峰胎簪山，见水一潭，询土人指为淮池（注：小淮井），复延缘细径而上十余里，始至山顶，有大石盘陀广十余亩，旁洼渊映（注：大淮井），泉出石间，为之汰除沙砾……汲取无竭。……是为淮渎真源也。"

道光二十一年（1841），祥符张家湾决口，河督文冲被革职充军。陕州万锦滩黄河于六月上旬"长水二丈一尺六寸"。武陟沁阳于六月上旬"长水四尺三寸"。据东河总督文冲奏称："历查伏汛涨水，从未有如此之盛者。"受灾20多州县。由于河督文冲思想麻痹，估算水情不足，防汛不力，祥符河决传至京城后，道光帝下谕革河督文冲之职，"枷号河干，以示惩儆"，后充军伊犁。

道光二十三年（1843），黄河中游特大水，中牟决口。六月上中旬，沁河接连10次涨水。陕州万锦滩又"长水五尺五寸"。水至下游后，中牟下汛九堡（今辛寨）出险。二十六日堤身蛰陷，"口门塌宽100余丈"。以后黄、沁河继续涨水，至七月十九日，中牟九堡"口门宽360余丈，中泓水深两丈八九尺不等，东坝头水深5.5尺，西坝头水深5尺"。中牟决口后，分为两股：一由贾鲁河经中牟、尉氏、扶沟、西华等县入大沙河；一由惠济河经祥符、通许、太康、鹿邑、亳州入涡河，受灾30余州县。该年洪水，陕县有"道光二十三，黄河涨上天，冲走太阳渡，捎带万锦滩"之说。

清咸丰五年（1855），黄河决口改道。六月中旬，黄河上中游大水，各河汇注下游，以致洪水漫滩，一望无际，下北厅兰阳汛铜瓦厢（今河南兰考县东坝头乡以西）三堡以下"无工之处登时塌宽三四丈，仅存堤顶丈余"。六月十九日，兰阳铜瓦厢三堡下无工堤段溃决，到二十日全河段决堤。决口后的黄河向东北流去并在长垣一分为三，一支经赵王河向东流，一支流经东明之北，一支流经东明之南，三条分支在张秋经过运河流入山东境内的大清河。当时清政府忙于镇压太平军，无暇顾及黄河治理，并下旨："现值军务未平，饷糈不继，一时断难兴筑……所有兰阳漫口，即可暂行缓堵。"黄河也因此改从东北经今长垣、濮阳、范县、台前流入山东由利津入海，结束向东南夺淮入海的历史。

光绪三年(1877),河南发生连续3年的大旱灾,而以是年尤甚。据河南各地方志记述,无雨日数一般为7—12个月,最长者达到18个月。“河南有四五季未收者,有二三季未收者,报灾87厅、州、县”,“待赈饥民不下五六百万”,饿死者无数,状极凄惨,有“攫遗骸而吮其髓者,有抱髑髅而盐其脑者,及呼吸无力,而亦倒矣。甚至割煮亲长之肉,并有生啖者”。据清代户籍统计,这次大旱黄河流域各省死亡1300万人左右,而河南饿死者近200万人,约为当时全省人口的十分之一。

清光绪十五年(1889),荷兰工程师单百克等在考察铜瓦厢时测验泥沙。这一年,单百克和魏舍来华对黄河下游进行考察,曾在河南铜瓦厢处测验过黄河泥沙含量。

清光绪十六年(1890),黄河下游河道图测成。东河总督吴大澂于三月间奏请自河南阌乡金才关至山东利津铁门关间测量河道,并与直隶总督李鸿章及山东、河南巡抚张曜、倪文蔚会商。旋即“遴派候补道易顺鼎总司其事,分饬各员按段测绘,于十六年(1890)三月全图告竣”,名为《御览三省黄河全图》,这是黄河上最早用新法测出的河道图。

为加强水文管理,清朝设河道总督,掌管黄河、京杭大运河及永定河堤防和疏浚事宜。第一任总督是杨方兴,总河衙门在山东济宁。后于康熙十六年(1677)迁至清江浦(今江苏淮安)。因治所远离河南一带,一旦河南有灾情,也鞭长莫及。因此雍正二年(1724)四月,在河南武陟设副总河,主要负责河南段的河务,首任副总河是兵部左侍郎嵇曾筠。两年后,黄河险段逐渐下移,副总河的管辖范围扩大到山东与河南接壤的曹县、定陶、单县、城武等处。雍正七年(1729)改总河为总督江南河道提督军务,管辖江苏、安徽等地黄河、淮河、运河防治工作,副总河为总督河南、山东河道提督军务,管辖河南、山东等地黄河、运河防治工作,分别管理南北两河。当两河同时出现灾情,则由两地总督共同协商处理。后总河演变成南河总督,仍驻清江浦;副总河演变为河东总督,驻开封。

雍正八年(1730),设直隶河道总督,管辖海河水系各河及运河防治工作。为区别于南河与河东两地,改称北河,由此产生三河之名。乾隆十四年(1749),直隶河务职权和职责不断完善,于是取缔直隶总河,由直隶总督兼管河务。此后,河务事宜全由南河总督与河东总督管理。

清代治河事业尤其是堤防修守及管理维护技术都有长足进步，涌现了一批优秀的治河专家。

靳辅（1633—1692），字紫垣，祖籍辽阳（今属辽宁），康熙十六年调任河道总督。

靳辅知人善任，突出表现在他对陈潢的重用上。陈潢是靳辅任总督时的下属，靳辅知道陈潢有治河之才，在任十多年，每有治河事务都会认真听取陈潢的意见和建议。

康熙十五年（1676），黄河和淮河降水增多，河水四溢，砀山以东黄河两岸决口 21 处，倒灌洪泽湖，高家堰决口 34 处，淹了淮、扬 7 个州县。黄河河道出现严重淤积，河道、运道均遭破坏。康熙帝为解决灾情，调靳辅前往治理。

靳辅一到任，就和陈潢一起研究黄河和淮河的地形图，分析决口位置，经实地调研之后，提出"治河之道，必当审其全局，将河道运道为一体，彻首尾而合治之，而后可无弊也"的治河方案。连上八疏，向康熙皇帝详细陈述治河规划。靳辅首先采取"疏浚筑堤"的方法，在清口以下至河口 300 里的河道内挖引河之土，修筑两岸大堤；又在清口开掘五道引河，疏通淮水入河的通道，然后堵合沿河小决口，最后集中力量堵筑杨庄决口，从而使黄、淮合流入海，畅通河道，恢复运道。

靳辅继承潘季驯的治河方法，"筑坝以障其狂，减水以分其势，疏浚以速其宣"。他著有《治河方略》一书，是治河重要参考文献。

陈潢（1637—1688），字天一，号省斋，秀水（今浙江嘉兴）人，也说钱塘县（今浙江杭州）人，清朝著名治河功臣。年轻时便攻读农田水利书籍，亲自到宁夏、河套等地考察，深入研究黄河治理方法。陈潢虽有治河之才，但一直都怀才不遇，直到遇到靳辅。

康熙十六年，时任河道总督的靳辅在路过邯郸时看到陈潢的题壁诗，从诗句中察觉陈潢才学过人，于是便邀请他协助自己治理黄河。陈潢为治河殚精竭虑，为制定治河方案，跋山涉水上百里，对每一处险情一一勘察，确保无误。陈潢的治理方法是继承和发展了明代著名治水专家潘季驯"筑堤束水，以水攻沙"的治河理论，主张把"分流"和"合流"结合起来，把"分流杀势"作为河水暴涨时的应急措施，而以"合流攻沙"作为长久之计。在具体做法上，采用了建筑减水坝和开挖引河的方法。同时发明了让正河保持一定的流速流量的"测水法"，使

“束水攻沙”的理论更加科学。经过陈潢等人的努力，黄河在这段时期内安然无患。康熙二十六年(1687)经靳辅保奏，授陈潢佥事道衔。在此之后，陈潢为了治理黄河和淮河水患，打破传统“防河保运”的方法，提出“彻首彻尾”的治理意见，即在黄河和淮河上、中、下游进行“统行规划、源流并治”的方法，最终被朝廷采纳。康熙二十七年(1688)，陈潢被人以“屯田扰民”的罪名弹劾，遭撤职。不久，病死于北京。陈潢著有《河防述言》《河防摘要》，附载于靳辅《治河方略》之内。

林则徐，于清道光十一年(1831)十一月，擢升河南、山东黄河河道总督(俗称东河总督)。任期虽短，但治河地位显著。

清朝乾隆之后，黄河灾害日益严重，治河风气日下，腐败之风不断蔓延。面对这种情况，道光皇帝时刻不敢掉以轻心。由于林则徐多年来政绩卓著，朝廷内外口碑皆好，道光帝自然看重。道光十一年十月初七日，林则徐由江宁布政使提升为河南、山东黄河河道总督。林则徐受命后即起程前往东河总督衙门(驻山东济宁)。林则徐的治河之始可以回溯七年之前。当时，洪泽湖高家堰十三堡溃决，十余州县受灾，南北漕运也受到影响。两江总督推荐此时在家居丧守制的林则徐前往治理。林则徐丝毫不敢怠慢，殚精竭虑完成河工。林则徐通过这次督修河工深刻体会到治河于国于民之重要。此次调任东河总督，他深感责任重大。道光皇帝面谕时说：“黄河工程险恶，数百万性命财产赖以保障；历任河督玩忽要工，堤崩口决时有所闻，民众损失浩大，国库耗银巨多。朕素知卿办事慎密干练，特擢此要缺。到任后，务须切实清积除弊，严办河务。上替朕解忧，下为民造福。万不可负朕重托。”在《起程赴东河总督新任折》中，林则徐奏请朝廷批准其上任途中查办河工。折中说：“查东河所辖运道岁办冬挑工程，此时亟应兴举，若俟到任后在行往勘，恐致迟误。臣现拟取道闸河，先行顺途勘查。”上任途中，便亲自勘察沿线河工，发现运河清淤工程迟迟没有开工，就指令增派民夫，加快进度，不得迟误。

道光十二年(1832)正月初七日，林则徐上任东河总督一个月，便亲自前往山东境内河段查验清淤工程，逐段丈量清淤河道尺寸，检查工程质量，询问工程标准，一丝不苟。在查验过程中发现巨嘉汛挑挖工程较既定方案向东岸偏，林则徐当即停该汛主簿之职，要求返工，务必使工程与设计的标准相统一。林则徐事必躬亲，发现问题及时纠正，立即处理，绝不拖延。在巡查过程中，林则徐还发现了“泥龙”问题。“泥龙”是在河道清淤工程中，河工将河内挖出的淤泥放置于沿河两岸，因天气寒冷冻结成块的淤泥。在以往清淤工程中，清理“泥龙”往往放在最后，因此就会出现工程已经完工，可“泥龙”还未清理的情况。林则徐在弄清事情原委之后，要求各段清淤时，主管河道清淤与“泥龙”清除需要同时完成，这样就大大提高了工程进度。

林则徐顶风冒雪查验了运河清淤工程后，正月二十二日又不辞辛苦来到冰封的北国查视黄河。他从北岸曹考厅登上黄河大堤，循着北岸对各厅、汛逐一视察。到黄沁厅后，他又渡河到南岸，沿南堤自上而下继续检查。

在查验过程中，林则徐对治河工程中存在的贪污腐败行为尤其关注。在视察兰仪厅（今属河南兰考县）蔡家楼处料垛时，发现垛底有潮湿的秸料，了解到这些潮湿的秸料是上年冬雨雪天气里赶买赶堆的，来不及晒晾。虽没有发霉变烂，但晾干之后重量肯定有所减轻。于是，林则徐就与当地官员一起查看剩余料垛，其中 23 垛有 12 垛存在垛底潮湿情况，立即派人将垛底潮湿的秸料拿出晾晒，晾干后称重，不足重量的全部补齐。

由于林则徐在东河总督任上政绩卓著，遂又被道光皇帝委以重任，前往江苏清除水运积弊，又大获成功。再迁升，赴任两广总督，竭力禁烟。林则徐虎门焚烟，大壮国威，大震民心。因清廷屈洋媚外、奸臣诽谤，林则徐被贬往新疆伊犁。

道光二十一年（1841）六月十六日黄河在今开封张家湾附近发生险情，洪水溢决。到二十二日冲决口门有八十丈宽，黄河十分之七的水由口门冲出。决堤的洪水迅速围困了开封城，又东南而去淹及河南、安徽两省多个地方。道光皇帝命大学士王鼎、通政司通政史慧成迅速赶往河南督办祥符治河。王鼎对林则徐十分器重，以林则徐熟悉东河情形为由，上疏乞留林则徐襄办祥符堵口大工。道光皇帝同意“林则徐折回东河，效力赎罪”。八月，林则徐接到圣旨，为了拯救 20 多州县灾民的苦难，他不敢稍有停滞，立即赶赴祥符，襄助王鼎堵塞决口。他一到祥符，马上到堵口工程第一线督导。林则徐亲自查看了现场，量明决口已宽达三百零三丈。经过一番筹划准备，汛期一过，十月正式开工堵口。此时，林则徐虽是一名“罪臣”，但他抛弃个人得失，一心治水，任劳任怨。林则徐夜以继日地奔波在堵口工地，一切事宜都在其筹划谋算之中，与民夫士卒一起挖泥担土亦不鲜见，终于完成了祥符堵口大工，两省 23 州民众得到解救。林则徐以获罪之身治理黄河水灾，功绩卓著。

清代还有一对“父子兵”的水官。嵇曾筠,在其兵部侍郎、吏部尚书等任上,主持过一系列治水工程。他知人善任,治河成绩突出。他的第三子嵇璜,随父巡行黄河,也主持过多项治理黄淮的工程,每次巡河都身先士卒。一次夜里,嵇璜听说今河南虞城北出现险情,立即连夜前往。天刚亮,雨势加大,险情危急,河堤随时有崩决的风险,随从纷纷劝说嵇璜撤回到安全的地带,只见他站在大坝上,对着天空大声呵斥:“埽去我与俱去!”大雨突然停止,河堤得以保全。

第四章 河南创水战水文化

创水战水文化，主要体现在部分涉水神话寓言、传说故事中。河南作为中华文明的中心，是夏商之前很多神话传说的发源地。远古时代，华夏民族以黄河流域为中心繁衍生息，但黄河流域自然灾害频发，可谓洪水泛滥、淫雨不息，故许多与水相关的神话传说就应运而生。这些神话传说的主人公多是通过创水战水而创世救世的人神或神人，寄托着人们渴望生活安稳的愿望。这些神话传说是中华水文化不可或缺的组成部分，如保留在《山海经》《楚辞》《列子》等古代典籍中的盘古开天辟地、共工怒触不周山、女娲补天、精卫填海、大禹治水、后羿射日等神话故事，都是中华民族宝贵的精神财富。

第一节 创水文化

中国上古神话和民间传说中最重要的一个主题，便是人们对世界产生和人类起源的探索与解释。人们叩问天地是如何开辟的，思考万物是怎样形成的，又想知道人类是从哪里来的。因而与人们生活密切相关的水，就成为神话传说的主角。下面我们从在中原大地流传了数千年的水神话传说中，深入了解原始社会先民的生活状况、思想心理及处于蒙昧状态的宗教、风俗、哲学、艺术等状况。

一、盘古：生则开天辟地，死亦变河化雨

盘古开天辟地是一个家喻户晓的英雄神话，最早出现在三国时期吴国太常卿徐整所著的《三五历纪》《五运历年记》中："天地浑沌如鸡子。盘古生在其中，万八千岁，天地开辟。阳清为天，阴浊为地。"[①]"首生盘古，垂死化身，气成风云，声为雷霆；左眼为日，右眼为月；四肢五体为四极五岳；血液为江河；筋脉为地里；肌肉为田土；发为星辰；皮肤为草木；齿骨为金石；精髓为珠玉；汗流为雨泽；身之诸虫，因风所感，化为黎甿。"[②]"盘古之君，龙首蛇身，嘘为风雨，吹为雷电，开目为昼，闭目为夜。死后骨节为山林，体为江海，血为淮渎，毛发为草木。"[③]值得注意的是，"盘古死后……血为淮渎……"，文献中明显将盘古与淮河发源地相联系。淮渎，即今之淮河，而桐柏县正是淮河的发源地。明代学者李梦阳撰文《大复山赋》时，将桐柏山水帘洞以西的一道酷似人形的山脉称为盘古，"昔盘古氏作兹焉，用宅……"清代学者贡愈淳作《桐柏山赋》曰："盘古开天而首出……"指出桐柏山是阴阳未分、大水茫茫的混沌之时盘古首出开天的地方。唐宋时期编修的《元丰九域志》曰："桐柏山，淮水所出。淮渎庙，盘古庙。"[④]上述文献明显指出，这则神话传说的主人公所在地就是今河南桐柏县。桐柏县内有逼嫁山、朝阳洞、先人脚、先人掌、盘古庙、盘古溪、盘古洞、盘古斧、盘古井等遗迹。桐柏县还有盘古兄妹《修炼成亲》[⑤]、《降龙治水》[⑥]的传说故事。因此，桐柏县曾被中国民间文艺家协会命名为"中国盘古文化之乡"，当地的"盘古庙会"被确定为国家第二批非物质文化遗产之一。

---

① 欧阳询撰，汪绍楹校：《艺文类聚》卷一引《三五历纪》，上海古籍出版社 1985 年版，第 2 页。

② 马骕撰，王利器整理：《绎史》卷一引《五运历年记》，中华书局 2002 年版，第 2 页。

③ 董斯张：《广博物志》卷九引《五运历年记》，影印文渊阁《四库全书》本。

④ 王存撰，王文楚、魏嵩山点校：《元丰九域志》卷一，中华书局 1984 年版，第 9 页。

⑤ 《中国民间故事集成》全国编辑委员会、《中国民间故事集成 · 河南卷》编辑委员会：《中国民间故事集成 · 河南卷》，中国 ISBN 中心 2001 年版，第 5 页。

⑥ 《中国民间故事集成》全国编辑委员会、《中国民间故事集成 · 河南卷》编辑委员会：《中国民间故事集成 · 河南卷》，中国 ISBN 中心 2001 年版，第 7 页。

河南平顶山市有座落凫山，相传盘古开天辟地后，开天斧从天掉落，削平了平顶山的山顶，又掉落在了平顶山的西部，幻化成了一座“落斧山”，后世演化为“落凫山”，后又改名为平顶山。

驻马店市泌阳县盘古乡有一座盘古山，位于桐柏山脉北陲，主峰海拔459米，周围山峦丘陵环峙，如众星拱月。北魏时曾在泌阳县境设东荆州，郦道元曾任东荆州刺史，他在《水经注》卷二十九描述泌阳县水系时写道：“余以延昌四年，蒙除东荆州刺史，州治比阳县故城，城南有蔡水，出南磐石山，故亦曰磐石川，西北流注于比，非泄水也。”①清道光八年（1828）《泌阳县志·山川志》载：“盘古山，县南三十里，蔡水出焉。本名盘瓠，后演为盘古，因立盘古庙于上。”盘古山上有几处象形石，如“石狮子”“盘古场”“盘古垛”“盘古爷的石箱子”等，山巅原有一座建于五代时期的盘古庙及历代石碑数通。原庙宇毁于清及民国时军阀混战的战火，迄今庙内仍遗留明代万历年间铁磬一个。2005年12月4日，中国民间文艺家协会正式命名泌阳县为“中国盘古圣地”。

在泌阳县、汝南县一带也流传着盘古开天地的传说。很久以前，天地是连在一起的，混沌一团。那时有个叫盘古的巨人，就生长在这里面，一动也不动。后来过了十万八千年，盘古一觉醒来，睁开双眼，看四周，漆黑一团，心里烦闷不安，便挥动巨臂，举起巨掌，向眼前的混沌黑暗猛劈过去。就听一声巨响，天和地裂开了，混沌黑暗被搅动起来，这里面轻的东西上升变成了天，重的东西沉下来变成了地。盘古脚踩着地，手托着天，他的身子也慢慢地越长越高。他日长一丈，天和地也日长一丈。就这样，又过了十万八千年，天升得极高，地也变得很厚，盘古的身子也长得很高。从此以后，天和地再也不会合在一起了。而盘古因支撑天地太久，耗尽了精力和心血之后便死去了。他临死时吐出的一口长气变成了风和云雾，吼声变成了雷声，圆睁的双目变成了太阳和月亮，血管变成了江河，筋脉变成了道路，肌肉变成了土地，牙齿、舌头变成了玉石宝藏，汗毛变成了庄稼、青草，头发、胡须变成了森林，汗水变成了雨露。就这样，盘古用自己的生命和血肉创造了一个美好世界。

关于盘古开天辟地、创造江河雨泽的神话传说，济源还有另外一种不同的说法：“在王屋山的东边，有一座山，山半腰有个盘古寺，这座山就是盘古出

① 郦道元撰，陈桥驿校证：《水经注校证》，中华书局2007年版。

世的地方。”[①]当地传说盘古是从一个大鸡蛋里生出来的，开天辟地流尽了汗水，耗尽了力气，还把身体留给了世间，于是“盘古死后，他的一只眼变成了太阳，一只眼变成了月亮；嘴里呼出来的气变成了风和云彩；声音变成了雷霆；胳膊腿变成了山岳；骨头变成了地下的宝藏；血变成了江河；毛发变成了花草树木；灵魂变成了人畜鸟兽虫鱼”[②]。沁阳县还有盘古《上天告状》[③]，求老天爷降雨的传说故事。

二、河南民间其他创水故事传说

河南民间的创水故事传说，主要发生在新郑、尉氏、漯河、扶沟等地。

（一）新郑市“溱洧”双洎河的传说

双洎河，原名洧水，是我国最古老的河流之一，源于河南登封阳城山，自长葛县以下故道，原经鄢陵、扶沟两县至西华县西入颍水。关于这条河，有着许多传说，新郑市的是这样的：

相传黄帝一百岁了，想要选一位贤能之人来接替自己管理国家。风后、歧伯、力牧等老臣都认为黄帝的儿子接替王位最为合适，但黄帝觉得应该把天下交给真正有能力的人，于是，他下令公开测试招贤，天下人皆可应试。黄帝、风后、歧伯监试，分为文、武、德三科：文要能在规定时间内，著文百篇；武要能握千钧弓弩，百步之外射断高吊的丝线；最后用特别的方法测试品德。胜出者，就能接替王位。十天后，从千人中选出了百人，后又从百人中选出了十人。最后，黄帝的两个儿子玄嚣和昌意胜出了。两个人文才武艺不相上下，该叫谁接替王位呢？只好由黄帝定夺，测试他们的德行。

黄帝交给他们每人一个宝葫芦，并说这两个葫芦只要一打开，就能流出一股三丈宽、一丈深的水来，一直流二百里才能流干。从嵩山南坡到东边的颍水

① 《中国民间故事集成·河南卷》，中国 ISBN 中心 2001 年版，第 3 页。
② 《中国民间故事集成·河南卷》，中国 ISBN 中心 2001 年版，第 3 页。
③ 《中国民间故事集成·河南卷》，中国 ISBN 中心 2001 年版，第 8 页。

有三百里远。黄帝让兄弟二人各拿一个葫芦,从嵩山脚下放出水来,水量不能减少,谁能让这二百里的水量流三百里远,就由谁接替王位。玄嚣和昌意带着葫芦来到嵩山脚下,一个站在山崖南面,一个站在山崖北面,各自把葫芦打开,放出水来。只见那清凌凌的水从坡上飞流直下,就像两条大河,向东滚滚流去。这两股水穿峡谷、越平地,只流了二百里就干涸了。他俩都焦急地抱着葫芦摇了几摇,仍不见一滴水。没办法,只得按照秘诀重把水收回葫芦里,这样连续试验了几十次,还是如此。这下可把两个人给难住了。一天清晨,哥哥玄嚣兴奋地来找弟弟昌意说:“弟弟,我想出一个办法,一试准成。”昌意说:“哥哥,你有什么办法?”玄嚣说:“父亲曾说过,只要掌握要领,这两个能容二百里水量的葫芦就能流三百里远。这要领还在两个葫芦上。你想,一个葫芦单独能流二百里,如果两个葫芦合在一块就是四百里。既然能流四百里,从嵩山脚下到颍水才三百里,何愁流不到呢?”弟弟昌意一听,恍然大悟。兄弟二人便一起上山,同时打开葫芦,水流有百十里路,两股水汇流一处,直入颍河。颍河水量骤然增大,向东流去,从此后永不枯竭。

黄帝对两个儿子说:“从这里可以悟出一个道理:两股水汇流一处,水量就越来越大,永不枯竭;两股水一分开,就没有多大劲儿了。百条江河能汇成大海,这和治理国家一样,人心不齐,百事无成;万众一心,国家才能越来越强大。你们兄弟二人,无论谁接替王位,都要带领百姓,同心协力,把国家治理好。”

黄帝就让玄嚣继承自己的王位,由昌意辅佐,共同治理国家,并把玄嚣葫芦里流出的那段水叫溱水,昌意葫芦里流出的那段水叫洧水。溱水和洧水在郑地(今河南新郑)南关交汇,然后洧水东流汇入今贾鲁河。①

(二)尉氏县“溱洧”双洎河的传说

传说在上古时期,有一对青年男女洧和溱相约游春踏青,女子手持兰草,男子手秉芍药,定下了白头之约。可因两人贫富悬殊,遭到了溱家父母的强烈反对,两人只好偷偷地约会。一天,他们在村西桃园相会,约定私奔到西山去。谁知却被溱家的家丁听到了,其父急忙率领族人追赶二人。溱和洧一路向西,一

---

① 蔡柏顺:《双洎河的传说》,《协商论坛》2008 年第 4 期。

直来到了嵩山脚下,这时候追赶他们的人也到了。溱和洧见已无路可逃,就相拥起誓:纵使化作河水,也要到东海相聚。两人手牵手登上阳城山,唱出了凄美的绝唱。溱唱道:“我想哥哥泪花流,千山万水难舍丢。一腔心愿化雨水,直奔东海不回头。”洧唱道:“我把妹妹比凤凰,心善貌美动心房。双双牵手西天去,就是做鬼也风光。”唱毕,他们便跳下了万丈悬崖。这时,只见嵩山脚下涌出了两股激流,向东奔流而去,流到新郑的大隗镇,两股水流合为了一股,入扶沟古河到颍水,而后东去到大海。

合流后的河流原来叫双泪河,后改为双洎河。“双洎”是双双到达的意思,蕴含着人们对溱、洧的美好祝愿,希望他们能够实现到达东海的愿望。

(三)涡河的神话传说

涡河是黄淮之间的一条大河,历来是豫、皖之间的水运要道。涡河发源于河南省尉氏县,东南流经开封、通许、扶沟、太康、鹿邑和安徽亳州、涡阳、蒙城,于蚌埠市怀远县城附近注入淮河。涡河上游为双干河道,北为惠济河,南为涡河,战国时期开凿的鸿沟与之相通。

关于涡河之名的由来,民间流传着这样一个美丽凄婉的传说:据说,很久以前,有一个临水塘而居的小村庄,村里有一对夫妻,丈夫姓涡,妻子姓何,两人男耕女织,非常恩爱,日子过得也很美满。但是有一天,村里发生了百年不遇的大旱灾,土地开裂,禾苗焦枯。涡、何夫妻二人为了救灾,决心在干枯的水塘里掘井。夫妻二人废寝忘食地挖土、挑土,手磨破了,肩压肿了,可是十几天过去了只挖了三丈多,仍然没有见到水。但他们没有气馁,接着苦干。到第二十八天时,井深已经达到五丈了,但是仍然见不到一点水。丈夫眼看掘井无望,又心疼妻子太过辛劳,就让何女回家休息。当何女快到村里时,过度的劳累让她昏倒在村口。村民们被夫妻二人感动了,便一齐跪在村头祈求天帝降水救民。天帝也深受感动,便命令东海龙王行雨,接着又朝涡、何夫妻打井之处点了一下,顿时,一个大如鸡蛋的泉眼出现了,涡男激动地大声喊:成功了!这下人们有救了!但是由于天上下雨,地上涌水,很快就引起了溪水上涨,村庄快要被淹没了。涡男便在土地神的帮助下把小溪挖成了一条大河,自己却被巨大水流冲走了,他的妻子何女也追随丈夫而去。人们为了让子孙后代永远记住涡男、何女的功德,便借用涡、何夫妻二人的姓氏,将这条新诞生的大河取名为“涡河”。

（四）漯河市澧河的传说

相传上古时期，祝融和鬼工大战。打斗中，鬼工佯装逃跑，祝融紧追不放，一直追到丽山之上。鬼工腾空飞到祝融上边，伸出双手制造闪电，准备劈祝融，祝融得知中计，赶紧躲闪。闪电击中丽山，形成了一条河。这条河后人称为澧河。

（五）扶沟县天井岗的传说

扶沟县城西约 10 千米处，有一座南北宽、东西窄的丘陵，名叫雾烟山，俗称天井岗。据传，春秋时老子西行至扶沟雾烟山时，因口渴找水，却遍寻不着一滴水。原来，当地极度缺水，挖井也挖不出水来，老百姓只能靠雨水活命，故有“水贵如命”之说。老子便留了下来，召集百姓，终日在雾烟山上讲经说道，以感化众生。七七四十九天后，奇迹出现了：老子的讲经坛前突然冒出一口井来，井水清澈甘甜，并且取之不竭，用之不尽。人们都说这是天赐神井，是老子布道感动了上天，才从地下冒出了这神奇的泉水，于是把这口井尊为“天井”，把那座高岗称为“天井岗”。2010 年，天井岗被周口市人民政府列入第二批市级非物质文化遗产名录。

第二节　战水文化

水在人们的生活中不可或缺，但也会带来极大的灾难。水既滋养了人类又创造了文明，但有时也会危害人类。一场水患，不仅给生活造成不便，更可能是灭顶之灾，甚至造成灭族的可怕后果。因此，与水害抗争、与水怪搏斗的英雄就成了神话传说中当之无愧的主角。中原大地之生民注定是一个与水博弈的群体，与水斗智斗勇是千百年来中原先民的自主选择。因为中原的河流并不单纯是慈眉善目的母亲河，有时候它也相当暴虐。从某种意义上讲，中华文明的发祥就是从与水的斗争中开始的。据考证,公元前 2000 年左右是一段特别的历史时期,它是全球地质历史时期上的一个多雨期。两河流域的美索布达米亚平原遭受洪灾肆虐,《圣经》的开篇正是讲述了诺亚方舟的传说,而几乎在同样的历史时期,在中国的远古神话里则记载了女娲补天、大禹治水的故事。与其他文明选择回避、等待不同,古老的中华文明直接向水害发出了挑战。因此,治水成了几千年中国经济、政治、社会和文化的永恒主题,而河南就是中国古代先民战水的主战场。

一、女娲:炼五石以补天,积芦灰以止淫水

除了盘古,女娲、伏羲一直也被认为是华夏民族的祖先,他们的事迹在《列子·汤问》《淮南子·览冥训》《山海经》等文献当中均有记载,沈丘县至今流传着伏羲、女娲"避难创世"的传说。在河南多地的神话传说中,二人多被认为原是兄妹,在淮阳县(今淮阳区)、西华县、桐柏县等地有"兄妹成婚"的传说。泌阳县的传说是:"古时候,闹了一场大洪水,天下的人都淹死完了,就剩下盘古跟他妹妹俩人,为了让世上重新有人烟,老天爷就叫他姊妹俩结婚。"①二人成亲后生下了百子百女,世上的人才慢慢多起来。《女娲造人》《女娲补天》的传说故事在河南广为流传,如汝南县、襄城县、西华县等。《淮南子·览冥训》载:"往古之时,四极废,九州裂,天不兼覆,地不周载。火爁炎而不灭,水浩洋而不息,猛兽食颛民,鸷鸟攫老弱。于是女娲炼五色石以补苍天,断鳌足以立四极,杀黑龙以济冀州,积芦灰以止淫水。苍天补,四极正,淫水涸,冀州平,狡虫死,颛民生。"②女娲炼出五色石补好天空,折断神鳌之足撑四极,平洪水杀猛兽,人类始得以安居。女娲也因此得到了广大民众的喜爱和尊重,在河南许多地方都有女娲塑像和女娲庙,以及拜女娲求子、祈雨的习俗。

远古时期,女娲活动于西华、淮阳一带,这里不仅口口相传,而且还有文献记载并得到了考古证实。李四光在《中国古地理图》前言中说:"在 5.7 亿年前

① 《中国民间故事集成·河南卷》,中国 ISBN 中心 2001 年版,第 6 页。
② 张双棣:《淮南子校释》卷第六,北京大学出版社 1997 年版,第 678 页。

到 19 亿年震旦纪期间，中国境内绝大部分是海的情况下，就出现了大片的淮阳古陆。”宋代乐史《太平寰宇记》卷十“西华县”条载：“柳城，在县西二十里。《古老传》云：‘女娲氏之都，本名娲城。’”清代《西华县志》载：“《东野纪闻》云：‘陈之长平即女娲炼石补天处，今有女娲城在焉。’《旧志》：‘以女娲所筑之域，故老相传，其来已久。春夏之交，城上朝烟，缤纷在目。’诗曰：‘女娲炼石自何年，补足人间缺漏天。石屑化作城上图，常将五色幻朝烟。’”另现存明代《思都岗龙泉寺记》碑载：“西华治北十五里有城遗址，半就湮没，相传为女娲故墟。”女娲建都西华县(历史上曾为长平县)思都岗村，更有女娲故城、女娲坟等遗存为证。女娲故城城址呈正方形，分内、外两城，城墙多为分层夯筑而成，城墙残高约 3 米，宽 8 米，出土大量春秋时期斧、罐、鬲、瓮、瓦等遗物，城址下还有商代文化遗存。史载，女娲死后，人们在今思都岗村修女娲城，在城内建女娲阁，阁分上、下两层，上供女娲，下供伏羲。女娲身披树叶，赤足散发，左手折鳌，右手持蛇，气宇轩昂，栩栩如生。后经历代增修，女娲城具相当规模，城垣坚实，庙宇堂皇，达五庙十殿，颇为壮观。后来城、阁被毁。《河南通志》云：“女娲氏遗民思故都，因以为名。”女娲坟位于女娲城西南 280 米处，原高 6 米，面积近 400 平方米，后为黄河水淹没。1984 年，群众添封土冢，增高至 13 米。

女娲炼石补天的传说，在河南各地流传甚广。在济源有个娲皇谷，原来叫石灰沟，据说也是女娲炼石补天处。相传女娲补天时，折了神鳌的四足来撑四极，神鳌不服，修炼成精，为祸乡里。女娲派黄龙和牛王用石灰烧死了神鳌。村民为了纪念他们，建了一座祠堂，用木头雕刻了黄龙和牛王供奉，取名木爷庙，山谷称为石灰沟，后改名为娲皇谷，原来的木爷庙改名为娲皇宫。在西华、淮阳一带，老百姓把女娲炼石补天说得活灵活现。比如《炼石补天的故事》：“女娲先来到大江河中，挑选了很多五彩斑斓的石头，然后把这些石头拣放到一口大锅里，再架在火堆上，把这些五色的石头熔炼成胶糊状的液体，把液体取出来，用一只长柄勺子舀起灼热的五色石浆，向天窟窿里灌去，石浆灌进天窟窿里，一会儿便冷却凝固了。裂缝坍塌的窟窿被她一点儿一点儿地补好了。虽然天空不能像过去那样齐整了，但毕竟修补成了完整的一块。修补处像一个大补丁，不美观，女娲觉着不好看，她想出一个办法，把很多很多的树枝和干草堆积得像小山一样高，点燃烈火，一时狼烟动地，大火把天烧得通红通红，一直烧了七天七夜，等火烟灭了，整个天际都熏成了蓝颜色。”《鳌献四足》：“(女娲)立即挥起五色玉石宝剑,'嚓嚓嚓嚓',砍下四只鳌足,竖立在东南西北,只见那四只鳌足落地生根,'嗖嗖嗖嗖',顺风猛长,把整个天宇撑得牢牢的。"又如在当地流传的《补天歌》里唱道:"大火烧来大雨淋,寒流来了冻死人。老怨上天不圆满,叫俺女娲作了难。找来彩石去补天,补来补去塌半边。取来冰凌去补天,越补越冷怎么办?彩石冰凌掺了掺,上天补得才好看。补了一层又一层,九天玄女美名传。……你说女娲神不神?补天就在咱昆仑。"

另外,在豫东一带,至今民间还流传着一则女娲斩除东海恶龙的《经歌》,歌中唱道:"女娲娘有一日做了恶梦,梦见了几根长虫成了精。派凤仙飞云端四处查看,只见到东海里起了黑风。掀起了几丈高排天恶浪,呼喳喳钻出了一群恶龙。为首的黑乎乎长得难看,后跟着龇牙咧嘴全是妖精。水边族召众人奋起反抗,哪知道这恶龙还真凶猛,张着嘴它就要啃吃人肉,吆喝着占中土不给不行,既欺男又霸女恶事做尽,就连那鸟兽鱼虫也不留情。直气得女娲娘怒发神威,一抬手拍死了一条恶龙。又发兵大战在东海岸边,战九天又九夜尽显神能。派凤鸟啄去了恶龙双眼,老苍龙又撕破恶龙前胸。斩四肢那恶龙成了蛇类,囚地下到如今不见光明。这就是咱娲娘往事一段,要不说咋知道娘的英雄。劝今人要知道除恶务尽,除恶尽才能够天下太平。"①这里,女娲既是一位创生人类和再造乾坤的始祖母亲,也是炼石补天、勇战暴洪、斩除魔怪、拯救众生的伟大英雄。她那为拯救民众于水火的大公无私的精神,她那敢于和善于与天抗衡、同一切恶魔搏斗的无与伦比的胆略,永远令后人敬重有加。

二、后羿:仰射十日,勇战旱灾

在远古神话传说中,人水关系始终是主导事情发生、发展的一条主线,如干旱少水一直是华夏先民面临的一大难题,沁阳市就流传着《尧王找水》的传说故事:"有一年夏天,百十天不下雨,别说种庄稼了,连吃的水都没有,眼看人没法活了。尧王领着一伙人,到处找水。一天,来到太行山脚下,尧王弯腰抓一把土,捏在手掌里,一使劲儿,土粘成了团儿。尧王哈哈笑着说:'找到水

① 陈连忠:《河南民间文学集成·周口地区故事卷》,中原农民出版社 1991 年版。

了，土粘成团儿，这里地底下一定有水！'他赶忙叫大家拿家伙打井。大家挖了几尺深，一股清泉冒了出来。大家都用手捧着喝，又凉又甜，一个个高兴得没法说。"①

而《后羿射日》的传说故事更是此类故事的典型代表。后羿，本称"羿""大羿""司羿"，帝尧时期的神箭手，被帝尧封于商丘（今河南商丘），其妻为帝喾之女嫦娥。《淮南子·本经训》载："逮至尧之时，十日并出，焦禾稼，杀草木，而民无所食。猰貐、凿齿、九婴、大风、封豨、修蛇皆为民害。尧乃使羿诛凿齿于畴华之野，杀九婴于凶水之上，缴大风于青丘之泽，上射十日而下杀猰貐，断修蛇于洞庭，擒封豨于桑林。万民皆喜，置尧以为天子。"又曰："尧时十日并出，草木焦枯，尧命羿仰射十日，中其九日，日中九乌皆死，堕其羽翼，故留其一日也。"②这些记载都反映了当时水旱灾害给人间造成的灾难和人们不屈的反抗精神。

三、精卫：衔木填海，誓绝溺祸

传说炎帝小女儿名叫女娃，有一次，女娃去东海游玩，淹没于浩瀚无情的大海之中，再也没有回来，她的灵魂化为精卫鸟，经常口衔西山上的树枝和石块，誓要填平东海。其事见《山海经·北山经》："又北二百里，曰发鸠之山，其上多柘木。有鸟焉，其状如乌，文首、白喙、赤足，名曰精卫，其鸣自詨。是炎帝之少女名曰女娃。女娃游于东海，溺而不返，故为精卫，常衔西山之木石，以堙于东海。漳水出焉，东流注于河。"③精卫以她弱小之躯，勇斗大海，这种不屈不挠、敢于反抗的斗争精神，一直为人们所津津乐道，也成了中华民族伟大精神的象征。

① 《中国民间故事集成·河南卷》，中国ISBN中心2001年版，第44页。

② 张双棣：《淮南子校释》卷第八，北京大学出版社1997年版，第801页。

③ 袁珂：《山海经校注》卷二，上海古籍出版社1980年版，第92页。

四、鲧、禹：舍生忘死，堵滔疏洪

从文献上看，最早记载鲧、禹治水神话的莫过于《尚书·洪范》："其（指箕子）云：我闻在昔鲧陻洪水，汨陈其五行。帝乃震怒，不畀其洪范九畴，彝伦攸斁。鲧则殛死，禹乃嗣兴。"[①]《尚书·尧典》又记载此事，不过所述有所不同："帝曰：'咨！四岳，汤汤洪水方割，荡荡怀山襄陵，浩浩滔天。下民其咨，有能俾乂？'佥曰：'吁！鲧哉。'帝曰：'吁！咈哉，方命圮族。'岳曰：'异哉，试可乃已。'帝曰：'往！钦哉。'九载，绩用弗成。"[②]另外，《山海经·海内经》对此也有记载："洪水滔天。鲧窃帝之息壤以堙洪水，不待帝命。帝令祝融杀鲧于羽郊。鲧复生禹，帝乃命禹卒布土以定九州。"[③]

可以看出，同是《尚书》，对此事的记载已经开始发生分化。一则说，鲧治洪水没有得到"帝"的批准；一则说，鲧治洪水得到了四岳的推荐，尧帝曾提出异议，最后还是让鲧去治水。

第一种说法与《山海经》的记载比较接近。上古时代自然环境恶劣，要么碰到严重干旱，要么发生特大洪水。大约在4000余年前的尧舜时期，河南大地因一场特大洪水而变成一片汪洋，百姓苦不堪言，只得逃到山上去躲避。禹的父亲鲧接到治理水患的任务后，盗来天帝的"息壤"，采取围堵的方式治理洪水。结果九年还未把洪水治住，又触犯了天条，天帝派祝融把鲧斩杀在羽郊，命鲧的儿子禹继续治理水患以安定天下。

不论哪种记载，都能说明禹的父亲鲧作为上古时代抗洪治水的第一位首领，虽然没有成功地遏止和战胜那暴虐的洪水，但是其敢于担当、刚毅卓绝的英雄事迹将万古不灭，他不顾个人安危、舍身取义的伟大精神值得永远赞颂。

关于第二种说法，在一些现在所能看到的古代文献记载中，禹父鲧为尧臣，清代雷学淇在《竹书纪年义证》中说："鲧之治水为尧巨卿也。"鲧封崇地，《史

---

① 王世舜：《尚书译注》，四川人民出版社1982年版，第116页。

② 王世舜：《尚书译注》，四川人民出版社1982年版，第8页。

③ 袁珂：《山海经校注》卷十八，第472页。

记·夏本纪索引》引《连山易》曰:"鲧封于崇。"《国语·周语》称鲧为"崇伯鲧"。崇指崇山,崇山即嵩山,故崇地当在今河南登封嵩山附近,这是传说中夏人活动的地区之一。据说鲧还是中国历史上建造城郭的第一人。《吕氏春秋·审分览·君守》云:"奚仲作车,仓颉作书,后稷作稼,皋陶作刑,昆吾作陶,夏鲧作城,此六人者,所作当矣。"①《淮南子·原道训》更是给出鲧作城池的高度:"昔夏鲧作三仞之城。"②当时由于遭遇洪水的侵袭,人们的生活极为艰难,连当时的帝王尧也没有办法,这时候,他想起来"筑城以卫君,造郭以守民"、维护部落安全包括水安全方面颇有建树的"崇伯鲧"了。原来鲧是被尧的五位大臣(五岳名)推荐出来的。尧虽说对鲧好像不太信任,可是由于没有合适的人选,最终还是起用了鲧。

但是在第一种说法中,鲧就不是尧的臣下了,而是天上的神主。他下界是为了帮助人类治水的。但与后羿不同,他是私自下界。不仅如此,他还偷了天帝的一件宝贝息壤,据说是一种可以自己生长的神土。洪水治理的结果如何,在一般人的印象中,总是他方法不对而终于失败被杀,其实从屈原的《天问》中可以了解到,鲧治理洪水几乎就要成功了,只是在这个关键的时候,天帝发现了鲧的大不敬行为,非常震怒,立即派火神祝融下界将鲧杀死在羽山,接着天帝又收回了息壤,终于使鲧的治水半途而废。鲧死后,尸体三年不腐烂,后来不知道是谁,有说就是祝融,用吴刀剖开了他的尸体,这时禹就出来了,而鲧的尸体化为黄龙,一说黄能(所谓黄能是一种已经绝迹的动物,类似于熊,但是有三只脚,在《山海经》中有记载),飞走了。这也说明鲧在死后也没有放弃帮助人类的志愿,他留下了一个伟大的继承人——大禹。

《孟子·滕文公下》云:"昔者禹抑洪水而天下平,周公兼夷狄、驱猛兽而百姓宁。"这就是成语"洪水猛兽"的出处,大禹正是战胜洪水猛兽的英雄人物。《吕氏春秋·开春论·爱类》载:"昔上古龙门未开,吕梁未发,河出孟门,大溢逆流,无有丘陵沃衍、平原高阜,尽皆灭之,名曰'鸿水'。禹于是疏河决江,为彭蠡之障,干东土,所活者千八百国。此禹之功也。"③大禹经过实地考察,采取了与

① 高诱注:《吕氏春秋》卷十七,上海书店1992年据世界书局《诸子集成》本影印,第197页。

② 张双棣:《淮南子校释》卷第一,北京大学出版社1997年版,第1页。

③ 高诱注:《吕氏春秋》卷第二十,上海书店1992年据世界书局《诸子集成》本影印,第282页。

父亲截然不同的治水方法，他改“围堵”为“疏导”，制定了切实可行的方案，把中国划分为九个大州，即冀、兖、青、徐、扬、荆、豫、梁、雍，利用水自高向低流的自然趋势，依地形把壅塞的川流疏通。一方面加固和继续修筑堤坝，另一方面，用开渠排水、疏通河道的办法，借助准绳和规矩，带领族人凿开了龙门和伊阙，凿通积石山和青铜峡，挖通了九条河，把洪水引入疏通的河道、洼地或湖泊，然后合通四海，终于把洪水引到大海里去，使河水畅通无阻，从而平息了水患，使百姓得以从高地迁回平川居住和从事农业生产，地面上又可以种庄稼了。禹为治水居外十三年，“三过家门而不入”，栉风沐雨，废寝忘食，夜以继日，不辞劳苦。他戴着箬帽，拿着铁锹，带头挖土、挑土，手上长满老茧，长年泡在水里，脚指甲脱落了，连脚后跟都溃烂了，腿上的汗毛也被磨光了。他还铸九鼎以安天下，王子年《拾遗记》曰：“禹铸九鼎，择雌金为阴鼎，雄金为阳鼎，太白星见，九日不没。”为了纪念禹的赫赫功绩，人们尊称他为“大禹”，至今民间仍流传着许多关于大禹治水的神话传说。如登封市的《大禹转世》[①]传说故事认为，大禹原是天上的“下雨王”，因为一时疏忽被癞蛤蟆精偷改了雨簿，给人间造成了连年的水灾，于是玉帝让其下凡成为治水失败的鲧的儿子禹来治水。禹州市则有《大禹劈龙门》[②]的传说故事：大禹治水几年无果，望着山南的洪水正在发愁之际，一位砍柴老头儿给了他一把大斧子，大禹就用这把大斧子劈开了洛阳南郊的龙门山，洪水就顺着山口向东北流去，这被劈开的山口就是龙门。再如三门峡市的《大禹导黄河》[③]，登封市的《石开得子》[④]、《大禹推山泄洪》[⑤]，商城县的《大禹赶山挡海水》[⑥]等，从这些神话传说中可以看出河南人民对大禹的深深崇敬之情。

---

① 《中国民间故事集成·河南卷》，中国ISBN中心2001年版，第49页。
② 《中国民间故事集成·河南卷》，中国ISBN中心2001年版，第50页。
③ 《中国民间故事集成·河南卷》，中国ISBN中心2001年版，第51页。
④ 《中国民间故事集成·河南卷》，中国ISBN中心2001年版，第52页。
⑤ 《中国民间故事集成·河南卷》，中国ISBN中心2001年版，第53页。
⑥ 《中国民间故事集成·河南卷》，中国ISBN中心2001年版，第56页。

五、战胜黄河水怪(水神)的民间故事传说

除了歌颂这些创世治水的英雄人物,河南民间有关水的传说中,大多与黄河的治理有关。人们生活在黄河边,黄河治理可以说与人们的生活息息相关。郑州市民间流传有“邙(蟒)山”的故事:西海之中有一条万年大蟒,听说玉帝要到人间巡视,前来讨封,未能如愿,就跑到中原的大河中兴风作浪,从此大河两岸水患不断。不知过了多少年,大禹在中原治水时发现了巨蟒,手持利剑与巨蟒交战七天七夜,终于斩杀恶蟒。恶蟒污血流入大河,河水从此浑浊,成了黄河。百里巨蟒的身体成了蟒山,又称邙(蟒)山、邙岭。濮阳市民间有《党得柱堵口子》的传说,在黄河两岸流传很广。据说,党得柱为了挡住决口的黄河水,勇敢地跳进了水里,“只见他在水里露了三回头,伸了两回手。那手啊,就跟簸箕恁大! 也真怪,他一下去,就把口子堵住啦!”①兰考县民间有《大王爷借路》的传说,认为黄河的河神是大王爷,由于老百姓不给他烧香上供,就发脾气让黄河改道:“六月二十一,黄河决了堤。先淹考城县,后淹小宋集。堤西塔的是沙土,堤东塔的是胶泥。平地搭高整六尺,老百姓淹死三千余”②,足见黄河决堤的威力之大。河神的任性妄为令人胆寒,而延津县民间《馋嘴河神救赵四》③的传说则塑造了一位知恩图报的河神形象。像黄河一样,河南境内的许多河流大多被人们赋予了充满人情味儿的传说,如登封市的《洗耳河》④、《卓锡泉》⑤,许昌市的《洗眉河》⑥,荥阳市的《婆媳让水石》⑦,开封市的《潘家湖和杨家湖》⑧、《包公湖》⑨等。

---

① 《中国民间故事集成·河南卷》,中国 ISBN 中心 2001 年版,第 211 页。
② 《中国民间故事集成·河南卷》,中国 ISBN 中心 2001 年版,第 212 页。
③ 《中国民间故事集成·河南卷》,中国 ISBN 中心 2001 年版,第 213 页。
④ 《中国民间故事集成·河南卷》,中国 ISBN 中心 2001 年版,第 226 页。
⑤ 《中国民间故事集成·河南卷》,中国 ISBN 中心 2001 年版,第 233 页。
⑥ 《中国民间故事集成·河南卷》,中国 ISBN 中心 2001 年版,第 227 页。
⑦ 《中国民间故事集成·河南卷》,中国 ISBN 中心 2001 年版,第 229 页。
⑧ 《中国民间故事集成·河南卷》,中国 ISBN 中心 2001 年版,第 230 页。
⑨ 《中国民间故事集成·河南卷》,中国 ISBN 中心 2001 年版,第 231 页。

六、战胜淮河水怪(水神)的民间故事传说

“淮河水神”或称“淮河水怪”,是河南地区古老的神话话题。传说淮河之神是无支祈,有的书中写作“无支祁”“巫之祁”等。关于无支祈的传说由来已久,有人指出《吕氏春秋·谕大》中所说的“岐母”,就是无支祈。但最早明确讲述无支祈的,是唐代李公佐的小说《李汤》,或题《古岳读经》。《太平广记》卷四六七载其文如下:

唐贞元丁丑岁,陇西李公佐泛潇湘苍梧,偶遇征南从事弘农杨衡泊舟古岸,淹留佛寺。江空月浮,征异话奇。杨告公佐云:“永泰中,李汤任楚州刺史,时有渔人,夜钓于龟山之下。其钓因物所制,不复出。渔者健水,疾沉于下五十丈,见大铁锁,盘绕山足,寻不知极。遂告汤。汤命渔人及能水者数十,获其锁,力莫能制。加以牛五十余头,锁乃振动,稍稍就岸。时无风涛,惊浪翻涌。观者大骇。锁之末,见一兽,状有如猿,白首长鬐,雪牙金爪,闯然上岸。高五丈许,蹲踞之状若猿猴。但两目不能开,兀若昏昧。目鼻水流如泉,涎沫腥秽,人不可近。久乃引颈伸欠,双目忽开,光彩若电。顾视人焉,欲发狂怒;观者奔走。兽亦徐徐引锁,拽牛入水去,竟不复出。时楚多知名士,与汤相顾愕栗,不知其由。尔时乃渔者知锁所,其兽竟不复见。”公佐至元和八年冬,自常州饯送给事中孟蕑至朱方,廉使薛公苹馆待礼备。时扶风马植、范阳卢简能、河东裴蘧,皆同馆之,环炉会语终夕焉。公佐复说前事,如杨所言。至九年春,公佐访古东吴,从太守元公锡泛洞庭,登包山,宿道者周焦君庐。入灵洞,探仙书。石穴间得古《岳渎经》第八卷,文字古奇,编次蠹毁,不能解。公佐与焦君共详读之:“禹理水,三至桐柏山,惊风走雷,石号木鸣,五伯拥川,天老肃兵,不能兴。禹怒,召集百灵,搜命夔龙。桐柏千君长稽首请命。禹因囚鸿蒙氏、章商氏、兜卢氏、犁娄氏。乃获淮涡水神,名无支祁,善应对言语,辨江淮之浅深,原隰之远近。形若猿猴,缩鼻高额,青躯白首,金目雪牙。颈伸百尺,力逾九象,搏击腾踔疾奔,轻利倏忽,闻视不可久。禹授之章律,不能制;授之乌木由,不能制;授之庚辰,能制。鸱脾桓木魅水灵山妖石怪,奔号聚绕,以数千载。庚辰以

战逐去。颈锁大索,鼻穿金铃,徙淮阴之龟山之足下,俾淮水永安流注海也。庚辰之后,皆图此形者,免淮涛风雨之难。”即李汤之见,与杨衡之说,与《岳渎经》符矣。①

文中说,禹为了治理洪水,曾经三次到过桐柏山。但每次桐柏山都狂风大作、电闪雷鸣,怪象迭出,仿佛有一股看不见的势力对大禹治水进行阻挠。禹就把诸神和各部落首领召集到一起,派夔龙去扫除妖孽。但与会的各位部落首领却唯恐祸及自身,恳请禹收回除妖的命令。看到鸿蒙氏、章商氏、兜卢氏、犁娄氏等部落首领的怯懦之态,大禹很是生气,便把这些人都关了起来。这下也知道了原来他们包庇的妖怪是淮涡水怪“无支祁”。水怪无支祁不仅能言善辩,还对江水、淮水各处的深浅及地势的高低远近了如指掌。他长得形似猿猴,缩鼻高额、青躯白首、金目雪牙。脖子一伸,好像有一百尺长,力气比九头象还大。无论是搏击跳跃,还是快速奔跑,他都非常迅捷,常常是眨眼之间就不见了。大禹和无支祁在桐柏山下展开了一场恶战。他先后派章律、乌木由出战,都无法战胜无支祁。最后,派庚辰出战,才擒获了无支祁。大禹命人用大铁链锁住无支祁的脖颈,又把他的鼻孔穿上铜铃铛,然后把他压在淮河南边的龟山脚下。从此以后,淮水才得以顺利流入大海。

从以上神话传说中可以看出,河南历史上与水共处的范围之广、与水抗衡的规模之大都是空前的。英雄战水怪是一个典型的神话母题。在长期与水难分难舍又难以得到和谐的博弈过程中,中原人民不仅要与天斗、与水斗,甚至还要与人斗。正是在这种斗争中,形成了河南内涵丰富、意义深远、可歌可泣的战水文化。或许无论是盘古开天辟地创生江河湖泊还是人与神共同划地开河,无论是女娲补天、后羿射日还是鲧窃取息壤以筑坝阻、大禹疏洪导滞以排水,多少都会有些夸张、演绎的成分,用如今科学的眼光透视,可以说不具备完整的真实性。但是,从文化学的角度来看,它却以不尽科学的方式反映了这些勇敢优秀的华夏先民与洪涝灾害作斗争的事迹,从另一个侧面说明它已经深深地印在了中华民族历史的记忆里。这些创水战水神话传说是中华民族传统文化的重要承载,其中所蕴含的水文化精髓,作为中华民族精神和价值的重要组成部分,在中华文化形成发展史上占有很重要的位置。

---

① 李昉等:《太平广记》,中华书局1961年版,第3845—3846页。

近代以来，文化界对神话传说的研究成果颇多，较多的是把上述神话传说归类为“洪水神话”并进行一定的文化解读。梁启超认为：“所谓炼石补天，积灰止水，言诚夸诞，然隐然示人类万能之理想焉。唐虞之朝，君臣孳孳，以治水为业。共工鲧禹，相继从事，前蹶后起，务底厥成，盖不甘屈服于自然，而常欲以人力抗制自然。我先民之特性，盖如是也。”①范文澜也说：“许多古老民族都说远古曾有一次洪水，是不可抵抗的大天灾；独在黄炎族神话里说是洪水被禹治得地平天成了。这种克服自然，人定胜天的伟大精神，是禹治洪水神话的真实意义。”②当代有的学者从人类面对洪水灾害的文化心理的视角把洪水神话划分为两类，即以“治”为核心的治水型洪水神话与以“避”为核心的逃生型洪水神话。面对大洪水灭世的灾难，国外的洪水神话基本上是采取躲避逃生、保全性命的观点，而中国的洪水神话采取了“治”的态度。“中国洪水神话突出反映了主动抗争精神，从中可以看到古代劳动人民为了战胜灾难而无所畏惧的精神气概。”③有的学者则从禹治洪水神话故事中得出启示，着眼于“治水须顺水性，水性就下，导之入海。高处就凿通，低处就疏导”的说法，引申出“对待自然的观念就是人不能以强力征服自然，必须和谐共处，成为自然的一部分，以达到古人‘天人合一’的最高理想”④。有的学者在对比西方洪水神话和大禹治水故事时评论道：“如果说希腊神话是‘人化了的神’的话，那么中国神话中则多是‘神化了的人’。”⑤在这里，一个勤劳坚强、舍己为人而又充满智慧的英雄形象树立了起来。这种人物形象的塑造体现出中国传统文化中对人的社会性的重视。“治水英雄女娲和大禹都是美德和贤能的化身，肩负着救世济民的历史使命。古人在这些神话英雄身上注入了崇高的人格力量、坚强的生命意志和能战胜灾难而无所畏惧的精神。”⑥有学者总结说，“洪水神话观照的是人类整体”，是“对人类

---

① 梁启超：《太古及三代载记·洪水考》，载《中国神话学论文选萃》，中国广播电视出版社 1994 年版，第 56—57 页。

② 范文澜等：《中国通史》第一册，人民出版社 2009 年版。

③ 金家琴、李志华：《从洪水神话中，看出中西哪些同与不同》，《解放日报》2018 年 1 月 2 日。

④ 毛燕靓：《中国与“两希”洪水神话的比较研究——以鲧禹治水、诺亚方舟、丢卡立翁洪水神话为例》，《剑南文学(经典教苑)》2013 年第 5 期。

⑤ 邱宜文：《洪水神话的现代启示》，《嘉义大学通识学报》2012 年第 10 期。

⑥ 黄文英：《中外洪水神话的母题及其变异》，《西南民族大学学报》(人文社科版)2010 年第 9 期。

共同体及其命运的反思”,也是“民族精神的整合”。①

总而言之,在上古涉水神话传说的情境中,中原先民和“人神”改天换地、自强不息的英雄气概显得尤为珍贵,当然这也是河南水文化的重要内容及其价值所在。

① 王四代:《生命意识的“启示录”——论洪水神话的悲剧精神》,《云南民族学院学报》1990年第4期。

第五章

河南法水象水文化

人类自从智慧渐开，便试图对自己周围的世界作出解释，同时对自己如何安身立命作出选择性安排。这个过程既是认识世界，亦是认识自己和改变自己的过程。存在决定意识。水，可谓浮天载地，是构成自然界的物质基础，它作为生命之源和生活环境中普遍存在而又丰富多彩的物象，自然会与人类社会结下不解之缘。一直以来，水都在人类认识世界、改造世界的过程中，在认识自己、改变自己的过程中扮演着独特而重要的角色。水，启示了人们对宇宙的思考方式，也启发了人们对自我、生命、人生的感悟和体会。水，几乎参与了人的所有生存、生产活动和生命运动。

华夏文明作为典型的农业文明，人水之间的关系尤为息息相关。在中华民族繁衍生息的进程中，江、河等水体不仅为先民提供了饮用、水产和舟楫、灌溉之利，而且还以各种特质和存在方式启迪和影响着中华民族，孕育和滋养了中国人的理性与情感世界。古往今来，中华民族不仅形成了亲水爱水文化、崇水敬水文化、治水管水文化、咏水写水文化等水文化形态，而且还从世界观、人生观和价值观的高度，视水为德，视水为智，视水为美，倡导人们在安身立命的选择性安排过程中，应以水为师、以水为范、以水为鉴，并由此而形成了中国特有的法水象水文化形态。

第一节　法水象水文化历史渊源

河南法水象水文化同其他水文化形态一样源远流长，其渊源可以追溯到远古时期的“三皇”之一、继燧人氏而王的伏羲。

伏羲是中华民族的人文始祖。传说太昊伏羲时,有龙马从黄河出现,背负河图;有神龟从洛水出现,背负洛书。《易传·系辞》云:“河出图,洛出书,圣人则之。”又云:“古者伏羲氏之王天下也,仰则观象于天,俯则观法于地,观鸟兽之文与地之宜,近取诸身,远取诸物,于是始作八卦。以通万物之德,以类万物之情。”《拾遗记》云:太昊伏羲“调和八风,以画八卦”。又云:“伏羲为上古,观文于天,察理于地。俯仰二仪,经纶万象,至德备于冥昧,神化通以精粹。是以图书著其迹,河洛表其文。”①

所谓八卦,也称阴阳八卦,它是一个系统,最基本的要素为阴、阳两个对立统一的概念,包括阴、阳的性质和状态两层意义。如果不理会阴阳的状态,只论及其性质,则可以用阴爻(--)和阳爻(—)表示阴阳。将上述阴阳爻按照由下往上重叠三次,就形成了八卦,即乾、坤、震、巽、坎、离、艮、兑八个基本卦。八个卦的卦象,都是象形符号,分别代表天、地、雷、山、火、水、泽、风八种物质。比如乾卦用符号三个阳爻☰表示,乾为健、刚是天的性质,四季昼夜变化谁都改变不了。又如震卦用二阴一阳表示,二阴在上,一阳在下,阴气下降,阳气上升,阴阳相交必然引起雷,雷又必然引起震。由此可见,八卦是“画”出来的,是推演而成的。八卦是取之于观天察地,来自自然之真实现象,是为了把万事万物描绘下来,执一而驭万,以八卦而识万物,既形体象其物,其性质也相通。古代“挂”与“卦”相通,八卦是说自然界挂着八种现象。

伏羲“画”八卦在中国历史上和世界历史上都具有十分重要的意义。伏羲画八卦,一画开天地,使人类社会从野蛮进入文明,从混沌时代进入有画符的新时代。伏羲画八卦为《易经》的形成奠定了基础。阴阳爻的画出,表明中华民族已经发现了世界万事万物形成发展的根本矛盾所在及其本质。八卦来自中华先民对宇宙万物的认识,它不仅宣示了人们所面对的周围世界的客观性、辩证性和可认识性,而且还向人们提供了如何遵循事物生存法则、顺应事物的发展规律,发现问题、解决问题的诀窍,开创性地指明了人类正确认识世界的道路。

伏羲的创新与贡献,从文化哲学的角度来看,源于他的法天象地思维方式。无论从古代各种文献记载,还是从民间神话传说来看,伏羲“通万物之德”“类万物之情”的八卦之所以构建成功,就在于他长期致力于对周围世界的考察辨析,

---

① 王嘉撰,萧绮录,齐治平校注:《拾遗记》卷一,中华书局1981年版,第1、6页。

或仰观象于天,或俯观法于地,或细察鸟兽之文,或考较人与天地之间的关系以及如何和谐共处,或近取诸身,或远取诸物,最后高度凝练而成。八卦既形象又抽象,是形象思维与抽象思维的深度契合,是法天象地智慧的结晶,是伏羲时代文化的精华。

在这八种元素中,水占其一,而且泽与水相通,可视为水的一类。与此同时,《易传·说卦传》还说:"燥万物者莫熯乎火,说万物者莫说乎泽。润万物者莫润乎水,终万物始万物者莫盛乎艮。故水火相逮,雷风不相悖,山泽通气,然后能变化既成万物也。"可见其对水的重视。伏羲推演八卦,"立象以尽意",开创了法天象地文化的先河,其中法水象水文化作为重要组成部分,自然也是中华水文化的源头。

从伏羲始创,历神农、黄帝、夏、商几千年,后经囚禁于安阳汤阴羑里城牢狱的周文王推演,使八卦变成《易经》,即《周易》。自此,《周易》成了中国的圣经,诸子百家之源,特别是经过孔子整理后成了儒家之经典。孔子以降,《易经》之注家风起云涌,并形成了义理和象数两大流派。据清代编《四库全书》时统计,历代阐发《周易》的著作有4000多种,尤以宋代最为繁荣活跃,宋明理学奠基者程颢、程颐兄弟也在当时代表人物之列。伴随着《易经》的日益彰显与深化,包括法水象水在内的法天象地文化得到了传承、普及、丰富和创新。

第二节　法水象水文化核心话语

源远流长的中华文化包含着法水象水文化智慧,它一直影响着中国人民的价值观、世界观和人生观。法水象水文化作为中国水文化的渊源,同时也反映出中华民族对水的理解和运用,没有其他任何一个民族能够像中华民族这样研究和学习水文化。在河南历史上,影响深远的法水象水文化的核心话语,主要集中在春秋战国时期老子、庄子、墨子等思想大家的著作中。

一、老子"上善若水"说

老子(约前571—?),楚国苦县厉里(今河南鹿邑)人,道家思想的创始人,是中国古代最有影响的思想家、哲学家之一。老子晚年著书上、下两篇,共五千多字,即流传至今的《老子》,也叫《道德经》。《老子》的思想博大精深,其最高范畴或中心观念是"道",次高范畴或中心观念是"德",而"道"与"德"两者是自通相应和相辅相成的。老子的整个哲学体系,都是围绕着他所预设的"道"与"德"而展开的,其出发点和落脚点则是"人法地,地法天,天法道,道法自然"[①]。从某种意义上说,老子的哲学就是法天象地的人生哲学。

为了阐明"道"与"德"这两大范畴的底蕴与精义,《老子》用了一个非常著名的比喻:"上善若水,水善利万物而不争,处众人之所恶,故几于道。居善地,心善渊,与善仁,言善信,政善治,事善能,动善时。夫唯不争,故无尤。"[②]老子认为,"道"无为无不为,但它至大至公,没有一点儿"私心杂念",应是最高、最大的善。但"道"恍惚无形、玄而又玄,似乎不是用什么话语就能够说明白的。那怎么办呢?老子思来想去,比较而言,认为唯有水,或许还能说明道的某些特征。譬如说,水尽管是有形的具体事物,但它却具有滋养万物生命而不争的无私德行,而且水往洼地流,甘居卑下的地位。水的这种自然而然的"不争""处下"的特性,恰恰与老子"道"的品格类似,也有近乎"万物恃之而生而不辞,功成不名有,衣养万物而不为主"[③]的地方,与"万物作焉而弗始,生而弗有,为而弗恃,功成而弗居"[④]也有相当大的可比性。可以说,以水载"道"的确是老子哲学的思维方式。

老子论道讲水,以水载"道",目的是让人们学习于水、效法于水,即一个人的操守应遵循"道"之"上善",要像水那样善于自处而甘居下方;心地应遵循"道"之"上善",要像水那样善于容纳百川而深沉静默;行为应遵循"道"之"上

---

① 陈鼓应:《老子今注今译》第二十五章,中华书局2003年版。
② 陈鼓应:《老子今注今译》第八章,中华书局2003年版。
③ 陈鼓应:《老子今注今译》第三十四章,中华书局2003年版。
④ 陈鼓应:《老子今注今译》第二章,中华书局2003年版。

善”，要像水那样无私仁爱；说话应遵循“道”之“上善”，要像水那样准平有信；为政应遵循“道”之“上善”，要像水那样公正平衡；做事应遵循“道”之“上善”，要像水那样无所不及而又无所不能；行动应遵循“道”之“上善”，要像水那样善于把握时机适时而动。总而言之，所作所为应遵循“道”之“上善”，像水那样与物不争，与事不争，如此坚持不懈地做下去，一定会永无过患而安然处顺。这里，老子强调的是，只有遵循“道”的至大至公、一无私欲，才能达到或保持“不争”与“处下”的“上善”境界。“不争”“处下”，是老子“道”的一种重要体现，是“上善”的一种重要准则，也就是“德”，即得到了“道”。所谓“得道”，实际上就是得到或达到了“若水”一样的“上善”。老子“不争”观念的真实含义，是指像水那样的“利万物而不争”的“不争”，讲的是“为而不争”，不要去争那些违背“利万物”准则的其他任何东西，绝不是什么要放弃一切追求“上善”的作为与行动。恰恰相反，老子极力提倡的则是要求人们像水一样去“为”，有“利万物”的道德操守和能力水平，即使获得应有尽有的成果，也不恃才傲物或据为己有，而甘愿“获一无所获”。

老子讲的“处下”，也是“上善”的一种重要体现。他论“道”：“譬道之在天下，犹川谷之于江海。”①又说：“大邦者，下流也，天下之牝也。天下之交也，牝恒以静胜牡。”②还说：“江海所以能为百谷王者，以其善下之，故能为百谷王。是以欲上民，必以言下之，欲先民，必以身后之……是以天下乐推而不厌。”③意思是说，“道”为天下所归依，正如江海为河川所流注一样。由于江海低洼处下，天下的水都下流归汇于它。海纳百川，有容乃大。这里老子用水的处下而成无量大江大海这一通俗易懂的比方，阐发了善于“处下”的这种“道”一定会有相应的“德”。老子有意提醒人们，欲成王建业者，只有像江海一样具有包容万象的容量，才能得到天下人的归附和拥戴，才能获取更多更大的成功。

老子“上善若水”说对后世尤其是文人墨客影响巨大而深远，其意入文入诗入画，不胜枚举。刘禹锡（772—842），字梦得，河南洛阳人，唐朝文学家、哲学

---

① 陈鼓应：《老子今注今译》第三十二章，中华书局 2003 年版。
② 陈鼓应：《老子今注今译》第六十一章，中华书局 2003 年版。
③ 陈鼓应：《老子今注今译》第六十六章，中华书局 2003 年版。

家，就是其中一位。他一生爱水赏水，读水思水，写下了诸多脍炙人口的咏水篇章。他在《叹水别白二十二》中写道："水。至清，尽美。从一勺，至千里。利人利物，时行时止。道性净皆然，交情淡如此。君游金谷堤上，我在石渠署里。两心相忆似流波，潺湲日夜无穷已。"[①]在《和仆射牛相公寓言二首》中写道："心如止水鉴常明，见尽人间万物情。"[②]在《荷珠赋》中写道："时寄寓于倾欹，每因依于平正。可止则止，必荷之中央；在圆而圆，得水之本性。""虽赋象而无准，必成形而在兹。喻于人则寄之生也，拟于道则冲而用之。自契元珠之妙，何求赤水之遗。"[③]在《竹枝》中写道："长恨人心不如水，等闲平地起波澜。"[④]

二、老子"水柔弱胜刚强"说

老子在阐发"上善若水"的命题时，还提出了"柔弱胜刚强"的子命题。老子曰："天下莫柔弱于水，而攻坚强者莫之能胜，以其无以易之。弱之胜强，柔之胜刚，天下莫不知，莫能行。"[⑤]"天下之至柔，驰骋于天下之至坚。"[⑥]在老子看来，世间没有比水更柔弱的，然而攻击坚强的东西，没有能胜过水的。水性至柔，却无坚不摧。柔能克刚，可以说是自然界的一条重要法则，而老子哲学则是对这一条法则的高度概括。当然，这里老子所谓的"柔弱"，显然不是通常所说的软弱无力的意思，它只是表面上给人的一种初始印象，或暂时出现的一种形态，而从长远看，这种"柔弱"则无比坚韧不拔，实质上是一种含而不露的刚强。

"柔弱胜刚强"这个子命题，是老子研究"上善若水""水几于道"总命题时提出的重要思想。这一子命题包含着深邃的辩证法观念，它深入浅出地告诉人们，事物常常会以对立统一的矛盾形式出现，矛盾的双方在一定的条件下可以

---

① 刘禹锡：《刘禹锡全集》，上海古籍出版社 1999 年版。

② 刘禹锡：《刘禹锡全集》，上海古籍出版社 1999 年版。

③ 刘禹锡：《刘禹锡全集》，上海古籍出版社 1999 年版。

④ 彭定求等编：《全唐诗》（增订本）卷八，中华书局 1999 年版，第 394 页。

⑤ 陈鼓应：《老子今注今译》第七十八章，中华书局 2003 年版。

⑥ 陈鼓应：《老子今注今译》第四十三章，中华书局 2003 年版。

互相转化。因此,人们一定要把握好“道”的这一原则,在不利的条件下要注意树立自信,积累实力,“以屈求伸”,积小胜为大胜,即“柔弱胜刚强”;在有利的条件下要居安思危,知雄守雌,避免向不利的方向转化。

归根结底,老子讲的道理目标导向非常明确,就是要人们法水象水。如前所述,在老子哲学里,法水象水是“道法自然”的重要体现,既是人“得道”明理的根本途径,也是人和臻于“上善”的不二法门。法水象水的意义与价值就在于此。老子法水象水作为一种文化,对于我们理清和处理好人与自然、人与社会、人与人之间的关系,至今仍具有重要的思想启迪和伦理价值。

三、庄子“水静犹明”说

庄子(约前369—前286),名周,战国中期宋国(今河南商丘)人。他是继老子之后道家最主要的代表人物,也是我国古代著名的哲学家。庄子的文化思想,主要保存在《庄子》一书中。《庄子》是中国古代哲学及文学宝库中的一颗明珠,同时也是中国水文化的瑰宝。

和老子一样,庄子也喜欢从水中感悟和阐发其深邃的“道”理,但他的思维方法和表述方式与老子有很大不同。老子以水论“道”,大多直奔主题,言简意赅,一语中的;庄子则另辟蹊径,总是把深邃的理性思考寓于奇特瑰丽的寓言故事之中,即通过编织奇特的关于水的寓言故事,来阐发深奥、抽象的哲学道理。老子为我们设计的“道”是恍惚无形的,是感官所不能感知的,正如他自己讲的“道可道,非常道;名可名,非常名”①。这显然不是很容易使人懂。以庄子的绝顶聪明,他肯定清楚地知道这个问题。为了让人们更好地体道、悟道,庄子采取了形象思维同逻辑思维相结合的方法,一方面给讲了不少生动、形象的关于水的寓言故事,同时又用“静水”来作比喻,教给我们一个直观识“道”的办法——静观法,提出了“水静犹明”说,进一步丰富和拓展了法水象水思想文化。

《庄子》曰:“万物无足以铙心者,故静也。水静则明烛须眉,平中准,大匠取

① 陈鼓应:《老子今注今译》第一章,中华书局2003年版。

法焉。水静犹明,而况精神?圣人之心静乎!天地之鉴也,万物之镜也。夫虚静、恬淡、寂寞、无为者,天地之平而道德之至,故帝王、圣人休焉。休则虚,虚则实,实则备矣。虚则静,静则动,动则得矣。"[①]"水之性,不杂则清,莫动则平;郁闭而不流,亦不能清。天德之象也。故曰:纯粹而不杂,静一而不变,惔而无为,动而以天行,此养神之道也。"[②]"平者,水停之盛也。其可以为法也,内保之而外不荡也。"[③]

本来,水静则平是一种自然状态,是水自然的一种特性,但庄子却思维发散,慧眼发现了静水"虚静"状态与体道、悟道须有"虚静"心态之间灵犀相通。在庄子看来,水之平、静、明,是"天德之象也",完全可以作为"天地之鉴""万物之镜",乃至"圣人之心""养神之道"和"道德之至"。这正与老子"无为"的思想相一致,与庄子所推崇的虚静、恬淡、寂寞、无为的人格修养相符合。"帝王、圣人休焉",也就是帝王、圣人之心就像绝对静止的死水一般,不受任何外界因素的影响,其内心也没有任何波动。唯有达到这种无忧、无虑、无为的心境,才能够接近"道"。同时庄子还以静水若镜,可以明鉴天地万物的自然现象,譬喻心静则可以明察天地之精微,了悟万物之玄妙。反之,水动则泥沙俱起,浑浊浮动,如人心就可能导致物欲横生,阴暗逆袭,心浮气躁,圣人之心荡然无存,大道至公无从说起。此所谓"其嗜欲深者,其天机浅"[④]。

以上庄子提出的止水静观之喻,并认为"其可以为法也",就是要人们效法静水,时刻保持人性安定平静,从而以一种不偏不倚、公正无私的心态识别和对待万事万物。否则,如果被世俗社会的功名利禄等物欲所困扰,就会像动水引起的浑浊一样,失却晶莹剔透之心灵,也就不能以虚静自然之心来感应宇宙天地的玄机。

---

① 陈鼓应:《庄子今注今译·天道》,中华书局1983年版。
② 陈鼓应:《庄子今注今译·刻意》,中华书局1983年版。
③ 陈鼓应:《庄子今注今译·德充符》,中华书局1983年版。
④ 陈鼓应:《庄子今注今译·大宗师》,中华书局1983年版。

四、庄子“万川归海”说

老子说:“有物浑成,先天地生。寂兮寥兮,独立而不改,周行而不怠,可以为天下母。吾不知其名,强字之曰道,强为之名曰大。大曰逝,逝曰远,远曰返。”[①]庄子讲的“道”也是同样无限、至大。庄子喜欢和善于讲“道”是如何地无限、至大,他往往用浩渺的大海做比况,并且在反复多样的相互比较中描写这种无限、至大。在庄子那里,“大”具有超越现实局限、恣意逍遥的特性。《庄子·逍遥游》篇中的北冥、天池及巨鲲、大鹏,都是庄子哲学中至大的象征——由巨鲲潜藏的北冥,到大鹏展翅高空而飞往的天池,拉开了一个比一个大的无穷开放的空间系统,创造出一个广阔无边的大世界。反过来看,原来大得无比的东西相对于更大的形体又显得那么微不足道。在庄子那里,江河湖海尤其是大海也常常是用来表现至大的物象。庄子曰:“夫道,渊乎其居也。……覆载万物者也,洋洋乎大哉!”[②]这里,庄子以深广无际的大海比况“道”,这和老子喻“道”有一脉相承之处,让人们感受到“道”的渊深和博大。

在《庄子·秋水》篇中,庄子精心编织的关于水的寓言故事,更是把庄子之“道”的深邃内涵表现得淋漓尽致:“秋水时至,百川灌河,泾流之大,两涘渚崖之间,不辨牛马。于是焉河伯欣然自喜,以天下之美为尽在己。顺流而东行,至于北海,东面而视,不见水端。于是焉河伯旋其面目,望洋向若(北海神)而叹曰:……今我睹子之难穷也,吾非至于子之门,则殆矣,吾长见笑于大方之家。”这里,庄子拿具体的河水与“不见水端”的北海之水相比,分明是用有限的现实和无限的“道”的精妙进行比况。河伯作为大河之神,看到自己浩荡东流的伟大样子,十分得意,以为天下之水都不能和自己相媲美;当他看到浩渺无垠的大海时,才发现自己原来是那样的渺小。的确,“天下之水,莫大于海。万川归之,不知何时止而不盈;尾闾泄之,不知何时已而不虚;春秋不变,水旱不知。此其过

---

① 陈鼓应:《老子今注今译》第二十五章,中华书局 2003 年版。

② 陈鼓应:《庄子今注今译·天地》,中华书局 1983 年版。

江河之流，不可为量数。”[1]万川之水受陆地上旱涝条件的限制，有盈有枯，而大海却“春秋不变，水旱不知”，超越了时空、因果、条件等各个方面，表现为永恒、不变、无限、绝对，这不正是庄子之“道”的真切内涵吗？正如庄子本人所言，“道”是“注焉而不满，酌焉而不竭”[2]。

《庄子·秋水》篇中，还有一则著名的“井中之龟”的故事，同样深刻地表达了无限之“道”与有限事物的差别。井中之龟认为自己“擅一壑之水”，有无穷的美和快乐，甚至请来东海之鳖来欣赏其在井中的惬意生活，但“东海之鳖左足未入，而右膝已絷矣”，只好“逡巡而却”。于是东海之鳖便把大海的壮观情形讲述给了井中之龟：“夫千里之远，不足以举其大；千仞之高，不足以极其深。禹之时十年九潦，而水未加益；汤之时八年七旱，而崖不为加损。夫不为顷久推移，不以多少进退，此亦东海之大乐也。于是陷阱之龟闻之，适适然惊，规规然自失也。”井中之龟与河伯的心态惊人一致，都是局限于小而未见于大，自然也会见笑于大方之家。对此，庄子还以北海神为代言人，为我们分析了井中之龟坐井观天的原因：“井龟不可语于海者，拘于虚也。”因受时空等条件的限制，才没看到自己的渺小。由物及人，这则寓言告诫我们，人往往由于受各方面条件的限制和礼教的束缚（“拘于虚”“笃于时”“束于教”），打不开心量，只见树木不见森林。因而只有打开被俗事囚禁的心胸，超越时空的局限和自身的局限，放眼认识身外广阔的世界，才不会像河伯、井龟那样坐井观天，自以为是；也只有以开放的心灵去认识世界，才会超凡脱俗，进入超拔高远的境界。

五、庄子“水浅无力负大舟”说

在《庄子·逍遥游》中，庄子在创造出一个巨鲲潜北冥、大鹏展翅图南的浩瀚气象之后，又向我们讲述了一个寓于“水浅无力负大舟”之中的大道理，即唯有遵循大道才能走向大成。“且夫水之积也不厚，则其负大舟也无力，覆杯水于

---

① 陈鼓应：《庄子今注今译·秋水》，中华书局 1983 年版。

② 陈鼓应：《庄子今注今译·齐物论》，中华书局 1983 年版。

坳堂之上，则芥为之舟；置杯焉则胶，水浅而舟大也。”[①]正如溟海不深则无以养大鱼、风积不厚无以展大翼一样，水积不厚则无以负大舟。鲲如果不在大海之中深蓄厚养，就不能化而为鹏；大鹏扶摇直上，靠的是九万里厚积的风。如若不然，“风之积也不厚，则其负大翼也无力”。

庄子讲这些，本意是说世界万事万物都是“有待”的，一切皆以“有待”而转变；“有待”包括“自待”和“他待”，任何事物的生发变化都是“自待”和“他待”相互对应、相互作用的结果，离开“自待”和“他待”就什么也不存在了。庄子的这一思想观点是非常深刻的，也是非常积极的。他告诉我们，要想成事成功、成人成才，必须积累和创造成事成功、成人成才所必备的自身优势，同时，还要善于借助各种外界所能提供的机会及条件。照此而论，包括庄子理想中的“逍遥游”，也同样需要把握好“自待”和“他待”的关系，就如同他讲的水与舟的关系一样。不同的是，自由自在的“逍遥游”，需要解决的“自待”，是精神世界能够达到忘我的境界，心目中没有功名和事业，思想修养臻于完美，而“他待”则是顺应天地万物的本性，驾驭着六气的变化，遨游于无穷的境地。总之，“自待”与“他待”需要趋于“道”的境界方能“逍遥游”。用庄子的话说，就是“若夫乘天地之正，而御六气之辩，以游无穷者，彼且恶乎待哉？故曰：至人无己，神人无功，圣人无名”[②]。

庄子通过对各式水体和水态的奇思妙悟来表达他那深邃的哲理，阐释玄妙之“道”与水的关系，以水明理，以水明道，在为我们理解《庄子》之“道”揭掉一层一层窗户纸的同时，也给予我们认识自然、社会和人生精神世界以莫大的启示。庄子法水象水思想的价值意义也正在于此。

庄子的法水象水思想影响到后世许多学问大家。北宋时期，集理学家、数学家、道士、诗人于一身的邵雍就是其中之一。邵雍（1011—1077），当时名气很大，与周敦颐、张载、程颢、程颐并称“北宋五子”。他在《天津感事二十六首》诗里写道：“着身静处观人事，放意闲中炼物情。去尽风波存止水，世间何事不能平。”在《绳水吟》中写道：“水能平而不能直，绳能直而不能平。安得绳水为人情，而使天下都无争。”有趣的是，他又写了另一首《绳水吟》：“有水善平难善

① 陈鼓应：《庄子今注今译・逍遥游》，中华书局1983年版。

② 陈鼓应：《庄子今注今译・逍遥游》，中华书局1983年版。

直,唯绳能直不能平。如将绳水合为一,世上何忧事不明。”

六、庄子“君子之交淡若水”说

“君子之交淡若水”出自《庄子·山木》:“孔子问子桑雽曰:‘吾再逐于鲁,伐树于宋,削迹于卫,穷于商周,围于陈蔡之间。吾犯此数患,亲交益疏,徒友益散,何与?’子桑雽曰:‘子独不闻假人之亡与?林回弃千金之璧,负赤子而趋。或曰:为其布与?赤子之布寡矣;为其累与?赤子之累多矣。弃千金之璧,负赤子而趋,何也?林回曰:彼以利合,此以天属也。夫以利合者,迫穷祸患害相弃也。以天属者,迫穷祸患害相收也。夫相收之与相弃亦远矣。且君子之交淡若水,小人之交甘若醴;君子淡以亲,小人甘以绝。彼无故以合者,则无故以离。’孔子曰:‘敬闻命矣!’”

显而易见,所谓“君子之交淡若水”,意思是指君子之间建立在“天性相合”基础上的交情纯净清淡如水。庄子这里的“淡若水”不是说君子之间的感情淡得像水一样,而是指君子之间的交往区别于小人之间的交往,他们不把友谊建立在相互利用的基础上,那种表面看起来“甘若醴”,而一旦对方满足不了自己功利的需求时就立马断绝的“小人之交”,是君子所不齿的。

应当指出,“淡”是庄子哲学中的一个重要概念,是庄子哲学最高范畴“道”的一种自然而然的自在状态。“淡”就是什么味道都没有,咸甜苦辣麻都没有,也就是“无”。在中国古代道家文化中,老子最先提出“人法地,地法天,天法道,道法自然”,希望人们将“道”作为人生的最高理想追求和行为处事的导向。庄子继承老子的“道”,主张人生应顺从和融合于自然而然、素朴率真、天性自在的“道”,并且用大量的论说,指明人生修道的目标或者说人生的理想人格应该是“无名”“无功”“无己”。庄子所谓的“淡”,说到底是一种“天性”,即“无名”“无功”“无己”,即破除自我与非我的对立、非我与非我的对立、自我与自我的对立,洗刷内心功名利禄的观念,不能为朋友做了件好事,便觉得自己应该得到什么。作为圣人抑或君子,不应该依仗自己对别人有恩惠而达到利己的目的,理应“游心于淡,合气于漠,顺物自然而无容私"[①]。君子是得道的人,"君子之交"(交往、交际)要遵循"道"的理性法则及人生理想的要求,心清、心空,像一潭止水一样安详、宽容、谦下,这就是"淡"的境界。

时至当代,"君子之交淡若水"不仅没有过时,而且常用常新。习近平早在2004年3月就讲道:"浙江民营经济比较发达,各级领导干部一方面要支持民营企业发展,要亲商、富商、安商;另一方面,同企业家打交道一定要掌握分寸,公私分明,君子之交淡如水。千万不要在这个问题上摔跟头,这方面的教训太多了。所以,各级领导干部要注重加强自身修养,慎小事,拘小节,防微杜渐,两袖清风,筑牢思想道德和党纪国法两道防线。"[②]后来,他又多次强调指出:"现在的社会,诱惑太多,围绕权力的陷阱太多。面对纷繁的物质利益,要做到君子之交淡如水,'官''商'交往要有道,相敬如宾,而不要勾肩搭背、不分彼此,要划出公私分明的界限。"[③]"同民营企业家的关系要清白、纯洁,不能有贪心私心,不能以权谋私,不能搞权钱交易。"[④]

七、墨子"江河非一源之水"说

墨子(约前468—前376),名翟,河南鲁山人,一说山东滕州人,战国初期著名的思想家、哲学家、教育家、军事家、社会活动家和自然科学家。墨子所创立的墨家学说,对中国传统文化思想的形成和发展产生了深远的影响。作为墨子及其弟子与后世学者著述的总汇《墨子》一书,涉及哲学、伦理、政治、经济、管理、军事、教育以及自然科学等各个门类,堪称"百科全书"。从法水象水文化的视角去考察,墨子"江河非一源之水"说,在其"百科全书"中同样占有一席之地。

墨子是一位具有开拓精神的思想家,他涉猎广泛,博学多识,在广泛吸纳夏、商、周文化和当时的地域文化的基础上,开宗立派,创立了墨家独特的思想

---

① 陈鼓应:《庄子今注今译·应帝王》,中华书局1983年版。

② 习近平:《之江新语》,浙江人民出版社2007年版,第38页。

③ 《习近平参加十二届全国人大一次会议江苏代表团审议的讲话》,新华网2013年3月8日。

④ 《习近平在看望参加政协会议的民建工商联委员时的讲话》,新华网2016年3月4日。

体系。古籍记载和民间传说的三代圣王尧、舜、禹的文化思想，尤其是大禹治水、救世济民的伟大精神和光辉形象，深深地影响了墨子，并成为墨子和墨家效法的榜样。

墨子对大禹治水的崇敬之情溢于言表。他大量征引大禹治水的事迹，说明自己提出的"兼爱"主张取法于大禹等圣王的政治实践："况乎兼相爱、交相利，则与此异，古者圣王行之。何以知其然？古者禹治天下，西为西河、鱼窦，以泄渠、孙、皇之水；北为防原泒，注后之邸、嘑（滹）池（沱）之窦，洒为底柱，凿为龙门，以利燕、代、胡、貉与西河之民；东为漏之陆，防孟诸之泽，洒为九浍，以楗东土之水，以利冀州之民；南为江、河、淮、汝，东流之，注五湖之处，以利荆、楚、干、越与南夷之民。此言禹之事，吾今行兼矣。"①由于崇拜大禹的治水精神和实践，墨子对水的认识也非常深入，与众不同。

同先秦诸子一样，墨子善用水的特性和功能来作譬喻，为自己的主张作论据支持的同时，也多次提出要以水为鉴、以水为范，从水自然的形态和品性中汲取从政和做人的智慧与力量。譬如，"亲士"是墨子十大政治主张之一，墨子认为，要治国安邦，君主必须亲近贤士，任用贤才。为此，他专门论述了如何亲士和用士的问题，指出："良弓难张，然可以及高入深；良马难乘，然可以任重致远；良才难令，然可以致君见尊。是故江河不恶小谷之满己也，故能大。圣人者，事无辞也，物无违也，故能为天下器。是故江河之水，非一源之水也；千镒之裘，非一狐之白也。夫恶有同方取不取同而已者乎？盖非兼王之道也。是故天地不昭昭，大水不潦潦，大火不燎燎，王德不尧尧者，乃千人之长也。其直如矢，其平如砥，不足以覆万物。是故溪陕者速涸，逝浅者速竭，墝埆者其地不育。王者淳泽，不出宫中，则不能流国矣。"②这里，墨子认为执政者只有像江河纳百川那样，不拘小流，虚怀若谷，才能广泛延揽和使用各方面的人才；只有像江河有无数源头那样，善于采纳不同的意见和兼收并蓄，才能兼听则明，君臣上下同心同德，长生保国。如果器量狭小，不能包容万物、广布恩泽，就会像狭小的溪流容易干涸、很小的小川容易枯竭那样，最终土崩瓦解。墨子以江河成其泱泱巨流是由千川万源汇纳而成的事例，深入浅出地说明，成大事者应该从中得到启示，做到

---

① 吴毓江、孙启治点校：《墨子校注·兼爱中》，中华书局1993年版。

② 吴毓江、孙启治点校：《墨子校注·亲士》，中华书局1993年版。

眼界要特别开阔,胸怀要特别广阔,至今仍有十分重要的意义。

此外,墨子法水象水思想论说还有以下几点。

墨子论证"兼爱"思想时说:"苟有上说之者,劝之以赏誉,威之以刑罚,我以为人之于就兼相爱、交相利也,譬之犹火之就上、水之就下也,不可防止于天下。"①他认为只要执政者大力倡导推行"兼爱"之道,就如同火向上蹿、水往低处流一样,将在天下形成一种不可遏止的态势。

墨子论证为人治国不注意品行修养的危害时说:"本不固者未必几,雄而不修者其后必惰,原浊者流不清,行不信者名必耗。"②这形象地说明了不注重品德的修养,做人为官就容易私欲熏心、滥施恶行,久而久之就会陷入罪恶的深渊不能自拔,招致身败名裂的恶果。

墨子在论证"太盛难守"思想时说:"是以甘井近竭,招木近伐,灵龟近灼,神蛇近暴……故曰:太盛难守也。"③甘甜的水井往往因人们争先取用而率先枯竭,高大的树木因有用常常先被砍伐,灵验的宝龟总是先被烧灼用于占卜,神异的蛇最先被曝晒用以求雨,这些"太盛难守"的现象表明,为人处世必须把握好"度",不可"太盛"。

墨子这些法水象水文化的论说,通俗易懂,深刻而不乏生动,显示出墨子作为先秦思想巨匠对水的理解的深度及广度。

八、吕不韦"流水不腐,户枢不蠹"说

吕不韦(前292—前235),姜姓,吕氏,名不韦,卫国濮阳(今河南滑县)人。战国末年著名商人、政治家、思想家,官至秦国丞相。吕不韦主持编纂《吕氏春秋》(又名《吕览》),有八览、六论、十二纪,共20余万言,汇合了先秦各派学说,"兼儒墨,合名法",故史称"杂家"。

"流水不腐,户枢不蠹"这个成语出自《吕氏春秋·季春纪·尽数》:"流水

① 吴毓江、孙启治点校:《墨子校注·兼爱下》,中华书局1993年版。
② 吴毓江、孙启治点校:《墨子校注·修身》,中华书局1993年版。
③ 吴毓江、孙启治点校:《墨子校注·亲士》,中华书局1993年版。

不腐，户枢不蠹，动也。”[①]意指常流的水不发臭，常转的门轴不遭虫蛀。比喻经常运动，生命力才能持久，才有旺盛的活力。

“流水不腐，户枢不蠹”，非常通俗易懂，但对后世影响很大。晋人程本《子华子》里说：“流水之不腐，以其逝故也；户枢之不蠹，以其运故也。”宋代张君房编撰的《云笈七签》说：“户枢不蠹，流水不腐，其劳动不息也。”[②]这些说法与《吕氏春秋》一脉相承，强调人们要在“流动”“活动”“运动”“劳动”中保持健康体魄，像奔流不息的水一样生机勃勃。

应当指出的是，吕不韦讲的“流水不腐”，不只是养生层面，他的着眼点是治国理政。他在《吕氏春秋·季春纪·圜道》中特别提到：“天道圜，地道方。圣王法之，所以立上下。……云气西行，云云然，冬夏不辍；水泉东流，日夜不休；上不竭，下不满，小为大，重为轻，圜道也。……圣王法之，以令其性，以定其正，以出号令。令出于主口，官职受而行之，日夜不休，宣通下究，瀸于民心，遂于四方，还周复归，至于主所，圜道也。”[③]云气向西移行，云气周旋往复，冬夏不停；水泉向东流去，日夜不停；水源不枯竭，大海不满盈，小溪汇成大海，重水化为轻云，这就是圆道。云有云的圜道，水有水的圜道，世界万事万物都有各自的圜道，“道”是普遍存在其中的，圣王也应遵循之、效法之。

九、吕不韦“甘露时雨，不私一物”说

《吕氏春秋·孟春纪·贵公》曰：“昔先圣王之治天下也，必先公。公则天下平矣，平得于公。尝试观于上志，有得天下者众矣，其得之以公，其失之必以偏。凡主之立也，生于公。……天下，非一人之天下也，天下之天下也。阴阳之和，不长一类；甘露时雨，不私一物；万民之主，不阿一人。”[④]在他看来，先前的圣贤明君治理天下，一定会首先做到公平无私。公平使天下得以太平，天下太平来源于公平。以前的历史就是这样，可以取得天下的人很多，他们凭借自己的公

---

① 高诱注：《吕氏春秋》，上海书店 1992 年据世界书局《诸子集成》本影印，第 23 页。
② 张君房：《云笈七签》，中央编译出版社 2017 年版。
③ 高诱注：《吕氏春秋》，上海书店 1992 年据世界书局《诸子集成》本影印，第 30 页。
④ 高诱注：《吕氏春秋》，上海书店 1992 年据世界书局《诸子集成》本影印，第 10 页。

正无私取得天下,又因为偏私而失去天下……天下不是一个人的天下,而是天下人的天下。阴阳协调,不是为了促进一类生物生长;恰到好处的雨露,不是为了偏私一种事物;作为万民之主的帝王,绝不能偏向任何一人。

十、荀悦“民由水也,水可使不滥,不可使无流”说

荀悦(148—209),字仲豫,颍川颍阳(今河南许昌)人,东汉时期史学家、政论家、思想家,著有《申鉴》《崇德》《正论》。荀悦认为“善治民者,治其性也”[①]。只要依顺人民首先满足物质要求这个“性”,就能达到治世。他说:“民由水也,济大川者,太上乘船,其次泅。泅浮行水上也泅者劳而危,乘舟者逸而安,虚入水则必溺矣。以知能治民者,泅也;以道德治民者,舟也。”[②]乘道德之舟治民是上上策,比泅入水中治民既省力又安稳,不会遭溺死之灾。因此,以道德治民的君主是舟,以知能治民的君主是泅水者。荀悦还把民情比作水,他说“纵民之情谓之乱,绝民之情谓之荒”,因而要“为之限,使弗越也,为之地亦勿越,故水可使不滥,不可使无流”。[③] 荀悦关于顺应民情如顺水乘舟的法水象水思想,至今看来仍可提供些许治政参照。

十一、韩愈“气,水也;言,浮物也”说

韩愈(768—824),唐代文学家、哲学家,河南河阳(今河南孟州)人,另有祖籍邓州一说,是“唐宋八大家”之一。自谓郡望昌黎,世称韩昌黎。晚年任吏部侍郎,又称韩吏部。与柳宗元同为古文运动倡导者,且有“文章巨公”和“百代文宗”之名,提出了“文以载道”和“文道结合”的主张,反对六朝以来骈偶之风。韩愈在《争臣论》中有一段名言说:“君子居其位,则思死其官。未得位,则思修

---

① 荀悦:《申鉴·政体》,商务印书馆 1934 年版。
② 荀悦:《申鉴·政体》,商务印书馆 1934 年版。
③ 荀悦:《申鉴·政体》,商务印书馆 1934 年版。

其辞以明其道。我将以明道也,非以为直而加人也。”[①]就是说,君子处在他的职位上,想的应该是为他的职责而死。没有得到职位,就要想着说好他的言论来阐明他的道理。我是要阐明道理,不是来表现自己的直率而强加于人。韩愈还讲到他一生所追求的就是“行之乎仁义之途,游之乎诗书之源,无迷其途,无绝其源,终吾身而已矣”[②]。

韩愈在《答李翊书》中认为,作者的思想品德素质决定文章的思想内容与表现形式,所谓“气盛则言之短长与声之高下者皆宜”,所以写好文章的基本条件是要长期注重个人的修养和学习,不急于求成,更不能耽于名利。在谈到人的思想修养“养气”与写好文章“立言”的关系时,他说:“气,水也;言,浮物也。水大而物之浮者大小毕浮。气之与言犹是也,气盛则言之短长与声之高下者皆宜。”君子“处心有道,行己有方,用则施诸人,舍则传诸其徒,垂诸文而为后世法”。[③] 文章的思想内容及其显示出的气势,就像水;语言或表达方式,就像浮在水上的东西。水势大,那么凡是能漂浮的东西大小都能浮起来。文章有思想有气势,语言的短长与声音的扬抑就都会适当。君子思考问题本着仁义原则,自己行事有一定规范,文章倘若被用就在人们中推行仁义之道,不被用就把仁义之道传给弟子,力求把仁义之道借文章流传下去以为后世效法。这里,韩愈以“气,水也;言,浮物也”不仅阐释了“文以载道”和“文道结合”的道理,而且也指出了通往“文以载道”和“文道结合”的路径。文章要经世致用,应像水的负载量取决于水量一样,气势要深沉恢宏。而这种气势,即作者对所欲表达的内容具有充分自信而产生的昂扬的精神状态,绝非与生俱来,而是平日修养出来的,这与孟子“我善养吾浩然之气”的说法是一脉相承的。

---

① 韩愈:《韩愈文集》,辽海出版社 2010 年版。

② 韩愈:《韩愈文集》,辽海出版社 2010 年版。

③ 韩愈:《韩愈文集》,辽海出版社 2010 年版。

第六章 河南防水利水文化

水,一直是一柄双刃剑。它在滋养着人类的同时,也无时不刻不在影响着人类,给人类带来无穷无尽的灾难。在所有自然灾害中,水的威胁和危害是最大的,它对一个国家经济发展和社会稳定的影响也是最大的,只有把水的事情办好,才能保证农业丰收、经济繁荣、社会安定和国家昌盛。

广义的防水利水文化,是指人们在治水活动中需要和形成的各种文化现象的总称。相比而言,狭义的防水利水文化主要是指为适应社会经济发展的需求,在兴办水利工程和修建建筑时,因提升其生态、环境效益和水工程品位而注入人文功能的相关认识和行为。

管仲是春秋时期颍上(今安徽颍上)人,作为我国杰出的政治家,他第一个把防水利水与治国联系起来。在他看来,防水利水不仅仅是水利活动,更是国家政治活动的主要手段和重要武器,是治国的基石和基础,是安邦的大计和大策。管子的这一思想见地深刻,影响深远。我国历朝历代都非常重视防水利水,并逐渐形成了与之相关的防水利水文化。

第一节　防水利水工程

为了能够达到防水利水的目的,人们在治水过程中必然要借助于防水利水设施,其中防水利水工程尤其重要。一些防水利水工程在历经千百年历史积淀后,其实体可能已不存在,但却留下了丰富的防水利水工程相关文化。

一、漳水十二渠

漳水十二渠是一个典型的变水害为水利的防水利水工程。漳水当时是黄河的一条支流，河道因泥沙的淤积变化，常使主流摆动迁徙，危及周边百姓，百姓产生了恐惧心理，不得不祭祀河神以消灾避难。魏文侯二十五年（前422）西门豹为邺令，西门豹一面严惩乡官巫婆，破除祭祀河神的罪恶活动，一面发动民众凿十二渠，引河水灌民田。百余年后邺令史起又重修。灌区效益维持悠久，《史记·滑稽列传》中汉人褚少孙仍称："至今皆得水利，民人以给足富。"

漳水十二渠设计合理，它不但有引灌、洗碱、泄洪防水的作用，而且易于清淤修护，所以直到汉初，漳水十二渠仍有很好的灌溉功效。漳水十二渠的灌区主要在邺城南（今安阳市北）。没有灌溉以前，邺地的土壤条件非常差，《吕氏春秋·乐成》记载："魏氏之行田也以百亩，邺独二百亩，是田恶也。"由于漳水含有较多的细颗粒泥沙，有机质肥料丰富，用其水来灌溉农田，不仅可以补充农作物生长期间所需的水分，而且还能够落淤肥田，改良原来的盐碱地，分布于漳水十二渠两岸的盐碱地也因此得到了改良，使邺地迅速由贫瘠之地变为"膏腴"之地，每亩粮食产量较修渠前提高了八倍以上。《史记·河渠书》称"西门豹引漳水溉邺，以富魏之河内"。王充在《论衡·率性》中称赞漳水十二渠工程的修建，使恶土"成为膏腴，则亩收一钟"。水利的开发加速了经济的发展，魏国也随之富强起来。西汉以下数百年间，邺县一带成为中国重要的政治经济区域，当与漳水十二渠的兴修有关。

二、引丹九道堰及其二十三渠

丹河为沁河北岸的一条重要支流，发源于山西东南太行山西麓，出山后引支分溉，遍布丹河冲积扇。丹河古灌区的悠久历史和富饶程度，均不亚于广利渠，而它的渠首引水在古代从未修过永久性工程。

历史上丹河曾多次发生大洪水。元至元三年（1266）七月，"丹沁二河泛涨，湮没人畜房舍田禾甚众，民皆栖于树”。明成化十八年（1482），晋东南地区发生了一场500年来最大的一场水灾，洪水范围波及沁河、丹河等众多流域，丹河上游高平县“夏六月丁未大水……城廓几为荡没”，怀庆府城“决堤毁城，摧房垣，漂人畜不可胜记”。乾隆二十六年（1761）七月，怀庆府大雨连日，丹河、沁河等暴涨，淹没房舍、人畜数以万计。

为抵御和防治洪水灾害，古人采用了分流疏导的方法，让丹河分流入沁，将多余之水一直送到清水、卫河。同时，还采用“竹笼装石”的方法堵住溢出之水，使丹河安流。

丹河流域水量丰沛，引丹灌溉起源于秦汉。《后汉书·安帝纪》记载，东汉时朝廷诏令河内“修理旧渠，通利水道，以溉公私田畴”。据《水经注》记载，丹水出太行后向东引水分流出光沟水，再分流出界沟水，再分流出长明沟水，最后向东汇入卫河流域。曹魏政权在野王（今河南沁阳）置典农中郎将，专门负责修建沁丹河灌溉枢纽。据《魏书》记载，北魏孝文帝时，怀州刺史沈文秀疏通河道，“大兴水田，于公私颇有利益”。唐广德元年（763），怀州刺史杨承仙“浚决古沟，引丹水以溉田，田之污莱遂为沃野”①，“分沟灌溉，百姓资其利焉”②。唐大中年间（847—852）在修武县新开一渠，引丹水向清水分流，使丹水以东地区水利更为发达，丹沁流域灌溉面积达到2.3万公顷。元代，怀庆路同知阿合马曾讲：“近访问耆老，咸称丹水浇灌山田，居民深得其利。”③

九道堰是古人在丹河出山口修筑的一座无坝型水利枢纽工程，这一工程一方面为小丹河提供水源济卫通航，另一方面为丹河下游丹沁灌区的万顷良田提供水利保障。据乾隆《怀庆府志》记载，丹河“由方山入境，出山东南流二十五里为九道堰，分二十三渠。堰之东北，一水东出，为小丹河”。所谓九道堰，就是在丹河主干河上利用“竹笼装石”堵塞河道的方法，砌成九道分水堤堰，使河水沿着规划的河道两侧引水灌溉农田。

九道堰起始时间不详，但在丹河上筑堰引水的技能与应用起自秦汉，唐宋以后堰水引至光沟渠向大运河济水，最终形成九堰引水。明清时期，官府对九

---

① 周绍良：《全唐文新编》第2部第3册，吉林文史出版社2000年版，第4476页。

② 李吉甫：《元和郡县图志》（上册），中华书局1983年版，第445页。

③ 何绍忞：《新元史》，吉林人民出版社1995年版，第1373页。

道堰及两岸灌区进行大规模整修，清代河南巡抚阎兴邦还主持修建分水池，增大丹水灌田面积。九道堰渠由石浆河、上秦河、中寺河、三步河、百步河、大太保河、小太保河、万江郭河、张记河等组成，九堰的两岸再引出支渠，形成支脉分流、河渠交错的北方江南景象。

清政府为调解引丹济漕与民间引丹灌田之间的矛盾，对九道堰进行了严格的管理，先是江南河道总督李宏上书“令由小丹河归卫济运，请不时察验疏令畅达卫河”，后又制定了“定三日放水济漕，一日塞口灌田”等一系列制度，保证了丹水的合理利用。①

灌溉前临时垒石筑堰，自成系统，清代形成九道堰二十三渠，遍布丹河冲积扇，洪水暴发，临时壅水坝随即毁废，若丹河漫溢，则二十三渠亦能分洪泄水。这种形式能保持下游河道淤积与冲积扇的抬高同步进行，这就形成了人工引水取沙与河流冲积和谐发展的局面。这项工程对当地经济社会发展做出了突出贡献。

第二节　防水利水活动

防水利水要想获得成功还必须付诸实施，河南自古有不计其数的防水利水活动，尤其是在治黄活动上，不论是数量还是规模都是其他流域防水利水活动无法比拟的。防水利水活动充分体现了河南人在与水斗争中的坚强意志和勇气，这里主要举汉代的瓠子堵口和王景治汴两个典型事例。

一、瓠子堵口

在西汉汉武帝时期，黄河决口频繁出现。《史记・河渠书》记载，武帝元光

① 赵尔巽等：《清史稿》，大众文艺出版社 1999 年版，第 2232 页。

三年(前132)五月,黄河在瓠子(今濮阳西南)决口,“东南注巨野,通于淮泗”,洪水遍及十六郡。当时曾派十万民工去堵口,堵而复决,没有成功,加上当时丞相田蚡阻挠,竟置决口于不顾,造成连续二十三年的泛滥横流。泛区灾情极为严重,人民流离失所,引起劳动人民的不满和反抗。为了稳定封建统治,汉武帝元封二年(前109),武帝下决心堵塞决口,命令汲仁、郭昌主持,动用几万民工参与堵口。汉武帝为表示虔诚,亲自到决口处沉白马、玉璧祭祀问神,并命令随从官员将军以下背着柴草参加施工。为了堵口的需要,当时竟连淇园里的竹子都砍下来使用。通过群众的英勇奋战,决口终于被成功地堵住了,并在其上建立宣防宫以示纪念。汉武帝即兴作《瓠子歌》二章,其一为:“瓠子决兮将奈何,浩浩洋洋兮虑殚为河。殚为河兮地不得宁,功无已时兮吾山平。吾山平兮巨野溢,鱼弗忧兮柏冬日。正道驰兮离常流,蛟龙骋兮放远游。归旧川兮神哉沛,不封禅兮安知外。为我谓河伯兮何不仁,泛滥不止兮愁吾人。齿桑浮兮淮泗满,久不返兮水维缓。”其二为:“河汤汤兮激潺湲,北渡回兮汛流难。搴长茭兮湛美玉,河伯许兮薪不属。薪不属兮卫人罪,烧萧条兮噫乎何以御水。颓林竹兮楗石菑,宣防塞兮万福来。”这两首诗也成为治水文化的历史见证。

这次堵口也给司马迁以深刻的启迪,他在《史记·河渠书》里感慨道:“余从负薪塞宣防,悲《瓠子》之诗而作《河渠书》。”司马迁在《史记》中首创《河渠书》专篇的体例,系统论述前代治水史实以及当代的防洪、航运和农田水利建没的主要史实。这篇《河渠书》是中国第一部水利专史,这种专篇论述为后来许多历史专著所效法。

二、王景治汴

公元11年,黄河在魏郡决口,初决时未筑堤约束,洪水在清河以东数郡泛滥横溢。由于以往“平帝时,河、汴决坏,未及得修”,以至当时“侵毁济渠,所漂数十许县”。黄河洪水侵入济水和汴渠,这一带内河航道被淤塞,田地村落被洪水吞没,兖州(今河南北部、山东西部一带)、豫州(今河南东南、安徽西北一带)受害尤重。对待黄河南摆,黄河南北的地方官持不同态度,南方主张迅速堵塞决门,使黄河北归,而北方则赞成维持南流现状。建武十年(34),有人提议治河，因黄河南北互相掣肘并未实行。此后河势更加恶化，汴渠受冲击，渠口水门沦入黄河，而兖豫地区百姓大受水害，民不聊生。在人民群众的强烈要求下，永平十二年（69），东汉王朝决定派王景治理黄河。

《后汉书·王景传》记载："（永平十二年）夏，遂发卒数十万，遣景与王吴修渠。筑堤自荥阳东至千乘海口千余里。景乃商度地势，凿山阜，破砥绩，直截沟涧，防遏冲要，疏决壅积，十里立一水门，令更相洄注，无复溃漏之患。景虽简省役费，然犹以百亿计。明年夏，渠成。"①

《后汉书·明帝纪》记载："（永平十三年）夏四月，汴渠成，辛巳，行幸荥阳，巡行河渠。乙酉，诏曰：'自汴渠决败，六十余岁，加顷年以来，雨水不时，汴流东侵，日月益甚，水门故处皆在河中，漭漾广溢，莫测圻岸，荡荡极望，不知纲纪。今兖豫之人，多被水患，乃云县官不先人急，好兴它役。又或以为河流入汴，幽、冀蒙利，故曰左堤强则右堤伤，左右俱强则下方伤，宜任水势所之，使人随高而处，公家息壅塞之费，百姓无陷溺之患。议者不同，南北异论，朕不知所从，久而不决。今既筑堤，理渠，绝水，立门，河、汴分流，复其旧迹，陶丘之北，渐就壤坟。'"②

从以上两段史料可见，这次治河主要工作包括："筑堤"，即治河；"理渠"，即治汴。王景这次治河有三个特点：一是工程大、进度快。千余里的黄河，七八百里的汴渠，共约2000里的疏浚、修堤工程，施工一年就完成了。二是投资惊人。这次治河花费"虽简省役费，然犹以百亿计"③。三是治河的重点，当时是以治汴渠为重点，治汴中又以立水门为最要，治河则以筑堤为主。从此以后河流规顺，800年间史书上少见黄河改道的记载。王景的治河理念和经验也被后世竞相学习和借鉴。

---

① 范晔撰，李贤等注：《后汉书》，中华书局1965年版，第2465页。

② 范晔撰，李贤等注：《后汉书》，中华书局1965年版，第116页。

③ 范晔撰，李贤等注：《后汉书》，中华书局1965年版，第2465页。

第三节 防水利水思想

生活在中原地区的百姓在长期与洪水斗争的实践过程中形成了丰富的治水经验,这些经验被后人加以总结形成了防水利水思想,并影响后世的防水利水活动。

一、大禹防水利水思想

大禹治水是中国古代著名的神话传说故事之一,在《尚书》《山海经》《史记》等文献当中都有记载。这一传说最早能找到的记载在《尚书》和《诗经》两本书中,而记载该传说内容较为完备的当数《史记》。大禹治水对中华文明史影响深远,也对早期农业的产生和发展有直接影响。大禹带领百姓治水成功,"禹卑宫室,而尽力乎沟洫"[①]。又"浚畎浍而致之川","百川顺流,各归其所,然后人民得去高险,处平土"。[②] 洪水退却之后,在黄河中下游及长江中下游裸露出的广阔平原上,先民们兴修纵横交错的沟渠,既有利于疏导排泄洪水,也为大田种植提供了所需的水源,更推进了农田水利的发展。而河流裹挟带来的泥沙则成了易垦易种的肥沃良田。禹"令益予众庶稻,可种卑湿",正反映农田水利的兴修促进了水稻的种植。大禹治水成功后的新的生态环境条件奠定了黄河流域农作物种植结构的基本格局。耐旱作物粟始终占据首要地位表明,以旱作为主、在水源充沛的地区兼营稻作、五谷并存的旱作农业已现雏形。[③]

大禹对于防水利水的功绩是伟大的,而其治水思想所蕴含的科学内涵更是

---

① 程树德:《论语集释》,中华书局 1990 年版,第 561 页。

② 王利器:《新语校注·道基》,《新编诸子集成》第一辑,中华书局 1986 年版,第 13 页。

③ 王星光:《大禹治水与早期农业发展略论》,《中原文化研究》2014 年第 2 期。

中原水文化的重要组成部分。他的防水利水思想是在前人基础上的一次伟大创新。在尧舜时期，尧让禹的父亲鲧去治水，鲧采取“堵”的办法，“九年而水不息，功用不成”。舜接替尧做部落联盟首领之后，惩处了鲧，又命鲧的儿子禹继续治水。禹转变防水利水思路，首先找到问题的关键：“龙门屹立两山中，积水奔腾势不穷”，然后率人凿开龙门山，从此“骇浪三层滚上下，怒涛一瞬辨西东”，再利用“水之就下”的自然规律，采用“高高下下，疏川导滞，钟水丰物”[①]的方法，因势利导，疏导川流积水，汇集江河，东流入海，从此黄河畅通。

总体来看，大禹防水利水的方法，是在共工与鲧防水利水的基础上发展而来的，被世人称为“疏导法”，在共工和鲧“壅防百川，堕高堙庳”的治河办法上前进了一大步。用“疏”否定“障”，这是古代治河思想上的第一次重要发展。疏浚的办法日后又进一步演变为堤防的办法，这样便实现了从单纯的消极防洪到积极治河的新飞跃，已经开始部分改变河流的自然状况。大禹防水利水采用“决九川距四海，浚畎浍距川”的方法，“距”在这里是到的意思。也就是说，大禹疏通主干河道，导引漫溢出河床的洪水和渍水入海：一是要除去水流中的障碍，二是要增多泄水的去路。当然，疏导和堙塞也是不可能截然分开的，在实际运用中，两者必然是结合在一起的，以疏导为主。有时候，不先加以围堵，也难以实行有计划的疏泄。所谓“陂障九泽”，就是把一部分洪水引入低地拦蓄起来，起着蓄水分洪作用，减轻洪水的威胁。正是因为禹用“疏”的方法平治了水患，从此，“水由地中行”，洪水全部归入河槽，人们得以“降丘宅土”，从高地搬回平地，从事农业生产。后代人的治河思想，无不受大禹“疏导法”治水的制约和影响。对此，白居易对防水利水方式中“疏”的妙处，曾用“水流天地内，如身有血脉，滞则为疽疣，治之在针石”[②]的诗句加以赞誉。在远古时代生产力极度落后的条件下，大禹采用的不是征服自然、人定胜天的办法，而是采用了顺应自然、给洪水出路的方式，证明了大禹治水思想中带有因势利导的科学精神。

孔子在《论语·泰伯》中称禹是“尽力乎沟洫”，他在疏导九河的同时排除农田水涝，克服弥漫于原野的洪涝灾害，达到“平治水土，使民得陆处”以发展农业的目的。因此，《史记·夏本纪》中才提到禹“浚畎浍而致之川”，郑玄注曰：

---

① 李昉编纂，夏剑钦、王巽斋校点：《太平御览》第一卷，河北教育出版社1994年版，第626页。

② 周振甫：《唐诗宋词元曲全集》，《全唐诗》第8册，黄山书社1999年版，第3105页。

“畎浍,田间沟也。”

二、《管子》中的防水利水思想

作为辅佐齐桓公成为春秋时期第一个霸主的名相管仲,他的主要思想被后人总结集中体现在《管子》一书中。

在《管子·水地》中首先把水看成是万物之本原,是世间万物的根本。即首先从自然环境角度、社会哲理角度谈到了水的深刻寓意。

而《管子·度地》被誉为中国最早的水利著作。据《管子·度地》中记载,管仲与齐桓公探讨治国方略时进言道:“故善为国者,必先除五害。……水,一害也;旱,一害也;风雾雹霜,一害也;疠,一害也;虫,一害也。”并指出:“五害之属,水为最大。五害已除,人乃可治。”同时强调除五害,“以水为始”。[①] 就是说,以上所列五种自然灾害,对经济的发展和社会的稳定构成了严重威胁,只有采取强有力的措施消除这些自然灾害,才能保证天下安定,百姓安居乐业。在五害中,水害是最严重的自然灾害,清除五害,必须先从治理水患做起。

《管子·度地》还最早将水的特性进行了总结。书中首先对水进行分类,要求顺着它们的流势进行治理:“水有大小,又有远近。水之出于山而流入于海者,命曰经水;水别于他水,入于大水及海者,命曰枝水;山之沟,一有水一无水者,命曰谷水;水之出于他水,沟流于大水及海者,命曰川水;出地而不流者,命曰渊水。此五水者,因其利而往之可也,因其势而扼之可也。”[②]

为防止灾害的发生,《管子·度地》中又最早提出建立正式的水事管理机构:“请为置水官,令习水者为吏。大夫、大夫佐各一人,率部校长官佐各财足,乃取水官左右各一人,使为都匠水工,令之行水道、城郭、堤川、沟池、官府、寺舍及州中,当缮治者,给卒财足。”[③]建议在中央选择熟悉治水业务的人担任水官,同时明确“水官”“都匠水工”的职责范围是以水道、堤川、沟池等水利工程管理

① 管仲撰,吴文涛、张善良编著:《管子》,北京燕山出版社 1995 年版,第 383 页。
② 管仲撰,吴文涛、张善良编著:《管子》,北京燕山出版社 1995 年版,第 383 页。
③ 管仲撰,吴文涛、张善良编著:《管子》,北京燕山出版社 1995 年版,第 384 页。

为主。

此外,《管子·度地》中对于地方工程设计、施工、管理都作了具体的说明。这些内容也均被后世广泛采用。

三、贾让治河思想

西汉末年,贾让到黄河下游东郡(治今濮阳)一带进行实地调查之后,提出了著名的“治河三策”。这是一篇被保留下来的最早的系统的治河规划的历史文献。

《汉书·沟洫志》记载,在上策中,贾让首先指出,古时候,河有河的道,人有人的住处,各不相干,那时河道的情形是“大川无防,小水得入,陂障卑下以为污泽,使秋水多得有所休息,左右游波,宽缓而不迫”①。当时并无所谓洪水灾害。但是到了战国时期,黄河开始筑堤约束河水,这是为了“各以自利”。不过当时两岸堤距尚宽,筑堤“虽非其正,水尚有所游荡”。然而此后人们贪图黄河滩地的肥美,逐渐在堤内加筑民埝,圈堤围垦,以至河道宽窄不一,河线再三弯曲。因此导致黄河为害。据此,贾让提出他的上策说:“徙冀州之民当水冲者,决黎阳遮害亭,放河使北入海。河西薄大山,东薄金堤,势不能远泛滥。”他认为如果照他的上策去做,给黄河留一个宽广的区域,保证黄河“左右游波,宽缓而不迫”,则可以“河定民安,千载无患”。②

贾让所说的中策,就是在黄河下游多开支渠,这些支渠除了有灌溉的作用,还可以分洪减水。他的具体做法是:“治渠非穿地也,但为东方一堤,北行三百余里,入漳水中,其西因山足高地,诸渠皆往往股引取之。旱则开东方下水门溉冀州,水则开西方高门分河流。”这样一来,大水时在西岸高地开水门分洪,灌溉季节则开东岸低水门灌溉放淤,因而既可以分洪防汛,减轻防洪费用,改善两岸农业生产条件,又可以放淤灌溉,提高农业产量,还可以发展水运交通。他认

① 班固撰,颜师古注:《汉书》,中华书局 1962 年版,第 1692 页。
② 班固撰,颜师古注:《汉书》,中华书局 1962 年版,第 1694 页。

为，这虽然不是古代圣人所提倡的方法，但也可以“兴利除害，支数百岁”①。

贾让把单纯依靠堤防来达到防洪目的的做法作为下策，他说：“若乃缮完故堤，增卑倍薄，劳费无已，数逢其害，此最下策也。”②

总之，贾让的上、中、下三策集中地体现了他的治河思想，从这个意义上说，三策是一个统一的整体。三策之中，尤以上策为其立论的重点，中策是上策的修正，而下策则是上策的反对。后人在治理黄河时，总要参考一下贾让的“治河三策”。

四、潘季驯、靳辅的治河思想

明人潘季驯曾先后四次总理河道，前后近十年之久，在明代治河诸臣中任职时间基本算是最长的了。为了能够了解水情，潘季驯不辞辛劳，到河南、南直隶（今我国东南一带）等地深入调查，在长期治河实践中积累了丰富的经验。

潘季驯治理黄河的总方略是“以河治河，以水攻沙”。他试图利用水沙关系的自然规律，利用水流本身的力量来刷深河槽，减少淤积，增大河床的容蓄能力，从而达到防洪保运的目的。基本办法是“束水攻沙”，同时还有“蓄清刷浑”和淤滩固堤，把治沙提到治黄方略的高度，实现了治黄方略从分水到束水、从单纯治水到注重治沙的转变。而实现这一切的主要实践措施就是坚筑堤防，固定河槽。为此，他又系统总结、完善了堤防修守的一整套制度和措施。这些思想深刻影响了后代的治黄思想和实践。

到了清代，靳辅在治河方略上继承并发展了潘季驯“坚筑堤防”“束水攻沙”的思想，并且在治河技术、治河工程上有所创新。靳辅在康熙年间曾连续十年担任河道总督。在和陈潢一同在河南等地调查研究基础上，靳辅提出了治理黄河、运河的基本主张，认为“治河之道，必当审其全局，必合河道运道为一体，彻首尾而合治之，后治可无弊”，并且尖锐地指出了河道日坏、河患日多的根本原因是重漕运不重治河，是治河服从漕运的治河方针造成的。他说：“河道之变

① 班固撰，颜师古注：《汉书》，中华书局 1962 年版，第 1695 页。

② 班固撰，颜师古注：《汉书》，中华书局 1962 年版，第 1696 页。

迁,总由议治河者多尽力于漕艘行经之处,从他决口,则以为无关运道旧缓视之,以致河道日坏,运道因之日梗。”①

靳辅反对多支分流,主张束水于一槽。他说:“水势分而河流缓,流缓则沙停,沙停则底垫,以致河道日坏而运道因之日梗。”他认为“黄河之水从来裹沙而行,水大则流急而沙随水之;水小则流缓而沙随水漫。沙随水之,则河身日深而百川皆有所归;沙停水漫,则河底日高而旁溢无所底止”②。为了攻沙,他“力请筑堤束水,用保万全”③。

靳辅和潘季驯一样也主张借清刷黄。他认为“黄河之沙,全赖各处清水并力助刷,始能奔趋归海而无滞也”④。所以他对高家堰拦蓄淮水冲刷清口的作用非常重视。但是,靳辅在潘季驯认识的基础上又有一定发展。一方面,他大大增建了洪泽湖大堤上的减水坝,扩大了宣泄淮河洪峰的能力;另一方面,他又提出“黄淮相济”,让部分黄河水经过低洼地沉淀泥沙,变成清水,然后注入洪泽湖,增加冲刷清口积沙的能力。靳辅和潘季驯二人对后世治黄工作均产生了深远影响。

---

① 赵尔巽等撰:《清史稿》,中华书局 1976 年版,第 3720 页。

② 傅泽洪:《行水金鉴》卷四七,商务印书馆 1936 年版。

③ 傅泽洪:《行水金鉴》卷四八,商务印书馆 1936 年版。

④ 傅泽洪:《行水金鉴》卷四七,商务印书馆 1936 年版。

第七章 河南用水兴水文化

用水兴水,简而言之,就是对水的使用或利用,发挥水资源综合利用的最大效益,做到以水兴业、造福百姓。水的用途十分广泛,在古代包括日常生活用水、农业用水、航运等,甚至包括军事上的用水。人们在用水兴水的过程中逐渐形成了一定的行为定式,并产生了内容丰富的用水兴水文化。从历史上看,调水供水主要集中在各类城市建设发展进程当中,其根本动因或目的是适应和满足城市生活生产水资源安全、城防安全和提升生活品质。调水供水的方式方法往往都是因地制宜,因水制宜,多种多样。与此同时,缘此而生的调水供水文化也显得类型多样。

第一节　用水兴水制度

用水兴水首先需要有制度上的保障,以此来规范用水行为。生活在河南境内的先民自古在用水兴水活动中形成了较为成熟的制度,这种制度主要体现在灌水方面,也是对灌水文化的一种丰富。

一、倪宽用水兴水制度

倪宽(? —前 103),西汉千乘(今山东高青县北)人。他曾官至御史大夫,与司马迁等共同制定“太初历”。汉武帝元鼎四年(前 113),倪宽任中大夫,继而又升迁为左内史。在任期间,他劝课农桑,减轻刑罚,重视水利。元鼎六年

(前111),“宽表奏开六辅渠,定水令,以广溉田”[1]。汉武帝采纳了他的建议,并令他主持在郑国渠上游北岸开凿六条小渠,扩大这一带的灌溉面积。关于这次施工,《汉书·沟洫志》记载:“穿凿六辅渠,以益溉郑国渠旁高仰之田。”这说明六辅渠所溉区域,是郑国渠无法自流灌溉的农田。

汉武帝在六辅渠完工以后曾发出感慨:“农,天下之本也。泉流灌浸,所以育五谷也。左、右内史地名山川原甚众,细民未知其利,故为通沟渎,蓄陂泽,所以备旱也。”[2]这反映了西汉王朝对水利的重视。

在六辅渠的管理方面,倪宽的突出贡献是在我国历史上首次制定了灌溉用水制度。由于制定了用水兴水制度,促进了合理用水,因而扩大了灌溉面积。可惜的是,这一宝贵的历史资料早已散佚,无法知道它的全貌,“定水令,以广溉田”这七个字是仅存的文献资料。倪宽作为我国灌溉用水兴水制度的创始人,在中国水利史上居重要地位。

二、召信臣、杜诗用水兴水制度

召信臣(?—前31),在汉元帝在位时出任南阳太守。在任期间,他在今河南泌阳县西北35千米处的羊册乡境内修建了马仁陂,随后又修筑了六门堰和钳卢陂。水利工程兴建以后,召信臣考虑到百姓的长远利益,为灌溉用水建立了一系列制度。他命令各地乡官在渠道旁、田界边竖立一道道石碑,刻上《均水约束》,即管水用水兴水的规章制度。对什么时候用哪条渠道里的水、用多少水量,以及渠道和堰塘的管理、工程设施的维修等都进行了严格规定,违犯者按规定处罚。这些措施对水利工程设施的保护起了很大的作用,也减少了水利纠纷的发生。比起倪宽的“水令”,召信臣的《均水约束》更为完善详细,因而历史上常把召信臣称为“中国用水管理之父”。

杜诗(?—38),是继召信臣后又一位著名的南阳太守。上任后,他总结以往治水用水经验,组织民工修治陂池,对西汉召信臣所修筑的陂、堰、坎、渠、池

---

① 班固撰,颜师古注:《汉书》,中华书局1962年版,第2630页。

② 班固撰,颜师古注:《汉书》,中华书局1962年版,第1685页。

加以复修和发挥其作用,使得郡内陂泽星罗棋布,无论水田还是旱田都能免遭旱涝影响。在实际操作中,他更是充分借鉴了召信臣所创立的用水兴水制度,使得当地农业生产再次迎来了新的发展机遇。

三、唐代用水兴水制度

《唐六典》卷二十三记载:“凡京畿之内,渠堰陂池之坏决,则下于所由,而后修之。每渠及斗门置长各一人,至溉田时,乃令节其用水之多少,均其灌溉焉。”

《水部式》的农田灌溉用水制度是以郑国渠为各大灌区的代表制定的,其主要内容集中在第一条:“泾渭白渠及诸大渠用水灌溉之处皆安斗门,并须累石及安木傍壁,仰使牢固。不得当渠造堰。诸溉灌大渠有水下地高者,不得当渠造堰,听于上流势高之处为斗门引取。其斗门皆须州县官司检行安置,不得私造。其傍支渠有地高水下,须临时暂堰溉灌者听之。凡浇田皆仰预知顷亩,依次取用。水迫,即令闭塞,务使均普,不得偏并。”这一条的主要内容是实行科学灌水,还必须合理地安排轮灌次序。唐代对灌区轮灌顺序明确规定,“溉田自远始,先稻后陆”,“凡用水,自下始”,即灌区末端的渠道先用水,这个规定有助于避免上下游之间的用水矛盾。在旱作与稻作相间的地区,则先灌水田,再浇旱地,这又是根据作物耐旱程度的差别确定的轮灌次序。在中央的统一规定下,各灌区分别有适合各自特点的灌溉法规。这表明唐代灌溉管理科学已具有相当高的水平。

在放木和宫廷园林用水方面,《水部式》第六条规定:“公私材木并听运下,百姓须溉田处,令造斗门节用,勿令废运。”即灌溉用水应有节制,不得影响放木。此外,供应皇宫用的水流,一般情况下禁止引灌,只有在大旱年份才偶尔例外。总之,《水部式》的用水兴水制度内容充分体现出了其科学内涵。

第二节　农业用水兴水活动

农业方面的用水兴水活动是一种最典型的灌水排水文化内容，是维系农业生产不可或缺的重要体现。《论语·泰伯》记载，相传大禹治水的时候，“禹卑宫室，尽力乎沟洫”，这里的“沟洫”指的是早期的灌排渠道。考古工作者在洛阳矬李后冈第二期文化煤山类型遗址中，发现了宽2—3米、深1米的水沟①，证明夏代确有沟洫的存在。

到了周代，农业生产中使用水的技术进一步发展。《周礼·地官·司徒·稻人》称：“稻人，掌稼下地。以潴蓄水，以防止水，以沟荡水，以遂均水，以列舍水，以浍泻水。”“下地”是低洼下湿之地。水稻喜水，宜于低洼地种植，但必须有相应的水利工程设施。“以潴蓄水，以防止水”，前者是利用蓄水滞涝，后者是筑堤防止外水侵入，以保证稻田里一定的水深。“以沟荡水”和“以浍泻水”中的“沟”和“浍”，是稻田里的灌水、排水设施。“以遂均水，以列舍水”中的“遂”和“列”属于田间工程。“遂”是田间小沟，其任务是均衡地将水输到田畴。“列”是稻区纵横错列的塍岸，“舍”是居、储的意思。“以列舍水”就是修筑塍岸留储稻田中的水层。

在此基础上，后代不断发展农业用水的技术和方法，不断丰富这方面的内容，尤其是在各种农田水利工程及用水兴水设备上。

一、井灌

常言道：“吃水不忘掘井人。”河南的水井出现比较早，据考古资料，在洛阳矬李龙山文化遗址中，发现有一口水井，井口圆形，口径1.6米，井上部较粗，深

① 吴汝祚：《夏文化初论》，《中国史研究》1979年第2期。

至4.75米处往一侧收缩成0.8米，以防倒塌。临汝煤山遗址所发现的两口水井，分别坐落在两座陶窑附近，其中一口，口椭圆，东西径3米，南北径2.75米，井向上逐渐缩小，井口以下深1米见水，深至2.5米仍不见底。汤阴白营龙山文化时期的村落遗址也发现有一口木构架支护的深水井。这一时期水井的用途，可能与灌溉无关，主要用于解决生活及部分生产（如制陶等）用水。即便如此，水井的发明也为农业生产发展提供了保证，它使人们可以一定程度上摆脱地表水资源的束缚，开掘浅层地下水，使生存空间得以扩展。

关于井灌的最早记载，是《世本》中的“汤旱，伊尹教民田头凿井以溉田”。这虽然只是一个传说，但从商代生活用井普遍存在的情况来看，为满足农业生产的需要，由“凿井而饮”发展到“凿井灌田”也是很自然的事。所以说，这种传说可以认为是河南井水灌田的萌芽。[①] 春秋时期，史籍中有了关于井灌的明确记载。《吕氏春秋·察传》记载：“宋之丁氏，家无井而出溉汲，常一人居外。及其家穿井，告人曰：‘吾穿井得一人。’有闻而传之者曰：‘丁氏穿井得一人。’国人道之，闻之于宋君。宋君令人问之于丁氏，丁氏对曰：‘得一人之使，非得一人于井中也。’”[②]意思是说，凿一口井，就近浇水方便，等于增加了一个劳动力。《庄子·天地》《说苑·反质》中都记载当时在宋（今河南商丘城南）、卫（今河南滑县东）等地已凿井并利用桔槔来灌溉园圃。“桔槔绠短而浅”[③]，与此相适应，开挖的水井一般比较浅。

到了汉代，随着轱辘的应用，河南的井灌进入一个新的发展阶段。使用轱辘提水效率高，人畜都可以牵引，水井深浅不受限制，因此不仅可以用来浇灌园圃，还可灌溉大田作物。如洛阳汉墓出土的农田水利设施有水井模型、井栏模型、陶水管、引水槽等，经学者研究分析都为灌溉工具。出土的陶水筒口大底尖，根本无法平置于地，提起来行走也不方便，应为专门的浇灌工具。在水井模型上有泄水孔和排水孔，水井旁还有引水槽，这些都说明水井的用途主要是用来浇灌土地。其具体方法就是先利用滑轮将水从井中快速提起，然后利用口大底尖的桶（这种桶重心在上，易于倾倒）将水倒入引水槽内，再经过陶水管流入

---

① 汪加伦、张芳：《中国农田水利史》，农业出版社1990年版，第64页。

② 吕不韦编纂：《吕氏春秋》，崇文书局2017年版，第315页。

③ 王祯著，王毓瑚校：《王祯农书》，农业出版社1981版，第113页。

地里。目前在洛阳、南阳、新乡、济源、许昌、郑州等地出土有关于井灌的遗物。在淮阳于庄汉代遗址中,发现三进陶院模型,中有水井和干渠。井为圆形,上、下口的直径均为7.7厘米,腹部微鼓,直径为9.5厘米。干渠宽4厘米,长48厘米。北端有一下水孔,孔径为1.2厘米,呈圆形。南端呈弧形,与井底部紧密结合在一起。[①]

到明清两代,井灌较之前代更有突出发展。《农政全书》卷五称:“近年,中州抚院督民凿井灌田。”“近年”指天启、崇祯年间,“中州”即大致今河南省范围。明末学者顾炎武在《天下郡国利病书》卷五〇讲到河南省内井的布置情况:“每田百亩,四隅及中各穿一井,每井可灌田二十亩,四围筑以长沟,深阔各丈余,旱则掣井之水以灌田,潦则放田之水以入沟”,组成有灌有排的井灌渠系。在豫北,武陟县民间凿井灌溉几乎“县西几遍”,“水车桔槔之声相闻”。[②] 安阳县的人们也是“多凿井,或用桔槔,或用水车”,“井灌面积达两千多顷”。[③] 在清代乾隆和道光年间,河南的井灌事业再次出现高潮。乾隆五十年(1785),河南巡抚何裕城派遣官员在新乡、汲县等地推行凿井[④];道光二十七年(1847),许州(今许昌一带)大旱,知州汪根敬“劝民掘井三万余”[⑤],数字可能有所夸大,但井灌事业获得发展肯定是事实。除此以外,当时的偃师、武陟、孟津、温县、孟县、巩义、郏县、沁阳、修武、安阳、洛阳、获嘉、禹州、浚县、临颍、荥阳等地都广泛开井灌溉,井灌事业相当兴盛。

二、排灌工程

开渠引水灌溉和开沟排水是农业生产当中农田水利建设的主要任务,也是灌水排水文化的核心内容。渠系工程是古代河南很普遍的一种农田水利工程。

---

① 骆明、陈红军:《汉代农田布局的一个缩影——介绍淮阳出土三进陶院模型的田园》,《农业考古》1985年第1期。

② 史延寿修,王志杰纂:《续武陟县志》卷五《地理志·水利》,1931年。

③ 方策等修,裴希度等纂:《续安阳县志》卷七《实业志·农业》,1932年。

④ 赵尔巽等撰:《清史稿·河渠志四》,中华书局1977年版,第3823页。

⑤ 王文秀等修,张庭馥等纂:《许昌县志》卷七,1923年。

商周时期的沟洫农业就起着向农田引水、输水、配水、灌水及排水的作用。战国时,河南是最早兴建大型水利工程的地区之一。

圃田泽与引黄淤灌工程就是人们经常所说的鸿沟。圃田泽位于中牟县,魏惠王十年(前360)引黄河水入此泽,蓄水溉田,种稻改土,肥田增产。这是古代引黄淤灌、种稻改土的最早典范。圃田泽东西宽40多里,南北长200多里,与黄河息息相通,在黄河大汛期间,能分杀黄河汹涌之水势,夏蓄水,而春秋灌溉农田。

漳水十二渠则是用来变害为宝的重要农田水利工程,将长期泥沙淤积、河道多变迁祸害沿岸百姓的漳水引来灌溉农田,为沿岸的农业生产带来了极大便利,使邺地迅速由贫瘠之地变为膏腴之地。

秦汉时期,随着国家的统一、社会的稳定,中原地区农田水利事业有了很大的发展。在沁河下游的古灌区,是黄河流域三大古灌区之一。公元前210年,秦朝在今济源市东北约30里处的五龙口修建引沁枢纽工程。由于其渠首为枋木垒成,“天时霖雨,众谷走水,小石漂迸,木门朽败,稻田泛滥,岁功不成”①,影响了灌区农业生产的发展。到三国时,魏将司马孚将其改为石门,工程效益大大提高,“若天旸旱,增堰进水,若天霖雨,陂泽充溢,则闭防断水,空渠衍涝”②。既避免了因进水过多造成“稻田泛滥”,又保证了农田灌溉的需要。唐代时河阳节度使温造“修枋口堰,役工四万,溉济源、河内、温、武德、武陟五县田五千余项”③,后来历经各朝各代的修缮,灌溉效益经久不衰。元代一度建成拦河壅水坝——石堰、引水石门——石斗门、溢洪道——减水河,从而组成有坝取水枢纽。明中期形成五条引水灌溉渠道,此后,引水口又称五龙口。明末至清代新引水口不断上溯,在环流较强、引水性能好的河段开凿石隧洞(长7—20米),设闸引水,闸室坚固,能抗御特大洪水侵袭。先后修成利丰、广济、永利、甘霖、广惠、大利、小利共7条水渠,分别灌溉南北高低不同的田地。

隋唐时期,洛阳是东都,在其周围,西边从虢州(今灵宝南)、陕州起,北到孟州、怀州、相州,东到汴州,南到光州,利用黄河及伊、洛、沁、汴等水,修了南北利

---

① 《水经注》卷九《沁水》。
② 《水经注》卷九《沁水》。
③ 《旧唐书》卷一七《文宗本纪》。

人渠、湛渠等多处灌溉工程，其中像鸿胪水、玉梁渠等灌溉田地达万亩以上。鸿胪水灌区位于虢州弘农县(今灵宝市)，其水源引自鸿胪水(今弘农涧)，经弘农县北入县境，灌溉田地400余顷。玉梁渠灌区位于蔡州新息县(今息县)西北50里，隋仁寿年间修，唐开元年间修治，渠水和16所陂塘连接，构成陂渠串联、引蓄结合的工程形式，溉田3000余顷。

宋元时期，河南的排灌工程最典型的就是引浊放淤。这主要是利用浑浊的黄河之水灌淤田地、改良土壤的一种方法。北宋真宗时，应天府(今河南商丘)西一带，开汴河，设斗门，灌淤田数百顷。实际上，东京汴河漕运繁忙，沿岸也是主要的人口聚集区，农业用水很多。唐代时沿河的农民就常常引汴河水用以灌溉，以至于汴河"每至春夏之时，多被两岸田莱，盗开斗门，舟船停滞"[①]。宋代汴河每年漕运粮食达600万石，运费浩大。熙宁二年(1069)，开封府的侯叔献建议利用汴河两岸的牧马地和公私废田进行屯田，在汴河两岸设置斗一门，分汴水进行灌溉，"岁可得谷数百万以给兵食，此减漕省卒，富国强兵之术也"[②]。屯田虽未实行，引汴溉田之风却再度盛起，经汴流所溉的土地成良田的有8万顷[③]，农业获利很大。

在王安石变法时，设有"总领淤田司"，利用黄、汴、漳等河，在河南进行大规模的人工淤灌。从熙宁初年到元丰初年的十余年间，据不完全统计，北方淤田将近20万顷。如京畿周围的中牟、开封、陈留、咸平(通许)等县，还利用黄河水、沙资源淤溉改良土壤。淤灌后，土质"极为细润"，"视之如细面"，小麦生长良好，每年可增产粮食几百万石。

三、陂塘蓄水工程

除了渠系工程，还有陂塘工程。陂塘主要是利用自然地势，经过人工修建的贮水工程，其功能是蓄水灌溉农田。

---

① 《唐会要》卷八七《漕运》。

② 徐松辑：《宋会要辑稿》(影印)，新文丰出版社1976年版，第4901页。

③ 《宋史》卷三三三《俞充传》。

河南最早的陂塘工程是春秋时期楚相孙叔敖所建的期思陂。孙叔敖是春秋时楚国期思邑(今淮滨县期思乡)人。在当令尹之前,他在史河东岸凿开石嘴头,引水向北,称为清河;又在史河下游东岸开渠,向东引水,称为堪河。利用这两条引水河渠,灌溉史河、泉河之间的土地。因清河长 90 里,堪河长 40 里,共 100 多里,灌溉有保障,后世又称“百里不求天灌区”。经过后世不断续建、扩建,灌区内有渠有陂,引水入渠,由渠入陂,开陂灌田,形成了一个“长藤结瓜”式的灌溉体系。这一灌区的兴建,大大改善了当地的农业生产条件,提高了粮食产量,满足了楚庄王开拓疆土对军粮的需求。因此,《淮南子·人间训》称:“孙叔敖决期思之水,而灌雩娄之野,庄王知其可以为令尹也。”三国时,曹魏的刘馥对其重加整治,明代维修扩充,其遗址今又成为梅山和鲇鱼山灌区的组成部分。

汉代时,河南陂塘工程兴建达到一个鼎盛时期,主要集中在汝南、南阳二郡。汝南地区位于伏牛山的东侧,土地肥沃,地势自西北向东南微微倾斜,有利于自流引灌,淮河及其支流汝水蕴藏着丰富的水利资源可供开发利用,而支流冲沟谷的地形条件也为兴建陂塘水利提供了方便。两汉时期汝南地区的陂塘灌溉事业有了长足的发展,仅《水经注》中就记载有 30 多座,其中以鸿隙陂比较有名。鸿隙陂,亦名鸿池陂,在淮河和汝河之间,始建于汉武帝元光年间,建成之后当地老百姓甚得其利。但到了西汉晚期汉成帝时就发生了水灾,当时的丞相翟方进认为只有废毁这一蓄水设施,才能免除水灾。但鸿隙陂的废除却导致汝南地区年年旱涝成灾。到东汉时,邓晨为汝南郡太守,听说许扬(今河南平舆人)擅长水利,于是任命他主持修复鸿隙陂。北魏时鸿隙陂还存在,隋唐以后不见记载。

三国至隋唐时期,汝南地区的陂塘工程继续发展。西平建有 24 陂,遂平有张泽陂,正阳有慎陂,上蔡有黄陵陂。然而,宋元以来的一千多年间,水利工程日渐废圮。除战乱等原因外,水利工程自身也有一些严重的问题,即重要的陂塘多串河截引,不能蓄泄自如,常常聚水成灾。

南阳在两汉时期是重要地区,其重要地位不下于洛阳,历史上向以宛洛并称。南阳地区是汉代中原地区修建陂塘工程最多的地区。这里东、北、西三面地势较高,南面低洼,全地区呈一簸箕形盆地。境内水系发达,发源于伏牛山区的唐河、白河,流经盆地,为发展水利灌溉事业提供了有利的自然条件。汉武帝时南阳地区的水利事业就已有相当的发展。《史记·酷吏列传》记载,汉武帝时，宁成曾于南阳“买陂田千余顷，假贫民，役使数千家”。所谓的陂田，当为陂水灌溉的农田。宁成已拥有千余顷陂田，可见当时的陂塘灌溉获得很快的发展。[①] 汉武帝以后，南阳地区的陂塘灌溉事业发展得更为迅速，其中著名的就是南阳太守召信臣、杜诗对当地水利的开发。召信臣在任南阳太守时，非常重视当地农田水利事业的发展。他对境内的水利资源进行实地勘探，并因势利导，主持修建的陂堰塘渠多至数十处，比较有名的有在泌阳修建的马仁陂，在邓州修建的六门堨、钳卢陂等蓄水灌溉工程。经过他的开发，南阳之地“以广灌溉，岁岁增加，多至三万顷”[②]。东汉时杜诗任南阳太守时，“又修治陂地，广拓土田，郡内比室殷足”[③]。由于二人在担任南阳太守期间都能为民兴利，深受老百姓的爱戴，所以他们被南阳人民称为“前有召父，后有杜母”。正是因为他们的首倡，两汉时期南阳郡掀起了一股兴建水利工程的高潮。张衡《南都赋》述其盛况：“其水则开窦洒流，浸彼稻田，沟浍脉连，堤塍相转，朝云不兴，而潢潦独臻，决渫则暵，为溉为陆，冬稌夏穱，随时代熟。”[④]根据张衡《南都赋》、郦道元《水经注》和后世地方志的记述，两汉时期南阳地区的水利工程相当多。

其中，六门陂（又称六门堨）位于穰县（今邓州）西，是南阳太守召信臣“起水门提阏凡数十处”，灌田“多至三八顷”之地。他在湍水上修筑拦河石坝形成了一座水库。创建于建昭五年（前 34），始设三座水门，至元始五年（5）又开三门为六门，六门陂因此而得名。陂水通过 6 座水门引出，晋代“杜预继位信臣之业，复六门之陂，遏六门之水，下陂二十九败，诸陂散流，咸入朝水”[⑤]，“溉穰（县）、新野、昆阳（邓州东北）三县五千余顷”。据实地调查，六门陂拦河大坝位于邓州城西 3 里的韩洼村前，其引水总干渠横贯邓州、新野两县（市），长达 100 余里，于新野县上先港南注入白河。除了引水灌田，还有运输、排水等作用，湍河水涨，可分泄入白河，减少湍水泛滥之害。[⑥]

钳卢陂是六门陂下 29 陂中最大的一座陂塘，又名迪陂，位于穰县东南 60

---

① 汪家伦、张芳：《中国农田水利史》，农业出版社 1990 年版，第 109 页。

② 《汉书》卷八九《召信臣传》。

③ 《后汉书》卷六一《杜诗传》。

④ 张衡：《南都赋》，见萧统编：《昭明文选》，中国戏剧出版社 2002 年版，第 27 页。

⑤ 《水经注》卷一八《渭水》。

⑥ 南阳地区水利局：《从六门陂、钳卢陂的兴废探讨怎样办好南阳水利》，转引自汪家伦、张芳：《中国农田水利史》，农业出版社 1990 年版，第 110 页。

里。根据文献记载和残存遗迹来看，陂址大致位于今邓州东南五六十里的王堤村以南、岗岔楼以北、构林以东的地方。其陂系在东南面修筑的约 8 里的大堤，利用洼地围成的蓄水工程。它有一条干渠与六门陂相连，除了引导湍水入陂，还承纳西北构林、侯家桥、熊家冲一带的地表径流。陂南北长 8 里，东西宽 3 里，共占地 93 顷多，灌溉农田约 90 万亩。①

《三国志》记载，两晋时，杜预在南阳重修召信臣的钳卢陂，引浊水（今沙河）、淯水（今白河）灌溉田地 3 万余顷。据《水经注·淯水》记载，他修复了西汉时南阳盆地湍水、朝水（今刁河）之间的六门陂及其下的 29 处陂塘，重现了两汉钳卢陂等塘堰的规模和部分灌溉效益。魏晋南北朝时期，沈亮为南阳太守时，对一些水利陂塘进行了修复。宋代时赵尚宽、谢绛等人为恢复南阳灌区做出了很大的努力，受到后人的赞扬。明清时期虽说古代的一些水利工程不能再用，但人们又新建了许多陂堰，尤其在雍正年间，南阳盆地又掀起了一次兴修水利的热潮，从而保持了这个地区水利事业的长盛不衰。② 现在南阳地区遗留下来的水利工程遗迹很多，有人做过如下统计：原南阳县有堰 20 座，有陂 9 处；镇平县有堰 3 座，有陂 6 处；唐河县有堰 7 座，有陂 7 处；社旗县有堰 2 座，有陂 1 处；邓州有堰 31 座，有陂 38 处；新野县有堰 18 座，有陂 27 处；内乡县有堰 16 座；淅川县有堰 32 座；方城县有堰 4 座，有陂 5 处。经调查，除叶县、泌阳外，全区共有堰 134 座，陂 93 处。

除此以外，河南其他地方也修建有一些陂塘工程。如兴平元年（194），夏侯惇在襄邑（今睢县）附近"断太寿水作陂"③；唐代时在汴州陈留（今河南开封陈留）修建有观省陂，灌田达百顷；在陈州的西华县，整修三国时邓艾所建的水利旧址，引颍水灌田，名邓门陂；在息县西北，扩建隋玉梁旧渠，洪陂 60 所，灌田达 3000 顷；在光山县曾修建雨施陂，灌田 400 余顷。修复的农田水利工程，还有管城县（今郑州）的李氏陂、中牟的二十四陂、许昌的堤塘、平舆的葛陂、永城的大剂陂等，都极大地促进了农业生产的发展。

---

① 南阳地区水利局：《从六门陂、钳卢陂的兴废探讨怎样办好南阳水利》，转引自汪家伦、张芳：《中国农田水利史》，农业出版社 1990 年版，第 110 页。

② 黎沛虹：《历史上汉江上游的灌溉事业》，《农业考古》1990 年第 2 期。

③ 《三国志·魏书》卷九《夏侯惇传》。

四、农业用水设备及机具

古代河南的灌溉、排水等工程中的各类设施，包括分水、引水、输水、配水、灌水、排水、蓄水等工程设施，主要有水门、涵管、鱼嘴、堰、渠道、阴沟、飞槽、连筒、虹吸、田间垄沟、陂塘、水池、水库、水篣、虚堤等。

水门，又称斗门或闸，水门在西汉时已见记载。后分进水、节制、分水、退水和排沙等闸。沿海灌区又有防潮闸。唐代已有两渠道平交，用一组间门控制的水闸枢纽。

涵管，又称水窦或筒口，即过水涵洞或暗管，多为砖石结构。涵管可代替水门分水、引水，也用于立交工程。涵管也常为木制。北宋有在涵内装铜轮刀，过水冲击时，可以割断进入的杂草。

分水石，也叫鱼嘴或铧嘴，即分水导流堰。明清广济渠等干渠与大文堰为续灌，用分水石分水。分水石的设置是根据堰口底石（亦称水平石）的高低和堰口的宽度不同来确定不同的分水比例。也有用交角的大小来调节，以后又逐渐加设闸门控制，称“太公闸”或“天平闸”，意谓分水公平。引沁广济渠分水用的即是分水石。

堰，又称为埭，即溢流坝。位于渠首的拦河堰也称石埸，如广济渠修建有石堰，用以抬高水位，便于引水。设在渠堤或陂塘上的堰，又称石跶，用以宣泄渠中多余水量，保证下游的安全。形制较小者，王祯《农书》称为水栅。永久性的堰多为石砌，临时性的有石笼、石囤、草土、梢木等结构。

渠道，王祯《农书》中浚渠。阴沟是地下暗渠。《周礼・考工记》记载渠道上有类似陡坡和跌水的设施。后代较大的渠道有时还有衬砌和护岸工。

飞槽，又称飞渠、橙槽。王祯《农书》中称为架槽，现今称为渡槽。古代多为木制。

虹吸，古称渴乌，东汉时已有，后代用于供水及水力仪器的部件。倒虹吸古代没有通用专名，王祯《农书》中称为连筒，用去节竹筒连接而成，阴沟也可以做成倒虹吸形式。

虚堤，为引取河渠渗水的措施，类似今之反滤设施。北宋时曾用碎砖瓦修筑虚堤,引汴河水灌溉。

水簩,是安置在渠水流入田块地方的防冲设施,多系竹篾编制。

这些农业用水设备和机具各有功用,使得农业用水在实际操作中设备配置齐全,行之有效。

第三节　航运用水

利用水流运送物资是用水兴水文化的重要内容。早期水运是利用天然河道以浮木渡河,即《易经·涣》中所说的“利涉大川,乘木有功”。随着人类文明进程的推进,由天然河道的通航发展到开凿运河,将不同水系的河流相互沟通,更大范围地改善了地区间的交通。

在没有铁路的古代,由于水运载重量远大于陆运,在长途运输中水运占有重要的位置,因此各朝政府不惜用国家力量来开发水运。隋唐大运河和京杭大运河纵横黄淮海平原三角洲,这些地区是当时人口最密集、经济最发达的地区。水运尤其是运河交通,对社会的政治稳定、经济繁荣和文化发展都有举足轻重的作用。

河南的水运历史悠久。最早见于历史记载的是商代盘庚涉河迁都,说明水运已经有了一定规模。《史记·周本纪》记载,到了西周初年,周武王伐纣时,曾率五万名士兵、三百乘战车在孟津横渡黄河。

春秋战国时期是运河开凿的一个黄金时期。司马迁在《史记·河渠书》中记载了春秋战国时开凿运河的盛况:“荥阳下引河东南为鸿沟,以通宋、郑、陈、蔡、曹、卫,与济、汝、淮、泗会。于楚,西方则通渠汉水、云梦之野,东方则通沟江淮之间;于吴,则通渠三江、五湖;于齐,则通淄济之间;于蜀,蜀守(李冰)凿离碓,辟沫水之害,穿二江成都之中。此渠皆可行舟,有余则用溉浸,百姓享其利。”①

河南历史记载中最早的一条人工运河,春秋时修筑在当时陈国和蔡国之

① 《史记》卷二十九《河渠书》。

间。陈国的国都在今河南淮阳，蔡国的国都在今河南上蔡，当时淮阳和上蔡分别紧临淮水的两条支流沙水和汝水，但陈蔡之间的水运却需要经过淮河，向东南绕一个大圈子。于是古人在沙水和汝水之间开挖了一条人工运河，“通沟陈蔡之间”①，但这条运河具体在什么位置史实已不可考。

一、汴渠（通济渠）

魏惠王时，魏国成为中原强国，魏惠王九年（前 361）迁都大梁（今河南开封），为了控制中原，在迁都的次年开挖了鸿沟。鸿沟在大梁通黄河（据今人考证，鸿沟在大梁以上，大体上走今日黄河之道），向东折而南，与淮河北面的支流丹水、濉水、沙水、颍水等河相沟通。鸿沟将黄河与淮河支流连接起来，组成贯通中原的水上交通网。鸿沟的开凿促进了淮河流域的发展，一个重要的城镇应运而生。除大梁外，位于济水、菏水交汇处的陶（今山东定陶）、颍水入淮河口的寿春（今安徽寿县）、濒临濉水的睢阳（今河南商丘）、丹水与泗水之间的彭城（今江苏徐州）逐渐成为当时繁华的城市。

在秦国，大约在公元前 249 年，在鸿沟通过黄河的广武镇修建了转运仓库敖仓，鸿沟的地位日益重要。秦汉以来，东南大量的粮食通过漕粮中转枢纽。曹魏后期，鸿沟水系的水运交通也较发达。当年在淮河、颍河一带屯田取得很大成绩，并开广漕渠，引黄河水接济水、颍水，发展灌溉和漕运。《水经注·渠水》中记载“穿渠三百余里，溉田二万顷，淮南淮北皆相连接……每东南有事，大军出征，泛舟而下，达于江淮”。

自汉代以来，鸿沟的地位逐渐被它东面的汴渠所取代。《汉书·食货志》记载，汉武帝、汉宣帝时通过汴渠运往关东的漕运量达到每年 400 万石左右。

到了隋代，隋炀帝在历代修筑的基础上，在大业元年（605）三月，发河南、淮北诸郡百姓，前后百余万，开通济渠②，修筑堤堰，设斗门等，渠成名“通济”。

通济渠分两段凿成。一段自今洛阳西的隋帝宫殿“西苑”开始，分引谷水、

① 《水经·济水注》引《徐州地理志》。
② 《资治通鉴》卷一百八十《隋纪四》。

洛水达于河，大概循东汉张纯所开阳渠的故道，由偃师至巩县的洛口入黄河；另一段仍利用开封以西一段汴水，自河南荥阳其下折而东南，经今河南杞县、商丘，安徽宿县、泗县，江苏泗洪，至盱眙入淮河。

到唐宋时，通济渠又多被称为汴河。通济渠开通后，地位日见重要，在唐代维修最勤，具有完善的管理制度。在安史之乱期间，通济渠断航达8年之久。到广德二年(764)，刘晏修复汴河，他总结前代的漕运经验教训，在河阴(今荥阳北)、扬州、长安建转运仓，实行漕粮运输"转运制"，即"江船不入汴，汴船不入河，河船不入渭。江南之运积扬州，汴河之运积河阴，河船之运积渭口，渭船之运入太仓。岁转粟一十万石，无升斗溺者"①。实行漕粮转运制，有效地保障了各地尤其是都城长安的物资供应。

北宋建都汴梁(今开封)，除居民外还有几十万禁军驻扎，粮食全部仰仗汴渠运输。《宋史·河渠志》记载，宋代人言及汴渠的作用时说："汴渠横亘中国，首录大河，漕渠引江湖，利尽南海，半天下之财富，并山泽之百货，悉由此路而进。"②汴渠的漕运量，到宋仁宗在位时已达到每年800万石，每年漕运自淮南入汴河的船只约6000只。自楚州、泗州至汴京80天一运，每年可三四运。

北宋时曾担任开封知府的著名理财家张方平在《论汴河》一文中指出："京师所谓陈留，八达之地也。国依兵而立，兵以食为命，食以漕运为本，漕运以河渠为主。国家浚河三道，通京城漕运，曰广济，曰惠民，曰汴河。今仰食于官廪者不惟三军，至于京师士庶以亿万计，大半待饱于军稍之余，故国家于漕事至急至重。有食则京师可立，汴河废则大众不可聚。"由此他得出了"汴河之于京师，乃是建国之本"，"大众之命，惟汴河是赖"的结论。

《宋史·河渠志》记载，宋太宗曾说过："东京(开封)养甲兵数十万，居人百万家，天下转漕，仰给在此一漕渠水，朕安得不顾。"其所指的便是汴渠。

汴渠兴盛的运输一直持续到北宋末，金兵入侵，汴渠失去维护逐渐废弃。

---

① 《新唐书》卷五一《食货志》。

② 《宋史》卷九十三《河渠志》。

二、白沟、永济渠

建安九年(204),曹操北征袁尚,为了运粮,开始大举兴建运河,以通水运。曹操时主要修造的运河有白沟、平虏渠、泉州渠、新渠等。

当时黄河是流向东北在今河北沧州入海,下游与海河相通,丰水时水流湍急,不便航行;枯水时水流散漫淤没。《水经注·淇水》记载,为了便利黄河以北地区的交通,曹操在淇水入黄河的淇口(在今浚县)用大枋木做堰,分淇水为二,一支仍流入黄河,一支北流,汇入卫河和漳水,渠成名“白沟”。白沟建成后成为曹魏军运的重要水路。

《隋书·炀帝本纪》记载,到了隋大业四年(608),“诏发河北诸郡男女百万开永济渠,引沁水,南达于河,北通涿郡”。永济渠的渠道利用了曹操所开的白沟、平虏渠。永济渠上游纳沁水、淇水和清水。永济渠开凿后,与东西向的通济渠、南北向的淮扬运河和江南运河形成了横贯中国腹心地区的东西南北水运干线网络。

唐宋永济渠是沟通北方与南方的重要水道。唐贞观十八年(644)用兵辽东,后周显德六年(959)北征契丹,士兵和粮草走的都是永济渠。[①]

到了北宋时,设置官吏管理这段运道,时称御河。自魏州以下,三四百料船能四季通航。

三、都城航运

除此之外,为沟通重要城市,各王朝统治者历来重视重要城市尤其是都城的航道建设。

东汉建都洛阳,王朝刚一建立,便在洛阳城下动工穿渠——引洛为漕,是为

① 姚汉源:《唐代幽州至营州的漕运——黄、海、滦水系之沟通》,载《水利水电科学研究院文集》第12集,水利电力出版社1982年版,第223页。

阳渠。阳渠除了灌溉之利，最重要的功能便是转运漕粮。关于阳渠，《后汉书》唐李贤注云："阳渠在洛阳城南。"杨守敬《水经·谷水注疏》指出，因通漕在城南，"故第言南面之阳渠耳"。阳渠，多认为是绕城之南垣之渠水。郦道元《水经注·谷水》记载："后张纯堰洛以通漕，洛中公私穰赡。"段鹏琦认为："所谓堰洛通漕，顾名思义，应系以堰的方法，迫使部分洛河水流入阳渠，增大其水量，以助引舟；堰洛的地点在洛阳城西，位置可能在今偃师东新庄村附近。"①张纯利用堰洛通漕，充分利用洛水水量大的优势，漕渠的畅通使得洛阳可以"东通河济，南引江淮，方贡委输，所由而至"②。

在隋大业元年(605)开成的通济渠，其西段就是在东汉阳渠的基础上扩建而成，起于洛阳西南，以洛水及其支流谷水为水源，穿过洛阳城南，到偃师东南，再循洛水入黄河。武则天时，为了增加漕粮的运输量，特别在洛阳城开辟了洛漕新潭，可见洛阳对东方漕粮需要的迫切程度。

开封是后晋迄于北宋时的古都。后晋、后汉、后周和北宋几个王朝或政权之所以在此建都，主要是因为开封位于华北平原的南端，周围一马平川，河流成网，湖泊密布，水路交通四通八达，得天独厚。自隋唐至北宋，开封一直以汴河为漕运的主要通道。五代后期到北宋，开封周围又增加了一些人工开凿的水道，主要是惠民河和广济河，开封遂成为水道"四达之会"，漕运更加发达。

鼎盛时期的开封拥有 150 万人口，日常消费的粮食、蔬菜、木材、燃料等物品需求量极大，全赖穿过东京的"惠民、金水、五丈、汴水等四渠，派引脉分，咸会天邑，舳舻相接，赡给公私，所以无匮乏"③。

为了便于都城周边的航运，古人还设立了水柜。水柜之名始见于北宋，称"柜"是取其储蓄和可按需启闭之义，是保证水运畅通的有效辅助设施，也属于用水方式的一种。其功能主要是调节运河用水，建立时间在宋初。建隆二年(961)二月，宋太祖就曾"幸城南观修水柜"④。就修建地点来说，东京汴河沿岸修建数量最多。因汴河源出黄河，流量不均，常影响航运。元丰二年(1079)正

① 段鹏琦：《汉魏洛阳与自然河流的开发和利用》，载《庆祝苏秉琦考古五十五年论文集》，文物出版社 1989 年版，第 473 页。

② 郦道元撰，陈桥驿校正：《水经注》，中华书局 2013 年版，第 379 页。

③ 《宋史》卷九十四《河渠志》。

④ 《续资治通鉴长编》卷二"太祖建隆二年二月甲戌"条。

月实施清汴工程，依据宋用臣的规划，欲引洛水为汴渠主要供水源。为防备洛水不足，"引古索河为源，注房家、黄家、孟家三陂及三十六陂，高仰处潴水为塘"①。实际就是在洛水沿岸建了39座小型水库，即水柜，设闸控制，调节流量。夏秋水涨时蓄水以备冬春之用，河水浅时放水入运，河水大时放水入水柜，特别是运河发生洪水时可泄洪水入水柜蓄存，待运河需水时回注接济。

第四节　城市生活调水供水文化

中原古代城市的建立，与充分利用水资源密不可分。正如春秋时期著名政治家管仲所说，建立国都，多为依山傍水，选择在江河湖泊附近。不能建得太高，否则取水困难；不能建得太低，否则不能节省排涝工程。城建布局要因地制宜，可根据地形条件和水利条件而建，不必拘泥于一定模式。

现代水利专家把古代城市水利内容概括为以下四个方面：一是要满足生活、生产用水和防火需要。这是城市供水的主要方面。靠近河湖取水和打井取水是主要取水方式，在水源较远地方要修建引水工程送水入城。二是满足航运和灌溉需要。一些河流与城市相通，既可运兵、送粮、运送物资和人员，又能引水灌溉，甚至有的城市水域用于观光游览、种植养殖。三是护城河在巩固城防中占有重要地位。古代战争频繁，一座城市为防止敌人进攻，除了修筑坚固的城墙，还修有较宽的护城河。河水引自上游的河、湖、溪水，经专门引水工程引入护城河，下游修有渠道将河水排出。当洪水泛滥时，护城河成为排水渠道，城墙成了抵御洪水的堤防，使城市具备双重的防洪体系。四是用水来改造和美化城市，解决自然环境恶化的问题。古代城市用水均在这四项范围之内，河南古代城市也不例外。

古代河南城市用水无外乎靠以下四种方式供水。

---

① 《宋史》卷九十四《河渠志·汴河下》。

一、凿井取水

凿井取水是古代解决城市供水的重要措施。在古代的环境卫生条件下，即使一个城市同时具备各种水源，井水因其水质比较稳定、清洁，始终是最主要的饮用水水源。井是我国古代劳动人民在长期的生产生活过程中发明的一种设施。《吕氏春秋·勿躬》中说："伯益作井。"《经典释文》卷二"井卦"下引："《世本》云：'化益作井。'宋衷云：'化益伯益也。尧臣。'"《淮南子·本经训》记载："伯益作井而龙登玄云，神栖昆仑。"伯益造井之说为各家所公认。

中原地区的水井始于距今4000余年的龙山文化时期，在时间上晚于南方，但在技术上却比同时期南方的凿井技术先进，表现在口径大、井深两方面。

夏、商、西周时期，水井的开凿利用已很普及，主要是土井。如河南偃师商城遗址和郑州商城遗址中的水井。另外，驻马店杨庄遗址共发现二里头文化时期的水井4座。[①] 周代水井遗址数量更多，在今河南潢川黄国故城遗址，发现春秋时期的水井15座。[②] 以上所见夏、商、周时期的水井遗址，大都位于宫殿区内或是生产和生活区附近，可以认定主要是为了满足生活和生产用水。

到了五代、北宋时期，随着城市的不断发展，凿井取水的方式被广泛应用。在后周显德三年(956)五月，周世宗下诏："盛暑隆冬，倍减燠寒之苦。其京城内街道阔五十步者，许两边人户，各于五步内取便种树掘井，修盖凉棚。其三十步已下至二十五步者，各与三步，其次有差。"[③]掘井当然是为了方便民众取水。

东京城内饮用地表水源为金水河，引河水而建的水井称方井。方井设置时间为真宗大中祥符二年(1009)九月，因汴水涨溢，京城积水，"先是，命供备库使谢德权决金水河为渠，自天波门并皇城，至乾元门，历天街东转，缭太庙，皆甃以坛甓，树之芳木，车马所度，又累石为梁。间作方井，宫寺民舍，皆得汲用。复东引，由城下水窦入于濠。京师便之"[④]。这样做既解决了皇宫和周边居民饮水问

---

① 宋豫秦、李亚东、韩建业：《河南驻马店市杨庄遗址发掘简报》，《考古》1995年第10期。

② 杨履选：《春秋黄国故城》，《中原文物》1986年第1期。

③ 王溥：《五代会要》卷二十六《街巷》，上海古籍出版社1978年版。

④ 《续资治通鉴长编》卷七十二。

题,又有效清理了积水,改善了环境,便利了日常生活,可谓一举多得。此种方井由政府牵头开凿而成,属于官井,多在市面人口密度较大地区。方井井口为“田”字形,周围砌以砖石,四口可同时汲水。

方井的四口是为满足人群密集使用的高频率而专设,为宋代首创。东京城内有多少方井,目前未见明确记载,但从庆历六年(1046)夏六月“丙寅,诏开封府久旱,民多渴死”①的惨状来看,有一点是明确的:只靠这些地表水井显然不能满足需要。故“令京城去官井远处益开井。于是八厢凡开井三百九十”②,这里的井应该多是取用地下水的筒井了。此外,居民区内应该还存在大量民间自发开凿的私井。

北宋汴梁城内私井的开凿数目应该不少。这些私井,或以所处位置,或以水井本身形制、特点命名,如花园井、阁门井、相国寺井、海眼井、八角井、三眼井、义井等。③ 或者不见命名,只以“甜水”相称,如“寺东门大街……以东向南曰第三条甜水巷……向东,街北曰车辂院,南曰第二甜水巷……南往观音院,乃第一条甜水巷也”④。既称甜水巷,证明该巷内有水质清洁甘甜的井泉存在。这不仅表明好水井在人民生活中的重要地位,亦可进一步证明民间自发开凿的水井分布是更为广泛的。皇宫大内亦有专用水井,至明代依然发挥着作用⑤。

二、开渠引水

古代城市选址往往遵循“高毋近旱而水用足,下毋近水而沟防省”⑥这一原则。因此,出于地理条件的限制和防洪的考虑,许多城市不可能距水源太近,必须开渠引水入城。

我国很早便掌握了开挖沟渠的技术。大禹治水时用沟渠疏导洪水。大禹

① 《续资治通鉴长编》卷一五八。
② 《续资治通鉴长编》卷一五八。
③ 《宋东京考》卷二十《井》。
④ 《东京梦华录》卷三《寺东门街巷》。
⑤ 顾炎武:《历代宅京记》卷一六《开封》。
⑥ 《管子·乘马》。

行遍九州,“画其疆场,作其沟浍,涝患可蠲,旱亦获济”①。

考古证实,作为灌溉设备的水井和水渠在龙山文化晚期已经出现。在河南洛阳矬李遗址就发现了水渠遗迹。在登封东周阳城遗址②,曾发现了一套比较完整的战国时期供水设施。东周阳城位于今河南登封告城镇附近,是春秋时郑国和战国时韩国的西面军事重镇之一。阳城内地下输水管道设施是近年来考古发掘中的重大发现,为研究我国古代城市地下供水设施提供了少见的实物资料。因阳城是建筑在地势较高的坡地上,为了解决城内供水,采用多节陶质直通管、三通管或四通管在地下铺设成长长的输水管道,把水从城外引入城内。输水管道有配套的澄水池和阀门坑等。这是我国目前已经发现的比较完整的一套东周战国时期的供水设施。③

陶水管道自北向南铺设在岩石层中挖好的沟槽内。已发掘 500 米左右,每隔 30—50 米就有一个三通管,其南端与一个贮水池相连,把北面高地流来的水送入贮水池内。贮水池也是开凿在红色岩石层中,呈口大底小和西宽东窄的东西长方形,四壁规整。水池口部东西长 14.6 米,西端宽 4.52 米,东端宽 4.2 米;底部东西长 13.25 米,西端宽 3.75 米,东端宽 3.25 米;水池西端深 2.2 米,东端深 1.5 米。水池底部平铺一层直径 0.4—0.5 米的河卵石,可能与沉淀水中的泥沙有关。卵石东西向大体成行,行间距 6—12 厘米。

在贮水池东壁底部中间的岩石层内,向东开凿了一段长约 3.8 米西高东低的斜坡小涵洞,涵洞西口高于东口 0.4 米,涵洞高 0.21—0.98 米,底宽 0.2—0.7 米。在涵洞底部自贮水池向东铺有 11 节陶水管道,每节陶水管道均为一端粗一端细的圆筒形,泥质灰陶,器表饰绳纹,管长 0.6 米左右,粗端口径 0.17—0.18 米,细端口径 0.13—0.14 米,壁厚 2—3 厘米。水管道相套接时,都是后一节水管细端套入前一节水管粗端内 4—6 厘米。由于涵洞内的水管道是为了把贮水池的水向东输送,所以各节水管的套接方法均为粗端朝西和细端向东套接而成。④

紧靠出水涵洞东端有一个阀门坑。这是在岩石层中开凿一个方形竖坑和

---

① 王夫之:《船山遗书·书经稗疏》。

② 杨育彬:《河南考古》,中州古籍出版社 1985 年版,第 166—170 页。

③ 安金槐:《中国考古》,上海古籍出版社 1992 年版,第 311—312 页。

④ 杨育彬:《河南考古》,中州古籍出版社 1985 年版,第 166—170 页。

一个圆形竖坑相接而成。方形竖坑在西，每边长 1.35 米，坑深 1.7 米；圆形竖坑在东，直径 1.1 米，深 1.85 米。由涵洞内铺设出来的陶水管道，直接伸到方坑与圆坑底部的相接处。水管道东端口部内外，有明显的磨损和碰伤痕迹，这很可能与当时用物堵塞管口止水和拔塞放水的磕碰与磨损有关，从而说明这两个相连的坑是为了堵水和放水使用的，其作用类似现在自来水的阀门坑。

在阀门坑东南壁下部，向东南方向开凿一段长 0.7 米、高约 1.03 米、宽0.3—0.54 米的圆拱形涵洞，接涵洞继续向东南开凿一条口宽 0.25—0.6 米、底宽 0.25—0.35 米、深 0.14—1.76 米的上宽下窄的露天沟槽。涵洞底部和沟槽底部都铺设套接的陶水管道，沟槽内陶水管道铺好后，将沟槽用土填实，成为地下暗管。这段陶水管道已发掘出 61 节，残长 32.6 米。[①]

登封阳城这一整套供水系统，规划合理，设计巧妙，是研究我国古代城市供水的重要实物资料。

另以隋唐洛阳城为例，洛水贯穿该城，城市四周三方有水。这一地势十分有利于开凿水渠。隋炀帝即位之初，曾命令宇文恺营建东京。宇文恺在充分考虑水流经区域和地势后，通过筑渠将洛水、瀍水、涧水引入宫城、皇城、里坊、御苑，实现了整个城市水网四通八达的设计目标。隋唐洛阳供水主要来自洛河。洛阳引水渠道分洛河南部、洛河北部两个部分。洛河南部引水渠道自洛河上游和伊河上游引水入城，在城内流入洛河。洛河南岸入城之渠道有四，分成五支，其中通济、通津二渠引水在洛河上游，两条伊河支渠和运渠引自伊河。洛河北部引水渠道从城内洛河直接分引北出，或者从支流谷水和瀍水注入城内。其主要渠道有三条，即漕渠、泄城渠、写口渠。漕渠即隋代开凿的通远渠，自城内惠训坊北修坝引洛水，向东流经立德、归义、景行、时泰、时邕、毓财和积德七坊，解决了洛北诸坊、北市和含嘉仓的供水、运输问题。泄城渠由城北入城，向南流经道政、道光、清化和立德四坊，于立德坊东南汇入漕渠。写口渠于东城东门宣仁门、南清化坊西南处，分泄城渠，向南流经立德坊，于其坊东南流入漕渠。[②] 此外，洛北还有谷水渠道。隋炀帝建洛阳城时，使谷水回复故道，并在城北外修渠

---

① 河南省文物研究所、中国历史博物馆考古部：《登封战国阳城贮水输水设施的发掘》，《中原文物》1982 年第 2 期。

② 田莹：《论隋唐洛阳城的池沼》，《唐都学刊》2008 年第 1 期。

二条,一条引入宫城,一条引入上阳宫,其余则由城西旧道进入西苑,之后于城西南注入洛水。

西苑是隋炀帝创建的禁苑,在洛阳城西,周回200里,规模宏大。隋炀帝建造西苑时,曾有开通渠道,引导洛水、谷水等从西苑西边流入的举动。[①] 西苑“周二百里,其内为海,周十余里。北有龙麟渠,萦纡注海内,门皆临渠”[②]。这说明当时隋炀帝注重并贯彻了城内开渠引水与河流相通,形成水系网络的城市水利规划思想。

三、筑坝蓄水

修筑堤坝拦蓄河水,形成大容量的水库,是解决城市水源的重要措施。其中,汉晋洛阳的千金堨便是一个典型。千金堨是曹魏至西晋时期洛阳城外一处重要的水利工程,该工程对于满足洛阳城生活用水、河道运输及城市防洪都有着巨大的作用,是维系整个洛阳城发展命脉的重要水利设施。自千金堨发展出的引谷人工渠道自汉魏开凿以来直到北魏都长流不息,直到隋唐洛阳城建立,千金堨及其相关设施一直承担着洛阳水源供给。因为洛阳城水源主要依赖于谷水和洛水,其中引水系统有谷水上的千金堨和洛河上的堰洛工程。谷水入城提供了洛阳城内生活用水。《晋书》记载:“张方退屯十三里桥,十一月辛巳……师王攻方垒不利,方决千金堨,水碓皆涸。乃发王公奴婢手舂给兵禀,一品已下不从征者、男子十三以上皆从役。”[③]张方决千金堨,洛阳无水可用,从侧面反映出千金堨与洛阳城水位的关系,千金堨能够提高洛阳地区地下水位,满足人们的生活需要。

此外,有的城市利用人工开挖的大水塘,蓄积泉水,或导入河水,作为城市供水的辅助水源。蓄水湖库不仅可以作为城市水源,而且可以调蓄洪水,提高城市防洪能力。

---

① 《隋书》卷二十四《食货志》。

② 《资治通鉴》卷一百八十《隋纪四》。

③ 《晋书》卷四《帝纪第四》。

例如,魏晋洛阳城内的中渠无疑是城区水系最重要的一支。它自西北到东南斜穿了洛阳城的中部,流经宫城正门阊阖门、十大官府、铜驼大街,不仅可以供应皇宫和中央行政区的用水,而且由渠道两侧引支渠,完全可以供应城市中部区域的用水。

再如隋唐洛阳城,其宫苑内及外郭城私家园林多凿有池沼。关于洛阳城内池沼数量,曾有研究者做过粗略统计,洛阳城内 17 坊之中有 21 处池沼。其中最大的池沼为位于宫城西北隅隋代兴修的九洲池。考古发掘显示,该池平面呈不规则形,东西长约 205 米,南北宽约 13 米,深约 3.6 米。[①] 进水渠道在水池北侧,渠宽 4—5 米,深 4 米,用砖石砌筑而成,出水渠道在南侧。[②] 最为人称道者当数西苑内之池沼。史料记载,西苑建于隋炀帝大业元年(605),初“开渠引谷、洛水,自苑西入,而东注于洛”[③]。于苑内开龙鳞渠回绕,贯通于十六院门,又筑山凿海,周十余里,水深数丈,有方丈、蓬莱、瀛洲诸山相去各三百步……海东有曲泉池[④]。西苑周围二百里,其内部为海,周长十里有余。北部有龙麟渠,注水于海内,门皆临近沟渠[⑤]。西苑中所谓之“海”由相互连通的池沼组成,三山分列其间,形成海、湖、渠等多类型水体形态。

北宋汴梁城,城区最主要的四条河道为汴河、蔡河、金水河、五丈河,走向自西北至东南形成“四水贯都”之势。四河通过城外护城河相互连通,各有主要的供水区。西城、东城和里城南部用水主要来源为汴河,流向为“自西京洛口分水入京城,东去至泗州入淮”[⑥],从外城西墙开远门与顺天门之间入城,再进里城,经开封府、大相国寺南边出里城,向东偏南出外城,自西向东横贯中部。蔡河环绕外城南部“自陈蔡由西南戴楼门入京城,缭绕自东南陈州门出”[⑦],里城朱雀门南,太常之北,贡院之东,繁塔寺之西均由其水供给。金水河亦名天源河,“从

① 中国社会科学院考古研究所洛阳唐城队:《洛阳隋唐东都城 1982—1986 年考古工作纪要》,《考古》1989 年第 3 期。

② 王岩:《隋唐宋时期洛阳园林考古学初探》,载中国社会科学院考古研究所《汉唐与边疆考古研究》编委会:《汉唐与边疆考古研究》第一辑,科学出版社 1994 年版,第 226 页。

③ 《隋书》卷二十四《食货志》。

④ 《重修洛阳县志》卷十一《古迹》。

⑤ 《资治通鉴》卷一百八十《隋纪四》。

⑥ 《东京梦华录》卷二《河道》。

⑦ 《东京梦华录》卷二《河道》。

西北水门入京城,夹墙遮拥,入大内灌后苑池浦矣”[①],除供宫苑洒扫和灌溉宫中花竹外,还“南注晋王第”。五丈河“自新曹门北入京”,横过外城东北部,经开宝寺塔(今铁塔),出外城北部,解决外城东北部的供水。先是太祖建隆二年(961)引京水经中牟抵京城,东汇于五丈河。乾德三年(965)引金水河“贯皇城,历后苑,内庭池沼,水皆至焉”[②],供给皇宫、里城用水。后因河水清洁甘甜,又“导金水河自皇城西,环太庙,凡十余里”[③],进一步解决了皇宫大内和寺院用水不足的问题,且惠及流经区域的居民。

四、供水服务

古代城市水系无论如何发达,也不可能像今天的自来水管网一样,送达一家一户,更不可能户户凿井,因此出现了沿街推车或挑担卖水的行业。这是城市供水的重要补充措施,尤其是当供水渠道年久失修或堙废时,这就成为主要的供水方式。

人力供水服务成为一项专职行业大概是在宋代。北宋政治家韩琦曾谈及一个普通的数口之家,生活于田野之间时,“伐薪汲水,悉便其用”,迁入城寨后,则烧柴用水“亦须市买”[④]。称其为行业是因为形成了专职的服务队伍,而且分区划片,都有专门的服务地界,依靠人力,或车或挑,或受雇汲水或直接售水,将水送达各处。东京城“其供人家打水者,各有地分坊巷”[⑤]。

---

① 《东京梦华录》卷二《河道》。

② 《宋史》卷九十四《河渠志四》。

③ 《宋史》卷九十四《河渠志四》。

④ 《续资治通鉴长编》卷一百三十三。

⑤ 《东京梦华录》卷三《诸色杂卖》。

第五节　园林景观行水供水文化

在考古发掘中,也发现了一些商代沟洫的遗迹。如在郑州白家庄、二里岗等地的商代遗址中,发现了好几条上宽下窄、长短深浅不同的水沟,小者宽 70 厘米,深 10 厘米,大者宽 1.1 米,深 1 米,长 30 米。其中在白家庄发现的一段5.5 米长的水沟,近底部的两壁上有 25 个竖形圆孔,孔内还残存着木质朽凝物,表明它当时是插木柱的。[①] 从其结构来看,似乎商代在水沟上已设有节制水流的设施。此外,在小屯中央部的一组基地附近曾发现了 31 条大小水沟遗迹;在殷墟所发掘的"宫殿范围内,水沟纵横"。从考古发掘的情况来看,发现的为商代修在居住地的行水设施,其作用"是为了排水与减少水患之目的"。[②]

一、洛阳园林景观的行水供水

古代都城的用水部门中,园林用水占据相当大的比重。

东汉迁都东都洛阳,就周代的洛邑故城加以扩大。洛阳北依邙山,洛水与谷水支渠汇流横贯城中。城内的南宫、北宫分别位于洛水的南、北面,两宫"相去七里,中央作大屋,复道三行"。[③]

洛阳城内的大内御苑共有四座,濯龙苑是其中最大的一座,它与大朝北宫呈前宫后苑的格局,作为城市中轴线的结束。关于此苑的内部情况,张衡《东京赋》这样描写:"濯龙芳林,九谷八溪;芙蓉覆水,秋兰被涯。""西园"在城西,水渠周流澄澈,可行舟。渠中植南方进贡之莲花,其叶夜舒昼卷,一茎草生四叶,

---

① 许顺湛:《灿烂的郑州商代文化》,河南人民出版社 1957 年版,第 320 页。

② 石璋如:《殷墟最近之重要发现附论小屯地层》,《中国考古学报》第 2 册,商务印书馆 1947 年版。

③ 李昉:《太平御览》卷一百八十一。

名"夜舒莲"。园内的"裸游馆"类似室内游泳场,宫女浴后流出之水为流香渠。由此基本可见其供水行水情况。

魏晋洛阳城城区水系分为金墉城渠、北渠、中渠和南渠四支。其中,金墉城渠处在洛阳城之最西北,始建于魏明帝时期。其水源来自护城河,虽然水量不大,但可保证金墉城内生活、园林景观用水的需要。北渠应是城北护城河入城的一支。北渠入城后流入位于宫城北面的华林园,东注天渊池,而后出华林园,东注洛阳县南的南池即故翟泉,最终出建春门之北侧流入护城河。北渠之水斜穿了洛阳城的北半部,保证了皇家花园的供水,同时也满足了大城东北部官署、居民的用水需要。

芳林园在洛阳城内的北面,乃东汉之旧苑,魏明帝大治洛阳宫室时加以扩建。《三国志·魏志》卷三《明帝纪》裴松之注引《魏略》曰:"是年(青龙三年)起太极诸殿,筑总章观,高十余丈,建翔凤于其上。又于芳林园中起陂池……通引谷水,过九龙殿前。"扩建芳林园由皇帝亲自率领百官参加劳动,可见这是当时最重要的一座皇家园林了。园的西北面以各色文石堆筑为土石山——景阳山,山上广种松竹。东南面的池陂可能就是东汉天渊池的扩大,引来谷水绕过主要殿堂之前而形成完整的水系,创设各种水景,提供舟行游览之便,这样的人为地貌基础显然已有全面缩移大自然山水景观的意图。芳林园后改名为华林园。

西晋建都洛阳,官苑仍曹魏之旧,主要的御苑仍为华林园。此外,还有春王园、洪德苑、灵昆苑、平乐苑、舍利池、天泉池等,规模都不大。天泉池在城外洛水之滨,往南引水作沟池,池西积石为禊堂。①

到了北魏,据《洛阳伽蓝记》记载,华林园是"奈林西有都堂,有流觞池,堂东有扶桑海。凡此诸海,皆有石窦流于地下,西通谷水,东连阳渠,亦与翟泉相连"。② 这说明谷水仍为其供水主源。

到了隋唐时期,私家园林中池沼众多是为洛阳城内园林别具一格之所在。隋唐洛阳私家园林通过开凿池沼,引用外部水流进入庭院,保证了园林水源的充足,使园中之水长流不息,不至污浊。据文献统计,当时洛阳城内池沼共有48处。除了皇家宫城内的池沼,皇亲贵胄家室内的私家园林也存在大量池沼。例

① 《晋书》卷二十一《礼下》。
② 《洛阳伽蓝记》卷一。

如魏王泰故第内有魏王池，面积三百亩[①]。魏征宅内有魏征宅池[②]。中书令裴度宅内有平津池，被誉为“筑山穿池，竹木丛萃，有风亭水榭，梯桥架阁，岛屿回环。极都城之胜”[③]。该园林的水即主要来自伊水东支渠。正是这种渠流纵横，加之水源丰沛，使得院内各处有水，水流有聚有分，匠心独运。[④] 而像上林苑内的天渊池则是“周十余里，水深数丈”[⑤]。

隋代的西苑在洛阳城之西侧，隋大业元年（605）与洛阳城同时兴建。《隋书·地理志》载，“西苑周二百里”，这是历史上仅次于西汉上林苑的一座特大型皇家园林。唐代改名神都苑，它的面积收缩大约一半，据《旧唐书·地理志》载，苑城东面十七里，南面三十九里，西面五十里，北面二十里。即使如此，也比洛阳城大两倍多。西苑苑址范围内是一片略有起伏的平原，北背邙山，西、南两面都有山丘作为屏障。洛水和谷水贯流其中，水源十分充沛。

西苑总体布局以人工开凿的最大水域“北海”为中心。北海周长十余里，海中筑蓬莱、方丈、瀛洲三座岛山，高出水面百余尺。海北的水渠曲折萦行注入海中，沿着水渠建置十六院，均穷极华丽，院门皆临渠。据《大业杂记》载，海中三岛山“相去各三百步”，岛上分别建置通真观、习灵观、总仙宫，并有“风亭、月观，皆以机成，或起或灭，若有神变”。海的北面有人工开凿的水道即“龙鳞渠”，渠宽二十步，曲折萦回地流经十六院而注入海，形成完整的水系，提供水上游览和交通运输的方便。

二、开封园林景观的行水供水

北宋汴梁城有汴河（即隋炀帝开凿的通济渠）、蔡河（分东、西两支，西支又叫惠民河）、五丈河（又名广济渠）、金水河穿城而过，其中前三条河的功能主要是漕运，而金水河则专门供应开封城生活、园林用水。金水河发源于荥阳，积山

① 徐松撰，张穆校补：《唐两京城坊考》，中华书局 1985 年版，第 152 页。

② 徐松撰，张穆校补：《唐两京城坊考》，中华书局 1985 年版，第 152 页。

③ 徐松撰，张穆校补：《唐两京城坊考》，中华书局 1985 年版，第 167 页。

④ 钱珂等：《隋唐洛阳城景观水系构景艺术研究》，《西南林学院学报》2010 年第 2 期。

⑤ 徐松辑，高敏点校：《河南志》，中华书局 1994 年版，第 114 页。

丘集水东流，凿渠引水入城，因河水水质较好，故被作为城市生活和皇家园林供水的水源。本来入城时金水河与汴水相汇，为不与汴河（以黄河为源）的浊流相混，专门修建了渡槽横穿汴水而过。

金水河是一条汇集山区径流的小河，水质较好，专门给皇家园林供水。自城西天波门入里城，入城后分支股引，注入各池沼。著名的园池有方池、园池、迎祥池、莲花池、凝碧池、曲江池等，最大的是金明池，它位于西城外，周回九里，与汴河互相灌注，形成很大的风景区。晋王府地势较高，竟然在承天门凿渠架筒车以水力推动提水注其园池。金水河在汴京城市水利中的地位极为重要，为了保证水源水质，与汴河相交处以渡槽横穿。金水河入城后两岸砌石驳岸，岸边绿树成荫，遍植花草。凡与道路相通，均建造拱桥。适当地段设方井，供民间和寺庙用水。

张淏《艮岳记》记载，宋徽宗于政和五年（1115）在宫城之东北建道观“上清宝箓宫”，又在政和七年（1117）“命户部侍郎孟揆于上清宝箓宫之东筑山像余杭之凤凰山，号曰万岁山，既成更名曰艮岳”。因其在宫城之东北面，故名艮岳，又叫作寿山、艮岳寿山。寿山既成，又继续凿池引水，建造亭阁楼观，栽植奇花异树。

从园的西北角引来景龙江之水，入园后扩为一个小型水池名“曲江”，可能是模拟唐长安的曲江池。池中筑岛，岛上建蓬莱堂。然后折而西南，名曰回溪，沿河道两岸建置漱玉轩、高阳酒肆、萧闲阁、飞岑亭等建筑物，至寿山东北麓水分为两股：一股绕过万松岭，注入凤池，另一股沿寿山与万松岭之间的峡谷南流入山涧。涧水出峡谷南流入方形水池“大方沼”，池中筑二岛。大方沼“沼水西流为凤池，东出为雁池”。雁池是园中最大的一个水池。雁池的水从东南角流出园外，构成一个完整的水系。

第八章 河南节水惜水文化

节水惜水文化是伴随着文化的产生而产生的，在人类的发展史上扮演着不可或缺的角色。节水惜水文化是河南水文化体系中非常重要的内容，这也体现了河南人对水资源的重视程度。节水惜水文化是人们在长期节水实践活动中所形成的节水设施、节水工程、节水行为、节水政令、节水思想等方面的总和。总的来说，广义的节水惜水文化是指人类在社会历史实践过程中创造的有关节约用水的物质财富和精神财富的总和。狭义的节水惜水文化则专指思想、意识、精神领域的成果总和，即指有关节约用水的社会意识形态，以及与之相适应的政治、社会组织、社会制度、风俗习惯、道德、法律政策、学术思想、宗教信仰、文学艺术等。[①]

从人类与水共处的发展历程来看，大致经历了四个阶段：一是依存阶段。相当于原始文明时期，历时约200万年，是使用劳动工具采猎和用火的时期，人类被动地适应自然，穴巢而居，充分享用大自然的直接赋予。这一阶段孕育着水文化。在这个时候先民在原始的生产活动中已经逐渐产生了节水文化。二是开发阶段。相当于农业文明时期，历时1万多年（公元前1万年至16世纪初）。整个阶段的社会生产力和科学技术不断获得很大的进步和发展。在此期间，自然界的水资源量尚能满足人类社会发展的需要，但是不同地区有所不同，河南省所处的北方地区由于水资源有限，使得在农业生产当中节水的观念早已出现并深入人心。三是掠夺阶段。人们违背自然规律、征服自然的文化达到空前的地步，使水资源遭到破坏甚至枯竭，水资源危机四伏，人与水的关系极不和谐。这一阶段，水利科学技术取得巨大的进步，增添了水文化的风采。但在贪婪索取、无节制开发和掠夺中，这个阶段节水文化被人们淡化。四是和谐阶段。由于掠夺式的开发，人类伤害了大自然，遭到大自然的报复。人类在饱尝苦果

① 高辉、屈艳萍：《节水文化在节水型社会建设中的作用》，《中国防汛抗旱》2012年第3期。

后,从20世纪开始反思,理智地谋求与水资源和谐相处,开始重拾节水的理念,着力于节约、治理、保护和管理,使水资源与经济、社会、环境、生态持续协调发展。

古代河南有光辉灿烂的传统水文化,其中也有丰富的节水惜水文化,尤其是节水惜水思想文化。这些节水惜水思想文化主要留存在《吕氏春秋》《氾胜之书》《四民月令》《齐民要术》和《农桑辑要》等古典著作中,其核心和精髓就是要通过最大限度地保留水资源以达到节水的目的。

第一节 《吕氏春秋》中的节水惜水思想

《吕氏春秋》是战国末年秦相吕不韦组织其门客集体撰写的,成书于秦王政八年(前239)。全书分为八览、六论、十二纪,共26卷,160篇,20余万字。在内容上是对百家九流思想学说的兼收并蓄,并基本上保留了这些不同思想学说原本的面貌。可以说是集思广益,博采诸家,“合儒墨、兼名法”。所以《汉书·艺文志》把《吕氏春秋》收录在“杂家”类。

一、《上农》《任地》《辩土》《审时》论农耕原理

《吕氏春秋》最后四篇《上农》《任地》《辩土》《审时》是专门谈论农业的,大致采纳于《后稷》[①]。其中《上农》篇着重讨论农业政策,《任地》《辩土》《审时》三篇则讨论农业技术。可以说这四篇是先秦时代农业政策和技术知识的总结。《上农》等四篇是我国现存最早的、最系统的农学文献,有学者曾高度评价说“《上农》《任地》《辩土》《审时》四篇,自具统系,盖先秦农家言之精华也”[②],足

① 夏纬瑛:《吕氏春秋上农等四篇校释》,农业出版社1956年版,第128页。

② 齐思和:《先秦农家学说考》,载《中国史探研》,河北教育出版社2003年版,第287页。

见其非常珍贵。它奠定了中国古代精耕细作农业科学技术的基础,四篇所记述的精耕细作农业技术,直接为后世所继承和发展。

《上农》等四篇的内容反映了黄河中下游地区的农业生产情况,当然也包含了河南部分地区。如《任地》篇介绍的四月底收大麦,五月中旬收小麦,既符合关中的情况,也适合河南部分地区。《辩土》篇所强调的"下田弃圳"不但适合关中地区,也适合黄河下游的广大地区。《审时》诸篇的粮食作物种类以黄河流域原产的禾黍为主,兼种稻、麻、菽、麦。这些均说明《上农》等四篇所反映的地域主要是包含中原部分地区在内的整个黄河中下游地区,既不可能是长江流域,也不会仅仅局限于关中[①]。关于这四篇所反映的时代,有学者分析指出,《任地》等篇介绍了相当完整和成熟的甽亩制及其相关技术,主要反映了战国以前的情况。《上农》等四篇所反映的时代性和取材都是紧密相关的。它们主要取材于《后稷》农书,但并非完全照搬照抄,而是进行了添补。

作为我国现存最早的农史文献,《上农》等四篇主要表现在对农业生产本质和规律的整体认识上,即农业是由天、地、人三大要素与作物构成的有机系统,通常称之为农业"三才"理论。反映天、地、人关系的"三才"理论贯穿于《任地》《辩土》《审时》三篇。土地利用是讲"地",农时掌握是讲"天"。从篇章安排上看,《辩土》讲"地",《审时》讲"天",而《任地》既讲"天"又讲"地"。

《审时》篇中提到"夫稼,为之者人也,生之者地也,养之者天也"[②],《任地》篇中提到"天生时,地生财,不与民谋"[③],这就明白地揭示了农业生产涉及的三大因素及其功能,实际上是现代所谓农业生态系统在古代的最早表述,深刻地揭示了农业生产与自然环境的联系。这里的"稼"是指生物有机体,是农业生产的主要对象;"天"与"地"主要指农业生产的环境条件,其中最紧要的内容和特征是气候变化的时序性。"天"有光、热、大气、四时变化,是供给作物能量和导致作物生死荣枯的天然因素。"地"有水、土、植被,是作物生长的载体,可以通过人类劳动,为作物生长提供较好的土壤条件。

在农业"三才"理论中,人的因素是最主要的,是农业生产的主体,只有充分

---

① 董恺忱、范楚玉:《中国科学技术史·农学卷》,科学出版社 2000 年版,第 82 页。

② 夏纬瑛:《吕氏春秋上农等四篇校释》,农业出版社 1956 年版,第 88 页。

③ 夏纬瑛:《吕氏春秋上农等四篇校释》,农业出版社 1956 年版,第 53 页。

发挥人的主观能动性，掌握自然规律，尽可能改变不利的条件，才能有效地进行农业生产，取得人类所需的农产品。尽管《任地》《辩土》《审时》三篇似乎没有讲“人”，但实际上每篇讲的都是人。因为进行农业生产，首先涉及人的因素，需要人力的投入。无论是改良土壤还是掌握农时，都需要依靠人的主观能动性。《上农》等四篇中有许多对人的管理的禁令和措施，如通过政策制约，使民重农力田；通过技术督导，使民精于农道；通过农知传授，使民不违农时。

在以往的“三才”思想中，为“天、地、人”的模式，而《吕氏春秋》中的“三才”理论则反将“人”置于首位，变成“人、天、地”的模式，突出了人的地位和作用，反映出对人的主观能动性的自信，从而也有利于在农作管理中注意充分投入劳力，发挥人力及其生产技能。其次就是对土地的整治与耕作。土地作为生产要素，直接参与作物生产过程，其状况优劣与作物产量和品质密切相关。因此必须加大人力投入，改良土壤条件，通过“耕方”“耕道”提高土壤肥力。《吕氏春秋》中的“三才”理论把“地”的因素紧随“人”之后，表明人的劳动对象主要在于土壤，从而也为农作管理指明了方向。至于天时，为自然运行规律所支配，无疑是人类难以控制和干预的自然因素，但它却是农作物不可或缺的获取外界能量的来源，农业生产不能不受其制约和影响。因而《审时》篇强调：“凡农之道，厚(候)之为宝。”①可见天时的规律只能遵从，不可违背，在管理上必须尊重客观规律。可以说，《任地》等三篇构成了以“三才”理论为指导的相当完整的农学体系。

二、《上农》《任地》《辩土》《审时》节水惜水理念

《任地》篇一开始就以提问的形式提出“子能以洼为突乎？子能藏其恶而揖之以阴乎？子能使吾士(土)靖而浴士(土)乎？子能使〔吾土〕保湿安地而处乎”等问题。其中，“子能以洼为突乎”就是问是否能够把洼下的地当突高的地来用；“子能藏其恶而揖之以阴乎”就是问是否能够把干燥的土收藏了，而让出湿润的土来用；“子能使吾士(土)靖而浴士(土)乎”就是问是否能够让我们的

① 夏纬瑛：《吕氏春秋上农等四篇校释》，农业出版社 1956 年版，第 87 页。

土壤洁净(不含过量的盐碱),而用沟圳来洗土;“子能使〔吾士〕保湿安地而处乎”就是问是否能够让我们的土壤保存其滋润,而好好地在田地中存在。[1] 这其中已经考虑到土壤保墒的问题。

对此,《任地》篇中回答道:“凡耕之大方:力者欲柔,柔者欲力;息者欲劳,劳者欲息;棘者欲肥,肥者欲棘;急者欲缓,缓者欲急;湿者欲燥,燥者欲湿。上田弃亩,下田弃圳。五耕五耨,必审以尽。其深殖之度,阴土必得。大草不生,又无螟蜮。”[2]其中,“力者欲柔,柔者欲力”就是说,整理土地时,刚强的土壤要把它化得柔软些,柔软的土壤要把它化得刚强些,这样才能种好庄稼,而这样做同样也能使土壤保墒。“急者欲缓,缓者欲急”,这里的“急”“缓”是就土的干湿而言的,后来文中又谈到“人肥(耜)必以泽,使苗坚而地隙;人耨必以旱,使地肥而土缓”[3],这里已经说明了“缓”的意义。就是说,耕地自然要在土尚湿润的时候,为的是土疏松,种上去的作物容易踏根。耕地如果处在湿泽的时候,可使“地隙”;耨地当干旱之时,可使“土缓”。这里的“肥”包括了土地所保有的水分,在旱的时候要注意锄地,为的是地不至于过于坚紧而减少土中水分的散发。

“湿者欲燥,燥者欲湿”是指凡是过湿的土都要使它燥,过干的土壤要让它湿,这才是耕地的大原则。“上田弃亩,下田弃圳”中,“上田”是指高旱的田,“下田”是指下湿的田。“亩”是农田经过耕整后田中所起的高垄,“圳”是垄和垄之间凹下的小沟。这句话就是说高旱的农田,要把庄稼种在凹下的小沟里,而不要种在高出的田亩上;下湿的农田,要把庄稼种在高出的地方,而不能种在凹下的圳里面。实际上,“上田弃亩”为的是避燥,“下田弃圳”为的是避湿。

“五耕五耨,必审以尽。其深殖之度,阴土必得。”即在种植之前,要耕五遍;种之后要耨五遍,而且耕耨都一定要精细、详尽。“阴土”是地中湿润的土。“深殖之度”是指就耕地的深度而言,耕地的深度,必定要达到得出地中的湿土来,也就是现在农家所谓的“耕地要见墒”的意思。这些都是较为科学的农田水资源管理措施。

总之,就是硬地要使它柔和,柔地要使它刚硬;闲地要频种,频种之地要休

---

① 夏纬瑛:《吕氏春秋上农等四篇校释》,农业出版社 1956 年版,第 28—31 页。

② 夏纬瑛:《吕氏春秋上农等四篇校释》,农业出版社 1956 年版,第 34 页。

③ 夏纬瑛:《吕氏春秋上农等四篇校释》,农业出版社 1956 年版,第 43 页。

耕;薄地要使它肥沃,过肥之地要使它贫瘠;坚实之地要使它疏松,疏松之地要使它坚实;等等。同时,耕种的深度要以见到湿土为准,这样的耕地就不会生杂草,也不会生害虫,就能取得好收成。

《辩土》篇论述了土壤耕作的具体技术方法,指出:"凡耕之道,必始于垆,为其寡泽而后(厚)枯;必厚(后)其靹,为其唯(虽)厚而及。""䬳(饱)者茬(挺)之,坚者耕之,泽(释)其靹而后之;上田则被其处,下田则尽其污。"这里前一句说的是耕地先后的顺序,开始必定先要耕因所含水分少而刚硬的硬垆土,因为它已经是水分少而表层干枯的土了;必定要后耕因水分饱和而柔软的靹土,因为虽然后耕它,还是来得及的。后一句即说明了由于"上田"需要保墒,"下田"需要排水,"上田"易干,因此要先耕,耕后还必须耨耱来保墒,因此叫"上田则被其处",意思就是覆被以处而可保存水分。"下田"易湿,宜后耕而先排干积水,所以说"下田则尽其污",意思就是要散尽污水。总之,这句话是要视土地的干坚、湿靹,不同的土壤的适宜耕作时期不同,要依据含水量不同以定先后的顺序,耕干置湿,以收上田保墒、下田排水的成效。

《辩土》篇又说:"故亩欲广以平,圳欲小以深;下得阴,上得阳,然后咸生。"①广而平的"亩",小而深的"圳",可以保墒、排水,又可以把苗种得有行列,能够下得水分,上得阳光,庄稼自然能够生长得好。

除了《上农》等四篇,《吕氏春秋》中其他各章节也谈及一些农田水利思想。例如在《吕氏春秋·乐成》中就对战国魏襄王时邺令史起引漳水来灌溉邺地的农田,冲洗土壤中的盐碱,使当地恶卤之地长出来粮食的做法大加赞颂。《吕氏春秋·季夏》在谈及除草肥田的方法时提到"是月也,土润溽暑,大雨时行,烧薙行水,利以杀草,如以热汤。可以粪田畴,可以美土疆"。也就是说,由于夏季气候潮热,土地湿润,经常下大雨,应当充分利用这个季节来锄草,把草晒干后焚烧,再淋下雨水,等太阳曝晒后水温升高,有利于杀死杂草,是一种很好的利用水资源的农业生产方式。

---

① 夏纬瑛:《吕氏春秋上农等四篇校释》,农业出版社1956年版,第72页。

第二节 《氾胜之书》《四民月令》中的节水惜水思想

汉代的农书虽然数量不少，《汉书·艺文志》中收录的农书一共是九种，其中的《神农》《野老》被明确标明是六朝时期作品，其他诸如《董安国》12篇、《蔡癸》1篇、《氾胜之书》、《尹都尉》14篇、《赵氏》5篇应当都属于汉代作品[①]，但是这些农书保存下来的寥寥无几，包括辑佚本只有《氾胜之书》和《四民月令》等。

一、《氾胜之书》中的节水惜水思想

《氾胜之书》的原名在《汉书·艺文志》农家类中是叫《氾胜之》18篇，《氾胜之书》一名始见于《隋书·经籍志》，后来成为该书的通称。尽管《氾胜之书》的作者氾胜之正史中没有他的传记，古籍中有关他的事迹的记载也寥寥无几，但是他所具有的突出重农思想却在《氾胜之书》中得以流传于世。

《氾胜之书》在汉代已拥有崇高的声誉，屡屡为学者所引述，如东汉著名学者郑玄注《周礼·地官·草人》云："土化之法，化之使美，若氾胜之术也。"唐贾公彦疏云："汉时农书数家，氾胜(之)为上。"郑玄注《礼记·月令》孟春之月"草木萌动"又云："此阳气蒸达，可耕之候也。《农书》曰：'土长冒橛，陈根可拔，耕者急发。'"孔颖达疏谓："郑所引《农书》，先师以为《氾胜之书》也。"今人评价《氾胜之书》是继《吕氏春秋·任地》等三篇以后最重要的农学著作，是在铁犁牛耕基本普及条件下对我国农业科学技术的一个具有划时代意义的新总结，是中国传统农学的经典之一。[②]

从内容上看，《氾胜之书》是一部总结中国黄河流域尤其是关中地区的旱地

---

① 董恺忱、范楚玉：《中国科学技术史·农学卷》，科学出版社2000年版，第192—193页。

② 董恺忱、范楚玉：《中国科学技术史·农学卷》，科学出版社2000年版，第206页。

农业生产技术和科学知识的古代农书①。而《氾胜之书》也记载了很多关于北方旱地农田水资源管理的技术。在第一部分,《氾胜之书》就首先提出了耕作栽培的总原则:“凡耕之本,在于趣时,和土,务粪泽,早锄早获。”②即要抓紧时令,使土壤达到刚柔适中的最佳状态,注重施肥和保持土壤的润泽,及早锄地,及早收获。“和土”就是为作物生长创造一个结构良好,水分、温度等各种条件相互协调的土壤环境,以充分发挥“地利”。所谓“务泽”,包含提高土壤的蓄水能力(即保墒能力)的意义在内。“务泽”说明了古人对土壤水分保持的重视程度。而“早锄”作为耕作栽培的基本原则之一,其目的一方面是消灭杂草,另一方面是切断土壤表层的毛细管,以减少土壤水分的蒸发,是“和土”和“保泽”的手段之一。

事实上,《氾胜之书》更重视通过精细耕作的措施,千方百计使土壤接纳可能接纳的一切降水(包括降雨和降雪),即“冬雨雪止,辄以蔺之,掩地雪,勿使从风飞去。后雪复蔺之,则立春保泽,冻虫死,来年宜稼”。“冬雨雪止,以物辄蔺麦,上掩其雪。勿令从风飞去,后雪复如此,则麦耐旱多实。”这里的“蔺”即镇压的意思,前者施行于冬闲地,后者施行于冬麦地。这样以来既减少自然蒸发,又可以保证作物生长对水分的需要。与《吕氏春秋》中《任地》诸篇重点讲农田的排涝洗碱不同,《氾胜之书》农业技术的中心环节是防旱保墒。

《氾胜之书》对冬小麦栽培技术的论述尤详,这和氾胜之曾经在关中推广冬小麦的经历有关。小麦是原产于西亚冬雨区的越年生作物,并不适应黄河流域冬春雨雪相对稀缺的自然条件,但中国传统作物是春种秋收的一年生作物,冬麦的收获正值青黄不接时期,有“续绝继乏”之功,又为社会所迫切需要。古人为了推广冬麦种植,克服了重重困难。从《氾胜之书》看,已经形成了适应黄河流域中游相对干旱的自然条件的一系列冬麦栽培技术措施,其中就包括了渍种抗旱、冬天压雪保墒等充分利用有限水资源的方式。

《氾胜之书》还第一次记载了区田法。这是少种多收、抗旱高产的综合性技术。书中提到“汤有旱灾,伊尹作为区田,教民粪种,负水浇稼。区田以粪气为美,非必须良田也。诸山陵,近邑高危、倾阪及丘城上,皆可为区田”③。这里的

① 万国鼎:《“氾胜之书”的整理和分析兼和石声汉先生商榷》,《南京农学院学报》1957 年第 2 期。
② 石声汉:《氾胜之书今释(初稿)》,科学出版社 1956 年版,第 4 页。
③ 石声汉:《氾胜之书今释(初稿)》,科学出版社 1956 年版,第 38 页。

“区”读音是“ōu”,它的原义是掊成的坎窞。区田法就是因为庄稼种在“区”中而得名。其大概有两种方式:一种是沟状区田法(见图8.1),另一种是窝状区田法(见图8.2)。

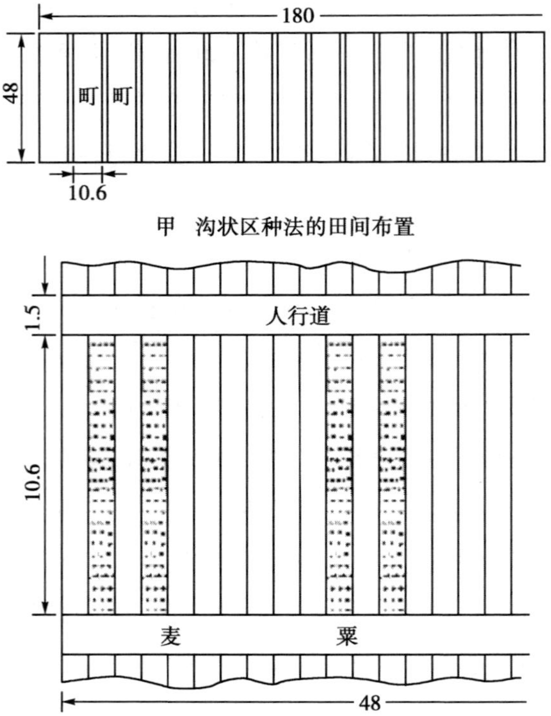

甲 沟状区种法的田间布置

乙 沟状区种粟、麦的町内点播方式

图8.1 沟状区种粟、麦的田间布置图

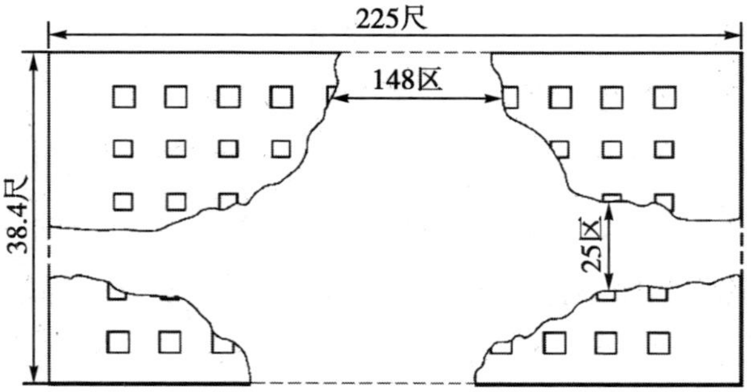

图8.2 窝状区田法的田间布局图

不论是沟状区田法还是窝状区田法,其特点是把农田作成若干宽幅或方形小区,采取深翻作区、集中施肥、等距点播、及时灌溉等措施,夺取高额丰产,典型地体现了中国传统农学精耕细作的精神。《氾胜之书》中介绍说:“区田不耕旁地,庶尽地力。”这说明区田法只深翻沟中或区中的土壤,不耕沟或区以外的土地,这当然是为了精耕细作、少种多收。但同时由于作物集中种在一个个小区中,而区在地平面以下,既便于接纳浇灌的水,又可减少水分的向上蒸发,尤其是侧渗的漏出与蒸发,并避免营养物质的侧渗流失,有利于“保泽(墒)”和保肥,从而保证最基本的收成。①

由于采取了区田的形式,给集中的灌水和田间管理提供了方便。《氾胜之书》说:“区种,天旱常浇之,一亩常收百斛。”灌溉是区田增产最重要的原因之一。又区种麦田,“秋旱,常以桑落时浇之”;区种大豆,不但“临种沃之”,而且生长期间也“旱者浇之”,都是“坎三升水”。

总之,区田法由于简单实用,历来被作为抗旱保墒的重要方法,是最能反映中国传统农学特点的技术之一。

除了这些,《氾胜之书》在对耕作时机论述过程中也曾谈及对于有限水资源的保留。书中认为应该是在“天地气和”、土壤“和解”时进行土壤耕作,即“春冻解,地气始通,土一和解。夏至,天气始暑,阴气始盛,土复解。夏至后九十日,昼夜分,天地气和。以此时耕田,一而当五,名曰膏泽,皆得时功”。所谓“土一和解”是指土壤中水分、气体通达,土壤松解,湿润适度的一种状态②。在这里,作者认为应该是在土壤“和解”的时候才能耕作,这样才能够保持土壤的肥力和水分。《氾胜之书》也特别重视对春耕时机的掌握。书中提到“春气未通,则土历适不保泽,终岁不宜稼,非粪不解——慎无(旱)[早]耕;须草生[复耕]。至可种时,有雨即种。土相亲,苗独生,草秽烂,皆成良田,此一耕而当五也。不如此而(旱)[早]耕,块硬,苗秽同孔出,不可锄治,反为败田”。这里即提到了抓住时机,趁雨耕作,充分利用水资源的要求。相反,书中也建议“秋无雨而耕,绝土气,土坚垎,名曰脂田。及盛冬耕,泄阴气,土枯燥,名曰脯田。脯田与脂田皆伤田”。即说明失去了土壤水分对于土质的坏处。

---

① 董恺忱、范楚玉:《中国科学技术史 · 农学卷》,科学出版社2000年版,第301页。

② 董恺忱、范楚玉:《中国科学技术史 · 农学卷》,科学出版社2000年版,第257页。

由于在汉代还没有耙这种农具,因此土壤的保墒能力以及持久性比较差,因而《氾胜之书》中曾多次强调了要趁雨播种。例如在介绍种粟时便提到“三月榆荚时,雨,高地强土可种禾”;在讲种黍时提到“先夏至二十日,此时有雨,强土可种黍”;在介绍种豆时又提到“三月榆荚时,有雨,高田可种大豆”,“椹黑时注雨种(小豆)”;讲种麻时提到“二月下旬,三月上旬,傍雨种之”;种芋也是“三月注雨,可种芋”。

《氾胜之书》甚至还谈及了田间渗灌技术,即“区种瓜:一亩,为二十四科。区方圆三尺,深五寸。一科用一石粪,粪与土合和,令相半。以三尺瓦瓮埋著科中央,令瓮口上与地平,盛水瓮中,令满。种瓜瓮四面各一子,以瓦盖瓮口,水或减,辄增,常令水满”。从上述文字记载上看,这一技术是通过瓦瓮的渗透作用,使土壤经常保持适量的水分供应,而且不会破坏土壤结构,不会产生土壤板结现象,既可以较好地协调土壤中的水、气、肥、热的状况,还可以避免水分的流失,减少蒸发,符合现代渗灌技术的要求。书中在讲种瓠技术的时候又提到了渗灌技术,即“坑畔周匝小渠子,深四五寸,以水停之,令其遥润,不得坑中下水”。这一技术也是基本符合节水灌溉要求的。[①]

二、《四民月令》中的节水惜水思想

汉代另一部农学著作《四民月令》成书于东汉中晚期,即作者崔寔中年出仕以后。关于这本书反映的地点,有学者认为,书中的农事安排是以洛阳为准。[②]

《四民月令》在中国农学史上也有其不可替代的地位,它不但是中国第一部“农家月令”书,而且也是一部代表作品。在这部书中也包含了一些农业水资源利用管理的内容。例如在一月农事中“雨水中,地气上腾,土长冒橛,陈根可拔,急菑强土黑垆之田”,二月“阴冻毕释,可菑美田缓土及河渚小处”[③],就是继承了《氾胜之书》中的观点,是土壤保墒的合理方法。

---

① 董恺忱、范楚玉:《中国科学技术史·农学卷》,科学出版社2000年版,第295页。

② 董恺忱、范楚玉:《中国科学技术史·农学卷》,科学出版社2000年版,第211页。

③ 石声汉:《氾胜之书今释(初稿)》,科学出版社1956年版,第20页。

《四民月令》中也讲到充分利用降水来种植作物。例如在三月“时雨降,可种秔稻及稙禾、苴麻、胡豆、胡麻”,“时雨降,别小葱”①;四月“时雨降,可种黍、禾——谓之上时”②;五月“时雨降,可种胡麻”③。

第三节　《齐民要术》中的节水惜水思想

《齐民要术》是中国北方旱作农业技术的一部经典著作,它所反映的主要是黄河流域中下游地区,尤其是河北地区(指太行山以东、黄河以北地区)的北方旱作农业地区的情况④。

所谓“齐民要术”,就是指平民百姓从事生活、生产最重要的技术和知识。《齐民要术》全书一共有10卷92篇11.5万多字,篇幅之大在中国古代农书当中是罕见的,是中国第一部囊括广义农业的各个方面、囊括农业生产技术的各个环节、囊括古今农业资料的一部大型综合性农书⑤。书中涵盖内容广泛,是前所未有的。它所记述的生产技术以种植业为主,兼有蚕桑、林业、畜牧、渔业、农副产品储藏加工等方方面面,凡是时人在生产和生活上所需要的项目都包括在内。用作者贾思勰自己的话来说就是“起自耕农,终于醯醢,资生之业,靡不毕书”。⑥《齐民要术》反映了中国以精耕细作为特征的农业科技全面达到一个新水平,标志着中国北方旱作农业精耕细作技术体系已经完全成熟。

《齐民要术》中所涵盖的农田水利以及节水思想内容非常丰富。由于中原地区降水季节分布的不平均性,降水集中在高温的夏秋之际,而在漫长的冬春两季却缺乏降水,尤其是作物生长的春季,水分蒸发量大,极容易造成干旱。因此,

① 石声汉:《氾胜之书今释(初稿)》,科学出版社1956年版,第29页。
② 石声汉:《氾胜之书今释(初稿)》,科学出版社1956年版,第32页。
③ 石声汉:《氾胜之书今释(初稿)》,科学出版社1956年版,第41页。
④ 董恺忱、范楚玉:《中国科学技术史·农学卷》,科学出版社2000年版,第221页。
⑤ 董恺忱、范楚玉:《中国科学技术史·农学卷》,科学出版社2000年版,第238页。
⑥ 《齐民要术·序》。

会在《齐民要术》中看到“春多风旱”“春雨难期”“竟冬无雪”等内容，表明干旱对农业的威胁程度。因此水利灌溉以及抗旱保墒就成为农业生产的关键技术。

中国人在园艺生产中使用畦的历史较为悠久，但对于畦的规格的要求一直到《齐民要术》中才进行总结。《齐民要术·种葵第十七》记载：“春必畦种，水浇。”作者贾思勰随后解释说畦种是因为“春多风旱，非畦不得”，说明畦种的主要目的就是抗旱保墒，并着重指出“畦长两步，广一步”。因为“大则水难均，又不用人足入”。可以说，到了北魏，畦种已经完全和灌溉紧密相连。当时的蔬菜种植，都是在畦种形式下，采用“粪大水勤”的方式，从而获得高产。畦种需要灌溉，怎么灌溉在《齐民要术》中有明确记载：“又冬种葵法：近州郡都邑有市之处，负郭良田三十亩……于中逐长穿井十口。”而且“井必相当，斜角则妨地。地形狭长者，井必作一行；地形正方者，作两三行亦不嫌也”，并且要“别作桔槔、辘轳”，为的是“井深用辘轳，井浅用桔槔”。还要备置“柳罐，令受一石”，因为“罐小，用则功费”。[①] 这样便能最大限度地发挥灌溉工具的效能。

关于灌溉中的具体方式，时人已经考虑到作物自身以及环境等因素，并由此来确定灌溉的时间、水量和具体方式。在《齐民要术》中讲种葵技术时所提到的灌溉方式可归纳为三个方面：一是在下种前要把水浇透，“令彻泽，水尽，下葵子”；二是“葵生三月，然后浇之”，“浇用晨夕，日中便止”；三是“每一掐，辄杷耧地令起，下水如粪”。[②] 这种灌溉技术在蔬菜种植当中比较普遍。但是有些蔬菜也根据需求会有特殊要求，例如“芹、藘并收根畦种之。常令足水。尤忌潘泔及碱水”[③]。

除了一般意义上的灌溉方式，还有一种特殊的灌溉措施。《齐民要术》在介绍冬季种葵时，谈到在十月末地将冻时下子，至第二年春季暖时出芽，而在葵生长前期所需水分主要靠“堆”和“劳”雪水来供应。如果“竟冬无雪，腊月中汲井水普浇悉令彻泽”，至“正月地释，驱羊踏破地皮”，因为“不踏即枯涸，皮破即膏润”。到四月才开始浇地，是因为“四月亢旱，不浇则不长；有雨即不须。四月以前，虽旱亦不须浇，地实保泽，雪势未尽故也”。具体程序即“日日剪卖。其剪

① 《齐民要术·种葵第十七》。

② 《齐民要术·种葵第十七》。

③ 《齐民要术·种蘘荷、芹、藘第二十八》。

处,寻以手拌斫劚地令起,水浇,粪覆之”。[①] 也就是将松土、施肥与灌溉相结合。当然这里也体现了土壤保墒的目的。

保墒在《齐民要术》中也被放在了极其重要的地位。这部书把“及泽”作为耕作栽培的重要原则之一。而“泽”实际上指的正是土壤中的含水量。《齐民要术》引用农谚“以时及泽,为上策也”[②],这里所谓的“及泽”就是指在做好土壤保墒工作时,趁土壤墒情好的时机,抓紧耕作或播种,相当于现今的抢墒。同时把“及泽”和“以时”放在同等重要的地位。书中的“接泽”“接湿”“接润”等提法都和“及泽”意思类似。

与汉代的农书一样,《齐民要术》也讲求对于耕作时机的把控,很大程度上是为了土壤保墒。例如在《齐民要术·耕田第一》中谈道:“凡耕高下田,不问春秋,必须燥湿得所为佳。若水旱不调,宁燥不湿。(燥耕虽块,一经得雨,地则粉解。湿耕坚垎,数年不佳。谚曰:“湿耕泽锄,不如归去。”言无益而有损。湿耕者,白背速䎱榛之,亦无伤;否则大恶也。)春耕寻手劳,秋耕待白背劳。(春既多风,若不寻劳,地必虚燥。秋田塌实,湿劳令地硬。谚曰:“耕而不劳,不如作暴。”盖言泽难遇,喜天时故也。)”就是说,要根据土壤的湿度而定,所谓“燥湿得所”是把握了土壤耕种时间掌控的关键,也说明北魏时期较汉代土壤耕作保墒技术的进步。时人一方面可以通过秋耕借秋墒以济春旱,另一方面又可以通过耕作后的耢耙环节来增强土壤的保墒能力。

《齐民要术》特别强调了趁雨播种抢墒的重要性。书中谈到种麻法时举了一个很形象的例子,即“谚曰:‘夏至后,不没狗。’或答曰:‘但雨多,没橐驼。’又谚曰:‘五月及泽,父子不相借。’”以此来说明趁雨播种的重要性,并指出“凡种谷,雨后为佳。遇小雨,宜接湿种;遇大雨,待薉生(小雨不接湿,无以生禾苗;大雨不待白背,温辗则令苗瘐。湿辗则令苗瘦。薉若盛者,先锄一遍,然后纳种为佳)”[③]。这种方式适用于许多作物。例如在《齐民要术·胡麻第十三》中即提到“欲种截雨脚(若不缘湿,融而不生)”。这里的“截雨脚”就是趁雨还没有停止的时候播种,不然种子就会和土壤粘在一起。另外像旱稻、兰香的移栽,也都

---

① 《齐民要术·种葵第十七》。

② 《齐民要术·种谷第三》。

③ 《齐民要术·种麻第八》。

要趁雨天“拔栽之”。和《氾胜之书》不同的是，《齐民要术》要求最好趁雨种，但不强调非得要有雨才能种，主要是依靠土壤的墒情。而前文也提到《氾胜之书》中强调了春播作物必须要趁雨，说明由于北魏时期的耕作技术提升，导致土壤的保墒能力增强。

实际上，对于土壤保墒技术的提升也是建立在对土壤水分动态变化认识基础上的。《齐民要术》中就介绍了一些表示土壤水分不同状态的专有名词。例如，书中把土壤返浆的初期叫作“地释”，返浆盛期叫作“地液”，这两个时期均是耕播移栽的好时机。因为这两个时期土壤下层的冻层托水以及解冻水会积聚于土表，这是春季保墒的有利时机，因而在书中介绍种植苜蓿时也提及“每至正月，烧去枯叶。地液辄耕垄……”[①]到了返浆阶段之后，转而进入退墒阶段，这个时候土壤中的水、气、热达到协调状态，有利于作物生长，《齐民要术》中称之为“黄场”。书中多次提到这个词语，如书中提到种黍“燥湿候黄场”，种稻要“黄场纳种”，种蒜要“黄场时，以耧耩”。

在《齐民要术》中还有一点值得关注，那便是书中提到的耙和耢。《齐民要术》在讲述“耕劳”时，往往包含了“耙”在内，书中还首次出现了蓄力耙（当时被称为铁齿）。有时讲“耕”实际上就已经包含了耕、耙、耢，这是一次技术上的飞跃，它标志着我国北方旱地土壤耕作技术体系以及土壤保墒节水技术趋于成熟。[②] 根据此前的《氾胜之书》记载，尽管在西汉末年就已经形成了耕、摩、蔺耕作体系，使得土壤的保墒能力大为提高，但是其中也存在一个局限性，那就是缺少“耙”这个环节。没有耙，耕后摩劳只能使表层土细碎，减少表土水分的损失，但土壤底层水分仍能通过毛细管不断上升到表层而陆续汽化，而且没有经过耙，表层以下翻耕起来的土垡难以破碎，相互架空，非但不能蓄墒，反而容易跑墒。时间越长，跑墒越多，秋耕就难以发挥蓄墒和保墒的作用，使得土壤耕作的防旱、保墒功能大打折扣。耙的出现则大大改善这一局限性。因为耙能使表层以下的土垡破碎，切断和打乱土壤中的毛细管通道，使土壤中底层的水分不至于上升到表土被蒸发掉。从土壤学角度来看，土壤中水分的散失主要是通过土壤中的毛细管的作用由下面提升到地表，然后汽化蒸发掉。耙的使用打乱了土

---

① 《齐民要术·种苜蓿第二十九》。

② 董恺忱、范楚玉：《中国科学技术史·农学卷》，科学出版社 2000 年版，第 278—279 页。

壤中毛细管的通道，把上行水堵截在土壤中，从而使土壤的蓄墒、保墒能力大为增强。耙后再耢过的土壤，可把上层松土压紧，堵塞非毛细管孔隙，避免了漏风汽化失墒，也阻隔了底深墒的跑失。

另外，与《氾胜之书》不同，《齐民要术》十分重视秋耕，并且将它与春耕相提并论。之所以强调秋耕是因为黄河流域年降水一般集中在夏秋之间，春播前后往往缺雨。只进行春季的耕摩，能利用的雨泽不多，能解决的问题有限。古人的智慧就在于虽然不能把秋雨挪到春天下，但能够把秋雨给土壤带来的水分尽量保住，以供来春作物出苗、生长之用，从而大大缓解春旱的威胁。但只有秋收后进行耕、耙、耢的土地，才能形成上虚下实、结构良好之耕层，无坚垎虚燥之虞，从而充分收蓄并长久保存住秋墒。对从事旱地农业生产的北方农户来说，秋墒实在太重要了。一般应当在收获后抓紧秋耕，即便是没有秋耕的条件，也要浅耕灭茬。所以在《齐民要术・耕田第一》中提到“凡秋收之后，牛力弱，未及即秋耕者，谷、黍、穄、粱、秫茇之下，即移羸速锋之，地恒润泽而不坚硬。乃至冬初，常得耕劳，不患枯旱。若牛力少者，但九月、十月一劳之，至春槁种亦得”。之所以要浅耕灭茬，是因为秋收后地面裸露，原来踏实的土壤因毛细管水上升蒸发，底墒、深墒会很快丧失。浅耕灭茬作为应急措施，其作用就在于及时切断土壤毛细管通道，防止秋墒的丧失，换来从容进行耕、耙、耢的时间。此外，通过秋耕的深翻环节，加厚了土层，翻出的部分心土经一秋冬，有足够的时间使其风化变熟，这同样能够多蓄秋雨，保持土壤水分。

在耕作环节中的镇压技术上，《齐民要术・种谷》中也提出用挞来镇压土壤，即“凡春种欲深，宜曳重挞”。挞的作用是压紧浮土，使种土相亲，这样也有利于提升土壤墒情。《氾胜之书》记载的压雪收墒技术，在《齐民要术》中得到继承和发展，如在阴历十月底播种葵菜，播后再劳，以后“每雪，辄一劳之”，能“令地保泽，叶又不虫”；至“春暖草生，葵亦俱生”，防旱保墒的作用能延续至第二年的四月份，所谓“四月以前，虽旱亦不须浇，地实保泽，雪势未尽故也”①。又如冬天下种的区种瓜，“冬月大雪时，速并力推雪于坑上为大堆。至春草生，瓜亦生，茎肥叶茂，异于常者。且常有润泽，旱亦无害”②。这种冬天蓄雪的办

---

① 《齐民要术・种葵第十七》。

② 《齐民要术・种瓜第十四》。

法,和秋耕蓄雨一样,目的都是把天然降水尽可能地收蓄到土壤中。

《齐民要术》中也已经认识到中耕对于土壤保墒的重要性。《齐民要术·种谷第三》指出:“春锄起地,夏为除草。”这里的“起地”指的就是松土,切断土壤毛细管,以提高土壤保墒性能。《齐民要术》还提到使用耙劳来进行中耕,其一大作用就是盖压保墒,防止土壤中水分以气态水形式扩散损失。

可以看出,相比于《氾胜之书》,《齐民要术》中的土壤保墒能力已经有了大幅度提升。在《氾胜之书》中除种于水田的水稻外,其他春播作物都强调趁雨播种。《齐民要术》却很少提及,其原则只是要求最好趁雨种,但不强调非有雨才能种。

《氾胜之书》和《齐民要术》若干作物播种时机之比较①

作物	《氾胜之书》	《齐民要术》
粟	三月榆荚时,雨,高地强土可种禾	注明种谷时期。凡种谷,雨后为佳
黍	先夏至二十日,此时有雨,强土可种黍	注明播种时期。燥湿候黄场(墒)
麦	当种麦,若天旱雨泽,则薄渍麦种以酢浆并蚕矢,夜半渍,向晨速投之,令与白露俱下	注明播种时期,没有提雨水或土壤湿度条件
大豆	三月榆荚时,有雨,高田可种大豆	春大豆只提播种时期,夏播大豆(茇),“若泽多者,逆垡择豆,然后劳之”
小豆	椹黑时,注雨种	只提播种时期,“泽多者,耧耩,漫掷而下之,如种麻法”
麻	二月下旬,三月上旬,傍雨种之	泽多者,先渍麻子令芽生,待地白背,耧耩,漫掷子,空曳劳

这一原则,在《齐民要术·种胡荽第二十四》中表达得更为清楚:“春种者,用秋耕地。开春冻解地起有润泽时,急接泽种之”;播种又要选择在“旦暮润时”。贾思勰总结说:“春雨难期,必得借泽,蹉跎失机,则不得矣。”这就是说,不是消极地等雨,而是要“借泽”。这里“泽”指的是土壤的墒情,“借泽”就是依靠土壤良好的墒情。因为通过耕作技术尤其是秋耕技术,是能够增强土地保墒能力的。

《齐民要术》中记载的这些独到的灌溉技术以及耕作保墒技术是建立在古人对农作物对水的需求认识基础之上的,而这种认识在北魏以前就已经有所展现。例如《管子·水地》说水是“诸生之宗室”,“集于草木,根得其度,华得其

① 引自董恺忱、范楚玉主编:《中国科学技术史·农学卷》,科学出版社2000年版,第285页。

数,实得其量”。王充《论衡·状留》也提到“草木之生者湿,湿者重,死者枯。……然元气所在,在生不在枯”。但是,不同作物长期生活在不同的生态条件下形成不同的生活习性,它们对水分的要求和消耗、吸收水分的能力是各不相同的。对此,《齐民要术》中有更深刻的认识。《齐民要术》中常常提到某种作物“宜水”,某种作物“性炒”。这里的“性炒”实际上指的便是耗水量大,这些反映了古人对作物的需水特性的认识。所以人们非常重视灌溉和保墒,并根据不同的作物采取不同的土壤耕作和灌溉措施,以保证各种作物生长所需要的水分。例如在介绍种大豆时,便提到“大豆性炒,秋不耕则无泽也”。实际上就是因为认识到大豆耗水量大,所以要求秋收后要迅速秋耕保墒。

此外,古人也已经认识到植株中的汁液与植物生命力之间的密切联系。《论衡·无形》提到“更以苞瓜喻之。苞瓜之汁,犹人之血也;其肌,犹肉也。试令人损苞瓜之汁,令其形如故,耐(能)为之乎?”在这一认识基础上,《齐民要术》提出在修剪植物时要在植物的休眠期其体液停止流动时进行,否则就会“白汁出则损叶”[①]。扦插时插条要在下面的一头烧二三寸,以免汁液的流失。例如《齐民要术·安石榴第四十一》记载:“栽安石榴法:三月初取枝,大如手大指者,斩令长一尺半,八九枝共为一窠,烧下头二寸(不烧则漏汁矣)。”借助大豆为瓜苗起土,当瓜苗出土后,豆苗要掐掉,则用其汁液润泽瓜苗。

从《齐民要术》的记载还可以看出,时人还注意到在植物移栽、修剪等工作中要保持植物体内的水分平衡。例如在旱稻移栽时,“其苗长者,亦可捩去叶端数寸,勿伤其心也”[②]。这是用减少叶面积的方法来降低水分的消耗,保持植物体内水分的平衡,提高移栽的成活率。茄苗的移栽,要趁下雨时,“合泥移栽之”;“若旱无雨,浇水令彻泽,夜栽之。白日以席盖,勿令见日”。[③] 尽量吸收和保持水分,尽量减少因蒸腾作用而造成的水分损失。桑树修剪时,“秋斫欲苦,而避日中(触热树焦枯,苦斫春条茂);冬春省剶,竟日得作”[④]。因为秋天修剪时,天气尚热,如果在中午进行,剪口受到日晒,会丧失过多的水分;冬春气温较低,修剪则可全天进行。

---

① 《齐民要术·种桑柘第四十五》。

② 《齐民要术·旱稻第十二》。

③ 《齐民要术·种瓜第十四》。

④ 《齐民要术·种桑柘第四十五》。

第四节　隋唐宋元时期节水惜水思想

到了隋唐宋元时期，随着技术的发展，节水惜水思想又得到进一步发展的机会。例如在耕作方面，元代提出了“秋耕为主，春耕为辅；秋耕宜早，春耕宜迟”的原则。

《农桑辑要》卷二《耕垦》所引《韩氏直说》云：“凡地，除种麦外，并宜秋耕。”之所以要以秋耕为主，是因为秋耕之后“其地爽润”，“荒草自少，极省锄工”。也就是说，秋耕有利于蓄水保墒，又便于消除杂草。除此之外，还可以改善土壤环境，预防虫害。

由于普遍使用的是牛耕，所以《韩氏直说》将秋耕整地称为“牛欺地”。但是“如牛力不及，不能尽秋耕者，除种粟地外，其余黍、豆等地，春耕亦可”。无论是秋耕还是春耕，都必须选择天气和暖的时候，因此，秋耕一般要求早，而春耕则要求迟。“大抵秋耕宜早，春耕宜迟。秋耕宜早者，乘天气未寒，将阳和之气掩在地中，其苗易荣，过秋天气寒冷，有霜时，必待日高，方可耕地，恐掩寒气在内，令地薄不收子粒。春耕宜迟者，亦待春气和暖，日高时依前耕耙。”不过这里说的和《王祯农书》所说的还是有些差别，主要表现在一天当中何时为最佳的耕作时期。《韩氏直说》主张冬耕和春耕都必须选择日高时耕，也就是说，中午前后是冬耕和春耕的最佳时期。而《王祯农书》说：“北方农俗所传：春宜早晚耕，夏宜兼夜耕，秋宜日高耕。”①

《齐民要术》引当时农谚指出“耕而不劳，不如作暴”，劳，即耱，又称为盖。到了隋唐以后，强调耙耱更是到了无以复加的地步。从《杂说》一文中就可以看出，当时耕地一般要经过五六遍，“每耕一遍，盖两遍，最后盖三遍。还纵横盖之”。也就是说，耕五六遍的话，盖则要十五六遍。盖磨的次数是耕地次数的翻番。《杂说》中就提到“凡种麻地，须耕五六遍，倍盖之”。盖磨比耕地更重要。强调盖磨，

---

① 《王祯农书·垦耕第四》。

目的着眼于抗旱，《杂说》如是说："一切但依此法，除虫灾外，小小旱，不至全损。何者？缘盖磨数多故也。"在盖磨的时机掌握方面，《杂说》与《齐民要术》也有一定的差别。《齐民要术》中提出，"秋耕待白背劳"，即必须等到干燥以后才加以盖磨，因为"湿劳令地硬"。《杂说》则提出，秋耕之后，"看干湿，随时盖磨著切"，"无问耕得多少，皆须旋盖磨如法"。从"待白背劳"到"随时盖磨"，二者还是有所区别的。《杂说》中还提出："一入正月初，未开阳气上，即更盖所耕得地一遍。"这实际上就是现在说的"顶凌耙地"，《杂说》将此列入整地的程序之中，是这一时期整地保墒技术的一项重大发展。至此耙耱并没有完成，《杂说》指出："自地亢后，但所耕地，随饷盖之；待一段总转了，即横盖一遍。计正月、二月两个月，又转一遍。"

金元时期提出了"犁一耙六"之说。《种莳直说》："古农法，犁一耙六。今人只犁深为功，不知耙细为全功。耙功不到，土粗不实。下种后，虽见苗，立根在粗土，根土不相着，不耐旱，有悬死、虫咬、干死等诸病。耙功到，土细又实，立根在细实土中。又碾过，根土相着，自耐旱，不生诸病。"①

耙一般用于耕后，但宋元时期河南一些地方也有先耙后犁的。当时的秋耕即如此："先以铁齿耙纵横耙之，然后插犁细耕，随耕随耢。至地大白背时，更耙两遍。至来春，地气透时，待日高，复耙四五遍。其地爽润，上有油土四指许，春虽无雨，时至便可下种。"②"油土"指湿润土。耙细磨平使土壤有良好结构，不但便于吸水、蓄水，而且地面细碎平坦的土壤容易变成一层干燥的虚土，切断微管作用，阻止土中水分上升到地面而蒸发，具有保墒作用，所以会有油土四指许。这在河南常患春旱的地区非常重要。

宋元时期新创制的砘车被广泛应用在河南农业耕作实践当中。所谓"砘"，"石碢也，以木轴架碢为轮，故名砘车。两碢用一牛，四碢两牛力也。凿石为圆，径可尺许，窍其中以受机栝，畜力挽之。随耧种所过沟垄碾之，使种土相著，易为生发"。砘虽然用于播种之时，主要起覆土和镇压的作用，但也是整地的继续。如同耙耢的使用需要根据土壤墒情一样，砘车的使用也是如此，"然亦看土脉干湿何如，用有迟速也"③。据《齐民要术》所载用挞的情况来看，挞主要用于

① 《王祯农书·耙劳第五》引《韩氏直说》。

② 《农桑辑要》卷二《耕垦》。

③ 《王祯农书·农器图谱·砘车》。

春播,这是因为“春气冷,生迟,不曳挞则根虚,虽生辄死。夏气热而生速,曳挞遇雨必坚垎。其春泽多者,或亦不须挞;必欲挞者,须待白背,湿挞则令地坚硬故也”①。由此可见,挞和砘的使用主要是为了保墒,同时挞砘还有压实土壤的作用,所以王祯提出“或耕过田亩,土性虚浮,亦宜挞之”②。砘取代挞是宋元时期农器的一大进步,因为它提高了功效,也达到了节水抗旱的目的。

隋、唐、宋、元时期,中耕除草日趋精细化。《杂说》提到:“候黍、粟苗未与垄齐,即锄一遍;黍经五日,更报锄第二遍;候末蚕老毕,报锄第三遍;如无力,即止。如有余力,秀后更锄第四遍。”四遍的作用各不相同,除了松土、除草、间苗等作用,还有节水抗旱的作用。《杂说》云:“凡种麻,地须耕五六遍,倍盖之,以夏至前十日下子,亦锄两遍。仍须用心细意抽拔全稠闹,细弱不堪留者,即去却。”“谷,第一遍便科定”,即间苗,以后第二、三、四遍也有各自不同的作用。《种莳直说》分别称之为“撮苗”“布”“壅”“复”。作用不同,中耕的深浅也各不相同。《杂说》提出:“第一遍锄,未可全深;第二遍,唯深是求;第三遍较浅于第二遍;第四遍较浅。”何时锄头遍?何时锄二遍、三遍、四遍呢?从《杂说》可以看出,确定四次耘锄的时间主要是依据作物自身的长势(与垄齐)、时间(经五日)和物候(末蚕老),也有专门依据作物长势来确定耘锄时间的。唐代韩鄂编《四时纂要》时说:“锄禾,禾生半寸,则一遍锄;二寸则两遍;三寸、四寸,令毕功。”

第五节 明清时期节水惜水思想

明清时期由于农田水利事业在前代的基础上仍有所发展,农业生产中节水抗旱思想也得到深化发展。

例如,明朝万历年间的著名水利家徐贞明就指出:“北人未习水利,惟苦水害,而水害之未除者,正以水利之未修也。盖水聚之则为害,散之则为利。(弃

---

① 《齐民要术·种谷》。

② 《王祯农书·农器图谱·挞》。

之则为害，用之则为利。）……今诚于上流疏渠浚沟，引之成田，以杀水势，下流多开支河，以泄横流，其淀之最下者，留以潴水，淀之稍高者，皆如南人圩岸之制，则水利兴，而水患亦除矣。此畿内之水利所宜修也。”[①]“夫雨旸在天，而时其蓄泄，以待旱潦者，人也。乃西北之地，旱则赤地千里，潦则洪流万顷，惟寄于天，以幸其雨旸时若，庶几乐岁无饥耳。此可以常恃哉？惟水利兴而后旱潦有备。”[②]在徐贞明看来，旱涝之频仍为灾，原因在对水的管理失控。在变水害为水利的这一提法中，实际上隐含着以排除水害为前提，即应贯彻除害第一、兴利第二这一原则，原因是在农业生产中水缺了固然不行，但多了同样也是祸害。这里颇有一种节水思想的内涵。

对于如何用水，徐贞明认为：“利水之法，高则开渠，卑则筑围，急则激取，缓则疏引。其最下者，遂以为受水之区，各因其势不可强也。然其致力，当先于水之源。源分则流微而易御，田渐成而水渐杀。水无泛滥之虞，田无冲击之患。”[③]徐贞明提出了四种农田用水方法，即“高则开渠，卑则筑围，急则激取，缓则疏引”，强调有水泉处兴作水田。这是徐贞明利水之法的第一个特点。那么，如何利用水源呢？以滹沱河、丹沁水为例，真定在滹沱河下游冲决之道，怀庆在丹沁下游桑干河上游引水为田，以杀下游水患。瀛海之间，如元城洼一带淀洼地区，连阡黑壤，废为水区。徐贞明还认为低洼地区的水流必须泄掉，不可利用。这是徐贞明利水之法的第二个特点。

嘉庆时，由沈梦兰撰著的《五省沟洫图说》中也吸收了徐贞明的观点，并强调说：“昔人谓水聚之则害，散之则利；弃之则害，用之则利。所以东南多水而得水利，西北少水而反被水害也。沟洫一开，则水少而受之有所容，水多而分之有所渫。雨旸因天，蓄泄随地，水害除而利在其中矣。”这也是想通过加强水资源利用来达到节水的目的。

此外，徐光启在节水方面也有独到的见解。《农政全书》卷十二全文在征引了徐贞明的《潞水客谈》之后，加以评议说：“北方之可为水田者少，可为旱田者多。公只言水田耳，而不言旱田。不知北人之未解种旱田也。”他不同意在北方

---

① 《农政全书》卷十二《水利》。

② 徐贞明：《潞水客谈》，中华书局 1985 年版，第 113 页。

③ 徐贞明：《潞水客谈》，中华书局 1985 年版，第 120 页。

因不怕旱而可只排不灌的片面观点，提出“凡水行地皆可灌，凡地得水皆可田。故地须水灌，必委曲用其水，水须地行，必委曲用其地”。这一见解通过《垦田疏》中的实施规划而得以具体化。疏中说：“凡垦田，必须水田种稻，方准作数。若以旱田作数者，必须贴近泉溪河沽淀泊，朝夕常流不竭之水，或从流水开入腹里，沟渠通达，因而畦种区种旱稻二麦棉花黍稷之属，仍备有水车器具，可以车水救旱，筑有四围堤岸，可以捍水救潦。成熟之后，勘果水旱无虞者，依后开法例，准折水田一体作数。若不近流水，无法可以通浚，而能凿井起水，区种畦种成熟者，用力为艰，定以一亩准水田一亩。其以若干亩准一亩者，止纳一亩余米。旱田余米，除旱稻小麦准作数外，有以黍稷豆等上纳者，照依时价加添作数。”“凡实地种水田，须多开沟浍，作径畛，费田二十分之一以上，方为成田。近大川者减三之一，宁可过之无不及焉。若平原漫衍，无径涂沟洫，望幸天雨，水旱无备者，谓之不成田，不准作数。”①在这里，徐光启指出垦田应因地制宜，除了建成水田，还可开渠引水或凿井提水建成水浇地。为保证垦田质量，规定以栽种水稻的水田为基准，再酌情将种植旱稻、二麦、棉花、黍、稷等旱作物的水浇地加以折算，强调必须具备提水工具及径涂沟洫者方算成田。

徐光启在《旱田用水疏》中就曾指出，“近河南及真定诸府，大作井以灌田，旱年甚获其利，宜广推行之也”。北方先后建成的水浇地，不仅能保证高产稳产，对种麦植棉等需水较多作物的推广普及也起到了积极的促进作用。此外，徐光启在《旱田用水疏》中对节水灌溉思想也进行了系统说明。后人评价说：“明徐光启有言谓：用水之利有五：灌溉有法，纤润无方，此救旱也；均水田间，水土相得，兴云歊雾，致雨甚易，此弭旱也；疏理节宣，可蓄可泄，此救潦也；地气发越，既有时雨，必有时踢，此弭潦也；且大雨行时，正农田用水之候，若沟、浍纵横，播水于中，必减大川之水，是可损决溢之患也。”

---

① 徐光启撰，王重民辑校：《徐光启集》，上海古籍出版社1984年版，第225页。

第九章

河南管水护水文化

管水文化和护水文化体现了中原地区古人的勤劳智慧，也是当今在管理水资源方面需要去借鉴的内容。管水文化主要表现在历代水利管理和水法律制度方面，护水文化主要蕴含在护水思想及举措。

第一节　管水文化

管水文化是水资源管理的集中体现，是制度文化的主要表现形式。

一、历代水利管理体制与机构设置

传说帝尧舜时期，大约公元前 21 世纪以前，舜命大禹为司空负责治水，一般都以此作为中国特设水利官员之始，但此时的“司空”，专司百工，水利管理只是它职责中的一部分，实施范围主要在黄河流域。司空之制至周末改，到了春秋战国时期，诸侯分离，各自为政，各诸侯国分别掌握了辖地的水事权。这时修筑堤防已相当普遍，于是互争水利、互避水害，水事纠纷日益增多，治河机构逐渐扩大，“修堤梁，通沟浍，行水潦，安水臧，以时决塞；岁虽凶败水旱，使民有所耘艾，司空之事也”①。同时，还增设水官、都匠水工等负责治河、开渠事宜。《管子・度地》中较详细地记载了当时水官的组织：“除五害之说，以水为始。请

---

① 《荀子・王制》。

为置水官,令习水者为吏。大夫、大夫佐各一人,率部校长官佐各财足,乃取水(官)左右各一人,使为都匠水工,令之行水道、城郭、堤川、沟池、官府、寺舍及州中当缮治者,给卒财足。"选拔对水利工程技术较为熟悉的人担任水官、都匠水工,其职责范围以"行水道""堤川沟池"等水利工作为主,也兼顾其他民用建筑。至于其具体工作,《管子·度地》记载:"常令水官之吏,冬时行堤防,可治者章而上之都。都以春少事作之。已作之后,常案行。堤有毁作,大雨各葆其所,可治者趣治,以徒隶给。大雨,堤防可衣者衣之,冲水可据者据之,终岁以毋败为固。此谓备之常时,祸何从来?"

秦汉时期,国家统一,秦设都水长、丞,掌管国家水政,并制定出一系列法规、条款,其中《田律》是中国最早制定的农田水利法规。《田律》中有与黄河直接相关的"决通川防,夷去险阻"的条文,即拆除战国以来修筑的影响行洪和水上交通的阻碍物,以利修守。故秦之统一,也促使了黄河河政趋向统一。汉承秦制,中央治水官员仍设都水长、丞,并在太常、少府、司农、水衡都尉等官职、部门属下,设有都水官。由于都水官数量众多,武帝特设左、右都水使者管理都水官。到汉哀帝才罢水官员和使者,设河堤谒者,并规定沿河地方郡县官员都有修守河堤的职责,修守河堤的人数有时多达万人以上。汉武帝以前(前140),"都水使者居京师以领之,有河防重事则出而治之",相当于钦差大臣的身份(可能是临时任职)。到了汉成帝始建四年(前29),以王延世为"河堤使者",从此黄河上设置了专职官员,河政得以事权统一。

三国以降,中原战乱,无暇治河,治河机构仍承汉制,除设都水使者、河堤使者、河堤谒者、水衡都尉外,水部下又有都水郎、都水从事等,但是这些官员的职位都不高,后来逐渐减少,甚至有时只剩一人,治河机构大规模缩减。晋人傅玄曾说:"河堤谒者,一人之力,行天下诸水,无时得遍。"[①]虽然此时期社会动荡分裂,影响了水利事业的进程,但人民与大自然的斗争是不会停止的,水利还是向前发展的,特别是在曹魏、晋时,初步设置了中央水利机构水曹、都水台。

曹魏时,中央行政机构的尚书台下设职能部门二十三曹,其一为水曹,置水部郎,自此我国历代中央始有专门水利机构的设置。都水台始于西晋,初置都水台有使者、主簿、令史等职,另外还有河堤谒者,主要负责治河。南北朝也置

---

① 房玄龄:《晋书》卷四十七《傅玄传》,中华书局1974年版。

有都水台,并设使者、参军、河堤谒者(或谒者)等职。

经过魏晋南北朝到隋唐,中央形成两套相对独立的水利机构——水部和都水监。水部属于政府行政职能部门,掌管水利政令、水行政管理;都水监属于水利工程施工组织管理部门,具体负责河道、堤防工程以及运河开挖、疏浚等工作。二者没有隶属关系,但都水监受水部监督。至此,中国古代水利行政管理体制基本定型,一直到明清时期,中间虽有若干变化,但大体上都是这样的格局。

隋初有水部侍郎,属工部,下设都水台,后改台为监,又改监为令,统舟楫、河渠两署令。隋朝花费大力气于开凿运河、修建宫殿等大规模工程上,但对黄河下游河事不够重视,河防机构也较为薄弱。唐承隋制,所不同的是较为重视治河和水利工程,除在尚书省工部之下专设水部郎中、员外郎以外,又置都水监。龙朔二年(662)改水部为司川,咸亨元年(670)又恢复。河堤谒者仍专司河防,以下又增添典事 3 人、掌故 4 人,进一步加强了治河机构。唐代地方官员皆兼领河事,治河主要依靠地方政府。

五代时期,国家四分五裂,战事频繁,黄河时常决溢成灾,治河机构略有加强。后唐时(923—936)除设河堤使者之外,又设水部、河堤牙官、堤长、主簿等。北宋时期,国家又复统一,黄河下游逐步形成专职河官与地方河官相结合的河防体系。宋初都水监职掌隶属三使司,朝廷未置专职河官,每遇河事朝廷便派官员出京巡视堤防,主持治河,遂成惯例。乾德五年(967)诏沿河地方官吏兼理河务,宋仁宗天圣五年(1027)又诏令转运使兼理河防工作,都水监设置后,转运使不再管理河事。宋仁宗嘉祐元年(1056)十一月,正式置都水监,下有判监、同判监事各一人,丞二人,主簿一人,“并轮遣丞一人,出外治河堤之事,或一岁再岁而罢,其有谙知水政,或至三年,置于澶州,号曰外监”[①]。此后,都水监机构日益庞大。

金代治河机构仿宋制,设都水监,并在尚书省下设工部,置侍郎、郎中各一员,“掌修造、工匠、屯田、山林、川泽之禁,江河、堤岸、道路、桥梁之事”[②],都水监有派出机构分治都水监(或称外监)“专规黄沁河,卫州置司”。金宣宗兴定

① 脱脱等:《宋史》卷十二《仁宗四》,中华书局 2004 年版。

② 脱脱等:《金史》卷五十五《百官一》,中华书局 1975 年版。

五年(1221)另设都巡河官,“掌巡视河道,修完堤堰”。沿河地方官员也都兼理河务,金世宗大定二十七年(1187),沿河四府16州,明确州官提举河防,44县令、佐皆管勾河防事,并规定“河防官司怠慢失备,皆重抵以罪”[①]。金章宗泰和二年(1202)颁布《河防令》十一条,对下游河防修守体制进一步加强。

元明时期仍以工部掌天下百工政令。元朝都水监的品秩有所升高,由四、五品升为从三品,员额也有增加,机构庞大,人员众多,官属虽盛于往昔,实则职权分散。明代治河兼治运,自明朝初期,皆由漕运都督兼理河道。永乐年间,以工部尚书宋礼治河,此后间遣侍郎或都御史治河。成化年间以王恕为总理河道,为黄河上设总理河道之始,隆庆年间总理河道又加提督军务职衔。山东、河南两省巡抚兼理河务,地方各级政府共负当然之责,其组织机构愈见统一,职权愈见集中。

清代河防机构设河道总督专领河政,是主管黄河、运河或海河水系事务的水行政长官,简称“总河”。下设管河道、厅、汛、堡,由道员、同知、通判、州同、州判、县丞、主簿、巡检分段修守河防,沿河各级地方政府仍有修守职责。咸丰五年(1855)后河务归地方管理,河道总督便演变为常设机构,有点类似现在的流域机构。

二、历代水法律文化

首先水法律文化是一种法律文化。正如刘作翔先生所言:“法律文化是人类文化系统中独特的、不可缺少的部分,是社会精神文化的重要构成。”[②]“法律文化”是指社会的意识形态,以及与之相适应的制度和组织机构,即指人类在长期的历史实践过程中所创造的精神财富的总和,以社会经济为基础的,体现着一定社会历史时期的政治要求的所有法律现象的总和,包括法律心理、法律行为、法律制度和组织机构。法律文化是社会文化的构成内容,是社会生活的组成部分,因而法律文化的现状也就同社会生活的发展变化密切相关。

---

① 脱脱等:《金史》卷五十六《百官二》,中华书局1975年版。

② 刘作翔:《法律文化理论》,商务印书馆1999年版。

其次水法律文化是一种水文化。水文化是存在于黄河流域河南境内关于水的相关文化,人们对水的认识和感受、关于水的观念,管理水的方式、社会规范、法律,对待水的社会行为、治理水和改造水环境的文化结果等,通过宗教、文学艺术、制度、社会行为、物质建设等方面得以表达,这是一种彰显人水和谐关系的文化。

水对于中国人来说,其丰富内涵还不仅于此。就如年鉴史学家费尔南・布罗代尔所指出的,世界上四大文明古国,在其历史的黎明时期,均形成了不同区域的“大河文明”,黄河流域的中国文明也是其中之一。[①] 由此来看,中国的文明与中原地区及其诸多的分支水系有一定的关联。此外,在中国人传统的法律文化观念里河南是中原腹地,乃兵家必争之地,黄河是中国文化发源地,河南黄河流域所发生的争水纠纷的原因较为复杂,是自然、历史、社会、文化等多方面因素共同作用所导致的。

中国自古以农为本,而水利作为农业赖以维持和发展的基础,其实施更加需要相应的法律、法规来保证。历史上河南地区黄河下游决口、改道频繁,黄淮海平原广大地区深受其害,对国家的政治、经济都有着重大影响,因此,历代王朝对黄河治理都相当重视,莫不倾全力以赴之,国家不惜殚其财,人民不惜竭其力。其治理措施,如修筑堤防、沟洫治理、航运、灌溉等,由于目的不同,各有所取,必须在国家统一强制约束力的规范下才得以顺利进行。这种约束力,在阶级社会的早中期,多数是以帝王的口谕、诏令等形式出现的。

我国的水法大体始于西周。周文王伐崇侯时,在《伐崇令》中明令禁填水井,违令者斩。春秋时各诸侯国筑堤以邻为壑,各以自利,为解决这种矛盾,诸侯国订立了一些盟约,如公元前 657 年阳谷之会的“毋障谷”,公元前 651 年葵丘之会的“毋壅泉”“毋曲防”等,这些都是禁止拦截水源专山川之利,禁止曲为堤防危害他国的文约。反映秦汉以前社会礼仪制度的典籍《礼记・月令》中也记载有“修利堤防,导达沟渎,开通道路,毋有障塞”,说明春秋末期在国家的法律、政令中,已有了较稳定的水利条款。

秦统一六国后,制定了一系列的法规,其中与黄河防洪有关的法规条文有“决通川防,夷去险阻”,即拆毁战国以来阻碍水流的工事和妨碍交通的关卡,以

① 费尔南・布罗代尔著,肖昶等译:《文明史纲》,广西师范大学出版社 2003 年版,第 30 页。

统一黄河下游堤防。《秦律十八种律》中规定有“春二月，毋敢雍(壅)堤水”，就是为了迎接雨季防洪需要而作的规定。西汉元鼎六年(前111)，左内史倪宽主持开凿六辅渠，灌溉郑国渠旁边地势较高的农田，并且“定水令，以广溉田”，即制定了灌溉用水法规，以扩大灌溉面积。汉代曾制定出河防修守法规，可惜已失传。明帝永平十三年(70)所下的《巡行河渠诏》及和帝永元十年(98)所下的《疏导沟渠诏》也都起到了治河法规的作用。在农田水利方面，武帝元鼎六年(前111)所下的《平徭行水诏》规定了农民合理负担，兴修农田水利实行劳役定额；安帝元初二年(115)所下的《修理旧渠通利水道诏》对维修渠道、灌溉用水都作了具体规定。

在我国封建社会中，帝王所下的诏令实际上就是起水利法规的作用。我国的封建法制建设在唐代达到了鼎盛时期，形成了比较完整的封建法律体系。律、令、格、式是唐代四种基本的法律形式。虽然水法规多是分散在一些法典的条文中，但仍可以看出中央集权十分重视运用法律武器来调整各种水事社会关系，以实现其水行政管理的政府职能。比较集中的水法规主要有水工程建设方面的《营缮令》和水行政管理方面的《水部式》。《营缮令》在确保堤防安全和加强管理方面作了比较严密的规定，如：“修城廓，驻堤防，兴起人功，有所营造，依《营缮令》：‘计人工多少，申尚书省听报，始合役功。’”就是说，对于需要修筑的堤防及需要的人工，应列出计划，报告上级有关部门，待批准后才能动工。这是在堤防修守管理方面所规定的报批制度。“近河及大水有堤防之处，刺史、县令以时检校。若须修理，每秋收讫，量功多少，差人夫修理。若暴水泛滥，损坏堤防，妄为人患者，先即修营，不拘时限。”这就是说，地方官员要对管辖的堤防不时检查，发现需要修理的堤防，等到每年秋收后农闲时，根据工程量的大小，派人修理。若遇到有决堤危险等特殊情况，则不受时间限制，及时抢修。这是加强对堤防的检查维修的制度。

《水部式》是由中央政府作为法律正式颁布的，是现存见于文字记载的最早的一部水法典，是一部关于水行政管理的专门法。其中有些原则一直沿用至今，影响深远。现在能看到的《水部式》残卷，内容十分广泛，主要包括农田水利管理、设置及用水量的规定，水事纠纷的协调和奖惩，运河、船闸、桥梁的管理和维护等，其历史意义十分重大，但治河方面的条款规定比较缺乏。仅就农田水利管理方面而言，《水部式》在保证适时灌溉、节约用水方面规定：“用水灌溉之处，皆安斗门”；“斗门不得私造”；“不得当渠造堰”；“凡浇田皆仰预知顷亩，依次取用”；“降雨小涨，渠道退水，令水次州县相知检校”；官田“计营顷亩，共百姓均出人工，同修渠堰”；“先尽百姓灌溉”；等等。总之，是按用水的重要性，规定用水次序，实行轮灌，以延长渠系用水时间，通过改善灌水技术，充分利用水资源，来获取最大的经济效益。

宋代对农田水利兴建与管理也很重视。天圣二年(1024)，宋仁宗颁布《疏决利害八事》，规定：排水工程必须“高度地形，高不连属开治”，由“州、县计役力均定，置籍以主之”；施工后出现“水壅不行，有害民田者”，由有关官吏赔偿；不得“敛取夫众财货入己”；严禁在河渠中截水取鱼；开沟占田，按面积减去田赋。熙宁二年(1069)，王安石变法时颁布《农田水利约束》(又称《农田利害条约》)，这是一部农田水利较完备的政策法令。这个条约促成历史上一次著名的水利建设高潮。其主要内容：一是提倡并奖励人们向政府提出关于建设农田水利工程的合理化建议；二是各县应报告耕地面积、开垦荒地、应修浚的河流、灌溉工程、应修堤防、应开挖的排水沟渠等农田水利工程计划并提出预算；三是牵涉几个州的大工程，要上报朝廷批准兴办；四是州一级的行政主管官吏，要协助县一级解决兴办水利工程中的困难；五是鼓励私人兴办农田水利工程，政府可以贷款；六是规定了奖惩办法；等等。

金代颁布的《河防令》，是中国历史上第一部防洪法规，共 10 条，对河防要事都做出了明确的规定。其具体内容为：工部每年要派一名官员沿河进行视察检查，督促地方加强防汛措施；每年六月至八月，沿河地方官员必须上堤防汛；及时报告汛情的传递制度；在防汛期间，地方行政官员和河务机构官员合一共同负责；河防安全情况要报告工部，后呈尚书省；沿河州县官吏防汛的表现要上报；河防军夫放假制度及医疗制度。

元代的水利法规较详细地反映在《通制条格》中，《通制条格》是《大元通制》的一部分，共有 27 个篇目，其中《河防》《营缮》与防洪关系甚为密切，《田令》对农田水利规定较为详细。

明代黄河堤防工程以其不同的作用分为遥堤、缕堤、格堤、月堤四种，这在堤防工程建设上是一个显著的进步。政府十分重视对堤防的修守，于河防上制定的“四防二守”制度即使到今天仍在起作用。“四防”，即风防、雨防、昼防、夜防，“二守”，即官守、民守。

清康熙年间《治河条例》及道光二十九年(1849)的《防汛章程》为清代黄河上的驻堤和防汛重要规定。其防洪法规在《清会典》和《大清会典事例》中有比较集中的反映,其内容包括河防官吏的职责、河兵、河夫、经费物料、疏浚、工具、埽工、坝工、砖工、土工、施工规范、工程质量保证和事故索赔、种植苇柳以及河防禁令等。宣统二年(1910)所颁布的《大清新刑律》,吸收了一些西方的刑法。在"三十六罪"中列有关于"放火决水及水利之罪"和关于"饮科水之罪"。我国历代还有很多地方性的水法规,它们与中央颁布实行的水法规共同调整历代水事活动的社会关系。我国古代颁行的法典,基本上是刑法典,这类法典具有刑民不分、诸法合体的结构,田、土、水、户籍、婚姻等多方面的内容均在其中。这是因为我国封建社会的法制在世界上自成体系,称为中华法系。

中华法系与世界其他法系有很大差别,具有显著的特点和独立性。在水法上,表现为强化官府权力,忽视保护民事权利;注重农业生产,强调水事活动不误农时,并且行政、司法不分,民法、刑法不分,注重刑罚等。

第二节　护水文化

从现有文献来看,从古到今的护水文化不单包括保护水资源本身,还包括保护河、湖等水体中的其他资源。

一、先秦时期的护水思想及措施

早在先秦时期人们对自身所处的环境就有了客观的认识与描述。《国语·周语下》中提到:"夫山,土之聚也;薮,物之归也;川,气之导也;泽,水之钟也。"《管子·地图》中说:"轘辕之险、滥车之水、名山、通谷、径川、陵陆、丘阜之所在,苴草、林木、蒲苇之所茂,道里之远近,城郭之大小,名邑、废邑、困殖之地,必尽知之。"这些说明人们已经认识到包括水资源在内的生态环境各个要素对于人类的重要性。

《国语·周语下》记载:周灵王害怕河谷泛滥冲毁王宫,决定堵塞它。太子晋谏曰:“不可。晋闻古之长民者,不堕山,不崇薮,不防川,不窦泽。夫山,土之聚也;薮,物之归也;川,气之导也;泽,水之钟也。夫天地成而聚于高,归物于下。疏为川谷,以导其气;陂塘污庳,以钟其美。是故聚不阤崩,而物有所归;气不沉滞,而亦不散越。是以民生有财用,而死有所葬。然则无夭、昏、札、瘥之忧,而无饥寒、乏匮之患;故上下能相固,以待不虞,古之圣王唯此之慎。”这里强调了要合理利用和保护环境。

《荀子》中谈到了生态环境与生物生存之依存关系:“树成荫而众鸟息焉,醯酸而蜹聚焉。”“川渊深而鱼鳖归之,山林茂而禽兽归之。”破坏了生物生存的环境,就会出现“川渊枯则龙鱼去之,山林险则鸟兽去之”的结局。因此,荀子主张“山林泽梁以时禁发而不税”,“鼋鼍鱼鳖鳅鳝孕别之时,网罟毒药不入泽,不夭其生,不绝其长也……污池、渊沼、川泽,谨其时禁,故鱼鳖尤多,而百姓有余用也”。这样也就达到了荀子所追求的理想状态:“强本而节用,则天不能贫;养备而动时,则天不能病。”

《管子·立政》中提到:“山泽不救于火,草木不植成,国之贫也。”反之,则是“同之富也”①。

《周礼》中记载了环保执法机构的人员组成和职守范围,其中就包括了保护水资源的官职。例如,“ 人”按照季节捕鱼,执掌捕鱼的政令;“鳖人”负责有关龟鳖蛤蚌的事务;“川衡”掌理巡视川泽;“泽虞”掌理国泽的政令;掌管水禁的职官叫“萍氏”,禁止捕鱼的季节有人捕鱼,他们就要责罚。这些官职设置非常完善。《周礼注疏》记载:“川衡:每大川,下士十有二人,史四人,胥十有二人,徒百有二十人。中川,下士六人,史二人,胥六人,徒六十人。小川,下士二人,史一人,徒二十人。泽虞:每大泽大薮,中士四人,下士八人,府二人,史四人,胥八人,徒八十人。中泽、中薮,如中川之衡。小泽、小薮,如小川之衡。”②

① 赵守正:《管子通解》,北京经济学院出版社1989年版,第38页。

② 阮元校刻:《十三经注疏》,中华书局1980年版,第699页。

二、秦汉时期的护水思想及措施

秦代实际上也继承了前代的生态环保理念。秦律虽久已失传，但 1975 年底湖北省云梦县睡虎地发掘出土了秦代竹简千余支，其内容大部分为秦的法律和文书。这里面就包含了很多生态环保内容。例如，《田律》记载："春二月，毋敢伐树木山林及雍（壅）堤水。"

从史籍记载来看，秦时没有专门保护生态环境的机构，但有负责管理有关生态环境事务的职官，其管理的主要对象是水利、山林和苑囿。《汉书・百官公卿表》记载有"少府，秦官。掌山海池泽之税，以给供养，有六丞"，而以主管"陂池灌溉，保守河渠"为职责的都水长丞就是其属官之一。对于"都水"之职，王先谦在《汉书》注中说："都，总也，谓总治水之工，故曰都水。"秦代对苑囿园池的管理，有畤官、苑官，而对山林川泽的管理，则有林官、湖官和陂官①。

先秦儒家关于包括水资源在内的自然资源的开发与生态保护的思想是"取用有度，取用有时，取用有法"。到了西汉，儒家也继承了这样的思想，有不少这方面的论述。贾谊的《礼》说："礼，圣王之于禽兽也，见其生不忍见其死，闻其声不尝其肉，隐弗忍也。古远庖厨，仁之至也。不合围，不掩群，不射宿，不涸泽；豺不祭兽，不田猎；獭不祭鱼，不设网罟。"②刘向《说苑》卷十三《权谋》说："干泽而渔，得鱼且多，而明年无复也。"③

此外，《淮南子》中也有对水体内部资源保护的思想。《淮南子・主术训》提到："故先王之法，畋不掩群，不取麛夭，不涸泽而渔，不焚林而猎。……獭未祭鱼，网罟不得入于水。"《淮南子・说山训》说："欲致鱼者先通水，欲致鸟者先树木；水积而鱼聚，木茂而鸟集。"

汉承秦制，国家加强了对国有土地上的一切资源的管理，设置统一的官员。据《汉书・元帝纪》记载，西汉元帝初元元年（前 48），京师地震，关东受灾，元帝

---

① 罗桂环等主编：《中国环境保护史稿》，中国环境科学出版社 1995 年版，第 85 页。
② 贾谊著，王洲明、徐超校注：《贾谊集校注》，人民文学出版社 1996 年版，第 221 页。
③ 刘向撰，赵善治疏证：《说苑疏证》，华东师范大学出版社 1985 年版，第 368 页。

制诏曰:“关东今年谷不登,民多困乏。其令郡国被灾害甚者毋出租赋。江海陂湖园池属少府者以假贫民,勿租赋。”这说明西汉政府对山川林泽的保护与管理是相当严格的,一般人是不能随意开发、利用的,只有在灾荒年月经皇帝诏准后,外人才能享用。

都水长、丞是汉代沿袭秦代所设的专管水资源之官,“掌诸池沼,后改为使者”。景帝时,更秦代的奉常为太常,都水长、丞乃其属官之一。对汉都水长、丞,《汉书·百官公卿表》注引如淳之言曰:“律,都水治渠堤水门。《三辅黄图》云三辅皆有都水也。”可见,汉景帝时对水利资源的管理与保护是相当重视的。

三、魏晋南北朝时期的护水思想及措施

在晋代,有些山泽之利归政府所有并进行保护,百姓被禁止私自利用其间的资源。东晋咸康二年(336),晋成帝司马衍下诏:“占山护泽,强盗律论,赃一丈以上,皆弃市。”

当时有个叫羊希的朝臣拟议论:“今更刊革,立制五条。凡是山泽,先常炊爈种养竹木杂果为林芿,及陂湖江海鱼梁鳅鮆场,常加功修作者,听不追夺。官品第一、第二,听占山三项;第三、第四品,二顷五十亩;第五、第六品,二顷;第七、第八品,一顷五十亩;第九品及百姓,一顷。皆依定格,条上赀簿。若先已占山,不得更占;先占阙少,依限占足。若非前条旧业,一不得禁。有犯者,水土一尺以上,并计赃,依常盗律论。停除咸康二年壬辰之科。”①

一些比较仁慈通达的地方官和正直的士人甚至提出反对这样的规定。例如《晋书·刘弘传》中记载,刘弘为荆州刺史时,“旧制,岘、方二山泽中,不听百姓捕鱼。弘下教曰:‘《礼》,名山大泽不封,与共其利。今公私并兼,百姓无复厝手地,当何谓邪!速改此法。’”这也间接说明了当时朝廷对水资源保护之严。

北魏时,人们已经注意到水质的好坏对人身体健康的影响,认为甘甜清醇的水有益于健康,并以之治病。《魏书·灵征志》记载:“高祖太和八年正月,上谷郡惠化寺醴泉涌。醴泉,水之精也。味甘美,王者修治则出。兴和元年冬,西

① 沈约:《宋书》卷五十四《羊玄保传》,中华书局1974年版。

兖州济阴郡宛句县濮水南岸,有泉涌出,色清味甘,饮者愈疾,四远奔凑。齐献武王令于泉所营立庐舍。”所以北朝更加重视对水资源的保护。

四、唐宋时期的护水思想及措施

唐代对于水资源的保护也很重视。《唐六典·尚书工部》记载:“虞部郎中员外郎掌天下虞衡山泽之事而辨其时禁。凡采畋猎必以其时。冬春之交,水虫孕育,捕鱼之器,不施川泽。”“凡水有溉灌者,碾硙不得与争其利;溉灌者又不得浸人庐舍,坏人坟隧。仲春乃命通沟渎,立堤防,孟冬而毕。若秋夏霖潦泛溢冲坏者,则不待时而修葺。凡用水自下始。”

此外,《唐律疏议》是中国古代一部空前成熟的法典,也是现存古代最完整的一部法典。其中内有条文 500 条,其中有对水资源的保护规定。在《唐律疏议·杂律》中规定:“有人盗决堤防,取水供用,无问公私,各杖一百。”在“盗决堤防”条载:“诸盗决堤防者,杖一百(谓盗水以供私用,若为官检校,虽供官用,亦是);若毁害人家及漂失财物者,赃重者,坐赃论;以故杀伤人者,减斗杀伤罪一等,若通水入人家,致毁害者,亦如之。其故决堤防者,徒三年;漂失赃重者,准盗论;以故杀伤人者,以故杀伤论。”在“失时不修堤防”条载:“诸不修堤防及修而失时者,主司杖七十;毁害人家、漂失财物者,坐赃论减五等;以故杀伤人者,减斗杀伤罪三等……即水雨过常,非人力所防者,勿论。”

唐代也有很多保护水体内生物资源的诏令。例如,《唐会要·断屠钓》记载:“开元十八年三月二十八日敕,诸州有广造簺沪取鱼并宜禁断。(开元)二十二年十月十三日敕,每年正月、七月、十月三元日起十三日至十五日,并宜禁断宰杀渔猎。……(天宝)六载正月二十九日诏令,属阳和布气,蠢物怀生,在于含养,必期遂性。其荥阳仆射陂、陈留篷池自今以后特宜禁断采捕,仍改仆射陂为广仁陂,篷池为福源池。”

唐代的环境保护机构较为成熟。据《旧唐书·职官志二》记载,虞部的职责是“掌京城街巷种植、山泽、苑囿草木、薪炭供顿、田猎之事,凡采捕渔猎必以其时。凡京兆、河南二都其近为四郊三百里皆不得弋猎采捕”。《新唐书·百官志一》的记载也大致相同,虞部“掌京都衢衖、苑囿、山泽草木及百官蕃客时蔬、薪炭供顿，畋猎之事。每岁春以户小儿、户婢仗内莳种溉灌，冬则谨其蒙覆。凡郊祠、神坛、五岳、名山樵采、刍牧皆有禁。距壝三十步外得耕种，春夏不伐木，京兆、河南府三百里内正月、五月、九月禁弋猎，山泽有宝可供用者以闻”。《唐六典·尚书工部》也有相似记载，虞部“掌天下虞衡山泽之事，而辨其时禁。凡采捕畋猎必以其时，冬春之交水虫孕育，捕鱼之器不施川泽；春夏之交陆禽孕育，馁兽之药不入原野；夏苗之盛不得蹂藉，秋实之登不得焚燎，若虎豹豺狼之害，则不拘其时，听为槛阱，获则赏之，大小有差。凡京兆、河南二都，其近为四郊三百里皆不得弋猎、采捕。凡五岳及名山能蕴灵、产异、兴云致雨有利于人者，皆禁其樵采，时祷祭焉”。由此可见，唐代虞部对水资源保护的重视程度。

相比而言，唐代水部郎中和员外郎的职责是“掌天下川渎、陂池之政令，以导达沟洫、堰决河渠，凡舟楫、溉灌之利咸总而举之。……凡天下造舟之梁四，石柱之梁四，木柱之梁三，巨梁十有一，皆国工修之，其余皆所管州县随时营葺，其大津无梁皆给船人，量其大小难易以定其差”①。可见唐代水部对水资源保护的力度也是很大的。

除虞部、水部外，唐代水资源保护还有一个重要的机构就是都水监。《旧唐书·职官志三》记载：“都水监：使者二人，丞二人，主簿二人，录事一人，府五人，史十人，掌固三人。使者掌川泽、津梁之政令，总舟楫、河渠二署之官属，凡虞衡之采捕、渠堰陂池之坏决、水田斗门灌溉皆行其政令。舟楫署：令一人，丞二人，舟楫署令掌公私舟船运漕之事。河渠署：令一人，丞一人，府三人，史六人。河堤谒者六人，掌修补堤堰、渔钓之事。典事三人，掌固四人，长上渔师十人，短番渔师一百二十人，明资渔师一百二十人。河渠令掌供川泽鱼醢之事……诸津：令一人，丞一人，津令各掌其津济渡、舟、梁之事。”②《新唐书·百官志三》的记载稍为详细：“都水监：使者二人，正五品上，掌川泽、津梁、渠堰、陂池之政，总河渠、诸津、监署。凡渔捕有禁，溉田自远始，先稻后陆。渠长、斗门长节其多少而均焉。府县以官督察。丞二人，从七品上，掌判监事。凡京畿诸水因灌溉盗费者有禁，水入内之余，则均王公百官。主簿一人，从八品下。掌运漕、渔捕程，会而纠举之。河渠署：令一人，正八品下，丞一人，正九品上，掌河渠、陂池、堤堰、

① 刘昫：《旧唐书》卷四十三《职官志二》，中华书局1975年版。
② 刘昫：《旧唐书》卷四十四《职官志三》，中华书局1975年版。

鱼醢之事。凡沟渠开塞、渔捕时禁皆颛之。……河堤谒者六人,正八品下,掌完堤堰利、沟渎渔捕之事。泾、渭、白渠以京兆少尹一人督视。诸津:令各一人,正九品上,丞二人,从九品下,掌天下津济、舟、梁。”①《唐六典·将作都水监》的记载更为详尽:“都水监:使者二人,正五品上。都水使者掌川泽、津梁之政令,总舟楫、河渠二署之官属,辨其远近而归其利害。凡渔浦之禁、衡虞之守皆由其属而总制之。凡献享宾客则供川泽之奠,凡京畿之内渠堰、陂池之坏决则下于所由而后修之。每渠及斗门置长各一人,至溉田时乃令节其水之多少均其灌溉焉。每岁府县差官一人以督察之,岁终录其功以为考课。丞二人,从七品上。主簿一人,从八品下。丞掌判监事,凡京畿诸水禁人因灌溉而有费者,及引水不利而穿凿者,其应入内诸水有余则任诸王公、公主、百官家节而用之。主簿掌印、勾检、稽失,凡运漕及渔捕之有程者,会其日月而为之纠举。舟楫署:令一人,正八品下。丞二人,正九品下。舟楫令掌公私舟船及运漕之事,丞为之贰,诸州转运至京都者,则经其往来、理其隐失,使监漕监之。河渠署:令一人,正八品下。丞一人,正九品下。河渠令掌供川泽、鱼醢之事,丞为之贰,凡沟渠之开塞、渔捕之时禁,皆量其利害而节其多少……诸津:令一人,正九品上。丞一人,从九品下。诸津令各掌其津济、渡舟、梁之事,丞为之贰。”②

宋代的水资源保护和管理机构仍然是虞部和水部,隶属于尚书省下的工部。其职责《宋史·职官志三》记载:“虞部郎中、员外郎掌山泽、苑囿、场冶之事,辨其地产而为之厉禁。……水部郎中、员外郎掌沟洫、津梁、舟楫、漕运之事。凡堤防决溢、疏导壅底以时约束而计度其岁用之物。修治不如法者罚之,规画措置为民利者赏之。”③《职官分纪·虞部郎中》也有相似记载:“国朝虞部掌山泽、苑囿、畋猎,取伐木石、薪炭、柴物之属,屏绝猛兽、毒药及茶、矾场、盐池井、金银铜铁铅锡坑冶、废置收采之事。”“水部郎中”条载:“国朝水部掌川渎、河渠、津梁、舟楫、漕运、水碾硙之事,凡水之政令。”④《元丰类稿·制诰》也记载了虞部、水部的职责:“虞部制。蒐田有时,而泽梁有禁。虞衡之守所以遂群生而参化育,中台典领,咸属汝材,其思顺鸟兽草木之宜,以称朕爱人及物之意。

---

① 欧阳修、宋祁:《新唐书》卷四十八《百官志三》,中华书局 1975 年版。

② 李林甫:《唐六典》卷二十三《将作都水监》,中华书局 2014 年版。

③ 脱脱等:《宋史》卷一百六十三《职官志三》,中华书局 1975 年版。

④ 孙逢吉:《职官分纪》卷十一《虞部郎中》,中华书局 1988 年版。

水部制。川渎堤防宣其利而备其害,四方万里之远,郎实总领,秩甚宠焉。"[①]宋代也设有都水监,《续资治通鉴长编》载,嘉祐三年十一月己丑诏"置在京都水监,凡内外河渠之事悉以委之"[②]。

宋代也有保护水资源的措施和诏令。例如,《宋会要辑稿·刑法》记载:"太祖建隆二年二月十五日,诏曰:'鸟兽虫鱼,宜各安于物性,置罘罗网,当不出于国门,孰无巢卵之伤,用助阴间之气。其禁民无得采捕虫鱼,弹射飞鸟。仍为定式。'"[③]据《宋史·真宗本纪》记载,宋真宗天禧元年(1017)十一月壬寅"禁渔采"[④]。

五、明清时期的护水思想及措施

明清时期,工部设尚书一人,掌管天下百官、山泽之政令。下设营缮、虞衡、都水、屯田四司。其中,虞衡司有山泽采捕、陶冶的职责,清代改由内务府负责。都水司掌川泽、陂池、桥道、舟车、织造、券契、量衡之事。

据《明史·职官一》记载,明代改都水监为都水司,归工部管辖。明清时期除黄河、运河的防洪外,其他的水利事务均归地方管理,工部的职责是督导,"凡诸水要会,遣京朝官专理以督有司"。

明代对于水资源配套的工程设施的保护做得也比较到位。洪武二十六年(1393)规定:"凡各处闸坝陂池,引水可灌田亩以利农民者,务要时常整理疏浚。如有河流横流泛滥,损坏房屋田地禾稼者,须要设法堤防止遏,或所司呈禀,或人民告诉,即便定夺奏闻。"并命属下"或差官直抵处所,踏勘丈尺阔狭,度量用工多寡,若本处人民足完其事,就便差遣;倘有不敷,著令邻近县分添助人力、所用木石等项,于官见有去处支用或发遣人夫,于附近山场采取,务在农隙之时兴工,毋妨民业"。次年又诏谕工部:"陂塘湖堰可蓄泄以备旱潦者,皆因其地势修

① 曾巩:《元丰类稿》卷二十四《制诰》,商务印书馆1937年版。
② 李焘:《续资治通鉴长编》卷一百八十八《仁宗》,中华书局2004年版。
③ 徐松:《宋会要辑稿》卷二之二一《刑法》,上海古籍出版社2014年版。
④ 脱脱等:《宋史》卷八《真宗本纪》,中华书局2004年版。

治之，勿毫兴工役，掊支吾民。”[①]《大明律·河防》规定：“凡盗决河防者，杖一百；盗决圩岸、陂塘者，杖八十；若毁害人家及漂失财物，淹没田禾，计物价重者，坐赃论，因而杀伤人者，各减斗、杀伤罪一等。”“若故决河防者，杖一百，徒三年；故决圩岸、陂塘，减二等；漂失赃重者，准窃盗论，免刺；因而杀伤人者，以故杀伤论。”“凡不修河防及修而失时者，提调官吏各笞五十；若毁害人家漂失财物者，杖六十，因而致伤人命者，杖八十。”[②]这在《大清律》中也有类似规定。

与此同时，地方上也制定了相应的法律条文来规范护水行为。例如在明万历三十年（1602），河内县令袁应泰专门制定管理条款并勒之以碑，警诫地方各色人等遵守，保证灌区内农民生产、生活的正常进行。条款共计六条原则：“明河基，以防侵占”；“定渠堰，以均利泽”；“泄余水，以免泛滥”；“设闸夫，以便防守”；“分水次，以禁搀越”；“栽树木，以固堤岸”。内容涉及工程、用水、生产等各个方面，为时人所推崇。原则之外，还规定有具体施行办法。如广济渠“一百五十里，阔八丈，具系除官粮地”，任何人不得“侵种”，否则“以盗决堤防治罪”。沿渠用水户要“编定水分”，自上而下依次引灌，并详细说明灌水时间的长短、交接的手续等，从而避免了争水、抢水、偷水等破坏灌区农业生产事故的发生。[③]

---

① 张廷玉等：《明史》卷八十六《河渠六》，中华书局1974年版。

② 《大明律》卷三十《河防》。

③ 程有为：《黄河中下游地区水利史》，河南人民出版社2007年版，第215—219页。

第十章 河南崇水祈水文化

从古至今,人类对水的认识经历了一个从无知到有知、从感性到理性的过程,体现了社会的进步与发展。不论在哪个阶段,水文化都在其中起到了十分重要的作用。崇水祈水文化不是只有封建迷信的内容,它更包含了古代先民对于自然的敬畏之心以及对珍贵水资源的渴求之情。

第一节 崇水文化

水是生命之源。远古时期,先民逐水而居,后来凿井而饮。故《管子·水地》记载:“地者,万物之本原。水者,地之血气,如筋脉之通流者也。”[①]这样的论述是建立在经验认识的基础之上的,说明水的地位非常重要,具有本源的意义。由此可见,水在人类文明进程中的作用和地位极其重要。水在中国传统文化中呈现出两种意象:一是孔子在川上所说“逝者如斯夫,不舍昼夜”的感叹,以及由此引出的“时间之水”,象征了对有限生命逝去的无奈;二是《老子》中以“上善若水,水善利万物而不争,处众人之所恶,故几于道”所引发的象征了本体与价值的“道德之水”。[②]

远古先民是在对自然现象膜拜、祈求、恐惧、屈从的漫长过程中缓慢地、辩证地认识了水,进而产生了崇水文化,涉及政治、经济、文化、哲学、节令、民俗等多个领域。中原地区崇水文化始于神话传说时代的大禹治水。传说鲧用堵法

---

① 黎翔凤:《管子校注》,中华书局2004年版,第813页。

② 孟凯:《先秦道家崇“水”思想及其影响》,《学术论坛》2011年第3期。

治水失败，只好自沉于羽渊，化为玄龟，而禹因受启示于龟背文（纹），用疏法治水获得成功。晋陆机《洛阳记》载："禹时有神龟，于洛水负文列于背，以授禹。文即治水文也。"后人在治水之前，均祭祀神龟，治水中，浇注大龟，以镇水妖，永保平安。再如豫西南地区的汉族订亲，女方收到男方的订亲礼物后，要以水作为主要的回礼，称作"回鱼箸"。

一、盘古崇拜

盘古是中国古代传说时期开天辟地的神。盘古神话，始见于《艺文类聚》所引三国时吴人徐整的《三五历纪》和清人马骕《绎史》所引《五运历年记》。据《三五历纪》载：大禹同伯益民治水，在开挖徙骇河时建立殿堂，纪念盘古。《五运历年记》载："盘古之君，龙首蛇身，嘘为风雨，吹为雷电，开目为昼，闭目为夜。死后骨节为山林，体为江海，血为淮渎，毛发为草木。"在盘古开天辟地的神话中，盘古死后，他的血液变成江河湖海，他的汗水变成雨露，他身上的寄生物受到雨露的滋养而变成黎民百姓。盘古是一位舍生取义的英雄，江河湖海也就成为一种大公无私、颐养万物的精神象征，水已经不再是自然现象，而成为崇拜对象。①

盘古不仅开天辟地，而且以无私的奉献精神为人类创造了赖以生存的日月土地，可以依凭的山川，用来享受的珠玉，以及感知自然气候的风雨，等等。《绎史》卷一引《五运历年记》载："元气蒙鸿，萌芽滋始，遂分天地，肇立乾坤。启阴感阳，分布元气，乃孕中和，是为人也。首生盘古，垂死化身，气成风云，声为雷霆，左眼为日，右眼为月，四肢五体为四极五岳，血液为江河，筋脉为地里，肌肉为田土，发髭为星辰，皮毛为草木，齿骨为金石，精髓为珠玉，汗流为雨泽，身之诸虫，因风所感，化为黎甿。"由此可知，盘古曾经得到大禹和伯益的怀念，是农业文明的肇始之一。

在遍及各地的盘古神话中，与中原有关的故事影响较大。宋朝编修的《元

① 张慧远：《从神话到哲学：中国古代水思想探析》，《求索》2007年第2期。

丰九域志·唐州·桐柏》中有“州东一百六十里,二乡,有桐柏山、淮水、柘河”① 的记载。清代学者贡愈淳作《桐柏山赋》指出桐柏山是阴阳未分、大水茫茫的混沌之时盘古首出开天的地方。纵观文献典籍,只有桐柏山、淮河源的地理名词与盘古神话密切关联。直至如今豫南桐柏山仍有一处盘古山,相传就是盘古开天辟地的地方,附近有盘古庙、盘古洞、盘古井等与盘古神话密切相关的遗迹。泌阳盘古山,位于河南省泌阳县南三十里。传说此山就是当年盘古开天辟地、繁衍人类、造化万物的地方。盘古山顶峰的北坡,山势陡峭,松林葱郁,顶峰以下约 50 米处,有一口盘古井。由上至下有重叠“之”字形山径可到井旁。井周芳草葱茏,外围马尾松环立。井口为椭圆形,直径近 1 米,由天然岩石形成。水面如同明镜。汲水饮之,甘甜爽冽,沁人心脾。传说盘古兄妹便用此水生活。②

二、水井崇拜

井水比河水更为清洁,对人类的健康长寿也大有好处。因此人们很早就产生了对井的崇拜。《世本》“微作五祀”注:“微者,殷王八世孙。五祀,谓门、户及井、灶、中霤。”即从微开始对门、户、井、灶、中霤进行祭祀。关于人们对井崇拜的原因,班固在《白虎通义》中解释说:“五祀者,何谓也? 谓门、户、井、灶、中霤也。所以祭何? 人之所出入所饮食,故为神而祭之。”这表明人们对井产生崇拜主要是因为它与人们的生活密切相关。井为人们提供清洁的饮水,人们敬重井、祭祀井,从而形成了一种对井的崇拜。

我们经常说的“谦受益,满招损”,也与水井崇拜有关。《尚书·大禹谟》记录了传说中的井:禹治水有功,舜将帝位让给禹。禹即位之初赶上三苗部族闹事,禹兴兵征伐,三苗并没有顺服。作为治水时的旧臣,伯益给禹出主意:“惟德动天,无远弗届。满招损,谦受益,时乃天道。帝初于历山,往于田,日号泣于旻天,于父母,负罪引慝。祗载见瞽瞍,夔夔斋栗,瞽亦允若。至诚感神,矧兹有苗。”这句话与伯益有关,更与水井有关。因为井以自满而得意时,正是招致汲

① 王存:《元丰九域志》,中华书局 1984 年版。

② 张正、王瑜廷主编:《盘古神话》,中州古籍出版社 2006 年版,第 100 页。

取之损的时候；井因水少而谦逊的时候，它将得到益——增加水量，增高水位。[①]这也可以从一个方面证明伯益作井的可能性。

先民们除了认为水井中有龙神，还有水井代表村庄，水井下面有龙神保佑的观念。因而在史前时期，人们在水井边栽下梧桐树，从而引来金凤凰，构成了下有龙上有凤的意象，表达了原始先民对美好生活的向往和追求。

水井对中国民俗的影响很大，诸如"除夕祀井封井""正月开井祀龙王""填仓节里请仓龙""二月二，龙抬头""俗以清明以淘井""六月六，贮井水""七夕天孙水""腊八""废井不塞""井瓶莫沉"等民俗。[②] 但是从现在考古发现来看，史前时期水井对河南的民俗影响不是很大，有待于新的研究成果问世。

现在我们还使用着很多与井有关的成语、俗语和歇后语，如成语有井底之蛙、坐井观天、井蛙之见、井井有条、井然有序、井中求火、背井离乡、穿井得人、从井救人、渴而掘井、市井之臣、凿隧入井等，有很多是以物喻人的；俗语有"井水不犯河水""井里打水往河里倒""出了井底又入海底""井要淘，人要教""井淘三遍吃甜水，人从三师武艺高""学如穿井""打井如修仓，积水如节粮""不怪自家麻绳短，只怪别人古井深""井深槐树粗，街阔人义疏""井水越打越来，力气越使越有"等；歇后语有"辣子一行茄一行——井井有条""挑水的逃荒——背井离乡""井底蛤蟆——目光短浅""井底的蛤蟆——没见过世面""井底结蜘蛛网——真值（织）得深思（丝）""井底的邮包——深重"等。我们常常说的"栽下梧桐树，引来金凤凰"也与水井有很大的关系。为什么梧桐树可以招来凤凰呢？《诗经·大雅·卷阿》云："凤凰鸣矣，于彼高岗。梧桐生矣，于彼朝阳。"《庄子·秋水》云："夫鹓雏发于南海而飞于北海，非梧桐不止，非练实不食，非醴泉不饮。"《说诗》引《毛传》云："梧桐，柔木也。"[③]先秦时期，先民认为水井中有龙神，而梧桐又可以招来凤凰，所以人们喜欢在水井边种梧桐树，这是民间龙凤呈祥民俗观念的最早表现。[④]

---

① 吴裕成：《中国的井文化》，天津人民出版社 2002 年版，第 13 页。

② 吴裕成：《中国的井文化》，天津人民出版社 2002 年版，第 261—307 页。

③ 朱祖延：《尔雅诂林》卷下（一），湖北教育出版社 1996 年版，第 3608 页。

④ 宣炳善：《"井上桐"的民间文化意蕴》，《中国典籍与文化》2002 年第 2 期。

三、水神崇拜

水神崇拜是我国民间信仰的重要内容之一，是一种植根于传统农业社会的自然崇拜。我国自古以来就是一个农耕经济社会，农业生产与水密切关联。因此，我国很早就产生了对水神的崇拜。尤其在史前时期，旱涝都对农业收成构成严重威胁，获得充沛适量的降水成为古人强烈的期盼。然而古人对降水原理知之甚少，便以为冥冥之中有一种神秘的力量在操纵雨水。从万物有灵观念出发，这种神秘力量便被认为是水神所有。因此，古人遇旱就会祈求水神降雨，遇涝则祈求水神止雨，平时则祈求水神带来风调雨顺。这样一种农耕习俗也成为农业水文化的重要组成部分。

中原地区的人们崇拜的河流有很多，最具代表性的是对黄河和洛水的崇拜。对黄河崇拜的历史悠久，《今本竹书纪年》就有尧“洁斋修坛场于河、洛”。[①] 对洛神崇拜也有相关的记载，《今本竹书纪年》就记载了黄帝对洛水的祭祀：“五十年秋，七月庚申，凤鸟至，帝祭于洛水。”另外，也有尧对洛水的祭祀：“五十三年，帝祭于洛”，“率群臣东沉璧于洛”。在《尚书·舜典》中也有舜对山川神灵的祭祀：“肆类于上帝，禋于六宗，望于山川，遍于群神。”“岁二月，东巡守，至于岱宗，柴。望秩于山川。”舜对水神的祭祀是通过望祭来实现的，它是水神祭祀的一种，因为对远处的河川不可遍祭，只能在某个地点遥望远处河川而祭。所以我们可以看到，在不迟于仰韶文化时期，中原的水神崇拜已经出现。

水神共工曾撞断天柱，与颛顼交战使人们免于疾苦，是正义的化身。据考证，共工是指供奉、祭祀龙的神职人员，共工氏世代作为供奉龙的巫神，一面求龙庇佑，一面修护防水堤防，进行黄河治水工程。先人为了表达对这种精神的敬仰和对祖先的追忆，便有了对川江大河的祭拜。[②] 关于历史时期的水神崇拜，我们可从考古资料中看到。对水神的崇拜，首先表现为对水的崇拜。在仰韶文

---

① 张玉春译注：《竹书纪年译注》，黑龙江人民出版社 2003 年版，第 96—97 页。

② 张慧远：《从神话到哲学：中国古代水思想探析》，《求索》2007 年第 2 期。

化遗址出土的陶器上就可以看到上面绘有大量的条纹、涡旋纹、螺旋纹、曲纹、波浪纹等代表水的纹饰。向柏松认为,把水的各种形象绘制在陶器上,绝不是出于审美和装饰的目的,它体现的是先民们对水的信仰和祈求。①

另外,早期用原生态的水祭祀神灵。《礼记·礼运》写道:"夫礼之初,始诸饮食。其燔黍捭豚,污尊而抔饮,蒉桴而土鼓,犹若可以致其敬于鬼神。"郑玄注:"污尊,凿地为尊也。抔饮,手掬之也。"这是对原始祭祀的追忆。当时的生存条件极其艰苦,用以祭祀神灵的方式也非常简陋,人们日常怎样饮食,就用相同的方式祭祀神灵。当时的食物是把五谷和肉类在火热的石头上烧烤,抟土做成鼓槌儿敲击用土做成的鼓。在这种情况下,凿地为池,用手捧着喝的只能是水,而不可能是酒。先民最初是把天然的水放在水池中以供饮用,也用它祭祀鬼神,古代先民就用这种朴素的方式表达他们对神灵的敬意。②

与此同时,中原地区关于葫芦生人的神话都与洪水有关,葫芦是华夏民族的始祖诞生之所。古代称葫芦为瓠、匏、壶等。③《诗经·大雅·绵》云:"绵绵瓜瓞,民之初生。"《易经·系辞》中指出:"包牺氏没,神农氏作……神农氏没,黄帝、尧、舜氏作,通其变,使民不倦。""包牺"即华夏文明的始祖伏羲氏。"包"即指匏,意为葫芦。由于葫芦具有体轻、防湿性强、浮力大的优点,在先民看来,它的作用颇似现在的救生圈。我国有 56 个民族,大多数都有人从葫芦里出来的神话传说。比如瑶族有洪水淹没了一切,伏羲兄妹躲在葫芦里过了七天七夜,水退后好不容易结了婚,留下了人种的传说。④ 作为舟楫原型的葫芦,看来既是远古洪水时代的避水工具,同时也成了人类再造的摇篮。

---

① 向柏松:《中国水崇拜》,上海三联书店 1999 年版,第 46 页。

② 刘雅杰:《古代先民的水崇拜及其民俗透视》,《山东工商学院学报》2007 年第 4 期。

③ 薛世平:《华夏民族的水崇拜》,《福建农林大学学报》(哲学社会科学版)2005 年第 4 期。

④ 胡俊:《中国古代的崇水思想》,《科技资讯》2006 年第 6 期。

第二节　亲水文化

所谓亲水,是指人类对于水所表现出来的渴望亲近的心理诉求、行为和特征。其含义是对水的亲近、呵护和善待,是指人对水的崇拜、人与水的不可分割以及人对水的有效开发、利用和保护。一切反映亲水意识的做法、行动,都称为亲水行为。亲水文化,指人类亲水活动的文化反映,是以亲水活动为轴心的文化活动。

一、亲水文化的由来

人对于水具有天然亲近的心理冲动和原始本性。关于这一点,我们从心理学、生理学、生态学和社会学等方面都能找到答案。

首先,从物质层面讲,人体作为有生命的物质个体,它的生存离不开水,它必然本能地反映出对水的需求和渴望。关于这一点至少有三个方面的论据:一是生命起源于水;二是人的身体组成物质绝大部分是水;三是人体自身的新陈代谢离不开水。

《管子·水地》说:“水者何也?万物之本源,诸生之宗室也。”生命是不是起源于原始的海洋,虽然到现在科学还没有给出最后的结论,但我们却可以说是水造就了人类。

从组成人体物质的大致成分来看,蛋白质占 17%,脂肪占 14%,碳水化合物占 1.5%,钙等矿物质占 6%,其余 61.5%为水。也就是说,人体重量约 2/3 是水,从这个意义上讲,人的生命是由体内无数根水柱支撑起来的。人体的水有两种存在形式:一是结合水,即与人体内的蛋白质、氨基酸、维生素、遗传物质结合,参与这些生命物质的生化活动和生理活动;二是自由水,即是以游离的形式存在,自由流动。科学研究表明,如果人体的水损失 20%,就无法进行氧化、还原、分解、合成等生理活动；每人每天体内有 7—8 升水需要更新，身体中的水一周左右就要更新一次；每人每天要摄入 2—3 升的水，一年要摄入 700—1000 升的水。

人体的新陈代谢、系统平衡都依赖水而实现。食物的消化、吸收，营养的输送，血液的循环，体温的调节，废物的排泄，每一项生理活动都离不开水。水是一种良好的溶剂，机体所需的多种营养物质和各种代谢产物都能溶于水，即使是难溶或不溶于水的物质，如脂类及某些蛋白质，也能分散于水中而成为胶体溶液，通过血液循环而运输至全身；水能促进各种电解质的解离作用，促使化学反应加速进行；水还直接参与体内的水解和氧化还原等反应过程；水具有较大的比热、蒸发性和流动性，比热大就能吸收较多的热量，使机体在代谢过程中产生的热量由体液吸收而体内温度变化不大，并经体液交换和血液循环，将体内代谢产生的热量运送到体表，再通过体表的散发或水的蒸发将热量释放到外环境中去，使机体维持均匀而恒定的温度。特别是水含有大量人体所必需的有机物质，是维系人体健康的重要元素。

其次，从精神层面上讲，由于水的天然可亲性，作为有意识的人类个体，必然自然地表现出对水的亲近行为和精神活动。孔子说"知者乐水"，可以说是由于人类本身与水天然不可分割的关系而自然形成的一种亲水情结。关于这种亲水情结，我们也可以从以下三个方面来进行佐证。

一是水、环境、人相互依存的关系，让人自然地生出亲近水的情感。水是自然环境中最关键的元素，水滋润植物，直接生成宜人的绿色环境。人是自然界的一分子，是环境的产物，人类的生存和发展离不开环境，同时又为了谋求自身的生存与发展不断地改造着环境；人类与环境的关系，既相互依存又相互影响，是对立统一的辩证关系。人类的任何行为都会对环境产生影响；反之，环境的任何改变也直接影响人类的生存与发展。人类与环境是和谐共处的关系。水是人类生存环境中最重要的物质与能量基础，水生态环境是人类赖以生存的重要环境。人类生活的区域环境，基本上都属于水生态环境，水生态环境的状况直接影响着人类生存的条件和质量，而人类的活动也对水生态环境产生了直接的影响，并进而影响到人类自身的生存与发展。人、水、环境三者相互依存，共生共荣。

二是水的流动特性和纯洁的品质与人的生命特征、生命追求相吻合，这也自然激发出人类亲水的本能和原始的冲动。生命在于运动,追求生命的灵动与柔美、清纯与圣洁,是人类天然的品性。这恰与水天然具备的品质相一致。

三是水体的丰富形态具有愉悦身心的审美价值,能让人展开联想、敞开心扉、净化灵魂、托物言志。液态的水,从善如流,因势而变,在高高低低、曲曲折折间表现出千般的形态、万般的特性。如湖水风平浪静时的肃静与安详,细雨淅淅沥沥时的缠绵悱恻,大海波涛汹涌时的坚韧和刚毅,等等。固态的水,有棱有角,方方正正,有自己的气节,碎则玉碎,不为其柔。气态的水,超凡脱俗,可以是云,可以是风。水的这些形态和特性,都会引起人们不同的心理反应。事实上,有的时候水的形态就像人的心态。

亲水,首先反映的是一种心理诉求,其次才表现为亲水行为。然而,并不是具备亲水本质属性的人都能表现出亲水行为来。这是因为人生理上的需求是本能的、先天的、狭窄的、单个的,而思想则是后天的,是随着物质、心理、社会的变化而变化的,它必然带有强烈的自私和功利性色彩。因此,必然会出现与亲水行为相对应的恶水行为,如对水的过度开采、向水体排放污染物以及其他破坏水生态环境的行为。亲水行为走过了一个复杂的历史过程。

在远古时期,人类择丘陵而处之,既需要水又害怕水,在把水当神灵一样供奉的同时,又像躲避吃人的猛兽一样躲避着水带来的灾害。这个时期的人们对于水还没有完全认知,表现出来的只有亲水的本能。

二、人居环境中的亲水文化

亲水,一个最普遍、最能反映亲水需求的行为就是积极营造亲水生活环境,改善和提升家居文化品位。近年来,随着生活水平的提高,人们越来越向往小桥流水如诗如画般的生活环境,向往碧波荡漾、鱼鸟成群的自然美景。在城市绿地和公园建设中,人工湖泊、人工河道不断涌现,房地产开发中水景住宅也成为一大热点。人们逐渐将生活环境的选择标准转移到了亲水上,众多楼宇纷纷以亲水为主题大做文章,以自然水域或人造水景、湖泊为主要卖点,并由此增加楼盘规划中的水景设计,极大地丰富了建筑文化。

汉代仲长统《昌言》中云:“使居有良田广宅,背山临流,沟池环匝,竹木周布，场圃筑前，果园树后。舟车足以代步涉之艰，使令足以息四体之役。……蹰躇畦苑，游戏平林，濯清水，追凉风，钓游鲤，弋高鸿。”①由此看出，仲长统也是把山水、游鱼等作为自己居所环境的一种追求。

晋代陶渊明偏爱自然，放弃彭泽令一职，钟情于山水中。他在《归园田居》中自述说：“少无适俗韵，性本爱丘山。误落尘网中，一去十三年。羁鸟恋旧林，池鱼思故渊。”②

北朝时的住宅很讲究环境的优雅，创造出人与自然和谐共处的氛围。北周萧大圜认为田园环境可以陶冶情趣。《周书·萧大圜传》载其自咏曰：“面修原而带流水，倚郊甸而枕平皋，筑蜗舍于丛林，构环堵于幽薄。近瞻烟雾，远睇风云。藉纤草以荫长松，结幽兰而援芳桂。仰翔禽于百仞，俯泳鳞于千浔。果园在后，开窗以临花卉；蔬圃居前，坐梅而看灌畎。……斯亦足矣，乐不可支。”③在萧大圜看来，水环境对于陶冶内心很重要。

其实，亲水而居是人类最初的选择，也是最终的选择。自古以来，中国人择居的一个重要原则就是依山傍水。先秦时期人们对自身所处的环境及其要素就有了客观的认识与描述。《国语·周语下》云：“夫山，土之聚也；薮，物之归也；川，气之导也；泽，水之钟也。”《黄帝内经·素问》云：“地气上为云，天气下为雨。雨出地气，云出天气。”这是讲水如何蒸发而又成云致雨的。《管子·地图》曰：“轘辕之险、滥车之水、名山、通谷、经川、陵陆、丘阜之所在，苴草、林木、蒲苇之所茂，道里之远近，城郭之大小，名邑、废邑、困殖之地，必尽知之。”说明人们对与其生存活动紧密联系的生态环境尤其是水有了较为深刻的认识，在此基础上人们进一步认识到水对于人类的重要性。

《国语·周语下》载：周灵王怕谷河泛滥而毁坏王宫，决定堵塞它。太子晋谏曰：“不可。晋闻古之长民者，不堕山，不崇薮，不防川，不窦泽。夫山，土之聚也；薮，物之归也；川，气之导也；泽，水之钟也。夫天地成而聚于高，归物于下。疏为川谷，以导其气；陂塘污庳，以钟其美。是故聚不阤崩，而物有所归；气不沉滞，而亦不散越。是以民生有财用，而死有所葬。然则无夭、昏、札、瘥之忧，而无饥

① 严可均校辑：《全上古三代秦汉三国六朝文》之《全后汉文》卷八九，中华书局1958年影印本，第956页。

② 秦言编著：《中国历代诗词名句典》，中国商业出版社2011年版，第72页。

③ 《周书》卷四二《萧大圜传》。

寒、乏匮之患；故上下能相固，以待不虞，古之圣王唯此之慎。”在这里太子晋所强调的是如何顺应自然界的发展规律和更充分合理地利用自然环境的问题，它反映了先秦时期先民对人地关系问题已经有了深刻思考，已把环境问题与人类自身的利益相联系，要求人与环境协调发展。这其中也考虑到了水的因素。

考古发现表明，中原地区先民在仰韶文化和龙山文化时期选择居住地主要取河道比较稳定的大河支流的两岸阶地：采光较好，土壤疏松肥沃而利于农作；靠近水源而便于生活；地势相对较高，既避免了低潮伤身，又可防犯敌侵或避免水患。有学者通过对新石器时代黄河流域聚落的细致考察和研究，认为这一时期先民对居住地的选择大多考虑到靠近水源、便利生产生活。[①] 另有学者将先民对居住地自然环境的选择归纳为以下五种情况：一是选在河边台地或河流转弯处及支流交汇点高于四周的岗上；二是水泉近旁；三是依湖而居；四是近水区域高出周围的土墩上；五是沿海地区的贝丘上。[②] 可以看出，早期先民对居住地的选择，首先考虑的是靠近水源的问题。新石器时代对居住地的选择，其中选址靠近水源，不仅是出于生产和生活用水的需要，也是出于水陆交通便利的需求。尽管由于凿井技术的出现，人类对河流水源的依赖性降低，但无可否认，靠近大江大河仍然是先秦时期特别是新石器时代的河南先民选择居址的首要条件。这当然也说明了先民在居住环境上的亲水文化。

例如，距今 50 万—40 万年的南召县小空山居住洞穴遗址，坐落在秦岭山脉东延的伏牛山南部的丘陵地区，在山的西侧约 50 米处就有一条由北向南流的空山河河道。距今 2.5 万—1.3 万年的安阳县小南海居住洞穴遗址，是古人类生息繁衍的理想地区，这里面临广阔的平原，周围山清水秀，草木葱茏，而且有洹水从南侧流过。更为著名的距今 8000 年左右的新郑裴李岗聚落遗址，则坐落于新郑市西北约 8 千米裴李岗村西河湾台地上。距今 5000 年左右的郑州大河村聚落遗址位于郑州市东北郊 12 千米的大河村内南端，遗址分布在西南至东北向的慢坡山岗上，高出四周地面 2.3 米，一条古河道从遗址中部通过。

到了夏商周三代和春秋战国时期，随着建筑和城邦的出现，水与人居之间

---

① 王妙发：《黄河流域的史前聚落》，载《历史地理》第六辑，上海人民出版社 1998 年版，第 73—93 页。

② 王志俊：《史前人类对自然环境的利用与改造》，载《环境考古研究》第一辑，科学出版社 1991 年版，第 31 页。

的亲密程度更显突出。偃师二里头建筑遗址就坐落在洛河南岸，不仅如此，遗址中还发现有水井。遗址虽然还没有发现城郭，但发现有陶质水管和以石板砌成的方形水道。1983 年发现的偃师尸乡沟商西亳城遗址就坐落在洛河北岸稍稍隆起的高地上。有一条沟渠——尸乡沟横穿城址，与城东南的水池相连。尸乡沟宽达 30—60 米，深达 5.5 米以上，向东与城南的大水池相连。水池规模很大，东西、南北各约 1.5 千米。城内也发现有多处石木结构排水沟。水池形成的年代应该很久远了，存在时间也很长，至少在汉魏时期还没有干涸壅塞。据推测，尸乡沟与大水池以及城内排水沟构成偃师商城的城市水系，有供水、排水、运输、防火和防卫的多种功用。东城墙南端沿水池西岸而建，所以显得迂回曲折。①

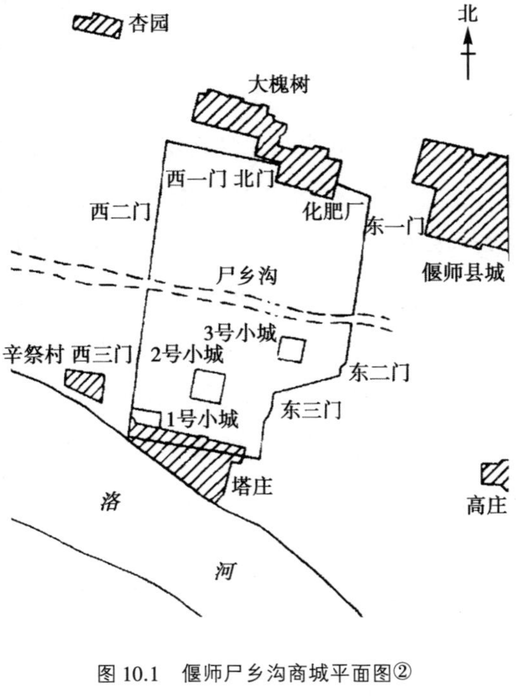

图 10.1　偃师尸乡沟商城平面图②

---

① 中国社会科学院考古研究所洛阳汉魏故城工作队:《偃师商城的初步勘探和发掘》,《考古》1984 年第 6 期。

② 中国社会科学院考古研究所洛阳汉魏故城工作队:《偃师商城的初步勘探和发掘》,《考古》1984 年第 6 期。

距今约3500年的郑州商城遗址，发掘区内还发现商代水井2眼，其中1眼井底距地表约11.6米。在郑州顺河路东段南侧还发现一处商代石板砌筑而成的蓄水设施遗迹。对于研究古代城市供水、排水以及水利设施布置有很重要的意义。

春秋初年修建的郑韩故城坐落在新郑市城关双洎河与黄水河汇合处。在西城内东北部有一座小城，为宫城。东西长500米，南北宽300米，发现有郑韩两国的宫殿建筑遗址。宫城西部有一个高约8米的夯土台基，南北长135米，东西宽80米，俗称“梳妆台”。台上有用陶井圈构成的水井和陶质排水管道，始筑于春秋时期。

登封阳城遗址位于登封市城东南12千米的告城镇东北隅，是春秋时郑国和战国时韩国西面的军事要地。城墙外有宽约60米的壕沟，东墙沿小溪西岸修筑，长约2000米。在城内中部偏北有一处大型建筑基址，基址内发现有贮水池、节水闸和输水三通、四通等陶制管道。

《阳宅撮要》中说：“河水之弯曲乃龙气之聚会也。若隐隐与河水之明堂、朝水秀峰相对者，大吉之宅也。”现代人眼中的水景，实质上就是传统的风水，是现代人对古代风水概念的延伸。“风水”一词，一般公认出自晋人郭理传古本《葬经》：“气乘风则散，界水则止，古人聚之使不散，行之便有止。故谓之风水。风水之法，得水为上，放风次之。”传统风水观念，讲究的是形局奇巧、山环水抱、屈曲有情，这与园林所追求的“幽曲奇巧”的景观特点有明显的共性。

在传统民居宅基地上也体现了亲水的文化内涵。例如清代的《阳宅十书》中说：“宅前有水后有丘，十人遇此九人忧；家财初有终耗尽，牛羊倒死祸无休。”在河南，房宅东边喜水忌路，宅东有流水，取意于“财源茂盛达三江”“福如东海长流水”，会大吉大利。而宅东有路则为泄财，不吉。北为寇方，北有路，亦凶多吉少。

选定住宅地基之后，再由风水地师以其对外在环境、天时的观察、诠释来决定整栋屋宇的朝向。风水中称这种决定住屋朝向的方法为“向法”。定方位要顺势，忌逆势，除了自然地形、气候特征、地貌，还有水流方向来决定“大向”，即大致朝向。一般规则是坐北朝南的“负阴抱阳”格局。人们都愿把房院建在山南水北的阳处，而不会建在山北水南的背阴地里，出门就登山爬坡很不方便。另外，俗话说宅院的建设应做到“五实”，即宅小人多、宅大门小、墙院完整、六畜齐全、水流东南。盖房出檐，房檐留滴水，忌讳超出自己的宅基地，遮盖或滴露到邻居家的房上、院中。修阴沟（下水道）不能通过别人的宅院，否则会把别人家的财产冲走。

门向禁忌更多的是涉及门外的环境。一般以为，凡人家门前有双池，为哭字头，不祥。西边有池，为白虎开口，不吉。门前直冲河、井也不吉，恐被水射，生灾起祸。门口冲大路、小巷也不行，恐会遭鬼祟邪气。俗语说："交路夹口，人口不存；众路相冲，家无老翁。"

这些古代的风水思想尽管形式上带有迷信色彩，是历史的糟粕，但其中所蕴藏的人与自然、人与水之间和谐共生的思想是值得当代人去借鉴的。

第三节　嬉水文化

嬉水即为与水相关的休闲娱乐活动。社会的发展让我们拥有了越来越多的闲暇时间，休闲已经成为现代人享受生活的重要选择。在发达国家，进入普遍有闲的社会要比我们早许多年，因此西方学者早在一个多世纪前就开始关注人的休闲活动，认识休闲的价值，进行休闲教育。如今，高品质休闲已经成为社会进步与文明的标志。

早在几千年前，中国的先贤们对"休闲"二字也有精辟的阐释："休"，人倚木而休，强调人与自然的和谐；"闲"，通"娴"，意为娴静、思想的纯洁与安宁，从词意的组合上，表明了休闲所特有的文化内涵和美学价值。在古人眼中，休闲也是欣赏自然山水之美、构建美好精神家园的象征。孔子在《论语·雍也》中说："智者乐水，仁者乐山。智者动，仁者静。"意思是聪明、仁德的人喜爱水、喜爱山。孔子的审美代表中国古人对山水美欣赏的一个新的阶段。人们的审美从最初对山水的原始崇拜发展为"比德"，也就是把自然景观美的特征与人的品行相比附，把山水之美比拟成一种人格美。这里水质清澈象征人的明智，水的流动体现智者的探索精神与源源不断的聪慧。孔子的乐山乐水观念对后代的审美意识产生了深远的影响。

有学者将目前我国居民休闲的方式概括为六大类，即观光旅游类休闲、城郊类休闲、度假类休闲、商务类休闲、运动类休闲和文化类休闲。无论哪种类型的休闲方式，都是为了达到恢复体力、满足精神世界的需求。那么，人们休息首先要选择的应该是环境，自然环境与人文环境是产生休闲需要的基本条件。而在环境中，水占有着重要的位置。有学者将水的特性归纳为八大基本类型，即极其独特的理化特性、不宜更改的自然特性、威胁人类的风险特性、装点江山的环境属性、不可替代的生态属性、用途广泛的资源属性、人类赋予的社会属性、体现价值的经济属性等。水在自然界首先表现出的是它的环境属性，其次才是它的生态属性。环境可以没有生态（表现为物理环境），而生态却离不开环境。生态是环境的组成部分，又反过来点缀环境，构成生态环境。从水的诸多特性中不难看出，无论是自然环境还是人文环境，水都是主宰。没有水就没有环境，没有水所谓的风景就会打折扣。其中，苑囿更是如此。

一、园林嬉水文化

早在先秦时期，古人便注意在园林修建中增加水的元素。例如在周文王时，在丰京城郊建有著名的灵台、灵沼和灵囿。《三辅黄图》载："周文王灵台在长安西北四十里"，"（灵囿）在长安县西四十二里"，"灵沼在长安西三十里"。相传陕西户县秦渡镇大土台，即为文王的灵台遗址，秦渡镇北至查村一带的一大片洼地为文王灵沼的遗址，灵囿的位置也在此镇附近。

《灵台》描述了文王之囿由人工开凿建造而成，并建有灵台、灵沼、灵囿和辟雍四大区。《孟子》云："文王之囿，方七十里。"周边圈围，其内放养珍禽奇兽，以供观赏。四时花木繁盛，水中鱼跃，景色十分优美。在高处突出的有灵台，台高 20 丈，周围 120 步，宫室罗列其上，可观景，可观气象，可骑射。

文王灵沼是一处很大的水面，养有许多鱼和水鸟，用于观赏。灵沼是就自然的低洼水塘经人工开掘而成，多余的土用来堆土加高成台。据《新序》载"同文王作灵台，及与池沼，泽及枯骨"。修建时，动用了大量的奴隶。正如《诗经·大雅·灵台》描写的那样："经始灵台，经之营之；庶民攻之，不日成之；经始勿亟，庶民子来；王在灵囿，麀鹿攸伏；麀鹿濯濯，白鸟翯翯；王在灵沼，于牣鱼跃。

虡业维枞，贲鼓维镛；于论鼓钟，于乐辟雍；于论鼓钟，于乐辟雍；鼍鼓逢逢，矇瞍奏公。”①

文王的灵台、灵沼、灵囿，主题明确，能游、能赏。有游赏的对象和内容，有阜原、池沼、动物、植物、树木、花草，更有景点建筑，这些都是人为加工创造的。可以说它是人为艺术与自然风景的结合，是一个很好的人文景观，它标志着我国古典园林的真正开始。

到了两汉，园林更加丰富多彩。在东汉班固的《东都赋》中谈论洛阳形势时涉及苑囿的设置时，他说：“皇城之内，宫室光明，阙庭神丽，奢不可逾，俭不能侈。外则因原野以作苑，填流泉而为沼，发蘋藻以潜鱼，丰圃草以毓兽。制同乎梁邹，谊合乎灵囿。”张衡的《东京赋》也有记述洛阳苑囿的文字，如“濯龙芳林，九谷八溪。芙蓉覆水，秋兰被涯。渚戏跃鱼，渊游龟蠵。永安离宫，修竹冬青。阴池幽流，玄泉洌清。鹎鶋秋栖，鹘鸼春鸣。雎鸠丽黄，关关嘤嘤”②。洛阳苑囿具有“潜鱼”“毓兽”的功能，说明这里不仅是水源地，也是天然的植物园，同时也是天然的动物园，在当时发挥了生态保护的作用，而鱼虫鸟兽的生息，又是以良好的植被状况为条件的。

梁园位于商丘境内，为西汉梁孝王刘武修建的皇家花园。汉景帝时，梁孝王刘武以睢阳为中心，修建了一个很大的花园，称东苑，后人称为梁园。据《史记·梁孝王世家》载：“孝王筑东苑，方三百余里，广睢阳城七十里。”③东苑中建有许多宫室、假山岩洞、湖泊池塘，竹林十余里。

东汉初年修建的广成苑，在《后汉书》中载：明帝刘庄“车驾数幸广成苑”④。广成苑内，山岭起伏，河流纵横，尤宜于狩猎游玩。目睹东汉由盛转衰的著名文人马融，写了一篇《广成颂》，对广成苑的起始，苑内外的山川形胜、泉水草木作了生动的描绘。从中可知，广成苑地域辽阔，一望无涯，登高纵目，天地莽莽。四周山林起伏，东观嵩山，西眺三涂，南面衡山之阴，北依王屋峰岭。苑中有波、嵯、綮、洛四水，有金山、石林两山。金山即金门山，在今河南宜阳境内；石林一

---

① 叶春林校注：《崇文国学经典普及文库·诗经》，崇文书局出版社 2015 年版，第 199 页。

② 马春泰：《南阳文化六巨子·张衡汉赋大师》（中国历代名人传记），太白文艺出版社 2011 年版，第 155 页。

③ 《史记》卷五十八《梁孝王世家》。

④ 《后汉书》卷四十一《钟离意传》。

名万安山，在今洛阳市东南，南接登封市。西山起伏盘回、曲折交错，山体雄浑，峰岭高耸。山侧有神奇的泉水，有美丽奇特的池潭。水中的怪石在波浪的冲激中发出耀眼的光芒。

广成苑内还有“禁囿”。禁囿内有“昭明之观”“高光之榭”，有宏池、瑶台；水边有坚实的大堤，有婀娜的蒲柳，有大面积翠绿的莎草；水面广阔浩渺，天地一色。太阳仿佛升于池东，月亮似乎落于池西。池内可以行大船，荡轻舟，乘风破浪，在扬帆疾驰中群起放歌，声震遐迩。由此我们不仅可以了解到禁囿的游娱内容，而且可知它是以大水面为主体，在水滨建观树、设堤台、铺绿莎，与以山石为主的景观迥然异趣，别是一番天地。

曹魏时洛阳附近也修有很多处园林。例如，芳林苑是当时最重要的一所“大内御苑”。魏文帝黄初元年始筑，位于洛阳城内东北隅。据《文选》载，文帝以洛阳为都城不久即开始营建华林园，始筑时名华林园，驱使数万人大兴土木，公卿贵族也竭尽全力负土筑山，文帝率先亲临掘土催车。魏明帝起名芳林苑，后因避齐王曹芳讳改名华林园。华林园的天渊池中有九华台，台上建清凉殿，流水与禽鸟雕刻小品结合于机枢之运用而做成各式水戏。园内养蓄山禽杂兽，多有楼观建置，殿宇森列，并有足够的场地进行上千人的活动和“鱼龙漫延”的杂技表演。这些都保留着东汉苑囿的遗风。据说在魏明帝时在天渊池作流杯沟，在此宴饮群臣，曲水流杯最早出现于魏。“曲水流觞”的设计手法在后世的园林设计中常可见到，影响很大。

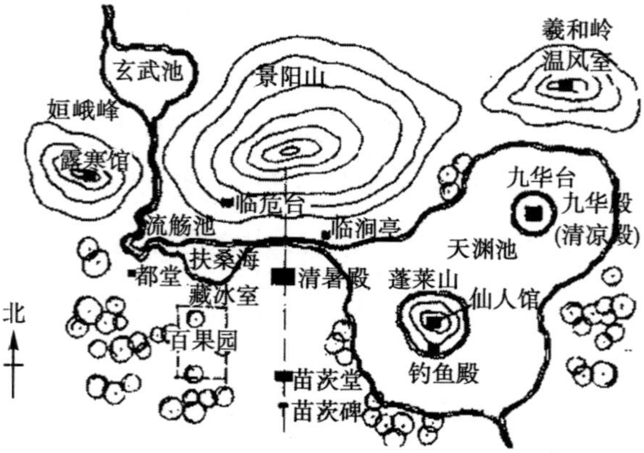

图 10.2　华林园平面示意图

又如位于千秋门以北的宫城西半部的西游园，始筑于曹魏。北魏时加以增饰，为洛阳皇城内宫苑。《洛阳伽蓝记·城内》中有详细记载："千秋门内道北有西游园，园中有凌云台，即是魏文帝所筑者。台上有八角井，高祖于井北造凉风观，登之远望，目极洛川。台下有碧海曲池，台东有宣慈观，去地十丈。观东有灵芝钓台，累木为之，出于海中，去地二十丈。风生户牖，云起梁栋，丹楹刻桷，图写列仙。刻石为鲸鱼，背负钓台，既如从地涌出，又似空中飞下。钓台南有宣光殿，北有嘉福殿，西有九龙殿。殿前九龙吐水成一海。凡四殿，皆有飞阁向灵芝台往来。"①

西晋时有一处著名的私家园林——金谷园，它是西晋大官僚石崇经营的一处庄园。石崇晚年辞官后，耗资巨万，在洛阳西依邙山，临金谷水，建造了一座庞大的园林别墅，名金谷园，又称河阳别业。

金谷园在当时洛阳城西十三里金谷涧中，大约筑成于 297 年。据石崇《金谷诗集》《思归引序》等记述，太白原水流经金谷，称为金谷水；石崇因川谷西北角，筑园于金镛城。园中清泉茂树，众果竹柏，药草蔽翳；百木几于万株，流水周于舍下。有观阁池沼，多养鱼鸟。

关于金谷园的具体布置，潘岳《金谷集作诗》中说它有前园和后园之分。园内亭台楼阁备极华丽，有金谷水与人工开凿的湖池，园中花木繁茂，珍稀的果树有芳梨、沙棠、石榴等。园内有龙鳞泉，池塘有菱荷，临水有树，湖中有岛。

从金谷园可以看出，当时的私家园林无论是在城中还是在郊外，都注重气派的宏大和奢华，反映了统治者的贪婪和财富的集中。金谷园是一处秀丽的山庄别墅，巧妙地利用自然地形条件及水系的山水园林，与当时的自然山水画有很大的联系。

同样坐落在洛阳的西苑园林为隋炀帝大业元年（605）五月修建的园林，北起邙山，南抵伊阙，西至今新安县、宜阳县境，周 229 里，为宫廷式园林。据《旧唐书·地理志》记载：苑城东面十七里，南面三十九里，西面五十里，北面二十里，东北隅即周之王城，周一百二十余里，比洛阳城大两倍多。其内丘陵起伏，西苑北靠邙山，西和南有山丘为屏，洛水和谷水贯穿其中，水资源非常丰富。

园内造山筑海，"海周 10 余里，水深 10 丈"，海中建有蓬莱、方丈、瀛洲三个

① 《洛阳伽蓝记》卷一《城内》。

仙岛，各相距30步，岛高出水面百余尺。台、观、殿、阁布满山上，有冷泉宫、积翠宫、安仁宫、阜涧宫、朝阳宫、栖云宫等。海北有龙鳞渠，沿渠建有十六个宫院，结构相仿。可以说，西苑是一人工开凿的山水园，从历史文献中可看出园中的筑山、理水、植物、建筑的工程量极其浩大，且是按照规划完成的。

据《大业杂记》记载："元年夏五月，筑西苑，周二百里。其内造十六院，屈曲绕龙鳞渠，其第一延光院，第二明彩院，第三合香院，第四承华院，第五凝晖院，第六丽景院，第七飞英院，第八流芳院，第九耀仪院，第十结绮院，第十一百福院，第十二万善院，第十三长春院，第十四永乐院，第十五清署院，第十六明德院。置四品夫人十六人，各主一院。庭植名花，秋冬即剪杂彩为之，色渝则改著新者。其池沼之内，冬月亦剪采为芰荷。每院开东西南三门，门并临龙鳞渠。渠面阔二十步，上跨飞桥。过桥百步，即种杨柳、修竹，四面郁茂，名花美草，隐映轩陛。其中有逍遥亭，八面合成，鲜华之丽，冠绝今古。其十六院，例相仿教。每院各置一屯，屯即用院名名之。屯别置正一人、副二人，并用宫人为之。其屯内备养刍豢，穿池养鱼为园，种蔬植瓜果，四时肴膳，水陆之产靡所不有。其外游观之处，复有数十。或泛轻舟画舸，习采菱之歌；或升飞桥阁道，奏春游之曲。苑内造山为海，周十余里，水深数丈，其中有方丈、蓬莱、瀛州诸山，相去各三百步。山高出水百余尺，上有道真观、集灵台、总仙宫，分在诸山。风亭月观，皆以机成。或起或灭，若有神变。海北有龙鳞渠，屈曲周绕十六院入海。海东有曲水池，其间有曲水殿，上巳禊饮之所。每秋八月，月明之夜，帝引宫人三五十骑，人定之后，开阊阖门入西苑，歌管。诸府寺因乃置清夜游之曲数十首。"①

《海山记》②中也有这十六院的名称，但与《大业杂记》所述者不同。《海山记》中的十六院的名称和顺序是景明、迎晖、栖鸾、晨光、明霞、翠华、文安、积珍、影纹、仪凤、仁智、清修、宝林、和明、绩阴、降阳。十六院的名称都是皇帝亲自拟定的。又开凿五湖，每个湖方十里。东湖称为翠光湖，南湖称为迎阳湖，西湖称为金光湖，北湖称为洁水湖，中湖称为广明湖。湖中堆积土石以成山，构筑亭殿，屈曲环绕，华丽至极。又开凿北海，周围40里，海中有三山，仿效蓬莱、方丈、瀛洲，上面都建有台榭回廊，水深数丈，开沟与五湖相通。海北的沟通行龙

① 杜宝撰：《大业杂记》，中华书局1991年版，第5—6页。

② 《海山记》，载桃源居士所编《唐人小说》刻本，上海文艺出版社1992年影印。

凤舸。帝多于东湖泛舟,因而制成湖上之曲。大业六年(610),后苑中草木禽兽繁息茂盛,桃蹊李径翠阴交合,金猿青鹿动辄成群。自大内开为御道,直通西苑。夹道种植长松高柳,帝多幸苑中,常来常往。

可见西苑大体上沿用了汉朝“一池三山”的宫苑布局模式。但山上的道观建筑,只具求仙的象征,实是游玩的景点。以五湖的形式象征帝国版图,可能渊源于北齐的仙都苑。苑内多数景点以建筑为中心,用十六组建筑群结合水道绕插而构成园中之园的小园林集群,这是一种创新的规划方式。西苑园林总体来说,以人造渠、海、池、湖,模拟天然河湖水景而构成一个完整水系,而这个水系又与“积土石为山”相结合而构成丰富的、多层次的山水空间,这个丰富的水上游览项目都是经过精心安排的。龙鳞渠绕经十六院需要精确设计,苑内时隐时现的大量建筑,反映出当时园林建筑的技巧。植物品种极多,配置得当,说明西苑不仅是复杂的艺术创作,更是一个庞大的土木工程和绿化工程。它标志着中国古典园林全盛时期的到来,其设计规划方面的成就具有里程碑意义。

北宋东京城(今开封市)是一座著名的园林城市,在中国园林史乃至世界园林史上占有重要的地位,有名的苑囿多达百余处。金明池为东京城四大名园之一,是一处著名的皇家池苑。

金明池遗址位于东京外城顺天门(即新郑门)外道北,即今开封西郊南正门村西北一带,南与琼林苑仅一路之隔。该池始建于五代后周世宗显德四年(957)。北宋建立后,历代皇帝曾多次对金明池进行增修。太平兴国元年(976),宋太宗“诏以卒三万五千凿池,以引金水河注入”。宋徽宗政和年间,又对金明池进行大规模的添置增修。

金明池东西略长,南北稍短,呈狭长形,周围 9 里 30 步,池东西最大直径 7 里。宋人孟元老在《东京梦华录》中对金明池的布局有详尽的描述:“入池门内南岸西去百余步,有面北临水殿,车驾临幸观争标,赐宴于此。……又西去数百步乃仙桥,南北约数百步,桥面三虹,朱漆阑楯,下排雁柱,中央隆起,谓之骆驼虹,若飞虹之状。桥尽处,五殿正在池之中心,四岸石甃,向背大殿,中坐各设御幄。……桥之南立棂星门,门里对立彩楼。……门相对街南有砖石甃砌高台,上有楼观,广百尺许,曰宝津楼。……池之东岸,临水近墙,皆垂杨,两边皆彩棚幕次。……其池之西岸,亦无屋宇,但垂杨蘸水,烟草铺堤。……池岸正北对五殿起大屋，盛大龙船，谓之奥屋……”①“奥屋”就是用于停放大龙船的房屋建筑，因其建在水面上，其中有大奥(即深坑)，故名奥屋。据《梦溪笔谈·补笔谈》卷二记载：“于金明池北凿大奥，可容龙船，其下置柱，以大木梁其上，乃决水入奥，引船当梁上，即车出奥中水，船笐于空中，完补讫，复以水浮船，撤去梁柱，以大屋蒙之，遂为藏船之室，永无暴露之患。”该船奥是当时世界上最早的船坞，它不仅使大龙船有了藏身之处，同时也给金明池增添了一大人文景观。

金明池内，5 间大殿坐落在池水中央，整个殿基用石甃砌就，面向北一字排开，上下两层，各建回廊。大殿中央设皇帝专用帷幕，周围屏风皆雕以云水戏龙图案，屏风之中置一“朱漆明金”的龙床，供皇帝临风坐卧，观赏军士操练。宝津楼至金明池大门之间有一阔百余丈的宽敞场地，为骑射百戏之所，还有专供皇帝张弓习射之用的射殿。射殿之南为一横街，“牙道柳径”，为都人击球之所。

金明池因是皇家园林池苑，管理制度严格，平时不准士庶擅自入内。皇帝为显示皇恩浩荡，于每年三月一日至四月八日，开池月余，允许士庶进入嬉游。金明池不仅是习练水兵的场所，也是举行盛大水上体育活动的场所，它对后世的跳水、水战演习、赛龙舟、木偶戏等活动，都产生过深远的影响。

除了金明池园林，东京汴梁还有一处园林，便是著名的艮岳园林。艮岳园林原名为万寿山，亦称寿岳，为皇家禁苑，是宋代四大名园之一，位于东京里城东北角景龙门内。北宋徽宗即位之初，下令于里城东北角筑数仞高的土岗以提高地势。政和七年(1117)十二月，又命太尉梁师成在宫城东北上清宝箓宫之东，按照杭州凤凰山形制筑山，宣和四年(1122)正月山成，命名“万岁山”。徽宗以山在城之艮位而更名为艮岳，以寓其与泰、华、嵩、衡诸岳同等地位，并亲作《御制艮岳记略》以贺。宣和六年(1124)因万寿峰出现金芝，为一大祥瑞，又称寿岳。

艮岳南部有两峰并峙，嵯峨耸拔，称寿山。山间有一瀑布飞流而下，落入山下水池，池边筑亭，称噰噰亭。出东关为四周环山的盆地，中有大方沼，沼中东西各有一小岛和亭，东为芦渚洲和浮阳亭，西为梅渚洲和雪浪亭。沼水分两股流向东西两侧的凤池和研池，凤池旁有流碧馆，研池旁有环山馆。艮岳北部靠近里城北墙，由城外景龙江引清水流入山间，沿水有炼丹亭、凝真观、清虚阁、老

① 孟元老：《东京梦华录》卷之七《三月一日开金明池琼林苑》。

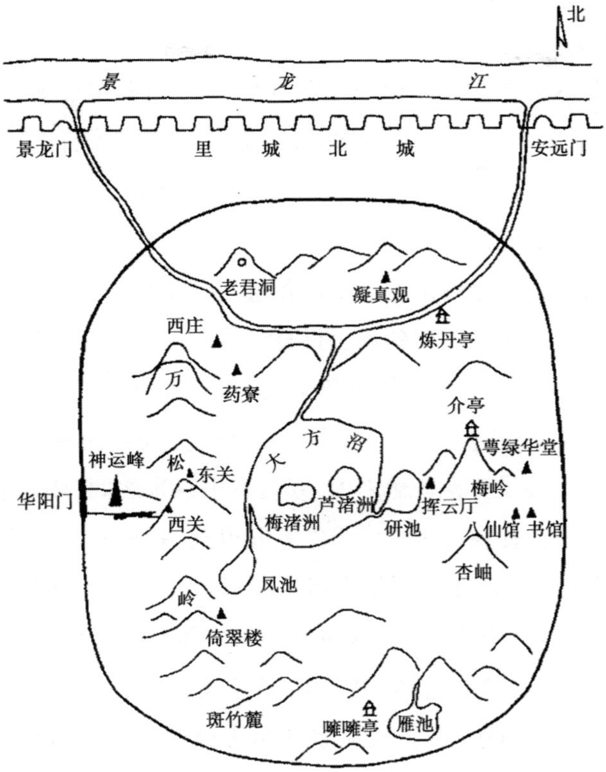

图 10.3　开封艮岳园林示意图

君洞、胜筠庵、蹑云台、消闲宫、飞岑亭等建筑。亭台观阁坐落在苍翠的青竹之中,若隐若现,江水流入曲江池中,池中筑一蓬壶堂。

此外,辉县百泉也是一处河南省内比较有名的古代园林。百泉位于辉县市城西 2.5 千米苏门山南麓。因泉眼众多汇成百亩巨池而得名,著名的有珍珠泉、搠刀泉、涌金泉、喷玉泉等。因泉水注入卫水,又有卫源之称。隋代开始在这里建卫源庙。后又续建殿阁亭台、水榭和石桥等,其中以晋人孙登的“啸台”、宋代邵雍的“安乐窝”、元人耶律楚材的“梅溪”最为著名,还有邵雍、许衡、孙奇逢等人讲学的百泉书院等。尚存建筑多为元、明、清时期重建,这是河南最大的古代园林。百泉湖风景幽美,建筑遗存丰富,湖心有清晖阁,北岸有涌金、喷玉、灵源、振衣诸亭与卫源庙、碑廊等,南岸有白露园、课桑亭和梅溪,西岸有邵夫子祠,东岸有太极书院、放鱼亭等,湖畔苏门山有孔庙、龙亭、啸台、无梁殿、安乐窝、长生洞等。其中,灵源亭又名百泉亭,始建于唐,明代改建,六角攒尖顶,亭内有方井,井内为泉窦,称“圣水”。

古代文人将这种休闲体悟之感融入文学艺术的创作当中。中国第一部诗歌总集《诗经》中有 40 多篇源于淇水卫地,且有 6 首 18 次直接咏及淇河,之后历代咏及淇河的诗词曲赋遍及古文献典籍中。敏感多情的古人,他们作品中的情绪往往是在与自然的感应中流淌凝结的,大量意味深长的语象,成为各类文体尤其是抒情文体的情意寄寓。大量的传统自然语象,其修辞语义已经有了特定所指,如风雨、孤帆等。古代的水、月语象,修辞语义非常丰富,且有很多相通之处。古代表示男女情爱的自然语象更为丰富,这包括了云雨、雨露、湘江等。另外,庄子《逍遥游》《齐物论》中,神人总是无忧无虑地游乎自然之中,后世的游仙作品也都把仙境设置在自然之中,或是青山绿水之间,或是浩渺大海之上,遇仙或成仙的机会往往在山水之中不经意间得到,只看个人的缘分。

陈郡夏阳(今河南太康)诗人谢朓把自然山水与官吏生活、城市风景融为一体,这是在诗歌内容上的开拓。在谢灵运眼中,自然风景只存在于深山大壑之中,他“寻山陟岭,必造幽峻,岩障数十重,莫不备尽”,用大量时间游山玩水,竭力模山范水。而在谢朓眼中,自然风景却是无处不在。到谢朓,日常生活开始与自然山水融为一体,进入诗人的视野。谢朓描写的是即目所见之景,景物与其官吏生活、都邑所特有的宫宇建筑自然而和谐地结合了起来,写羁旅行役,思乡怀人。他善于捕捉平日常见景物中的美感,而非一味沉溺于对名山大川的追寻。他经常写在公务之余闲坐时见到的风景,如《鼓吹曲 · 入朝曲》。谢朓善于从平常景物中发现美,使自然风光和人文景致浑然一体。这也反映了谢朓审美观念的变化,不仅局限于一山一水的审美欣赏,而是力图延伸到更贴近世俗生活的范围。这对以后的山水诗影响十分深远。谢朓这类诗所描绘的景物,不再是大谢笔下深秀雄奇的名山胜水,正体现了当时泛咏日常所见之山水的普遍风尚,他为后世山水诗开辟出了一个极为广阔的天地。

中国山水画热衷于表现自然山水的诗情画意与盎然生机,目的就是借此沟通天与人的内在关系,这正是生态伦理精神的具体体现,而决不仅仅是一种自然意识的表现。山水画中的天人关系通常是理想化的,画家所追求的是“江山如画”的理想化表达,而不是“画如江山”的自然再现。魏晋时期,宗炳在《画山水序》中说:“圣人含道暎物,贤者澄怀味像。至于山水,质有而灵趣。”这里的

“象”是道之所显，是“沽其情怀以玩味由道所显之形象”。山水画家玩味山水之“象”，目的是与自然相通，与道相通，使自我的精神得到自然的陶冶，变得通达自在、开阔高远，宗炳所谓“山水以形媚道”即指此而言。将这种生活态度融入山水画的创作中，形成了一种崇尚自然的精神，“自然”成为山水画最高的审美标准。在山水画家的心目中，理想的艺术形象总是微妙地置于大自然之中，所以他们并不追求在画面上形成对客观外物逼真的模拟效果。宋代郭熙在《林泉高致》中强调将画家的感情移入山水画的创作之中，这种以生命对待自然山水的审美态度，对我们崇尚自然本性的理想人格以及走向山水自然的深刻趋导中起到了人与自然融合的生态规范。郭熙论说天气四时时指出：“春融怡，夏蓊郁，秋疏薄，冬黯淡。”论山时则说：“春山淡冶而如笑，夏山苍翠而如滴，秋山明净而如妆，冬山惨淡而如睡。”自然界的种种景观能激发人们独特的审美体验，而独特的审美体验又是山水画形成的基础。山水之美是属于自然的，它由非人力所及的神奇造化之力造成。面对神奇的自然，中国画家寄情于山水之间，通过山水画由人而天地建立起合情合理的天人关系。

例如上文提到的百泉，晋代高适、孙登、“竹林七贤”，唐代诗人贾岛、画家吴道子，宋代文学家苏轼，理学家周敦颐、二程，金代诗人元好问，元代中书令耶律楚材，明代的唐寅、黄辉，清代的乾隆皇帝、郑板桥等均在此留下了他们的足迹。他们面对迷人的青山碧波，触景生情，或赋文吟诗，或泼墨作画，留下了珍贵的墨迹瑰宝。

唐代诗人杜牧依据石崇获罪、绿珠坠楼的事件，写了《金谷园》一诗：“繁华事散逐香尘，流水无情草自春。日暮东风怨啼鸟，落花犹似坠楼人。”

二、体育活动中的嬉水文化

嬉水文化也包含了体育活动的内容。“体育”一词是近代以后才出现的，但是体育活动可以说是与人类社会同时诞生的。从古到今，在河南与水相关的体育活动有游泳、水戏、赛龙舟等，体育文化与水文化在交融中迸发出蓬勃朝气与活力。

游泳是人们非常喜爱的一项水中运动。它不仅能让人的身体得到全面的锻炼,强健体魄,还能陶冶性情,培养人勇敢顽强、不畏艰险的意志品质。先民在与水作斗争求生存的过程中,逐渐掌握了水性以及与水搏斗的各种本领,游泳便是人们适应水性特点而学会的一种生存本领和健身活动。

我国的游泳活动源远流长。《诗经·谷风》中就提到了"游泳"一词:"就其深矣,方之舟之。就其浅矣,泳之游之。"意思是说,遇到水深的地方就乘木筏或乘船渡过去,遇到水浅的地方就潜水或浮水渡过去。随着经济社会的发展,人们在水上的活动越来越多,在水中活动的本领越来越强,泅水与人类社会的关系也越来越密切。春秋战国时期,随着各诸侯国之间征服兼并战争愈演愈烈,水战成了重要的作战方式之一。我国古代的著名兵书《六韬·奇兵篇》把越深水渡江河的本领称为"奇技"。为了增强水战的战斗力,建有水军的各诸侯国都非常重视泅水的训练。

河南水资源相对于南方较少,但是在古代水上娱乐活动并不少,人们往往通过修造人工河湖来创造条件。据宋人王应麟《玉海》载:"太平兴国元年,诏以卒三万五千人凿池,以引金水河注之,有水心五殿,南有飞梁,引数百步,属琼林苑。每岁三月初,命神卫虎翼水军教舟楫、习水嬉。西有教场亭殿,亦或临幸阅炮石壮弩。"①太平兴国三年(978)二月,宋太宗再至,池已开成,金水河引入池内,遂命名为金明池。宋太宗开金明池之目的,他自称是不忘水战,以此作为教练水军的地方,故又称教池。《宋史·礼志十六·游观》记载:"四月,幸章金明池习水战,帝御水殿,召近臣观之。谓宰相曰:'水战,南方之事也。今其地已定,不复施用,时习之。示不忘战耳。'"当然宋太宗不忘水战而开池的因素不能说没有,但实际上在池内习水战的军事意义极小,不论是开池的主要目的,还是习水战的军事表演,都不过是供封建统治者取乐罢了。所以,宋人称金明池水战为水嬉(或水戏)。不过,金明池水嬉,对于没有见过南方大江大湖实际水战的人来说,仍有一种惊心动魄的感觉。宋人袁褧在他的《枫窗小牍》中曾说:"余少从家大夫观金明池水战,见船舫回旋,戈甲照耀,为之目动心骇。"这是东京人喜游金明池的重要原因之一。

金明池内的文娱节目种类颇多,如杂技、杂剧、乐器、滑稽表演,但最主要的则是水傀儡和水秋千。

---

① 王应麟:《玉海》卷一百四十七,上海古籍出版社1987年版。

水傀儡,属于傀儡戏之一种,即木偶于水上表演技艺。孟元老《东京梦华录》说:“又有一小船,上结小彩楼,下有三小门,如傀儡棚,正对水中。乐船上参军色进致语,乐作,彩棚中门开,出小木偶人,小船子上有一白衣垂钓,后有小童举棹划船,辽绕数回,作语,乐作,钓出活小鱼一枚,又作乐,小船入棚。继有木偶筑球舞旋之类,亦各念致语,唱和,乐作而已,谓之‘水傀儡’。”①

水秋千,最早见于宋朝。《东京梦华录》记载:“又有两画船,上立秋千,船尾百戏人上竿。左右军院虞候监教鼓笛相和。又一人上蹴秋千,将平架,筋斗掷身入水,谓之‘水秋千’。”②这是荡秋千与跳水、高空杂技相结合的百戏表演,是宋朝宫廷中出现的一种水上活动。

当时还有分两队蹴水秋千比动作、比技术的竞赛。北宋王珪有一首宫词中就描写了两队竞技、宫人内眷争相观看的情景:“内人稀见水秋千,争擘珠帘帐殿前。第一锦标谁夺得,右军输却小龙船。”

金明池水戏,是以龙船为中心而进行表演的,至夺标达到高潮。最早的龙船是宋初吴越王钱俶所献,船身长二十余丈,龙头龙尾,中建楼台殿阁数重,故又称楼船。这艘龙船使用到仁宗时已损坏,宋廷派使臣前往湖南运梗楠巨材,准备修复。由于梗楠巨大,运输困难,历时二年乃至京师,所费数百万以上。龙船非梗楠不能修复,可宦官们又奏请仁宗,欲将梗楠移作他用,事虽未成,修船亦半途中辍。

宋人凡游金明池者,都对龙船感兴趣,留下来的动人诗句颇多。朱翌在《端午观竞渡曲江》中说:“却忆金明三月天,春风引出大龙船。”王安国《金明池》诗云:“霓旌远远拂楼船,满地春风锦绣筵。三岛路深游阆苑,九霞觞满奏钧天。仗归金阙浮云外,人望池台落日边。最引平生江海趣,波澜一段草如烟。”③

据《东京梦华录》载,宋代皇室贵族们经常在端午节期间观赏龙舟竞赛表演。当年,汴梁城的金明池是水军进行龙舟竞赛的中心场所。每到端午节这天,皇帝都要亲临水殿观看龙舟竞渡表演。届时,先由小龙船、虎头舱、飞鱼船和鳅鱼船等列成阵势,进行各种队形表演,如围成大圆阵的“旋罗”、小圆阵的

① 《东京梦华录》卷之七《驾幸临水殿观争标锡宴》。

② 《东京梦华录》卷之七《驾幸临水殿观争标锡宴》。

③ 《祥符县志》卷二十一《艺文》。

“海眼”和船只交叉碰头的“交头”，然后才是作为压轴戏的龙舟夺标竞赛。船只在水殿的东西列队，在殿前的水中插一根竹竿，上面挂有锦彩银碗，称为“标竿”。待号令大旗一挥，顿时锣鼓声起，舟楫如箭一般急驰而出，直驶“标竿”。各型船队分别参赛三次，夺得标竿者为胜。

除了这些，冰上滑行也是一项娱乐性较强的体育活动。宋人沈括在《梦溪笔谈》中提到了一种叫作“冰床”“凌床”的冰上游戏。这种游戏即在木板上铺上垫褥之类软软和和的物件，两三人坐在上面，由一人拉着在冰上滑行。据《宋史·礼志》记载，宋代不少人都喜欢这种冰上娱乐活动，就连贵为天子的皇帝也不例外，经常在后苑里“观花，作冰戏”。

垂钓是人们在水中进行的一种体育娱乐活动。古代文人多喜垂钓，不过从文人垂钓的动机看，有的“志不在鱼”，有的是隐身避世，有的纯粹是享受垂钓的闲适和乐趣。“志不在鱼”的文人颇多，他们垂钓的目的大多是隐身避世，以求得精神的自由和快乐。比如道家的创始人之一庄子就是其中的典型。庄子曾在濮水边钓鱼，楚威王派人请庄子做官，庄子“持竿不顾”，而用楚国“神龟”的故事把两位使者赶走了。

在古代的各种球类运动项目中，有一种被称为“水球”的体育娱乐活动。不过这种活动与现代水球运动全然不同，而是一种向水掷充气的皮球，比赛谁掷得远的游戏。在宋代，这种水球游戏在宫中大为流行，宫女们常在汴梁城皇宫花园长廊附近的一泓清流旁，向水中掷球为戏。据《宋诗纪事》记载，宋徽宗赵佶曾在一首诗中对宫女们玩水球游戏的场景进行了形象的描述：“苑西廊畔碧沟长，修竹森森绿影凉。戏掷水球争远近，流星一点耀波光。”①其实，这种玩“水球”的游戏，与人们在河边湖畔常用石片打水漂有些相似，不同的是用球代替了石片。

---

① 赵佶：《宫词》，此据《丛书集成初编·文学类·二家宫词》。

第四节　祈雨文化

古代先民由于生产力和科学文化水平低下,对风、云、雷、雨的生成活动无法认识,对造福与危害人类的大自然的千变万化茫然无知,故在灾害面前束手无策。后来渐渐感到可能有一种莫名其妙的力量在支配大自然,决定人类祸福,这就产生了所谓"神灵",人们将无法解决的缺水问题的希望寄托在精神祈祷上,这也体现出人们对于自然的一种敬畏。

祈雨就是古代农业社会的一项重要活动,活动种类花样繁多,而且经久成俗,并沿袭至今。主要的祈雨习俗有四类:敬龙祈雨、祭祀祈雨、乐舞祈雨和巫术祈雨。雨水对于万物生长至关重要,但是雨水少了则旱,多了则涝,若非风调雨顺,就会对农业生产造成不利的影响,甚至给人类生活带来灾难。民众认为雨水的多少是由某位神灵控制掌管的,这位神灵即雨神。雨神崇拜自古以来就遍及中原的各个乡村,人们对雨神的信仰崇拜最为频繁。天旱要求雨,涝则求止雨。中原地区的雨神崇拜可以上溯到原始农耕时代。最初,人们根据直观的观察,认为雨水是由雷神主宰的,所以最早的龙是雷电的形象。上古时的祭龙求雨,实际是祭雷求雨。天神观念形成后,人们继而又认为雨水是由天神主宰的。随着神灵系统的完善,人们认为每一种自然现象、每一种自然物都有自己独立的神灵,于是就产生了对于雨神的求雨或祈晴行为。

中国古代,敬龙祈雨,龙王降雨,信者尤众。在民间信仰中,龙与雨渊源深厚,关系密切。龙,自古就是人们借以祈雨的主要对象,而且祈求方式多种多样。州、城、府、县、乡、村、镇均建庙塑像按期祭祀,祈求赦免"罪过",早降霖雨。在久旱不雨延至五月十三之后"分了龙",农民中的"善雨"们(创办祈雨的人)便商议求雨。一经决定,就赶到龙王庙撞钟,召集村民聚到庙中,"善雨"们则宣布要祈雨。从此日开始,"善雨"们轮流向龙王"跪香",即将香点燃,昼夜跪拜。跪至三五日之后,仍不下雨,这就要取水了。取水也由"善雨"

们办理,他们二三人持一瓷瓶到水草丰盛之地拜水。拜水时,将瓷瓶置于地,瓶内插一炷香。“善雨”们昼夜轮流叩拜于地,口中念念有词,跪到插香底部潮湿了,就称取上水了,于是整装返回。知县绅士们闻知,速结队出城迎水,将瓶供于龙王庙中。取水成功后就要抬龙王出马祈雨了。祈雨仪式由村中纠首和“善雨”们举办。开始时将青壮年齐集庙中,分配充当其中角色。凡参加者俱赤膊赤足。其仪式为:前队 2—4 人,手执顶端有柳枝的长竿,口中念诵祈祷词“叫雨”,随后是臂上插几把至几十把小刀的人,再后是肩上扛 3—4 把铡刀的人,还有臂上燃着几炷至几十炷香的人,也有走几步一叩头的人。不论哪种人,皆念念有词,似呻吟声。再一队是抬木雕龙王轿子,4 人抬一乘,大村大庙龙王多,抬 3—5 乘轿子,小村则只抬一乘轿子。祈雨队伍的行动有一定路线,按路线通知所经村庄,准备迎接,给龙王摆供,给祈雨队伍吃饭。“善雨”们吃素菜,其余人吃酸捞饭,喝绿豆稀饭。祈雨期间,凡是村民均到庙上摆供。供品是 5 碗素菜、2 份供献、1 罗香、3 张表。也有只焚香不上供的,还有“领牲”的,将猪羊牵到龙王庙中,用水浇其身上,畜抖水落就叫“领了牲”。参加祈雨的人均可在庙中吃供品。旧社会的知县等官吏为顺应民心,在农民祈雨时,也有随众祈雨、取水和到郊外迎接水神的。有的地方敬龙祈雨无定日,遇到干旱才会祈雨。旧时每遇大旱,通常由官绅主持,率众祷于龙神庙,一般是庙祭,祈雨期间有的地方还要禁屠、食素数十日。像蓬莱阁古建筑群中,就有东海龙王敖广的龙宫。东海龙王端坐殿中,分列两旁的是他的 8 位站官,其中即有掌管下雨的雷公、电母、风婆和雨神,宫中还设有龙王的木雕像和龙王出行时的步辇和仪仗。求雨时,人们头戴柳条帽,抬着龙王雕像走街串巷,高呼:“求大雨! 求大雨!”如果屡求不应,据说还有一种有趣的办法,就是把龙王的木雕像放在烈日下曝晒,晒得大汗淋漓受不了时,他就会兴云布雨了。这虽然有些大不敬,但人们还是奉行先礼后兵之道的。

在中原百姓的观念中,最初的雨神似龙蛇。传说黄帝时专门派人养龙以求雨。唐宋以后,逐渐形成了凡有水处皆驻有龙王的观念,而且认为龙王司该地的水旱及作物的丰歉。龙王成为主要的雨神后,几乎中原各村都建有龙王庙,专门用于祭龙王求雨,祭龙王求雨也成为最普遍的求雨方式。龙王庙的规模一般都不大,大者十几平方米,小者四五平方米。有青石结构的,也有砖木结构和砖木石结构的。庙里大多塑有龙王像，龙王像大都进行了人格化处理。塑像高矮视庙大小而定，一般 50—70 厘米，白脸儿，黑胡子，身穿带龙鳞的衣裳，两边各有一个站班。也有的龙王庙没有龙王像，只是写上龙王的神位牌，供在里边，龙王神位前设一石香炉，供香客上香使用。

中原民间相传农历三月十五是龙王节，各地于当日祀龙王，举行龙王庙会。农历五月为“分龙日”，又称为“大分龙”“分龙节”，俗信这天龙王分兵，故天多下雨。又说这天龙王要送女，故多雨。每年中原各地有众多的龙王庙会。郸城县东风乡的龙王庙会远近闻名，每年的农历十月十五日至二十五日为会期。庙会有会首组织，并且请有大戏一台。人们烧香磕头、许愿还愿，表达对龙王的宗教情感。会上活动着各种小商贩，人们在这里出售、购买各种生产生活用品。关于龙王庙的来历此地还有一段有趣的传说。相传，龙王庙所在地原名周庄，每年晒麦子时，人们刚把麦子摊开，就会下雨，麦子都来不及收，而附近五里左右的村庄却滴雨不下。后来村中一位有心的老人发现，村中的一个水坑里有一条一斤多重的大泥鳅（即龙王）在游水吐泡。人们考虑晒麦子时下雨可能是它在作怪，于是就把水坑的水淘干，把“龙王”放在家里供养着。第二年晒麦子时，果然没有再下雨。以后每年都是如此。后来，人们为了感谢“龙王”，就为他盖了一座龙王庙。庙宇落成之日是农历十月十五。此后每年的这个日子，人们都要来这儿烧香，求龙王保佑。这里逐渐形成了一个大型的庙会，周庄也因此改名为龙王庙村。

雨神崇拜是一种目的性很强的信仰。天旱，就祈雨，若雨水过多，就祈求雨神止雨。在河南各地，有各种各样的祈雨方式。在中原地区农村，家庭化的耕种方式造成耕地使用极端分散，大规模的水利设施无法建设，农作物的供水只能依赖自然的雨水。在干旱之年，当人们依靠理性的知识和经验再也无法解决农作物的灌溉问题时，另一套非理性的系统——求雨的信仰和巫术便被启动。这是非常时期不得已而为之的方式，是正常的生产系统的补充。

在上古时代人们的观念中，龙是一种能影响云雨流布的神兽，于是龙也就成了祈雨法术中的主角。商代流行的龙形玉雕“珑”，许慎注：“祷旱玉也。”由此可知，珑可能是祈雨法术中巫师所用的一种礼器。上古时代遇到严重旱灾的时候，也是民众生死存亡的关键时刻，就要举行规模宏大的祈雨法术。这种法术的主要内容，一是焚人祭天，二是用龙参加祭祀。祈雨法术中所焚对象主要是巫与尪这两种人。巫是上天的使者，沟通天地是他们的本职，用火焚巫是令其升天向上天禀告人间的旱情，乞天降雨。尪是一种有病的残疾人。古人将尪视为能导致旱灾的不祥之人，故用火焚之。上天既然“哀其病”而致旱，当然也会怜其被焚而降雨。商代祈雨法术在焚巫、尪的同时，又使用“龙”。《淮南子·地形训》也载：“土龙致雨。”高诱注：“汤遭旱，作土龙以像龙，云从龙，故致雨也。”

初春万物萌发之际，农作物最需要雨水。因而自周以后，每逢龙星从地平线升起的时候，国家都要举行以祈雨为中心内容的雩祭。这就是《左传·桓公五年》记述的：“凡祀，启蛰而郊，龙见而雩，始杀而尝，闭蛰而蒸，过则书。”据东汉经学家服虔注云：“大雩，夏祭天名。雩，远也；远为百符求膏雨也。龙见而雩。龙，角、亢也。谓四月昏，龙星体见，万物始盛，待雨而大，故雩祭以求雨也。”东周时代，由于文明的发展，残酷的焚烧巫、尪的祈雨方式改成了暴晒。

汉代时求雨法术内容的重点已转至“用龙”方面，西汉经学大师董仲舒在《春秋繁露·求雨第七十四》中记载了汉代祈雨法术的具体方式。

汉代祈雨法术虽沿用了远古祈雨法术的主要礼仪，但已将其纳入阴阳五行学说的框架之内。关于汉代人以土龙祈雨的观念，王充在《论衡·乱龙篇》中也说：“董仲舒申《春秋》之雩，设土龙以招雨，其意以云龙相致。《易》曰：‘云从龙，风从虎。’以类求之，故设土龙，阴阳从类，云雨自至。”由此可知，汉代设土龙是用它来招雨，这与商人用龙通神祈雨的观念有着质的不同。

南阳出土的汉代画像石有多幅表现对水旱诸神的祭祀风俗和法术。《南阳汉代画像石》中有《虎吃女魃》的画像。画左右各有二虎，一虎生翼，二虎正低首扑食一女子，女子瘦弱纤小，上身裸露，下着裳，赤足，伏于地，一臂上举，作挣扎状。二虎上方又有一熊作人立状，双臂左右平伸，指二虎。女魃乃一旱神或旱鬼。[①] 女魃原为天女，《山海经·大荒北经》记载：“蚩尤作兵伐黄帝。黄帝令应龙攻之冀州之野。应龙蓄水，蚩尤请风伯雨师，纵大风雨。黄帝乃下天女曰‘魃’。雨止，遂杀蚩尤。魃不得复上，所居不雨。”旱灾给人们带来极大的威胁，人们无法抗御，便误认为是旱鬼作祟。女魃用尽解数不能上天，走到哪里，哪里

① 《南阳汉代画像石》编辑委员会：《南阳汉代画像石》，文物出版社1985年版，第84页。

就旱而不雨。为了驱走致旱的女魃，古人就借助于被认为能食鬼魃的神物虎。虎，《风俗通义》云："虎者，阳物，百兽之长也，能执搏挫锐，噬食鬼魅。"在汉代大傩活动中就有以人装扮成十二神兽来驱鬼怪的，虎属十二神兽之一。南阳汉画像中画虎以食女魃的画面，与文献记载相印证，反映了当时人们祈求消除旱灾的除魃风俗和巫术信仰。

南阳市王庄汉画像石墓中有一幅《风雨图》画，画上部刻三神人共曳引一车，车上一驭者双手挽缰，另一神人端坐车上，车轮以五星连线组成。画下部有四神人，头发皆披在一旁，怀中均抱一大口罐，罐口向下作倾倒状，罐中的水流似瀑布倾泻而下。图右一巨人，赤身裸体，双腿跪地，张口作吹嘘状。研究者认为，那持罐倒水的四神即为雨师，张口吹气者即为风伯。①

汉代对风伯、雨师的祭祀，被纳入国家的祭典，深入到了县、乡基层，成为每年重要的祭祀活动之一，民间也都设有风伯、雨师庙。《汉书·郊祀志》云："(秦时)雍有二十八宿，风伯、雨师之属，百有余庙。"《后汉书·祭祀志》又云："县邑常以乙未日祀先农于乙地，以丙戌日祠风伯于戌地，以己丑日祠雨师于丑地，用羊豕。"从文献记载和南阳的汉画像石可以知道，汉代南阳确实有着祭祀风伯、雨师的风俗。

在南阳汉画像石中还有雷神画像，其形象是人形(也有的肩生两翼)，乘坐一云气车，车上生树枝，雷神持槌击鼓。② 雷神最初的形象是龙蛇或龙身人头。如《山海经·海内东经》云："雷泽中有雷神，龙身而人头，鼓其腹则雷。"汉画的雷神为一人形之神。王充《论衡·雷虎篇》云："又图一人，若力士之容，谓之雷公。使之左手引连鼓，右手推椎，若击之状。"古人认为雨与雷相连，雷电是司雨之神，于是祭祀雷神，以求风调雨顺。在汉画像石上，雷神常与雨水之神相伴，南阳汉画像石所刻雷神与南阳汉代祭祀雷神求雨风俗有关。

东汉以后，随着佛教的传入与道教的建立、发展，两教均以各自的宗教形式积极介入祈雨活动。此后史籍亦多载僧、道祈雨之事，而朝廷所采用的仍为传统的祈雨方式。唐代祈雨基本沿用了隋代的祈雨形式。唐代还流行"蜥蜴求雨法"。《蜥蜴求雨歌》序云："唐时求雨法，以土实巨瓮，作木蜥蜴；小童操青竹、

---

① 《南阳汉代画像石》编辑委员会：《南阳汉代画像石》，文物出版社 1985 年版，第 90 页。
② 《南阳汉代画像石》编辑委员会：《南阳汉代画像石》，文物出版社 1985 年版，第 92 页。

衣青衣以舞,歌云云。”其歌云:“蜥蜴蜥蜴,兴云吐雾。雨若滂沱,放汝归去。”唐代的蜥蜴求雨法也是商代用龙、汉代用土龙祈雨法术的一种变种,而其中用小童起舞的动作明显带有古老巫术的色彩。唐代民间还有用虎头骨祈雨之术。这种法术显然来源于以龙虎相斗来表示阴阳交合的传统观念,是民众将这一观念庸俗化、实用化的产物。

在宋代,掌管河泽云雨之神“龙王”的地位得到巩固与发展。宋太祖、太宗时,凡京师遇到较大旱灾,即令撤乐、减膳、进蔬馔,并派遣官吏到天齐、五龙、城隍、祆神四庙和大相国、开宝、报慈、乾明、崇夏五寺及建隆观祈祷求雨。与此同时,宋代官方仍保留了造土龙、画龙这两种祈雨形式。唐宋以后,祭祀祈雨与巫术求雨分道扬镳。官方祈雨一般只采取祭祀形式,而求雨法术主要流行于民间。元代不行雩礼,遇到旱涝灾害,只是派遣官员祈祷或请僧人作法,然而民间仍流行祈雨巫术。明清两代,朝廷祈雨止旱只是祭祀、祈祷宗庙、社稷、山川、龙神等,未见有采祈雨法术的记录,而民间的祈雨法术一直延续到了近现代。

明清以来流行于中原地区民间的最普遍的求雨是天旱时向龙王爷祈雨。虽然都是向龙王爷祈雨,但各地的方式并不尽相同。据调查,1949 年前,在栾川若遇旱象,地方官绅便率居民“祈雨”。人们沿道高搭彩棚,焚香祈祷。“祈雨”队伍头戴柳条帽,手捧“香纸盘”,由首事带领,传锣执事开道,至龙王庙或泉洞旁祷告求雨。若巧遇降雨,要“出社”唱戏,“贺雨”还愿。在郏县也有类似的求雨方式,若久旱不雨,百姓便自发地到龙王庙前敲锣打鼓、鸣放鞭炮,烧香祈祷龙王、玉皇赐以甘雨,造福乡民。

除此之外,中原民间还普遍有晒龙王求雨的风俗。在封丘,天久旱不雨,村人即把本村庙中的神灵偶像抬到大路边暴晒,不烧香不磕头,从它跟前过的人都说:“你旱俺,俺晒你,不下雨,就不让你进庙去了。”太康县也有此俗,被称为“晒神”。

许多地方是晒关老爷求雨。天气久旱不雨,群众就把关老爷的神像从庙中抬出暴晒(传说关老爷是龙王爷的舅舅,人们希望他管教一下不守法度的外甥)。这一风俗源于一个传说:据说关老爷死后,玉皇大帝念他在阳世时仁、义、礼、智、信五德俱全,封他“红门进”(关公庙为大红门),但关老爷错听为“逢门进”,故走进了每个家庭。家家都有敬关老爷的习俗,这样一来,人们无论有什么困难都会求助于他，所以天旱时人们会晒关公求雨。在封丘，天大旱时，人们把关帝庙中的关公神像抬出庙外，放在骄阳之下，群众每天结队前来求雨，直至天降雨，才又抬关公神像回庙。当地称此求雨方式为“抬关爷”。

鹿邑县利用关老爷求雨的活动别具特色。天气大旱时，民间便自发组织起“抬辇”活动。四个抬夫抬着一尊关老爷的塑像，辇前是一个打小伞的人，他手舞足蹈，边走边舞，下腰翻身，做各种滑稽的姿态。辇夫也一边走一边积极配合着。如果碰巧天下了雨，人们便认为是关老爷显了灵，于是要唱戏还愿，感谢关老爷。

豫北农村还有晒张飞求雨的习俗。传说张飞当县令时偶得“阴阳石”一块，这块石头能预测天气变化，如石上冒出水珠，即表示要下雨；如冒出雾气，即要阴天；如喷冒出白气，即要刮风。还传说诸葛亮“借东风”及“火烧战船”就是借助张飞的“阴阳石”来完成的。因此，当地民众有祈雨时敬张飞和晒张飞的习俗。

在豫北地区，还有晒猴王爷求雨的习俗。猴王爷即指孙悟空，在《西游记》中他曾借过铁扇公主的芭蕉扇（芭蕉扇又称阴阳扇），扇来了暴雨，扑灭了火焰山的熊熊烈火。大旱之时，人们暴晒猴王爷，希望天下的旱情能通达到除妖降魔、为民除害的孙大圣，希望他帮助给人间降下雨水。

通过暴晒某位神灵的塑像而致雨的行为是一种交感巫术。在人们的观念中，具有巨大神力的神灵与其塑像有着神秘的“互渗”关系，人们暴晒神灵的塑像，神灵就能感受到天下的旱情，人们相信他会怜惜人间的痛苦，运用神力降雨水给人间。

在获嘉县杜滩村有“神马皮”的抗旱求雨习俗。传说杜滩村杜姓的祖先杜昆，是明洪武二年由山西洪洞县迁至此地的。崇祯十三年（1640），豫北一带普遭大旱，飞蝗满天，民众饥寒交迫，死伤很多。为求雨镇邪，老百姓出演了“神马皮”的仪式活动。以后每逢大旱，民众都会敲锣打鼓出演此仪式。在仪式中，参加仪式者共 7 人，其中 1 人饰马皮神，另 6 人饰马。饰马皮神者手持 6 米长用马皮做的长鞭，向天挥舞；饰马者各身背一架将牌（表示将军的大牌），上画关公、张飞等三国人物，牌上还装有铜铃，举行仪式时，这 6 人随马皮神一起狂舞。

在中原一些地方还有这样的求雨法术:遇到大旱,迷信的群众认为是旱魃在作怪,认为将水浇在产妇头上就可以制服旱魃。明代嘉靖《许州志》载:“遇旱则抬庙神以暄,祈口水浇产妇,名曰浇旱魃。”

以上这些祈雨习俗,不同地域形式、内容、风格各有不同。尽管内容中均包含有迷信色彩,但是这些种类繁多的祈雨习俗作为一种文化的表现形式,在那个以农耕经济为主的时代,也充分体现了人们祈求神灵保佑风调雨顺、五谷丰登的美好愿景。

第五节 祈晴文化

当然,干旱少雨固然为害于人,但水多为患甚而洪水泛滥同样会对人们的生产和生活造成巨大危害。针对这方面的情况,中原民间也有着一些止雨的法术活动,以济经验和理性的不足。

中原地区,每遇阴雨连绵、久雨不晴,影响到人们的农事活动或农作物的生长之时,人们便要用纸剪一排大头和尚,贴到南墙上,边贴边祷告说:“大头和尚,贴你南墙上,三天不下雨,给你娶个骚(扫)情(晴)娘。”如果碰巧几天之内雨过天晴,人们便以为是这个祷告活动起了作用,便要酬谢“和尚”。人们用纸或玉黍秆扎个“骚(扫)情(晴)娘”的形象,给她穿上华丽的嫁衣,挂在院当中晒衣服的绳子上,手里还要拿上个扫帚毛儿作扫帚,表示扫除天上的乌云。

同类法术活动在沁阳的表现是这样的:阴雨不断之时,人们用纸剪一老和尚的形象,颠倒着贴在房檐的木柱上,边贴边念叨:“老和尚,颠倒颠,明天向你要好天,不给好天打你一百棒槌一百鞭。”

与对天旱不雨的认识一样,在民众的观念中,天旱不雨或淫雨不止,都是天地间阴阳失调的表现。祈雨法术和祈晴法术都是人们企图运用人力来影响天地,以使它们恢复和谐平衡的举动。在这例祈晴法术中,人们认为天久雨不晴是阴气胜过了阳气,所以人们搬出来有着旺盛充足阳气的和尚,企图以他所代表的阳气与久雨不晴的阴天产生力量的互渗,从而达到阴阳的平衡和谐。

在大涝之时，也有的地区的人们在晾衣绳上挂扫晴娘以达到止淫雨的目的。人们一边挂一边还祝祷着："扫晴娘，扫晴娘，三天扫晴啦，给你穿件花衣裳；三天扫不晴，扎你的光脊梁。"念叨完后，还真的用针扎几下，以示警告。这是一个由来已久的风俗，《论衡·顺鼓篇》说："雨不霁，祭女娲。"在中原地区，女娲造人、补天的神话传说至今广为流传，在此基础上产生的大量的风俗习惯仍在民众的生活中发挥着一定的作用。在民众的观念中，扫晴娘就是指女娲，人们认为既然女娲娘娘当初有补天止淫雨的能力，今天，当人们重新遭遇到淫雨不止的影响时，她也有能力帮助人们解除灾难。

在中原的一些地方，还流行着这样的一些祈晴法术。大雨不止之时，人们会让一个独生男子将一整块砖或一妇女洗衣用的棒槌直立在地上顶天，一边立一边似是命令道："支砖，晴天！"或者把一棒槌吊在晾衣绳上意为顶天。在人们的观念中，淫雨不止是阴阳失调的结果，直立的砖和棒槌象征着勃起的男性生殖器，人们企图运用这种象征的方法来使阴阳达到平衡。在中原民众的观念中，由于棒槌象征着男性生殖器，因而就成了颇为吉祥的民俗物品，在许多庙会上都有出售。赶庙会求孙子的老太太们在烧过香许罢愿以后，一般还都要拴个娃娃，偷块石头，或买个棒槌捎回家。今天，在一些庙会上，仍有卖花棒槌、响棒槌等小儿玩具的。

在民间还有一些关于雨神的禁忌。旧时农业生产力水平低下，人们靠天吃饭，在一些农作物生长的季节，特别忌讳下雨或不下雨。在河南鹿邑一带，俗谚说："三月怕初七，四月怕初一，初一十五都不怕，就怕二十下。四月二十湿了老鸦毛，麦从水里捞。"人们忌讳四月份多雨。一些农时节气，也多是忌雨或不忌雨的重要日子，如河南立夏忌无雨，俗语说"立夏不下雨，犁耙高挂起"，意思是说立夏不下雨，主凶年。而立秋则忌下雨。[①]

正如俗语所言："天有不测风云。"风云变幻莫测，犹如神灵控制一般，所以民间就有了对风、云、神的崇拜。此外，还有对虹、雪、霜、雹等诸天象神的崇拜。在众天象神崇拜中，雷神居首位，风、云、虹、雪、霜、雹等诸神位居其次。

---

① 任骋：《中国民间禁忌》，作家出版社1991年版，第484页。

总之,人们对天象诸神的祭祀,是为了换取神灵的护佑,祈求免除为害于人的风、霜、雪、雨,以达到风调雨顺、五谷丰登的目的。这种信仰一方面使得人们无比虔诚,另一方面增强了在现有认识基础上对于自然规律的务必遵循心态。这种遵循自然规律的心态,是在今天我们已认识到企图征服自然必将遭受苦果之后必须要深刻思考和学习的。

第十一章 河南咏水写水文化

“仁者乐山,智者乐水”,从古至今,江河湖海都是文艺创作的重要题材。河南历史悠久,名人辈出,如老子、庄子、墨子、韩非子、杜甫、白居易、韩愈、李商隐、刘禹锡、元稹等人,其中不乏对河南水景风物的热情歌咏与细致描绘。除了诗文,艺术也与河南水文化有着极为密切的关系,如山水画、古典音乐、黄河号子等,都蕴含着深厚的人水和谐理念。

第一节 咏江河湖泊的诗词歌赋

历代文人赋予了水很多人文情怀,也使得以水为创作对象的文学作品别具一格。我国第一部诗歌总集《诗经》中所描述的风水人情,大多都发生在今天河南境内的水边,如《卫风·竹竿》:“籊籊竹竿,以钓于淇。”①再如唐代诗人刘禹锡的《浪淘沙》:“九曲黄河万里沙,浪淘风簸自天涯。如今直上银河去,同到牵牛织女家。”②白居易的《长相思》:“汴水流,泗水流,流到瓜洲古渡头,吴山点点愁。”③这些均是以河南境内的河流为描写对象。

俗话说:“一方水土养一方人。”河南境内的长河秀水、湖泊渠泽,如黄河、淇水、汴水、汝水、颍河、圃田泽等,不仅滋润、养育了一代又一代河南人,也为文人墨客提供了无限的想象空间和创作灵感。古往今来,无数文人墨客赋予这些河

① 程俊英、蒋见元:《诗经注析》,中华书局 1991 年版,第 177 页。

② 彭定求等编:《全唐诗》(增订本)卷二八,中华书局 1999 年版,第 404 页。

③ 《全唐诗》(增订本)卷八九〇,第 10129 页。

流湖泊不同的情感和别样的审美，有着河南味儿浓重的独特文化韵味。

一、黄河

源远流长、波澜壮阔的黄河，是孕育中华民族的母亲河，是中华民族的摇篮，从远古时期到夏、商、周三代，以及后来的西汉、东汉、隋、唐、北宋等王朝，人民生活在黄河流域，创造出了灿烂的中华文明。尤其是北宋，定都开封，是一个以黄河为中心的王朝，后被迫南渡长江，远离家园，文人们对黄河更是怀有多重的复杂情感。因此，黄河在中国文学创作中占有非常重要的位置，包含黄河意象的文学作品汗牛充栋。

我国诗歌的源头《诗经》，收集了自西周初年至春秋中叶五百多年的诗歌305篇。这些诗歌以黄河流域为中心，南到长江北岸，涵盖今陕西、甘肃、山西、山东、河北、河南、安徽、湖北等地，其中大部分故事发生在今河南境内。如《郑风·清人》云："清人在彭，驷介旁旁。二矛重英，河上乎翱翔。清人在消，驷介麃麃。二矛重乔，河上乎逍遥。清人在轴，驷介陶陶。左旋右抽，中军作好。"① 清，是郑国之邑，在今河南中牟西。清人，指郑国大臣高克所率领的清邑士兵。彭，也是郑国之邑，在黄河边上。据《春秋·鲁闵公二年》记载："冬，十有二月，狄入卫，郑弃其师。"《左传》中有着更加详细的描述："郑人恶高克，使帅师次于河上，久而弗召，师溃而归，高克奔陈。郑人为之赋《清人》。"公元前660年（鲁闵公二年，郑文公十三年），狄人侵入卫国。卫国在黄河以北，郑国在黄河以南，郑文公怕狄人渡过黄河侵入郑国，就派他最不喜欢的大臣高克率领清邑的士兵到黄河上去防御狄人。时间已经过去很久了，郑文公也没有把高克和军队召回，而且对其不闻不问。于是这支队伍在黄河边上为所欲为，导致军心涣散，没有任何战斗力，士兵纷纷溃逃，连主将高克也逃到陈国去了。发生在河南境内黄河边的故事在《诗经》中还有很多，如《邶风·新台》："新台有泚，河水瀰瀰。燕婉之求，籧篨不鲜。新台有洒，河水浼浼。燕婉之求，籧篨不殄。鱼网之设，

---

① 程俊英、蒋见元：《诗经注析》，中华书局1991年版，第229页。

鸿则离之。燕婉之求，得此戚施。”[①]诗歌讲述的是当时一桩众所周知的丑闻，丑闻的主角是卫宣公（？—前 700），名晋，卫庄公之子，卫桓公之弟，春秋时期卫国第十五任国君，公元前 718 年至公元前 700 年在位。卫宣公为儿子伋娶齐女宣姜，后来听说宣姜貌美，便想自娶，于是在黄河边上修建了一座新台（在今河南濮阳），将宣姜留在新台。国人耻于卫宣公的这种行为，便作了《新台》诗来讽刺他的荒唐。

发生在黄河边的故事，除了悲剧、丑剧，也有喜剧。汉乐府《河激歌》云：“升彼河兮而观清，水扬波兮冒冥冥。祷求福兮醉不醒，诛将加兮妾心惊。罚既释兮渎乃清，妾持楫兮操其维。蛟龙助兮主将归，呼来棹兮行勿疑。”《河激歌》曰：“列女传曰。女娟者。赵河津吏之女也。简子南击楚。津吏醉卧不能渡。简子怒。欲杀之。娟惧。持楫走前曰。愿以微躯易父之死。简子遂释不诛。将渡。用楫者少一人。娟攘拳操楫而请简子。遂与渡。中流为简子发河激之歌。简子归。纳为夫人。”[②]

黄河也见证着勇敢黄河儿女的伟大事迹。《木兰诗》二首其一云：“旦辞爷娘去，暮宿黄河边。不闻爷娘唤女声，但闻黄河流水鸣溅溅。旦辞黄河去，暮宿黑山头。不闻爷娘唤女声，但闻燕山胡骑鸣啾啾。”[③]北齐颜之推《从周入齐夜渡砥柱》云：“侠客重艰辛，夜出小平津。马色迷关吏，鸡鸣起戍人。露鲜华剑彩，月照宝刀新。问我将何去，北海就孙宾。”《北史・颜之推传》载：“荆州为周军所破，大将军李穆送之推往弘农，令掌其兄阳平公远旧翰。遇河水暴涨，具船将妻子奔齐。经砥柱之险，时人称其勇决。”[④]

发生在黄河边的战争也是很悲壮的。三国魏乐府《鼓吹曲辞・克官渡》云：“克绍官渡由白马，僵尸流血被原野。贼众如犬羊，王师尚寡沙塠旁。风飞扬，转战不利士卒伤，今日不胜后何望。土山地道不可当，卒胜大捷震冀方。屠城破邑，神武遂章。”[⑤]这首诗讲述的是东汉献帝建安五年（200），曹操军与袁绍军相持于官渡（今河南中牟县东北），在此展开一场大战，最终曹操以少胜多，一举

---

① 程俊英、蒋见元：《诗经注析》，中华书局 1991 年版，第 118 页。

② 逯钦立：《先秦汉魏晋南北朝诗》，中华书局 1983 年版，第 17 页。

③ 逯钦立：《先秦汉魏晋南北朝诗》，中华书局 1983 年版，第 2160 页。

④ 逯钦立：《先秦汉魏晋南北朝诗》，中华书局 1983 年版，第 2283 页。

⑤ 逯钦立：《先秦汉魏晋南北朝诗》，中华书局 1983 年版，第 527 页。

击溃袁绍,从而奠定了统一北方的基础。《鼓吹曲辞·定武功》云:"定武功,济黄河。河水汤汤,旦暮有横流波。袁氏欲衰,兄弟寻干戈。决漳水,水流滂沱。嗟城中如流鱼,谁能复顾室家。计穷虑尽求来连和,和不时心中忧戚。贼众内溃,君臣奔北。拔邺城奄有魏国,王业艰难。览观古今,可为长叹。"①建安九年(204)二月,曹操率军进入洹水,正值袁尚攻击袁谭,留下苏由、审配守护邺城(今临漳县境内邺城遗址),苏由闻曹操至即投降。留下曹洪攻击邺城,曹操亲自率军攻克毛城的尹楷和邯郸的沮鹄守军。易阳县令韩范及涉县长梁歧献城投降,被封关内侯。五月水淹邺城,袁尚回兵救邺。七月大败袁尚的援军,袁尚欲投降,不许。袁尚逃往中山国,部下马延、张凯投降,追击袁尚军,得其全部辎重。审荣开城投降,审配不降而斩之,从而平定了邺城。

因为黄河时而温柔和缓,时而暴怒泛滥,如同天神一样神秘莫测,故古人多认为黄河中有河神,也就是河伯。《楚辞·九歌·河伯》曰:"与女游兮九河,冲风起兮横波。乘水车兮荷盖,驾两龙兮骖螭。登昆仑兮四望,心飞扬兮浩荡。日将暮兮怅忘归,惟极浦兮寤怀。鱼鳞屋兮龙堂,紫贝阙兮朱宫。灵何为兮水中?乘白鼋兮逐文鱼。与女游兮河之渚,流澌纷兮将来下。子交手兮东行,送美人兮南浦。波滔滔兮来迎,鱼隣隣兮媵予。"②这虽是一首河神祭歌,通篇写的却是人与黄河之神相恋的故事。他们同游九河,共登昆仑,进入水宫,遨游河渚,最后两人在南浦分别,河伯派波涛、群鱼相送。由此可见江南楚地人们对黄河充满了神往崇敬之情。《诗经·邶风·二子乘舟》亦云:"二子乘舟,泛泛其景。愿言思子,中心养养!二子乘舟,泛泛其逝。愿言思子,不瑕有害?"③这是一首送别诗,黄河岸边,两位年轻人登上一叶孤舟,河水滔滔,小舟远去。送行者久立河岸,骋目远望,满怀忧虑,希望他们能顺利渡过湍急的河水,一帆风顺。这首诗反映出当时人们对湍急的黄河水充满了敬畏。《诗经·卫风·河广》云:"谁谓河广?一苇杭之。谁谓宋远?跂予望之。谁谓河广?曾不容刀。谁谓宋远?曾不崇朝。"④这是客居卫国的宋人表达自己还乡心情急迫的思乡诗作,以黄河水起兴,客观上能够使我们得知当时河水的宏阔气势。《诗经·商颂·长

① 逯钦立:《先秦汉魏晋南北朝诗》,中华书局1983年版,第528页。

② 洪兴祖撰,白化文、许德楠、李如鸾、方进点校:《楚辞补注》,中华书局1983年版,第76页。

③ 程俊英、蒋见元:《诗经注析》,中华书局1991年版,第120页。

④ 程俊英、蒋见元:《诗经注析》,中华书局1991年版,第183页。

发》云："浚哲维商，长发其祥。洪水芒芒，禹敷下土方。外大国是疆，幅陨既长。有娀方将，帝立子生商。"[1]意思是说深远又智慧的我大国殷商，永远发散无尽的福祉瑞祥。遥想那洪荒时代洪水茫茫，大禹治水施政于天下四方。他以周边各诸侯国为疆域，扩张得天下幅员辽阔至极。有娀氏族部落正在崛起时，禹王立有娀氏为妃生下契。"洪水芒芒"，即当时连续大雨造成黄河决口，大禹率众治水。

在生活在黄河边的人们看来，黄河还是很危险的，故有"公无渡河"的故事与歌诗流传至今。《琴操·箜篌引》载："《箜篌引》者，朝鲜津卒霍里子高所作也。子高晨刺船而濯，有一狂夫，被发提壶，涉河而渡。其妻追止之，不及，堕河而死。乃号天嘘唏，鼓箜篌而歌曰：'公无渡河，公竟渡河，公堕河死，当奈公何！'曲终，自投河而死。子高闻而悲之，乃援琴而鼓之，作《箜篌引》以象其声，所谓《公无渡河》曲也。"[2]狂夫不知天高地厚，横渡急流而亡，其妻歌之惨绝人寰。这是一曲悲歌，真实地反映了黄河波涛的汹涌湍急。后世诗人多以此为题描写黄河的磅礴气势。如南朝梁刘孝威《乐府·公无渡河》诗云："请公无渡河，河广风威厉。樯偃落金乌，舟倾没犀栧。"[3]唐李白《相和歌辞·公无渡河》诗云："黄河西来决昆仑，咆吼万里触龙门。波滔天，尧咨嗟，大禹理百川，儿啼不窥家。杀湍湮洪水，九州始蚕麻。其害乃去，茫然风沙。"[4]王建《相和歌辞·公无渡河》诗云："渡头恶天两岸远，波涛塞川如叠坂。幸无白刃驱向前，何用将身自弃捐。蛟龙啮尸鱼食血，黄泥直下无青天。"[5]温庭筠《相和歌辞·公无渡河》诗云："黄河怒浪连天来，大响谹谹如殷雷。龙伯驱风不敢上，百川喷雪高崔嵬。"[6]这些诗歌全都表现了对黄河风高浪险的畏惧之情。

黄河虽然让人们感觉凶险，但却是人们赖以生存的家园，亦是家国天下的象征。因此，澄清浑浊的黄河之水，便有了安定天下的宏大意义。因此，有"河清天下治"之说。南朝梁范云《渡黄河》诗云："河流迅且浊，汤汤不可陵。桧楫

① 程俊英、蒋见元：《诗经注析》，中华书局 1991 年版，第 1033 页。
② 蔡邕撰，吉联抗辑：《琴操》，人民音乐出版社 1990 年版，第 36 页。
③ 逯钦立：《先秦汉魏晋南北朝诗》，中华书局 1983 年版，第 1866 页。
④ 《全唐诗》(增订本)卷一九，第 200 页。
⑤ 《全唐诗》(增订本)卷一九，第 201 页。
⑥ 《全唐诗》(增订本)卷一九，第 201 页。

难为榜,松舟才自胜。空庭偃旧木,荒畴余故塍。不睹人行迹,但见狐兔兴。寄言河上老,此水何当澄。”[①]此诗当为作者永明十年(492)出使北魏途中作。时魏都在平城(今山西大同),故须渡河北上。“渡黄河”这种题材在南朝诗歌中并不多见,作者身临其境,写出了旅途中的无限感慨,流露出澄清天下之志。南朝陈江总《济黄河》诗亦云:“葱山沦外域,盐泽隐遐方。两源分际远,九道派流长。未殚所闻见,无待验词章。留连嗟太史,惆怅践黎阳。导波萦地节,疏气耿天潢。悯周沈用宝,嘉晋肇为梁。”[②]

黄河奔腾东去,亦代表时间一去不再回,“子在川上曰,逝者如斯夫,不舍昼夜”。唐李白《乐府杂曲·鼓吹曲辞·将进酒》云:“君不见黄河之水天上来,奔流到海不复回。君不见高堂明镜悲白发,朝如青丝暮成雪。”[③]韩愈《河之水二首寄子侄老成》其一云:“河之水,去悠悠。我不如,水东流。我有孤侄在海陬,三年不见兮使我生忧。日复日,夜复夜。三年不见汝,使我鬓发未老而先化。”[④]诗人从奔腾的黄河水中看到了岁月的流逝与人生的无奈。

二、淇水

淇水,即今河南省境内的淇河,属卫河支流。《水经注·淇水》云:“淇水出河内隆虑县西大号山,东过内黄县南,为白沟,屈从县东北,与洹水合,又东北过馆陶县北,又东北过清渊县西,又东北过广宗县东,为清河,又东北过东武城县西,又北过广川县东,又东过修县南,又东北过东光县西,又东北过南皮县西,又东北过浮阳县西,又东北过濊邑北,又东北过乡邑南,又东北过穷河邑南,又东北过漂榆邑,入于海。”[⑤]淇水是中国古代一条有着重要军事意义的河流。《韩非子·初见秦第一》载:“昔者纣为天子,将率天下甲兵百万,左饮于淇溪,右饮

① 逯钦立:《先秦汉魏晋南北朝诗》,中华书局 1983 年版,第 1546 页。

② 逯钦立:《先秦汉魏晋南北朝诗》,中华书局 1983 年版,第 2572 页。

③ 《全唐诗》(增订本)卷一七,第 170 页。

④ 《全唐诗》(增订本)卷三三八,第 3790 页。

⑤ 郦道元著,陈桥驿校证:《水经注校证》卷九,中华书局 2007 年版,第 234 页。

于洹溪，淇水竭而洹水不流，以与周武王为难。”[①]

《诗经》中也有不少关于淇水的记载，如《诗经·鄘风·桑中》云：“期我乎桑中，要我乎上宫，送我乎淇之上矣。”[②]这首诗描写了男女幽会之后，男子送女子过淇水。全诗轻松活泼，情感热烈。《诗经·邶风·泉水》云：“毖彼泉水，亦流于淇。”[③]这是一首表达对卫国强烈思念的诗，用泉水流入淇水起兴，委婉道出自己想回到家乡的念头。《诗经·卫风·有狐》云：“有狐绥绥，在彼淇梁。”[④]这是一首独特的爱情诗，描写了淇水边一只求偶的狐狸，它心事重重地徘徊在淇梁（拦鱼坝）、淇厉（流水的沙滩）、淇侧（岸边），并大胆地对淇水表明心迹，也有以淇水为证，表明其情坚贞的意思。《诗经·卫风·氓》云：“淇水汤汤，渐车帷裳。”[⑤]描写了一位女子从热恋到成婚，后来又被男子无情抛弃的故事，而这件事情的始末，全都由淇水作见证。《诗经·卫风·竹竿》云：“籊籊竹竿，以钓于淇。……淇水在右，泉源在左。……”[⑥]写出了一位远嫁外地的卫国女子思亲怀乡的强烈情感。女子从小在悠悠的淇水边长大，当她远离故乡、回首往事的时候，想到最多的还是淇水边快乐的童年时光。此时此刻，淇水更是化作了思念的动力。

由于《诗经》中这些诗篇对淇水的描绘，以及淇水的地理位置，古人多从此地登船渡黄河，淇水便成为了文学史上一个有着独特内蕴的存在，如“阻滞”意象，寓含着两人之间存在难以逾越的障碍，成为“苦情”的象征，为历代文人所引用来表达送别时的依依惜别之情或别后的刻骨思念。西汉李陵《录别诗二十一首》其十二云：“陟彼南山隅，送子淇水阳。”[⑦]南朝齐谢朓《江上曲》云：“莲叶尚田田，淇水不可渡。”[⑧]南朝梁沈约《八咏诗·岁暮愍衰草》云：“送归顾慕泣淇水，嘉客淹留怀上宫。”[⑨]唐宋之问《使往天平军马约与陈子昂新乡为期及还而

---

① 王先慎撰，钟哲点校：《韩非子集解》，中华书局1998年版，第1页。
② 程俊英、蒋见元：《诗经注析》，中华书局1991年版，第131页。
③ 程俊英、蒋见元：《诗经注析》，中华书局1991年版，第106页。
④ 程俊英、蒋见元：《诗经注析》，中华书局1991年版，第189页。
⑤ 程俊英、蒋见元：《诗经注析》，中华书局1991年版，第169页。
⑥ 程俊英、蒋见元：《诗经注析》，中华书局1991年版，第177页。
⑦ 逯钦立：《先秦汉魏晋南北朝诗》，中华书局1983年版，第109页。
⑧ 逯钦立：《先秦汉魏晋南北朝诗》，中华书局1983年版，第1413页。
⑨ 逯钦立：《先秦汉魏晋南北朝诗》，中华书局1983年版，第1643页。

不相遇》诗云："情人去何处，淇水日悠悠。"[①]高适《淇上送韦司仓往滑台》诗："滑台门外见，淇水眼前流。"[②]

淇水因其风光秀丽，也是古代人们寻欢作乐场所的代称，南朝梁简文帝萧纲《和湘东王名士悦倾城》诗云："美人称绝世，丽色譬花丛。经居李城北，住在宋家东。教歌公主第，学舞汉成宫。多游淇水上，好在凤楼中。"[③]唐李白《魏郡别苏明府因北游》诗云："魏都接燕赵，美女夸芙蓉。淇水流碧玉，舟车日奔冲。青楼夹两岸，万室喧歌钟。天下称豪贵，游此每相逢。"[④]

正因为淇水留给人们的欢乐记忆不可忘怀，它也就有了时光易逝、乐事难再的含意。南朝梁简文帝萧纲《倡楼怨节》诗云："上林纷纷花落，淇水漠漠苔浮。年驰节流易尽，何为忍忆含羞。"唐韦应物《拟古诗十二首》其十二云："白日淇上没，空闺生远愁。寸心不可限，淇水长悠悠。"[⑤]

淇水也是人们理想中的隐居之地。唐王维《淇上田园即事》诗云："屏居淇水上，东野旷无山。日隐桑柘外，河明闾井间。牧童望村去，猎犬随人还。静者亦何事，荆扉乘昼关。"[⑥]常建《春词二首》其一云："菀菀黄柳丝，蒙蒙杂花垂。日高红妆卧，倚对春光迟。宁知傍淇水，骤袅黄金羁。"[⑦]

三、洛水

洛水，即洛河，古称雒水，黄河右岸重要支流。在河南省偃师市境内与伊河并流，亦称为伊洛河。《水经注・洛水》云："洛水出京兆上洛县谨举山，东北过卢氏县南，又东北过蠡城邑之南，又东过阳市邑南，又东北过于父邑之南，又东北过宜阳县南，又东北出散关南，又东北过河南县南，又东过洛阳县南，伊水从

---

① 《全唐诗》（增订本）卷五二，第639页。
② 《全唐诗》（增订本）卷二一四，第228页。
③ 逯钦立：《先秦汉魏晋南北朝诗》，中华书局1983年版，第1938页。
④ 《全唐诗》（增订本）卷一七四，第1786页。
⑤ 《全唐诗》（增订本）卷一八六，第1902页。
⑥ 《全唐诗》（增订本）卷一二六，第1277页。
⑦ 《全唐诗》（增订本）卷一四四，第1459页。

西来注之。又东过偃师县南,又东北过巩县东,又北入于河。”[①]意思是说洛水流经河南西北部,过今河南巩义东,后向北注入黄河。以洛河与黄河交汇为中心的地区被称为“河洛地区”,是华夏文明的发祥地,河洛文化被称为中华民族的根文化。

关于洛水的神话传说中,最吸引人的当数洛神了。洛神,又名宓妃,传说她是伏羲氏之女,因迷恋洛河两岸的美丽景色,便来到了洛阳。黄初三年(222),曹植写下了千古名篇《洛神赋》,描写了洛神的绝世风采:“余从京域,言归东藩。背伊阙,越轘辕,经通谷,陵景山。日既西倾,车殆马烦。尔乃税驾乎蘅皋,秣驷乎芝田,容与乎阳林,流眄乎洛川。于是精移神骇,忽焉思散。俯则未察,仰以殊观,睹一丽人,于岩之畔。……其形也,翩若惊鸿,婉若游龙,荣曜秋菊,华茂春松。仿佛兮若轻云之蔽月,飘摇兮若流风之回雪。远而望之,皎若太阳升朝霞。迫而察之,灼若芙蕖出渌波。秾纤得中,修短合度。肩若削成,腰如约素。延颈秀项,皓质呈露,芳泽无加,铅华弗御。云髻峨峨,修眉联娟,丹唇外朗,皓齿内鲜。明眸善睐,靥辅承权,瑰姿艳逸,仪静体闲。柔情绰态,媚于语言。奇服旷世,骨像应图。披罗衣之璀粲兮,珥瑶碧之华琚。戴金翠之首饰,缀明珠以耀躯。践远游之文履,曳雾绡之轻裾。微幽兰之芳蔼兮,步踟蹰于山隅。于是忽焉纵体,以遨以嬉。左倚采旄,右荫桂旗。攘皓腕于神浒兮,采湍濑之玄芝。[②]”这篇想象丰富、辞藻华丽的作品,形神兼备地刻画了洛神的绰约风姿,从中也可以看出洛水景色的奇丽怡人。因此,洛水物华水美,洛水边的女子更美。如南朝梁昭明太子萧统《歌》云:“阳阿奏兮激楚流,望洛水兮有好仇,纵轻棹兮泛龙舟。”

自古时起,洛水就是一条有着重要意义的河流。《祠洛水歌》云:“洛阳之水,其色苍苍。祠祭大泽,倏忽南临。洛滨醊祷,色连三光。”这是秦始皇祭祀洛水时作的歌。《古今乐录》记载:“秦始皇祠洛水,有黑头公从河中出,呼始皇曰:‘来受天宝。’乃与群臣作歌。”[③]唐太宗李世民也曾来到洛水边,并作《临洛水》云:“春蒐驰骏骨,总辔俯长河。霞处流萦锦,风前漾卷罗。水花翻照树,堤兰倒

---

① 郦道元著,陈桥驿校证:《水经注校证》卷十五,中华书局2007年版,第363页。

② 赵幼文:《曹植集校注》卷二,人民文学出版社1998年版,第282页。

③ 逯钦立:《先秦汉魏晋南北朝诗》,中华书局1983年版,第2749页。

插波。岂必汾阴曲，秋云发棹歌。”①唐诗人储光羲《送恂上人还吴》中甚至说：“洛城本天邑，洛水即天池。君王既行幸，法子复来仪。”②因此，洛水也成了吉祥福泽的象征，人们多通过祭祀洛水以求福祉。

洛水也是人们宴饮的重要场所。晋何劭《洛水祖王公应诏诗》云：“穆穆圣王，体此慈仁。友于之至，通于明神。游宴绸缪，情恋所亲。薄云饯之，于洛之滨。嵩崖岩岩，洪流汤汤。春风动衿，归雁和鸣。我后飨客，鼓瑟吹笙。举爵惟别，闻乐伤情。嘉宴既终，白日西归。群司告旋，鸾舆整绥。我皇重离，顿辔骖骓。临川永叹，酸涕沾颐。崇恩感物，左右同悲。”③从这首诗的描述中，可见当时宴会的热闹场面：笙瑟齐鸣，觥筹交错。晋王浚也有《从幸洛水饯王公归国诗》：“圣主应期运，至德敷彝伦。神道垂大教，玄化被无垠。钦若崇古制，建侯屏四邻。皇舆回羽盖，高会洛水滨。临川讲妙艺，纵酒钓潜鳞。八音以迭奏，兰羞备时珍。”④陆机的《日出东南隅行》则讲述了普通百姓游洛水的情景：“暮春春服成，粲粲绮与纨。金雀垂藻翘，琼佩结瑶璠。方驾扬清尘，濯足洛水澜。蔼蔼风云会，佳人一何繁。南崖充罗幕，北渚盈軿轩。清川含藻景，高岸被华丹。”⑤可谓摩肩接踵，华车满路，热闹非凡。

每年的三月三日上巳节，也是祓禊的日子，即春浴日，又称女儿节。在此期间，洛水更是游人如织，络绎不绝。晋潘尼《三月三日洛水作诗》云：“暮春春服成，百草敷英蕤。聊为三日游，方驾结龙旗。廊庙多豪俊，都邑有艳姿。朱轩荫兰皋，翠幕映洛湄。临岸濯素手，涉水搴轻衣。沉钩出比目，举弋落双飞。羽觞乘波进，素卵随流归。”⑥到了唐代，三月三日的洛水祓禊更加隆重，即使在国力逐渐衰弱的中唐时期也不例外。唐刘禹锡《三月三日与乐天及河南李尹奉陪裴令公泛洛禊饮……十二韵》诗云：“洛下今修禊，群贤胜会稽。盛筵陪玉铉，通籍尽金闺。波上神仙妓，岸傍桃李蹊。水嬉如鹭振，歌响杂莺啼。历览风光好，沿洄意思迷。棹歌能俪曲，墨客竞分题。翠幄连云起，香车向道齐。人夸绫步障，

---

① 《全唐诗》（增订本）卷一，第7页。

② 《全唐诗》（增订本）卷一三八，第1406页。

③ 逯钦立：《先秦汉魏晋南北朝诗》，中华书局1983年版，第648页。

④ 逯钦立：《先秦汉魏晋南北朝诗》，中华书局1983年版，第774页。

⑤ 逯钦立：《先秦汉魏晋南北朝诗》，中华书局1983年版，第652页。

⑥ 逯钦立：《先秦汉魏晋南北朝诗》，中华书局1983年版，第767页。

马惜锦障泥。尘暗宫墙外，霞明苑树西。舟形随鹢转，桥影与虹低。川色晴犹远，乌声暮欲栖。唯馀踏青伴，待月魏王堤。”①白居易《三月三日祓禊洛滨》亦云：“三月草萋萋，黄莺歇又啼。柳桥晴有絮，沙路润无泥。禊事修初半，游人到欲齐。金钿耀桃李，丝管骇凫鹥。转岸回船尾，临流簇马蹄。闹翻扬子渡，蹋破魏王堤。妓接谢公宴，诗陪荀令题。舟同李膺泛，醴为穆生携。水引春心荡，花牵醉眼迷。尘街从鼓动，烟树任鸦栖。舞急红腰软，歌迟翠黛低。夜归何用烛，新月凤楼西。”②

当然，除了上巳节、寒食节，人们平常也爱畅游洛水之上。唐薛昚惑《奉和进船洛水应制》诗云：“禁园纡睿览，仙棹叶宸游。洛北风花树，江南彩画舟。荣生兰蕙草，春入凤凰楼。兴尽离宫暮，烟光起夕流。”③这是贵族官员的洛水之行，南朝陈岑之敬的《洛阳道》一诗则描述了普通百姓的洛水之游：“喧喧洛水滨，郁郁小平津。路傍桃李节，陌上采桑春。聚车看卫玠，连手望安仁。复有能留客，莫愁娇态新。”④唐储光羲《洛阳道五首献吕四郎中》诗亦云：“洛水春冰开，洛城春水绿。朝看大道上，落花乱马足。”⑤宋张耒《洛水》诗云：“洛水秋深碧如黛，乱石纵横泻鸣濑。清明见底不留尘，日射澄沙动玑贝。南山秋风已萧瑟，倒影上下迷空翠。何当载酒纵扁舟，一尺鲤鱼寒可鲙。”⑥《观洛涨》诗亦云：“雨锁山川昼不开，洛波一夕涨如催。西来势蹴诸山动，东转声包厚地回。一片晓光吴阵甲，万桴南响会稽雷。何人共此乘桴志，直到蓬瀛亦壮哉。”⑦可见洛水一年四季的景色都很优美宜人。

洛水也是故国家园的象征。唐宋之问《早发韶州》诗云：“绿树秦京道，青云洛水桥。故园长在目，魂去不须招。”⑧张说《南中赠高六戬》诗亦云：“鸟坠炎洲气，花飞洛水春。平生歌舞席，谁忆不归人。”⑨因此，能够“闲游占得嵩山色，醉

---

① 《全唐诗》（增订本）卷三六二，第4102页。
② 《全唐诗》（增订本）卷四五六，第5203页。
③ 《全唐诗》（增订本）卷四五，第557页。
④ 逯钦立：《先秦汉魏晋南北朝诗》，中华书局1983年版，第2549页。
⑤ 《全唐诗》（增订本）卷一三九，第1417页。
⑥ 傅璇琮等主编：《全宋诗》（第20册）卷一一六三，北京大学出版社1995年版，第13126页。
⑦ 傅璇琮等主编：《全宋诗》（第20册）卷一一七〇，北京大学出版社1995年版，第13213页。
⑧ 《全唐诗》（增订本）卷五三，第655页。
⑨ 《全唐诗》（增订本）卷八七，第946页。

卧高听洛水声”[①],“兵符相印无心恋,洛水嵩云恣意看”[②],是文人士大夫的理想生活状态。宋代宋祁《和参政丁侍郎洛下新置小园寄留台张郎中诗三首》其一云:“勤勤高意念林丘,新买溪园洛水头。”[③]邵雍《商山道中作》说得更明白些:“东西逆洛水,表里看秦山。身在烟霞外,心存人子间。”[④]也就是说,既可享洛水清幽,又不忘情于世间,这样的生存方式才是最适合的。

洛水见证的不仅有盛世的繁华,还有战乱的残酷,以及朝代的更迭。唐李白《狱中上崔相涣》诗云:“胡马渡洛水,血流征战场。千门闭秋景,万姓危朝霜。”[⑤]宋王安石《出巩县》诗云:“向来宫阙不可见,但有洛水流浑浑。”[⑥]

说起洛水,必然要提到“河图”“洛书”,二者历来被认为是华夏文化的源头,也是“河洛文化”的滥觞。《易·系辞上传》中“河出图,洛出书,圣人则之”的“圣人”,据说就是人类文化的始祖伏羲。传说伏羲氏时,有龙马从黄河出现,背负“河图”,有神龟从洛水出现,背负“洛书”。伏羲根据这种“图”“书”画成八卦,后来周文王又依据伏羲八卦研究成文王八卦和六十四卦,并分别写了卦辞。“洛书”出处的具体地点在“洛汭”,位于洛水的下游,洛水入黄河处。《尚书·禹贡》:“东过洛汭,至于大伾。”《河图玉版》:“仓颉为帝,南巡狩,登阳虚之山,临于玄扈洛汭之水,灵龟负书,丹甲青文,以授帝。”“河图”“洛书”也是祥瑞的象征。如唐苏颋《奉和圣制途次旧居应制》诗云:“盛业铭汾鼎,昌期应洛书。”[⑦]宋王珪《从驾至开宝寺庆寿崇因阁依韵和吴相公》诗云:“洛水浮神篆,天花满御衣。”[⑧]

---

① 刘禹锡:《酬令狐相公见寄》,《全唐诗》卷三六〇,第4078页。

② 刘禹锡:《酬思黯见示小饮四韵》,《全唐诗》卷三六一,第4082页。

③ 傅璇琮等主编:《全宋诗》(第4册)卷二二二,北京大学出版社1995年版,第2558页。

④ 傅璇琮等主编:《全宋诗》(第7册)卷三六二,北京大学出版社1995年版,第4464页。

⑤ 《全唐诗》(增订本)卷一七〇,第1753页。

⑥ 傅璇琮等主编:《全宋诗》(第10册)卷五四七,北京大学出版社1995年版,第6542页。

⑦ 《全唐诗》(增订本)卷七四,第808页。

⑧ 傅璇琮等主编:《全宋诗》(第9册)卷四九一,北京大学出版社1995年版,第5952页。

四、伊水

伊水，即伊河，是黄河南岸支流洛河的支流之一。《水经注·伊水》云："伊水出南阳鲁阳县西蔓渠山，东北过郭落山，又东北过陆浑县南。又东北过新城县南，又东北过伊阙中，又东北过洛阳县南，北入于洛。"①伊河文化、洛河文化合称"伊洛文明"，世界文化遗产龙门石窟依伊河而建，是著名的旅游胜地。

自古以来，伊水一直是繁华热闹、吉祥福气之地。南朝梁刘孝绰《奉和昭明太子钟山解讲诗》云："御鹤翔伊水，策马出王田。"②南朝陈江总《宴乐修堂应令诗》云："仙如伊水驾，乐似洞庭张。"③唐韦述《晚渡伊水》诗细致描述了伊水风光："悠悠涉伊水，伊水清见石。是时春向深，两岸草如积。迢递望洲屿，逶迤亘津陌。新树落疏红，遥原上深碧。回瞻洛阳苑，遽有长山隔。烟雾犹辨家，风尘已为客。登陟多异趣，往来见行役。云起早已昏，鸟飞日将夕。光阴逝不借，超然慕畴昔。远游亦何为，归来存竹帛。"④

伊水还是人们祭祀天地、先祖的圣地。唐乐府《郊庙歌辞·享章怀太子庙乐章·迎俎酌献》云："通三锡胤，明两承英。太山比赫，伊水闻笙。宗祧是寄，礼乐其亨。嘉辰荐俎，以发声明。"⑤褚亮《奉和禁苑饯别应令》诗云："大藩初锡瑞，出牧迩皇京。……钓台惭作赋，伊水滥闻笙。怀德良知久，酬恩识命轻。"⑥

伊水也是高人雅士娱心养性的最佳之地。唐宋之问《自洪府舟行直书其事》诗云："朝游伊水湄，夕卧箕山趾。"⑦李颀《送刘四赴夏县》诗云："举世皆亲丞相阁，我心独爱伊川水。"⑧储光羲《洛中贻朝校书衡朝即日本人也》诗云："出

① 郦道元著，陈桥驿校证：《水经注校证》卷十五，中华书局2007年版，第373页。
② 逯钦立：《先秦汉魏晋南北朝诗》，中华书局1983年版，第1829页。
③ 逯钦立：《先秦汉魏晋南北朝诗》，中华书局1983年版，第2567页。
④ 《全唐诗》（增订本）卷一〇八，第118页。
⑤ 《全唐诗》（增订本）卷一五，第147页。
⑥ 《全唐诗》（增订本）卷三二，第447页。
⑦ 《全唐诗》（增订本）卷五一，第627页。
⑧ 《全唐诗》（增订本）卷一三三，第1353页。

入蓬山里，逍遥伊水傍。”[①]刘禹锡《和思黯忆南庄见示》诗云：“丞相新家伊水头，智囊心匠日增修。化成池沼无痕迹，奔走清波不自由。台上看山徐举酒，潭中见月慢回舟。从来天下推尤物，合属人间第一流。”[②]卢仝《冬行三首》其二亦云：“长年爱伊洛，决计卜长久。赊买里仁宅，水竹且小有。”[③]筑室伊头边，举头看山、低头见水，确实是风雅之举。但这并不是人人都能做到的，经常泛舟伊水也不失为赏心乐事。唐张籍《寄令狐宾客》诗云：“秋日出城伊水好，领谁相逐上闲船。”[④]白居易《秋日与张宾客舒著作同游龙门醉中狂歌凡二百三十八字》诗云：“秋天高高秋光清，秋风袅袅秋虫鸣。嵩峰馀霞锦绮卷，伊水细浪鳞甲生。”[⑤]《闲游即事》诗亦云：“郊野游行熟，村园次第过。蓦山寻浥涧，蹋水渡伊河。”[⑥]

北宋理学家邵雍（1011—1077），少有大志，喜刻苦读书并游历天下，后到伊川，悟到“道在是矣”，于宋仁宗皇祐元年（1049）定居伊水边，自号安乐先生，并迁父母坟茔于此，师从李之才学《河图》《洛书》与伏羲八卦，学有大成，著有《皇极经世书》《观物内外篇》《先天图》《渔樵问对》《伊川击壤集》《梅花诗》等。宋仁宗嘉祐与宋神宗熙宁初，两度被举，均称疾不赴，逍遥于伊水之上。邵雍写下了大量描写伊水的诗篇，兹举几例。《留题龙门》诗云：“中分洪造夏王力，横截大山伊水流。八节滩声长在耳，一川风景尽归楼。”[⑦]《秋游六首》其二云：“回舟伊水风微溜，缓辔天津月正明。”[⑧]《游山三首》其二云：“泛舟伊水风回夜，垂钓溪门月上时。”[⑨]

---

① 《全唐诗》（增订本）卷一三八，第 1405 页。

② 《全唐诗》（增订本）卷三六一，第 4082 页。

③ 《全唐诗》（增订本）卷三八八，第 4392 页。

④ 《全唐诗》（增订本）卷三八五，第 4349 页。

⑤ 《全唐诗》（增订本）卷四五二，第 5134 页。

⑥ 《全唐诗》（增订本）卷四五六，第 5201 页。

⑦ 傅璇琮等主编：《全宋诗》（第 7 册）卷三六二，北京大学出版社 1995 年版，第 4462 页。

⑧ 傅璇琮等主编：《全宋诗》（第 7 册）卷三六二，北京大学出版社 1995 年版，第 4463 页。

⑨ 傅璇琮等主编：《全宋诗》（第 7 册）卷三六二，北京大学出版社 1995 年版，第 4468 页。

五、汴水

汴水，古水名，也指汴河，即隋朝大运河的一部分。它发源于河南荥阳大周山洛口，经中牟县北五里的官渡，流经开封、陈留、杞县，与泗水、淮河汇集。北宋时期，开封之所以能成为“八方辐辏，四面云集”的大都市，便主要归功于汴水。它连接黄河、长江，是当时的水路交通枢纽，全国各地的物产可以源源不断地运往开封。唐代诗人卢仝《冬行三首》其三云：“不敢唾汴水，汴水入东海。污泥龙王宫，恐获不敬罪。不敢蹋汴堤，汴堤连秦宫。蹋尽天子土，馈饵无由通。”①此言虽然有夸张成分，但却道出了汴水的特点和重要性。

南宋孟元老《东京梦华录》载：“穿城河道有四。南壁曰蔡河，自陈蔡由西南戴楼门入京城，辽绕自东南陈州门出，河上有桥十一，自陈州门里曰观桥（在五岳观后门），从北，次曰宣泰桥，次曰云骑桥，次曰横桥子（在彭婆婆宅前），次曰高桥，次曰西保康门桥，次曰龙津桥（正对内前），次曰新桥，次曰太平桥（高殿前宅前），次曰粜麦桥，次曰第一座桥，次曰宜男桥，出戴楼门外曰四里桥。中曰汴河，自西京洛口分水入京城，东去至泗州，入淮，运东南之粮，凡东南方物，自此入京城，公私仰给焉。”②北宋黄庶《汴河》诗云：“汴都峨峨在平地，宋恃其德为金汤。先帝始初有深意，不使子孙生怠荒。万艘北来食京师，汴水遂作东南吭。甲兵百万以为命，千里天下之腑肠。人心爱惜此流水，不啻布帛与稻粱。汉唐关中数百年，木牛可以腐太仓。舟楫利今百于古，奈何益见府库疮。天心正欲医造化，人间岂无针石良。窟穴但去钱谷蠹，此水何必求桑羊。”③从这首长诗中，我们可看出汴河交通之便利可谓空前。欧阳修《答圣俞》诗云：“汴渠千艘日上下，来及水门犹未知。”可见汴水来往船只之多。梅尧臣《汴之水三章送淮南提刑李舍人》其一云：“汴之水，分于河，黄流浊浊激春波。昨日初观水东下，千人走喜兮万人歌。歌谓何，大船来兮小船过。百货将集玉都那，君则扬舲兮以

① 《全唐诗》（增订本）卷三八八，第 4392 页。

② 孟元老著，邓之诚注：《东京梦华录注》卷一“河道”条，中华书局 1982 年版，第 27 页。

③ 傅璇琮等主编：《全宋诗》（第 10 册）卷四五七，北京大学出版社 1995 年版，第 5486 页。

峦刑科。”其二云：“汴之水，入于泗，黄流清淮为一致。上牵下橹日夜来，千人同济兮万人利。利何谓，国之漕，商之货，实所寄。”①直至元代时还有“一苏、二杭、三汴梁”的谚语，足见依汴水而建的汴梁城之繁华富庶。从北宋张择端的《清明上河图》中，我们也可以看出当年汴水上船只来往的繁忙景象。

汴水不仅是交通要道，自然景色也很优美。宋梅尧臣《汴河雨后呈同行马秘书》诗云：“雨霁晚虹收，河堤净如扫。清阴拂人树，翠色垂流草。汉漕走王都，华言杂夷獠。时方同马生，野泊聊论道。”②贺铸《燕子楼》诗云：“城据山川胜，千年楚故都。高楼临汴水，杨柳荫芙蕖。”③特别是秋季，秋霜始降，汴水满溢，秋风吹来，碧波荡漾，芦花似雪，分外好看，有“汴水秋声”的美誉。

但必须提到的是，汴水为古代开封带来经济和文化繁荣的同时，也带来了灾难。因为汴水主要水源来自黄河，所以河道经常淤塞，洪水常常泛滥，人们的生命财产往往遭受重大损失。宋梅尧臣《汴水斗减舟不能进因寄彦国舍人》一诗，真实地写出了汴水河道堵塞后的情形：“朝落几寸水，暮长几寸沙。深滩鳌背出，浅浪龙鳞斜。秋风忽又恶，越舫嗟初阁。坐想掖垣人，犹如在寥廓。”④特别是一旦发生战争，汴水更是成了战争工具，历史上有很多“以水代兵”“以邻为壑”的战例，造成人为的水灾，使百姓流离失所。三国魏乐府《杂歌谣辞·战荥阳》云：“战荥阳，汴水陂，戎士愤怒贯甲驰。”⑤发生在汴水边的战役之频繁，使得士兵厌战，民不聊生，而朝代更替，更是汴水之悲。唐薛能《杂曲歌辞·杨柳枝》诗云：“汴水高悬百万条，风清两岸一时摇。隋家力尽虚栽得，无限春风属圣朝。”⑥隋炀帝杨广曾在汴水边修筑行宫，唐刘禹锡《杂曲歌辞·杨柳枝》诗云：“炀帝行宫汴水滨，数株残柳不胜春。昨来风起花如雪，飞入宫墙不见人。”⑦李益《汴河曲》云：“汴水东流无限春，隋家宫阙已成尘。行人莫上长堤望，风起杨

① 傅璇琮等主编：《全宋诗》（第5册）卷二四六，北京大学出版社1995年版，第2854页。
② 傅璇琮等主编：《全宋诗》（第5册）卷二三九，北京大学出版社1995年版，第2770页。
③ 傅璇琮等主编：《全宋诗》（第19册）卷一一〇二，北京大学出版社1995年版，第12497页。
④ 傅璇琮等主编：《全宋诗》（第5册）卷二四二，北京大学出版社1995年版，第2802页。
⑤ 逯钦立：《先秦汉魏晋南北朝诗》，中华书局1983年版，第513页。
⑥ 《全唐诗》（增订本）卷二八，第401页。
⑦ 《全唐诗》（增订本）卷二八，第397页。

花愁杀人。”[①]南宋刘子翚《北风》诗云：“淮山已隔胡尘断，汴水犹穿故苑来。”[②]

北宋时期，每逢春季汛期，朝廷都要征集三十余县的民夫，疏浚汴河口及淤浅的河道。据《宋史》记载，宋太宗淳化二年（991）六月，汴水暴涨，宋太宗车驾出乾元门，亲自督促救险，还说：“东京养甲兵数十万，居人百万家，天下转漕，仰给在此一渠水，朕安得不顾。”[③]宋晁说之《夜来枕上得四绝句因视王性之谢其相访也未专为渠作》诗云：“三川皆震大灾异，汴水绝流上帝仁。”[④]到了南宋，高宗赵构为了阻止金兵南下，下诏断绝汴渠水道，阻断了南北水运。胡仲弓《恭和皇帝宸翰四绝句》其一云：“汴水流经淮泗去，更无人买北归船。”[⑤]宋末诗人艾性夫《钱塘闻子规》诗亦云：“汴水凄凉已百年，长因啼鸟一潸然。”[⑥]可谓真实写照。

六、颍水

颍河，古称颍水，属淮河的支流，相传因纪念春秋时郑人颍考叔而得名。颍河的主要支流为沙河，故也被称为“沙河”或“沙颍河”。《水经注·颍水》载：“颍水出颍川阳城县西北少室山，东南过其县南，又东南过阳翟县北，又东南过颍阳县西，又东南过颍阴县西南，又东南过临颍县南，又东南过汝南隐强县北，洧水从河南密县东流注之。又东过西华县，又南过女阳县北，又东南过南顿县北，隐水从西来流注之。又东南至新阳县北，蒗荡渠水从西北来注之。又东南至慎县东，南入于淮。”[⑦]

自汉代起，颍河两岸便土地肥沃，物产富饶。《颍川儿歌》云：“颍水清，灌氏宁。颍水浊，灌氏族。”颍川，郡名，秦王嬴政十七年置，以颍水得名，治所在阳翟

---

① 《全唐诗》（增订本）卷二八三，第3219页。

② 傅璇琮等主编：《全宋诗》（第34册）卷一九一九，北京大学出版社1995年版，第21419页。

③ 脱脱等：《宋史》卷九十三志第四十六，中华书局1977年版。

④ 傅璇琮等主编：《全宋诗》（第21册）卷一二一二，北京大学出版社1995年版，第13805页。

⑤ 傅璇琮等主编：《全宋诗》（第63册）卷三三三二，北京大学出版社1995年版，第39737页。

⑥ 傅璇琮等主编：《全宋诗》（第70册）卷三七〇一，北京大学出版社1995年版，第44432页。

⑦ 郦道元著，陈桥驿校证：《水经注校证》卷二十二，中华书局2007年版，第517页。

(今河南禹州)。《汉书·灌夫传》记载:“(灌)夫不好文学,喜任侠,已然诺。诸所与交通,无非豪桀大猾,有累数千万,食客日数十百人。陂池田园,宗族宾客为权利,横颍川。”由此可见,当时沿颍水而建的城镇规模已经不小。

中国古代诗文中提及颍水,多因许由曾在此水中洗耳。汉蔡邕《琴操·河间杂歌·箕山操》记载:“由以清节闻于尧。尧大其志,乃遣使以符玺禅为天子。于是许由喟然叹曰:‘匹夫结志,固如盘石。采山饮河,所以养性,非以求禄位也;放发优游,所以安己不惧,非以贪天下也。’使者还,以状报尧,尧知由不可动,亦已矣。于是许由以使者言为不善,乃临河洗耳。樊坚见由方洗耳,问之:‘耳有何垢乎?’由曰:‘无垢,闻恶语耳。’坚曰:‘何等语者?’由曰:‘尧聘吾为天子。’坚曰:‘尊位何为恶之?’由曰:‘吾志在青云,何仍劣劣为九州伍长乎?’于是樊坚方且饮牛,闻其言而去,耻饮于下流。”[①]这里提到的“河”,就是颍河。自此,“颍水”也就成了贤人达士修身养性的最好之地。唐李颀《杂曲歌辞·缓歌行》诗云:“男儿立身须自强,十五闭户颍水阳。业就功成见明主,击钟鼎食坐华堂。”[②]宋之问《送许州宋司马赴任》诗云:“颍郡水东流,荀陈兄弟游。……河润在明德,人康非外求。”[③]李邕《铜雀妓》诗云:“颍水有许由,西山有伯夷。”[④]韩愈《将归赠孟东野房蜀客》诗云:“宦途竟寥落,鬓发坐差池。颍水清且寂,箕山坦而夷。如今便当去,咄咄无自疑。”[⑤]宋田况《颍水》诗云:“先生赏此傲明时,绿袖清波万古奇。应有好名心未息,滩头洗耳欲人知。”晁说之《谋归寄阳翟李九吕十四兄》诗云:“门前颍水流,屋上嵩山色。”[⑥]韩维《致仕后次韵答张念七》诗云:“颍水箕山一老生,漠然心境两俱平。倘不物外皆如寄,腰底悬金璧挂缨。”[⑦]还有不少篇章写到了颍水的清丽景色,如唐崔曙《颍阳东溪怀古》诗云:“灵溪氛雾歇,皎镜清心颜。空色不映水,秋声多在山。世人久疏旷,万物皆自闲。白鹭寒更浴,孤云晴未还。昔时让王者,此地闭玄关。无以蹑高步,凄凉岑

---

① 蔡邕撰,吉联抗辑:《琴操》,人民音乐出版社 1990 年版,第 37 页。

② 《全唐诗》(增订本)卷一三三,第 1348 页。

③ 《全唐诗》(增订本)卷五二,第 639 页。

④ 《全唐诗》(增订本)卷一一五,第 1169 页。

⑤ 《全唐诗》(增订本)卷三四〇,第 3826 页。

⑥ 傅璇琮等主编:《全宋诗》(第 21 册)卷一二〇八,北京大学出版社 1995 年版,第 13707 页。

⑦ 傅璇琮等主编:《全宋诗》(第 8 册)卷四三〇,北京大学出版社 1995 年版,第 5287 页。

螯间。”[1]皇甫冉《上礼部杨侍郎》诗云:“十里嵩峰近,千秋颍水清。烟花迷戍谷,墟落接阳城。”[2]宋梅尧臣《颍水》诗云:“颍水苦流瀑,浅平秋与冬。岸深开地势,底碧写天容。道枉随湾去,村遥近日逢。迷鱼是潭曲,宁见窟蛟龙。”[3]韩维《送辛十七作尉盐城》诗云:“家临颍水花催发,柳绕长堤絮扑行。”[4]这些都是对颍水景色的如实描绘。

七、睢水

睢水,又名濉河,中国古代著名河流。《水经注·睢水》云:“睢水出梁郡鄢县,东过淮阳县南,又东过相县南,屈从城北东流,当萧县南,入于陂。”[5]

古代诗文中提及“睢水”,多与战事有关。《汉书》载:“项羽与汉王战于灵璧东,汉军大败,睢水为之不流。”唐顾况《杂曲歌辞·行路难三首》其一云:“睢水英雄多血刃,建章宫阙成灰烬。”[6]宋范成大《睢水》诗云:“一战填河拥汉屯,拔山意气已鲸吞。”[7]陆文圭《北入穆陵皆山石崩沙风尘起行人良苦因作》诗云:“寒日无光天地晦,一似项刘睢水战。”[8]文天祥《徐州道中》诗云:“一时混战四十万,天昏地黑睢水湄。”[9]从这些作品中可以看出睢水有着重要的军事意义。

还有一些诗文把睢水当作理想的隐居之地。如唐李颀《赠别高三十五》诗云:“寄迹栖霞山,蓬头睢水湄。”[10]高适《答侯少府》诗云:“常日好读书,晚年学垂纶。漆园多乔木,睢水清粼粼。”[11]宋魏了翁《朝字韵诗诸丈倡酬未已再次韵》

① 《全唐诗》(增订本)卷一五五,第1603页。
② 《全唐诗》(增订本)卷二四九,第2801页。
③ 傅璇琮等主编:《全宋诗》(第5册)卷二四一,北京大学出版社1995年版,第2789页。
④ 傅璇琮等主编:《全宋诗》(第8册)卷四二六,北京大学出版社1995年版,第5239页。
⑤ 郦道元著,陈桥驿校证:《水经注校证》卷二十四,中华书局2007年版,第566页。
⑥ 《全唐诗》(增订本)卷二五,第344页。
⑦ 傅璇琮等主编:《全宋诗》(第41册)卷二二五三,北京大学出版社1995年版,第25847页。
⑧ 傅璇琮等主编:《全宋诗》(第71册)卷三七一〇,北京大学出版社1995年版,第44565页。
⑨ 傅璇琮等主编:《全宋诗》(第68册)卷三五九八,北京大学出版社1995年版,第43039页。
⑩ 《全唐诗》(增订本)卷一三二,第1343页。
⑪ 《全唐诗》(增订本)卷二一一,第2197页。

诗云:“炎精未振刚受畜,睢水昼遁成皋跳。”[①]从这些诗句中可以看出睢水景色之清幽。

八、汝水

汝水,即汝河,《荀子》中有“汝颍以为险,江汉以为池”之句。《诗经·周南·汝坟》云:“遵彼汝坟,伐其条枚;未见君子,惄如调饥。”[②]这里的“汝”即指汝河,“汝坟”指汝河的堤岸。《水经注·汝水》云:“汝水出河南梁县勉乡西天息山,东南过其县北,又东南过颍川郏县南,又东南过定陵县北,又东南过郾县北,又东南过汝南上蔡县西,又东南过平舆县南,又东至原鹿县,南入于淮。”[③]

古代诗文中常秉承《诗经》的写法,以汝坟、汝水为忧思之地、失意之所。如唐孟郊《汝坟蒙从弟楚材见赠时郊将入秦楚材适楚》诗云:“朝为主人心,暮为行客吟。汝水忽凄咽,汝风流苦音。”[④]宋陈与义《汝州吴学士观我斋分韵得真字》诗云:“伟哉道山杰,滞此汝水滨。”[⑤]韩维《答曼叔见谢颍桥相过之什》诗云:“扁舟远放汝水岸,浊酒暮醉高阳阿。”[⑥]特别是梅尧臣的《和王仲仪咏瘿二十韵》记载了当时汝地居民饮用汝水之后长瘿的普遍现象:“汝水出山险,汝民多病瘿。或如鸡精满,或若猿嗛并。女惭高掩襟,男大阔裁领。”[⑦]依今天看来,“瘿”应该就是甲状腺肿大,因水中缺碘所致。秦观的《次韵太守向公登楼眺望二首》其一则描述了汝水的优美自然景色:“茫茫汝水抱城根,野色偷春入烧痕。千点湘妃枝上泪,一声杜宇水边魂。”[⑧]

---

① 傅璇琮等主编:《全宋诗》(第56册)卷二九二八,北京大学出版社1995年版,第24904页。

② 程俊英、蒋见元:《诗经注析》,中华书局1991年版,第25页。

③ 郦道元著,陈桥驿校证:《水经注校证》卷二十一,中华书局2007年版,第497页。

④ 《全唐诗》(增订本)卷三七八,第4256页。

⑤ 傅璇琮等主编:《全宋诗》(第31册)卷一七三三,北京大学出版社1995年版,第19477页。

⑥ 傅璇琮等主编:《全宋诗》(第8册)卷四二三,北京大学出版社1995年版,第5190页。

⑦ 傅璇琮等主编:《全宋诗》(第5册)卷二四三,北京大学出版社1995年版,第2808页。

⑧ 傅璇琮等主编:《全宋诗》(第18册)卷一〇六〇,北京大学出版社1995年版,第12105页。

九、洹水

洹水,又名安阳河,在河南北部。《水经注·洹水》云:“洹水出上党泫氏县,东过隆虑县北,又东北出山,过邺县南,又东过内黄县北,东入于白沟。”[①]战国时苏秦说赵肃侯,使韩、魏、齐、楚、燕、赵六国将相会于此,定盟合力抗秦。《左传·成公十七年》:“初,声伯梦涉洹,或与己琼瑰食之,泣而为琼瑰,盈其怀。从而歌之:‘济洹之水,赠我以琼瑰。归乎归乎,琼瑰盈吾怀乎。’惧不敢占也。还自郑,壬申,至于狸脤而占之,曰:‘余恐死,故不敢占也。今众繁而从余三年矣,无伤也。’言之,之暮而卒。”《战国策·赵策二》:“令天下之将相,相与会于洹水之上。”

正因为洹水边多战争,与洹水有关的诗文也多带有悲壮色彩。如唐王湾《哭补阙亡友綦毋学士》诗云:“泣为洹水化,叹作泰山颓。”[②]宋晁补之《和关彦远雪》诗云:“公车贫笑跣,洹水梦忧歼。”[③]司马光《故侍读学士张公哀辞二首》其二:“凶梦歌洹水,妖巢集戴鸶。”[④]

十、济水

济河,又称济水,古水名。《诗经·邶风·匏有苦叶》云:“匏有苦叶,济有深涉。深则厉,浅则揭。”这里的“济”,即济水,发源于今河南济源,流经河南、山东入渤海。《水经注·济水》云:“济水出河东垣县东王屋山,为沇水;又东至温县西北,为济水。又东过其县北,屈从县东南流,过陨城西,又南当巩县北,南入于

---

① 郦道元著,陈桥驿校证:《水经注校证》卷九,中华书局 2007 年版,第 234 页。

② 《全唐诗》(增订本)卷一一五,第 1173 页。

③ 傅璇琮等主编:《全宋诗》(第 19 册)卷一一二五,北京大学出版社 1995 年版,第 12783 页。

④ 傅璇琮等主编:《全宋诗》(第 9 册)卷五一一,北京大学出版社 1995 年版,第 6218 页。

河。”[①]杜甫《忆昔行》诗云：“忆昔北寻小有洞，洪河怒涛过轻舸。”[②]这里的“小洞”，即王屋洞，济水的发源处。《尚书·禹贡》载：“导水东流为济，入于河，溢为荥，东出于陶邱北，又东至于菏，又东北会于汶，又北东入于海。”魏文帝曹丕《钓竿行》云：“东越河济水，遥望大海涯。”[③]南朝梁吴均《酬别江主簿屯骑》诗云：“济水有清源，桂树多芳根。”[④]唐李颀《与诸公游济渎泛舟》诗云：“济水出王屋，其源来不穷。洑泉数眼沸，平地流清通。……晚景临泛美，亭皋轻霭红。晴山傍舟楫，白鹭惊丝桐。”[⑤]这些诗作描绘出了济水的优美风光。

古代济水的地位非常显赫。《尔雅》中提到的四渎江、河、淮、济，就是古代四条独流入海的河流，“济”指的就是济水。古时皇帝祭祀的名山大川，即指五岳和四渎。唐代以大淮为东渎，大江为南渎，大河为西渎，大济为北渎。唐白居易《郊陶潜体诗十六首》其十六云：“济水澄而洁，河水浑而黄。交流列四渎，清浊不相伤。”[⑥]宋曾巩《华不注山》诗云：“虎牙千仞立巉巉，峻拔遥临济水南。”[⑦]黄庭坚《寄晁元中十首》其八云：“念君如济水，抱清伏泉壤。”[⑧]

今济源市城北的济渎庙，就坐落于济水东源上，是为祭祀济渎神“清源王”而建筑的，占地120余亩，建设规模宏伟，它不仅是河南省现存规模最大的建筑群之一，而且是现今四渎中唯一保存较好的祭祀庙宇。正如唐李颀《与诸公游济渎泛舟》诗所说：“济水出王屋，其源来不穷”，“皇帝崇祀典，诏书示三公”[⑨]。这对研究古代历史、文化、建筑等都具有很高的价值。

---

① 郦道元著，陈桥驿校证：《水经注校证》卷七，中华书局2007年版，第187页。
② 《全唐诗》（增订本）卷二二三，第4735页。
③ 逯钦立：《先秦汉魏晋南北朝诗》，中华书局1983年版，第392页。
④ 逯钦立：《先秦汉魏晋南北朝诗》，中华书局1983年版，第1734页。
⑤ 《全唐诗》（增订本）卷一三二，第1341页。
⑥ 《全唐诗》（增订本）卷四二八，第4735页。
⑦ 傅璇琮等主编：《全宋诗》（第8册）卷四六〇，北京大学出版社1995年版，第5589页。
⑧ 傅璇琮等主编：《全宋诗》（第17册）卷九九四，北京大学出版社1995年版，第11418页。
⑨ 《全唐诗》（增订本）卷一三二，第1341页。

十一、溱洧

《广韵》云:“洧,水名。在郑。”郑即今河南新郑,古属郑国,境内另有一条河叫溱,源出今河南新密东北,东南流,会洧水为双洎河,东流贾鲁河。《水经注·洧水》云:“洧水出河南密县西南马头山,东南过其县南,又东过郑县南,潧水从西北来注之。又东南过长社县北,又东南过新汲县东北,又东南过茅城邑之东北,又东过习阳县城西,折入于颍。”①

春秋时郑国习俗,每年仲春,少男少女便结伴到溱洧游春。《诗经·郑风·褰裳》云:“子惠思我,褰裳涉溱。子不我思,岂无他人。狂童之狂也且。子惠思我,褰裳涉洧。子不我思,岂无他士。狂童之狂也且。”②《诗经·郑风·溱洧》云:“溱与洧,方涣涣兮。士与女,方秉蕳兮。女曰观乎?士曰既且,且往观乎?洧之外,洵訏且乐。维士与女,伊其相谑,赠之以勺药。溱与洧,浏其清矣。士与女,殷其盈兮。女曰观乎?士曰既且,且往观乎?洧之外,洵訏且乐。维士与女,伊其将谑,赠之以勺药。”③这些诗篇都描写了春暖花开时郑国男女在溱洧河边相会的情景,他们互赠芍药以表心迹。南朝陈后主《春巳禊辰尽当曲宴各赋十韵》诗云:“余春尚芳菲,中园飞桃李。是时乃季月,兹日叶上巳。既有游伊洛,可以祓溱洧。得足性为娱,堂高聊复拟。”④隋乐府《杂曲歌辞·于阗采花》云:“山川虽异所,草木尚同春。亦如溱洧地,自有采花人。”⑤但到了唐代,这些风俗已经消散殆尽了,白居易《经溱洧》诗云:“落日驻行骑,沉吟怀古情。郑风变已尽,溱洧至今清。不见士与女,亦无芍药名。”⑥

① 郦道元著,陈桥驿校证:《水经注校证》卷二十二,中华书局 2007 年版,第 517 页。
② 程俊英、蒋见元:《诗经注析》,中华书局 1991 年版,第 245 页。
③ 程俊英、蒋见元:《诗经注析》,中华书局 1991 年版,第 260 页。
④ 逯钦立:《先秦汉魏晋南北朝诗》,中华书局 1983 年版,第 2515 页。
⑤ 逯钦立:《先秦汉魏晋南北朝诗》,中华书局 1983 年版,第 2751 页。
⑥ 《全唐诗》(增订本)卷四四,第 4998 页。

十二、瀍涧

瀍涧，即瀍水和涧水的并称。东周以来的古都洛阳（今河南洛阳），瀍水直穿城中，涧水环其西，故多以二水连称谓其地。《水经注·瀍水》云："瀍水出河南谷城县北山，东与千金渠合，又东过洛阳县南，又东过偃师县，又东入于洛。"[①]《水经注·涧水》云："涧水出新安县南白石山，东南入于洛。"[②]南朝宋史学家裴松之在注《三国志》中说："《汉晋春秋》曰：'丁卯，葬高贵乡公于洛阳西北三十里瀍涧之滨。'"清顾祖禹《读史方舆纪要》载："高贵卿公陵：在县西北三十里屈涧之滨。""屈涧"即涧河弯曲处，即今洛阳王城公园以北对应的邙山上。北魏孝文帝元宏亦葬于孟津瀍涧之滨。

古代诗文中提到"瀍涧"时多与"占卜"有关。宋晁公溯《杨周辅来考试刑法同在别闱刚直士也喜为赋此》诗云："古来丰镐都，气压瀍涧卜。"[③]宋杨时《酬林志宁》诗云："君不见昔时卜年公，坼龟食墨瀍涧东。"[④]

十三、淮阳龙湖

淮水即淮河、淮渎。《水经注·淮水》记载了淮水在河南境内的流向："淮水出南阳平氏县胎簪山，东北过桐柏山，又东过江夏平春县北，又东过新息县南，又东过期思县北，又东过原鹿县南，汝水从西北来注之。"注曰："淮水又东径义阳县，县南对固成山。山有水，注流数丈，洪涛灌山，遂成巨井，谓之石泉水，北流注于淮。淮水又径义阳县故城南，义阳郡治也，世谓之白茅城，其城圆而不方。"[⑤]淮阳县（今周口淮阳区）即因位于淮水之阳而得名。淮阳古称陈州，城中

① 郦道元著，陈桥驿校证：《水经注校证》卷十五，中华书局2007年版，第379页。
② 郦道元著，陈桥驿校证：《水经注校证》卷十五，中华书局2007年版，第379页。
③ 傅璇琮等主编：《全宋诗》（第35册）卷一九九五，北京大学出版社1995年版，第22384页。
④ 傅璇琮等主编：《全宋诗》（第19册）卷一一四四，北京大学出版社1995年版，第12925页。
⑤ 郦道元著，陈桥驿校证：《水经注校证》卷三十，中华书局2007年版，第702页。

有万亩龙湖，风景怡人。

《诗经·陈风·泽陂》诗云："彼泽之陂，有蒲与荷。有美一人，伤如之何！寤寐无为，涕泗滂沱。彼泽之陂，有蒲与蕑。有美一人，硕大且卷。寤寐无为，中心悁悁。彼泽之陂，有蒲菡萏。有美一人，硕大且俨。寤寐无为，辗转伏枕。"①从中可以想见当时龙湖的美丽风光。北宋时淮阳龙湖因其岸边绿柳环绕，又被称为"柳湖"。宋神宗熙宁四年（1071）春，苏轼因三次上书批评王安石变法，被贬为杭州通判，在赴任途中先到陈州看望被贬为陈州教授的弟弟苏辙。苏氏兄弟柳湖读书、划船赏景、赋诗唱和，留下了数十首关于淮阳龙湖的诗篇，如《和子由初到陈州见寄二首次韵》《柳湖感物》《次韵子由柳湖感物》《柳湖久无水怅然成咏》《和子由柳湖久涸忽有水开元寺山茶旧无花今岁盛开二首》《戏弟子由》等，这些诗作都为我们再现了当时的龙湖风光。

十四、贾鲁河

贾鲁河，原名惠民河，因元朝贾鲁的开浚，故名贾鲁河。它是淮河水系主要支流之一，发源于河南新密，向东北流经郑州，在市区北流向东，经中牟县入开封，过尉氏，至周口入沙颍河，流入淮河。金水河、索须河、熊儿河、七里河、东风渠都是贾鲁河的支流。

贾鲁河的前身是楚河汉界的分界线"鸿沟"，魏晋以后称蔡河，为南北水运要道，唐宋时河道淤塞，水量不足。如北宋梅尧臣《蔡河阻浅》诗云："陆乏百钧驰，水假孤艇进。颍苦湾滩长，曲折剧篆印。蔡方阻浅涸，寸步出悭吝。胶舟看在前，暗碛疑难慎。谁能使奡荡，空自思禹浚。丈夫少壮时，必在驰驵骏。"②后北宋朝廷主持重浚蔡河，导入汴水，从而使蔡河漕运通畅，以至"舟楫相继，商贾毕至"，如宋祁《惠民堤河晚瞩》诗云："远水同萦带，联堤类筑垣。行舟压天底，卧木拥沙痕。鲂鲔逃空罶，凫鹥泊迥村。层波真可羡，由此到都门。"③张耒《八

① 程俊英、蒋见元：《诗经注析》，中华书局 1991 年版，第 154 页。

② 傅璇琮等主编：《全宋诗》（第 5 册）卷二四七，北京大学出版社 1995 年版，第 2904 页。

③ 傅璇琮等主编：《全宋诗》（第 4 册）卷二二一，北京大学出版社 1995 年版，第 2545 页。

月三日舟行自蔡河赴临淮》诗云:"旷野天垂地,川晴水见沙。河回迷向背,岸断忽桑麻。水阔时浮鹭,陂寒乍集鸦。"①由于连通了黄河,蔡河水开始不时地泛滥,如王安石《白日不照物》诗云:"白日不照物,浮云在寥廓。风涛吹黄昏,屋瓦更纷泊。行观蔡河上,负土私力弱。隋堤散万家,乱若春蚕箔。仍闻决数道,且用宽城郭。妇子夜号呼,西南漫为壑。"②张耒也作有《蔡河涨二首》③及《赴官咸平蔡河阻水泊舟宛兵皇华亭下三首》,可见当时河水之大。这种情形一直持续到元代仍未改观。直到元惠宗至正十一年(1362)四月才出现了转机。这一年工部尚书贾鲁率领河南民众,努力奋战,平息了水患,至今百姓仍深受其利。

十五、白河

白河,古称淯水,发源于河南嵩县攻离山,流域大部分在河南南阳境内。

《水经注·淯水》云:"淯水出弘农卢氏县攻离山,东南过南阳西鄂县西北,又东过宛县南。淯水导源,东流径郦县故城北。淯水又东南流历雉县之衡山,东径百章郭北,又东,鲁阳关水注之。水出鲁阳县南分水岭,南水自岭南流,北水从岭北注,故世俗谓此岭为分头也。其水南流径鲁阳关,左右连山插汉,秀木干云,是以张景阳诗云:朝登鲁阳关,峡路峭且深。亦司马芝与母遇贼处也。淯水又东南流,径博望县故城东。又屈南过淯阳县东。又南过新野县西,淯水又南入新野县,枝津分派,东南出,隰衍苞注,左积为陂,东西九里,南北一十五里。陂水所溉,咸为良沃。淯水又南与湍水会,又南径新野县故城西。又西南过邓县东。南入于沔。"④从这段记述可以看出,自古以来白河就有着深厚的人文底蕴。

---

① 傅璇琮等主编:《全宋诗》(第20册)卷一一六七,北京大学出版社1995年版,第13176页。
② 傅璇琮等主编:《全宋诗》(第10册)卷五四五,北京大学出版社1995年版,第6530页。
③ 傅璇琮等主编:《全宋诗》(第20册)卷一一六七,北京大学出版社1995年版,第13167页。
④ 郦道元著,陈桥驿校证:《水经注校证》卷二十一,中华书局2007年版,第722页。

十六、鸿隙陂

鸿隙陂(又作鸿郤陂、鸿池陂)位于今淮河干流与南汝河之间的河南正阳和息县一带,是我国古代大型蓄水灌溉工程。

《汉书·翟方进传》载:"初,汝南旧有鸿隙大陂,郡以为饶。成帝时,关东数水,陂溢为害。翟方进为相,与御史大夫孔光共遣掾行视。以为决去陂水,其地肥美,省堤防费而无水忧,遂奏罢之。及翟氏灭,乡里归恶,言方进请陂下良田不得而奏罢陂云。王莽时,常枯旱,郡中追怨方进。童谣曰:'坏陂谁?翟子威。饭我豆食羹芋魁。反乎覆,陂当复。谁云者?两黄鹄。'"也就是说,西汉永始至元延年间(前16—前9),丞相翟方进因这一带洪涝成灾,废毁了这一蓄水设施。西汉末年大旱,百姓要求恢复鸿隙陂。东汉建武十八年(42),许扬为汝南都水掾主持恢复了鸿隙陂,几年间修成堤塘四百多里,农田灌溉得以恢复和发展。北魏时鸿隙陂还存在,隋唐以后不见记载。

诗歌中提到"鸿隙陂"的也不多,宋秦观《次韵太守向公登楼眺望二首》其一云:"遥怜鸿隙陂穿路,尚想元和贼负恩。"①张嵲《翟方进》诗云:"谁云盖棺事则已,下流众怨何能止。芋魁饭豆亦云足,至今鸿隙歌鸿鹄。"②

十七、枋口渠

枋口渠,位于济源五龙口镇,也被称为"枋口堰"、枋口或秦渠。据《济源县志》及新旧《唐书》记载,枋口渠初建于秦始皇二十六年(前221),秦人以方木垒堰,引河水入渠道来灌溉田地,"枋木为门,以备泄洪"。另据《沁河志》的记载,枋口渠是中国水利史上第一个采用"暗渠"达到"隔山取水"的水利工程,也是人类历史上首次利用"水流弯道"原理取水的水利工程的实践。

---

① 傅璇琮等主编:《全宋诗》(第18册)卷一〇六〇,北京大学出版社1995年版,第12105页。

② 傅璇琮等主编:《全宋诗》(第32册)卷一八三七,北京大学出版社1995年版,第20453页。

"枋口"之名,唐以前诗作中不见记载,唐代诗人孟郊的诗中多次提到枋口,如《济源春》诗云:"太行横偃脊,百里芳崔巍。济滨花异颜,枋口云如裁。"①《济源寒食》诗云:"枋口花间掣手归,嵩阳为我留红晖。"②《游枋口》诗云:"一步复一步,出行千里幽。为取山水意,故作寂寞游。太行青巅高,枋口碧照浮。明明无底镜,泛泛忘机鸥。"③《与王二十一员外涯游枋口柳溪》诗云:"万株古柳根,拏此磷磷溪。野榜多屈曲,仙浔无端倪。"④白居易亦有《游枋口悬泉偶题石上(时为河南尹)》诗云:"济源山水好,老尹知之久。常日听人言,今秋入吾手。孔山刀剑立,沁水龙蛇走。危磴上悬泉,澄湾转枋口。虚明见深底,净绿无纤垢。仙棹浪悠扬,尘缨风斗薮。岩寒松柏短,石古莓苔厚。锦坐缨高低,翠屏张左右。"⑤宋代诗人姜正的《游枋口》诗云:"山如削玉水涵秋,人在冰壶月底游。劫火半空尘世换,不知此处几登舟。"⑥从中可见枋口渠水质之纯净。

十八、圃田泽

圃田泽(又作甫田),在今河南郑州、中牟之间。《周礼·职方氏》:"河南曰豫州。其泽薮曰圃田。"春秋时名原圃,战国时又名囿中。《汉书·地理志》载:"河南曰豫州:其山曰华,薮曰圃田,川曰荥、洛,浸曰波、溠;其利林、漆、丝枲;民二男三女;畜宜六扰,其谷宜五种。"北魏时,"泽在中牟县西,西限长城,东极官渡,北佩渠水,东西四十许里,南北二十许里。中有沙冈,上下二十四浦,津流径通,渊潭相接,各有名焉……水盛则北注,渠溢则南播。"⑦

圃田泽北通黄河,东连济水、蒗荡渠,"水盛则北注,渠溢则南播",泽被百里,物产丰饶。唐代不少诗人描写过圃田泽,如钱起《送马使君赴郑州》诗云:

---

① 《全唐诗》(增订本)卷三七六,第4231页。
② 《全唐诗》(增订本)卷三七六,第4231页。
③ 《全唐诗》(增订本)卷三七六,第4231页。
④ 《全唐诗》(增订本)卷三七六,第4232页。
⑤ 《全唐诗》(增订本)卷四四五,第5016页。
⑥ 傅璇琮等主编:《全宋诗》(第72册)卷三七七六,北京大学出版社1995年版,第45569页。
⑦ 郦道元撰,杨守敬纂疏,熊会贞疏:《水经注疏》,江苏古籍出版社1989年版,第871页。

“膏雨带荥水，归人耕圃田。遥知下车日，万井起新烟。”[1]元稹《酬窦校书二十韵》诗云：“及我辞云陛，逢君仕圃田。音徽千里断，魂梦两情偏。”[2]赵嘏《送友人郑州归觐》诗云：“为有趋庭恋，应忘道路赊。风消荥泽冻，雨静圃田沙。”[3]罗隐《淮南送节度卢端公将命之汴州端公常为汴州相公从事》诗云：“吹台高倚圃田东，此去轺车事不同。珠履旧参萧相国，彩衣今佐晋司空。”[4]谭用之《秋日圃田送人随计》诗云：“仆射陂前是传邮，去程雕鹗弄高秋。吟抛芍药裁诗圃，醉下茱萸饮酒楼。”[5]

北宋时期，圃田泽对调节汴河流量起着极大作用。金代以后，汴河河道淤废，圃田泽也逐渐被黄河泥沙填灌。王禹偁《东门送郎吏行寄承旨宋侍郎》诗云：“圃田有别业，古木罗修篁。覃亭寒萧萧，池波碧泱泱。”[6]可见北宋初年圃田泽景色怡人，到了北宋中叶依然存在。文同《采茨》诗云：“吹台北下凝祥池，圃田东边仆射陂。如今两处尽堙没，异日此地名应驰。”[7]可见经历了战火之后的圃田泽一片破败之象。晁说之《郑州古有夕阳楼自唐末兵火后遂废况今圃田残破客中望扬州作绝句》云：“日月争流泪亦流，几年不见夕阳楼。太平时节古来少，却上迷楼一望休。”[8]到了明代万历年间（1573—1620），圃田泽变成了沼泽洼地，清代以后被开垦成农田。

除了以上所举，被写入文学作品的河南境内的河流湖泊还有很多，它们的独特文化意义又使得文人们赋予它们不同的思想内涵，从而承载着丰厚的情感寄托，而这些情感寄托，正是深深根植于我们灵魂深处的乡情乡韵。

---

① 《全唐诗》（增订本）卷二三七，第 2631 页。
② 《全唐诗》（增订本）卷四〇六，第 4536 页。
③ 《全唐诗》（增订本）卷五四九，第 6397 页。
④ 《全唐诗》（增订本）卷六六五，第 7672 页。
⑤ 《全唐诗》（增订本）卷七六四，第 8759 页。
⑥ 傅璇琮等主编：《全宋诗》（第 2 册）卷六一，北京大学出版社 1995 年版，第 674 页。
⑦ 傅璇琮等主编：《全宋诗》（第 8 册）卷四四四，北京大学出版社 1995 年版，第 5404 页。
⑧ 傅璇琮等主编：《全宋诗》（第 21 册）卷一二一二，北京大学出版社 1995 年版，第 13821 页。

第二节　咏园林水景的诗词歌赋

作为承载中国传统文化的一种艺术形式，园林一直是很受中国人喜爱的游憩场所。中国古代园林建筑，多依地形水势，讲究风水人情，可谓无水不成园，从而使得园林文化带有浓重的儒、道、释色彩。从现有文献记载来看，历史上河南境内园林众多，名园荟萃，虽然是游乐场所，却极富文化气息，受传统礼乐文化影响很深。

一、淇园

淇园，我国第一座王家园林，被誉为华夏第一园，位于河南淇县古淇奥——淇河湾内。南朝齐祖冲之《述异记》云："卫有淇园，出竹，在淇水之上。"

淇园，又称"淇奥"，相传是西周晚期卫武公（前 812—前 757）所建。《诗经·卫风·淇奥》云："瞻彼淇奥，绿竹猗猗。有匪君子，如切如磋，如琢如磨。瑟兮僩兮，赫兮咺兮。有匪君子，终不可谖兮。瞻彼淇奥，绿竹青青。有匪君子，充耳琇莹，会弁如星。瑟兮僩兮，赫兮咺兮。有匪君子，终不可谖兮。瞻彼淇奥，绿竹如箦。有匪君子，如金如锡，如圭如璧。宽兮绰兮，猗重较兮。善戏谑兮，不为虐兮。"[①]"淇奥"的意思是淇水弯曲处。这是《卫风》的首篇，每章均以"绿竹"起兴，借绿竹的挺拔、青翠、茂密来赞颂君子的高风亮节，开创了以竹喻人的先河。淇园为何人所建姑且不论，但它为后世园林创下了"引碧水以幽境""植修竹以示高雅"的范式是毋庸置疑的。因此，历代文人墨客对淇园的描绘也是如诗如画的，如宋仇远《题仲宾竹石》诗云："淇园绿猗猗，昌谷黑离

① 程俊英、蒋见元：《诗经注析》，中华书局 1991 年版，第 154 页。

离。”[①]黄庭坚《次前韵谢与迪惠所作竹五幅》诗云:“猗猗淇园姿,此君有威仪。”[②]因此,“淇园”成了隐逸休憩的胜地,如宋晁冲之《复至新乡廨寄张稺》诗云:“明济十里黄,猗猗见淇园。”[③]

淇园还为人们治理黄河做出过牺牲与贡献。《汉书 · 武帝纪》曰:“元封二年四月,作瓠子歌。”《汉书 · 沟洫志》曰:“上既封禅,乃使汲仁、郭昌发卒数万人,塞瓠子决河。于是上以用事万里沙,则还自临决河。湛白马玉璧,令群臣从官自将军以下皆负薪实决河。是时东郡烧草,以故薪柴少,而下淇园之竹以为楗。上既临河决,悼功之不成,乃作歌曰。”汉武帝刘彻所作的《瓠子歌》[④]共两首,第一首写黄河于瓠子河决口以后的情形与可怕后果:“瓠子决兮将奈何,浩浩洋洋兮虑殚为河。殚为河兮地不得宁,功无已时兮吾山平。吾山平兮钜野溢,鱼弗忧兮柏冬日。”汉元光三年(前 132)春,黄河于顿丘决口。入夏,又冲决了濮阳瓠子河堤,洪水注入钜鹿泽,流入淮河、泗水,梁、楚十六郡国均被水淹。汉武帝调拨十万人筑堤治水,不料,水患猖獗,塞而复坏,以至前功尽弃。“正道驰兮离常流,蛟龙骋兮放远游。归旧川兮神哉沛,不封禅兮安知外。”洪水不走正道而离开以往的河床,像蛟龙一样肆虐为害。汉武帝怨天,认为是上天的意志,人力无可奈何。“为我谓河伯兮何不仁,泛滥不止兮愁吾人。齿桑浮兮淮泗满,久不返兮水维缓。”把水患原因归咎于水神河伯,说他没有半点仁慈,洪水已经如此危害,却还不退去。《瓠子歌》第二首写民众堵塞决口的场面。元封二年(前 109),汉武帝到泰山封禅,调拨四万人筑堤堵水。“河汤汤兮激潺湲,北渡回兮汛流难。”写水流很急,堵塞不易。“搴长筊兮湛美玉,河伯许兮薪不属。薪不属兮卫人罪,烧萧条兮噫乎何以御水。”河伯不再作恶,可却缺少柴草来堵塞河流,这都是卫人的罪过,因为他们把柴草烧没了。于是汉武帝下令砍伐淇园的竹子,做成“楗”和“石菑”,沉入河底,填土筑坝,“颓林竹兮楗石菑”。这次终于成功了,“宣防塞兮万福来”。由此可见淇园之大,竹子数量之多。

到了宋代,随着人们对黄河的治理工作逐步完善,已经不需要再砍伐淇园

---

① 傅璇琮等主编:《全宋诗》(第 70 册)卷三六七八,北京大学出版社 1995 年版,第 44163 页。

② 傅璇琮等主编:《全宋诗》(第 17 册)卷九九五,北京大学出版社 1995 年版,第 11417 页。

③ 傅璇琮等主编:《全宋诗》(第 21 册)卷一二二〇,北京大学出版社 1995 年版,第 13874 页。

④ 逯钦立:《先秦汉魏晋南北朝诗》,中华书局 1983 年版,第 93 页。

之竹来应急了。宋代石介《河决》云："斫尽淇园竹，安救瓠子役。"[①]苏轼《河复》亦云："君不见西汉元光、元封间，河决瓠子二十年。……吾君盛德如唐尧，百神受职河神骄。帝遣风师下约束，北流夜起澶州桥。东风吹冻收微渌，神功不用淇园竹。楚人种麦满河淤，仰看浮槎栖古木。"[②]从中亦可知黄河也可以变害为利，河水冲刷过的淤地变成了肥沃的良田。

到了清代，淇园更具规模，景色也更加优美。《淇园八景》是清代淇县知县赵之屏创作的组诗作品，共八首，每首吟咏淇园一景，均以景点名为题。诗前小序云："盖闻登高能赋，人号通方遇物留题，诗称风雅。然而山川钟秀，自寓芳规，花木争妍，复多盛事，故作新之化。善被青岩有斐之风，美传绿竹，偶然独往，仗倚秋林，率尔成吟。调惭春雪，随兴会之所至，挥毫一任短长，如天籁之自鸣，得句安知工拙，不惜断须聊以引玉云尔。"兹录赵之屏诗如下：《淇园竹翠》："何地无修竹，唯斯君子名。绿猗传盛德，仰止有余情。"《斐亭莲芳》："斐亭云涌藕花洲，依槛搴芳俯碧流。逸兴飘然成独立，虚怀若谷裕清修。"《群峰敛碧》："千嶂浮晴霭，飘飘蔽远空。登高时寓目，身入碧云中。"《列柿流丹》："离离琼实，林列涧湄。气严青女，点绛聿新。载言载笑，红肥遇春。寸心若此，奚愧臣邻。"《半岩风雨》："玉洞灵源涌，时闻风雨声。帘垂尘不到，魄濯玉壶冰。为霖崇朝遍，润泽被苍生。"《曲径烟霞》："蹑磴如螺迩复遐，盘桓绝巘正飞花。赤城标建堪凝望，处处新林蔚晚霞。"《一壶映月》："月印方塘水，如珠走玉壶。潺湲盈科进，一带浴蟾蜍。"《双剑横秋》："不是延津渡，何来剑气横？层冈积鲜翠，高时两龙精。"

清郭玥《淇园》诗亦云："秀莹美映祠前竹，会开辉流涧下松。西望幽关仙气接，眺瞻魏阙瑞云重。每怀金锡听歌咏，春雷余音绕碧峰。为访淇园试古筇，平桥才渡即闻钟。"[③]由此可知当时淇园景色之清奇幽美。

---

① 傅璇琮等主编：《全宋诗》（第5册）卷二六九，北京大学出版社1995年版，第3405页。

② 苏轼著，王文诰辑注，孔凡礼点校：《苏轼诗集》卷十五，中华书局1982年版，第765页。

③ 清乾隆九年《淇县志》卷九。

二、梁园

梁园，又名梁苑、兔园、睢园、修竹园，俗名竹园，是一处始建于汉代的古典园林。西汉初期，梁国都城是睢阳（今河南商丘睢阳区），梁孝王刘武在城内营造了一座规模宏大、富丽堂皇的皇家园林。它西起睢阳城东北（今商丘古城东南），东至今商丘古城东北7.5千米的平台集（今商丘经济开发区平台街道）。据《史记》记载："筑东苑，方三百里，广睢阳城七十里，大治宫室，为复道，自宫连属平台三十里。"《水经注疏》也说："筑城三十里。"

晋葛洪《西京杂记》卷三云："梁孝王好营宫室苑囿之乐，作曜华之宫，筑兔园。"园内建造有许多亭台楼阁、亭榭水台，有百灵山、落猿岩、栖龙岫、雁池、鹤洲、凫渚等山水景观，松柏、翠竹、花树林立，还有各种珍禽异兽，真可谓佳山秀水，尽在其中。因此，众多文人官员以能前来梁园一游为荣。汉枚乘《梁王菟园赋》云："于是晚春早夏，邯郸襄国易阳之容丽人，及燕饰子，相与杂遝而往款焉，车马接轸相属，方轮错毂。"①枚乘、邹阳、严忌、司马相如、公孙诡、羊胜等人均曾是梁王的座上客，也因此形成了一个文学流派——梁园文学。鲁迅《汉文学史纲要》说："天下文学之盛，当时盖未有如梁者也。"

后世文人亦对梁园无限神往，如谢惠连、李白、杜甫、高适、王昌龄、岑参、李商隐、王勃、李贺、秦观等，都对梁园文人云集的盛况艳羡不已。但唐时李白看到的梁园已经风光不再，他面对颓圮荒园，写下了著名的《梁园吟》："我浮黄河去京阙，挂席欲进波连山。天长水阔厌远涉，访古始及平台间。平台为客忧思多，对酒遂作梁园歌。……荒城虚照碧山月，古木尽入苍梧云。梁王宫阙今安在？枚马先归不相待。舞影歌声散绿池，空余汴水东流海。沉吟此事泪满衣，黄金买醉未能归。"②当时豪奢的梁园早已不复存在，风流倜傥的枚乘、司马相如也已消失在历史长河之中，舞影歌声消散在池中绿水里，只有汴水依旧滔滔东

---

① 龚克昌等：《全汉赋评注》，花山文艺出版社2003年版，第52页。

② 《全唐诗》（增订本）卷一六六，第1720页。

流。岑参《山房春事二首》诗云："梁园日暮乱飞鸦，极目萧条三两家。"[①]王昌龄《梁苑》诗亦云："梁园秋竹古时烟，城外风悲欲暮天。万乘旌旗何处在，平台宾客有谁怜。"[②]

无论如何，"三百里梁园"都曾经为文人们提供了理想的游赏园林，它的亭台楼阁、绿水花鸟会永远散发无穷魅力。正如南北朝时梁元帝萧绎《屋名诗》所写的那样："梁园气色和，斗酒共相过。玉柱调新曲，画扇掩余歌。深潭影菱菜，绝壁挂轻萝。木莲恨花晚，蔷薇嫌刺多。含情戏芳节，徐步待金波。"[③]

三、金谷园

金谷园，又名梓泽，是西晋石崇（249—300）的别墅，遗址在今洛阳老城东北七里处的金谷涧内。《晋书·石苞传》记载："崇有别馆在河阳之金谷，一名梓泽，送者倾都，帐饮于此焉。"石崇豪奢，与王恺争富，修筑了金谷别墅，即"金谷园"。金谷园内清溪萦回，水声潺潺。周围几十里内，楼榭亭阁，高下错落，金谷水萦绕穿流其间，鸟鸣幽村，鱼跃荷塘。北魏郦道元《水经注·谷水》："谷水又东，左会金谷水。水出太白原，东南流，历金谷，谓之金谷水。东南流，径晋卫尉卿石崇之故居也。石季伦《金谷诗集·叙》曰：'余以元康七年，从太仆卿出为征虏将军，有别卢在河南界金谷涧中，有清泉茂树，众果、竹、柏，药草备具。'"[④]金谷园的景色一直被人们传诵，"金谷春晴"为洛阳八大景之一。西晋曹摅的《赠石崇诗》描绘了金谷园的美景："涓涓谷中泉，郁郁严下林。泄泄群翟飞，咬咬春鸟吟。"[⑤]

石崇和当时名士左思、潘岳等二十四人曾结成诗社，号称"金谷二十四友"。石崇宠妾绿珠善吹笛，又善舞，后为石崇坠楼而亡，更为金谷园增添了一抹凄美的色彩。唐代韦应物《金谷园歌》诗云："石氏灭，金谷园中水流绝。当时豪右争

① 《全唐诗》（增订本）卷二〇一，第2108页。
② 《全唐诗》（增订本）卷一四三，第1448页。
③ 逯钦立：《先秦汉魏晋南北朝诗》，中华书局1983年版，第2042页。
④ 郦道元著，陈桥驿校证：《水经注校证》卷十六，中华书局2007年版，第393页。
⑤ 逯钦立：《先秦汉魏晋南北朝诗》，中华书局1983年版，第756页。

骄侈,锦为步障四十里。东风吹花雪满川,紫气凝阁朝景妍。洛阳陌上人回首,丝竹飘摇入青天。晋武平吴恣欢燕,余风靡靡朝廷变。嗣世衰微谁肯忧,二十四友日日空追游。追游讵可足,共惜年华促。祸端一发埋恨长,百草无情春自绿。”[①]陈通方《金谷园怀古》亦云:“缓步洛城下,轸怀金谷园。昔人随水逝,旧树逐春繁。冉冉摇风弱,菲菲裛露翻。歌台岂易见,舞袖乍如存。戏蝶香中起,流莺暗处喧。徒闻施锦帐,此地拥行轩。”[②]

历代文人墨客吟颂金谷园,有不少以《金谷园》为题的诗歌,多是对绿珠的不幸遭遇表示同情,对石崇的穷奢极欲进行批判的诗篇也有很多。诗人们游览金谷园,凭吊绿珠,感叹世事无常。如唐白居易《和友人洛中春感》诗云:“莫悲金谷园中月,莫叹天津桥上春。若学多情寻往事,人间何处不伤神。”[③]杜牧《金谷园》诗云:“繁华事散逐香尘,流水无情草自春。日暮东风怨啼鸟,落花犹似坠楼人。”[④]宋杨万里《送安成罗茂忠》诗云:“向来家住金谷园,珊瑚四尺蜡作薪。”[⑤]

四、天津桥

天津桥始建于隋,废于元代。初为浮桥,后为石桥。隋唐时,天津桥横跨于洛河之上,连接洛河两岸。

唐时洛阳为东都,天津桥亦是风景名胜,通过翻检《全唐诗》就可发现,人们对其赞颂有加。如刘希夷《公子行》诗云:“天津桥下阳春水,天津桥上繁华子。马声回合青云外,人影动摇绿波里。绿波荡漾玉为砂,青云离披锦作霞。”[⑥]白居易《天津桥》诗云:“津桥东北斗亭西,到此令人诗思迷。”[⑦]李益《上洛桥》诗云:“金谷园中柳,春来似舞腰。何堪好风景,独上洛阳桥。”[⑧]苏颋《杂曲歌辞·长

---

① 《全唐诗》(增订本)卷一九四,第 2005 页。
② 《全唐诗》(增订本)卷三六八,第 4156 页。
③ 《全唐诗》(增订本)卷四三六,第 4840 页。
④ 《全唐诗》(增订本)卷五二五,第 6063 页。
⑤ 傅璇琮等主编:《全宋诗》(第 42 册)卷二三一五,北京大学出版社 1995 年版,第 26626 页。
⑥ 《全唐诗》(增订本)卷八二,第 883 页。
⑦ 《全唐诗》(增订本)卷四五一,第 5123 页。
⑧ 《全唐诗》(增订本)卷二八三,第 3218 页。

相思》就记载了于桥上看到的景色:“君不见天津桥下东流水,东望龙门北朝市。杨柳青青宛地垂,桃红李白花参差。花参差,柳堪结,此时忆君心断绝。”①皇甫冉《送包佶赋得天津桥》诗云:“晴烟霁景满天津,凤阁龙楼映水滨。”②姚合《过天津桥晴望》诗云:“闲立津桥上,寒光动远林。”③顾非熊《天津桥晚望》诗云:“晴登洛桥望,寒色古槐稀。”④雍陶《天津桥望春》诗云:“津桥春水浸红霞,烟柳风丝拂岸斜。”⑤诗人们对天津桥从早到晚、一年四季的景色全都赞不绝口。

传说黄巢起义失败后曾来过天津桥,并作《自题像》诗云:“记得当年草上飞,铁衣著尽著僧衣。天津桥上无人识,独倚栏干看落晖。”⑥

天津桥的全盛时期是唐代,到宋代,虽然桥仍在,却成为抚今追昔的载体。如邵雍《天津感事二十六首》云:“隋唐而下贵公卿,近世风波走利名。借问天津桥下水,当时湍急作何声。”“前朝无限贵公卿,后世徒能记姓名。唯此天津桥下水,古今都作一般声。”⑦蔡襄《过天津桥》诗云:“日暖溪平冰渐销,水声才下内前桥。山川满眼闲宫殿,草树迷人旧市朝。每向寻春偏有意,却成怀古更无聊。洛阳平昔多豪俊,惆怅埋魂不可招。”⑧梁栋《四禽言四首》其一云:“天津桥上一两声,叫破中原无住处。不如归去。”⑨

五、华林园

华林园,原名芳林园,建于东汉,三国魏避齐王芳讳,改名华林园。故址在今河南洛阳城中。《三国志·魏志·文帝纪》载:“(黄初四年)九月甲辰,行幸许昌宫。”裴松之注引晋王沈《魏书》:“是冬,甘露降芳林园。”华林园中有瑶华

---

① 《全唐诗》(增订本)卷二五,第340页。
② 《全唐诗》(增订本)卷二四九,第2801页。
③ 《全唐诗》(增订本)卷五〇〇,第5727页。
④ 《全唐诗》(增订本)卷五〇九,第5825页。
⑤ 《全唐诗》(增订本)卷五一八,第5969页。
⑥ 《全唐诗》(增订本)卷七三三,第8467页。
⑦ 傅璇琮等主编:《全宋诗》(第7册)卷三六四,北京大学出版社1995年版,第4487页。
⑧ 傅璇琮等主编:《全宋诗》(第7册)卷三八八,北京大学出版社1995年版,第4785页。
⑨ 傅璇琮等主编:《全宋诗》(第69册)卷三六四〇,北京大学出版社1995年版,第43630页。

宫、景阳山、天渊池等。天渊池，也称天泉，在今河南洛阳东。《三国志·魏志·文帝纪》云："黄初五年，穿天渊池。"魏明帝太和元年(227)，王朗上疏称："华林天渊足以展游宴。"东魏天平二年(535)毁。晋潘尼有《上巳日帝会天渊池诗》："青春暮月，六气和理。律应姑洗，日惟元巳。谷风散凝，微阳戒始。春服既成，明灵降祉。"①宋代周文璞《出白下》诗云："南朝禁衞夕阳明，犹与游人作队行。烟满天渊池上路，菜花黄尽绿阴成。"②

六、魏文帝百尺楼

北魏杨衒之《洛阳伽蓝记》"瑶光寺"条有"城东北角有魏文帝百尺楼……又作重楼飞阁，遍城上下，从地望之，有如云也"③的记载。南朝梁江淹《魏文帝游宴》诗云："置酒坐飞阁，逍遥临华池。神飙自远至，左右芙蓉披。绿竹夹清水，秋兰被幽崖。月出照园中，冠佩相追随。客从南楚来，为我吹参差。渊鱼犹伏浦，听者未云疲。高文一何绮，小儒安足为！肃肃广殿阴，雀声愁北林。众宾还城邑，何以慰我心。"④从诗中足见华池高阁的游宴在魏晋南北朝时期是很盛行的。

七、北宋汴水诸桥

孟元老《东京梦华录》载："自东门外七里至西水门外，河上有桥十三，从东水门外七里曰虹桥，其桥无柱，皆以巨木虚架，饰以丹雘，宛如飞虹，其上下土桥亦如之；次曰顺成仓桥，入水门里曰便桥，次曰下土桥，次曰上土桥，投西角子门曰相国寺桥。次曰州桥(正名天汉桥)，正对于大内御街，其桥与相国寺桥皆低平不通舟船，唯西河平船可过，其柱皆青石为之，石梁石笋楯栏，近桥两岸，皆石

① 逯钦立：《先秦汉魏晋南北朝诗》，中华书局1983年版，第765页。
② 傅璇琮等主编：《全宋诗》(第54册)卷二八三二，北京大学出版社1995年版，第33718页。
③ 杨衒之著，范祥雍校注：《洛阳伽蓝记校注》卷一，上海古籍出版社1958年版，第46页。
④ 逯钦立：《先秦汉魏晋南北朝诗》，中华书局1983年版，第1571页。

壁,雕镌海马水兽飞云之状,桥下密排石柱,盖车驾御路也。州桥之北岸御路,东西两阙,楼观对耸;桥之西有方浅船二只,头置巨干铁枪数条,岸上有铁索三条,遇夜绞上水面,盖防遗火舟船矣。西去曰浚仪桥,次曰兴国寺桥(亦名马军衙桥),次曰太师府桥(蔡相宅前),次曰金梁桥,次曰西浮桥(旧以船为之桥,今皆用木石造矣),次曰西水门便桥,门外曰横桥。东北曰五丈河,来自济郓,般挽京东路粮斛入京城,自新曹门北入京,河上有桥五:东去曰小横桥,次曰广备桥,次曰蔡市桥,次曰青晖桥、染院桥。西北曰金水河,自京城西南分京、索河水筑堤,从汴河上用木槽架过,从西北水门入京城,夹墙遮拥,入大内灌后苑池浦矣。河上有桥三:曰白虎桥、横桥、五王宫桥之类。又曹门小河子桥曰念佛桥,盖内诸司辇官亲事官之类,军营皆在曹门,侵晨上直,有瞽者在桥上念经求化,得其名矣。"①从这段描述中可知当时开封桥梁众多,建筑精美。

在开封诸桥中,虹桥尤为突出。结合孟元老对虹桥的描述可以看出,这座桥飞架汴河两岸,宛如长虹卧波,既古朴典雅又美观大气。虹桥建于宋仁宗庆历年间,由陈希亮(1014—1077)仿照山东青州飞桥形状建造而成。据《宋史》记载,陈希亮发明了"飞桥",仁宗下诏褒奖,并令"自畿邑至于泗州皆为飞桥"。桥梁为单孔木拱桥,桥长16.8米,宽4米,没有榫头,也不用钉子,堪称杰作。桥的两旁有木拱,拱梁的两端雕刻有狮子、虎头像。远远望去,飞桥好似一道凌空而起的彩虹,因而又称为"虹桥"。

八、沁园

沁园,汉代园林,大概位置在沁河北岸,河南省沁阳城东北三十里。汉明帝刘庄(显宗)共有十一女,永平三年(60),封五女刘致为沁水公主,并为之修建了沁园。

唐诗中对沁园的记载不多。崔湜《侍宴长宁公主东庄应制》诗:"沁园东郭外,鸾驾一游盘。水榭宜时陟,山楼向晚看。席临天女贵,杯接近臣欢。圣藻悬

---

① 孟元老著,邓之诚注:《东京梦华录注》卷一《河道》,中华书局1982年版,第27页。

宸象,微臣窃仰观。”[①]邵升《奉和初春幸太平公主南庄应制》诗:“沁园佳丽夺蓬瀛,翠壁红泉绕上京。二圣忽从鸾殿幸,双仙正下凤楼迎。花含步辇空间出,树杂帷宫画里行。无路乘槎窥汉渚,徒知访卜就君平。”[②]储光羲《玉真公主山居》诗:“山北天泉苑,山西凤女家。不言沁园好,独隐武陵花。”[③]韩愈《梁国惠康公主挽歌二首》其二云:“从今沁园草,无复更芳菲。”[④]从这些诗作可以看出,沁园确为公主居所。晚唐吴融《无题》诗云:“万态千端一瞬中,沁园芜没伫秋风。鸩鹊夜警池塘冷,蝙蝠昼飞楼阁空。粉貌早闻残洛市,箫声犹自傍秦宫。今朝陌上相非者,曾此歌钟几醉同。”[⑤]吴融生于唐宣宗大中四年(850),卒于唐昭宗天复三年(903),正当晚唐后期,可见此时的沁园已经荒废了。

宋诗中提到沁园的也仅有几处。宋祁《送冀州李团练》诗云:“忠孝相移难两遂,沁园归恋遍兰陔。”[⑥]孔武仲《游城北李氏园池》诗云:“沁园天下名,鲁馆当年筑。”[⑦]王诜门客《上王晋卿》诗云:“回首音尘两沉绝,春莺休啭沁园花。”[⑧]方回《次韵谢河内张明府来访》诗云:“人清严濑水,家住沁园州。”[⑨]从诗中可知宋代沁园可能重建,但已经不复汉唐风光。后来几经战火,沁园今天已不复存在。

九、北宋开封四大名园

北宋时的都城汴京有名园百所之多,“大抵都城左近,皆是园圃,百里之内,并无闲地”[⑩],这其中以玉津园、宜春苑、瑞圣园、琼林苑最为有名。

---

① 《全唐诗》(增订本)卷五四,第663页。
② 《全唐诗》(增订本)卷六九,第772页。
③ 《全唐诗》(增订本)卷一三九,第1417页。
④ 《全唐诗》(增订本)卷三四三,第3851页。
⑤ 《全唐诗》(增订本)卷六八四,第7918页。
⑥ 傅璇琮等主编:《全宋诗》(第4册)卷二一九,北京大学出版社1995年版,第2520页。
⑦ 傅璇琮等主编:《全宋诗》(第15册)卷八七九,北京大学出版社1995年版,第10232页。
⑧ 傅璇琮等主编:《全宋诗》(第15册)卷八七三,北京大学出版社1995年版,第10171页。
⑨ 傅璇琮等主编:《全宋诗》(第66册)卷三四九六,北京大学出版社1995年版,第41670页。
⑩ 孟元老著,邓之诚注:《东京梦华录注》卷六“收灯都人出城探春”条,中华书局1982年版。

玉津园，又称南御苑，位于开封城南的南熏门外，周世宗时建，“周显德五年九月，赐宰臣、枢密使、翰林学士、中书舍人宴于玉津园，张教坊乐”[①]。赵匡胤建立宋朝，玉津园也就成了皇家园林。宋太祖、宋太宗喜临幸玉津园宴射、观稼。据《宋史》统计，宋太祖曾临幸玉津园 21 次，宋太宗曾临幸玉津园 8 次。

玉津园规模宏大，夹道为东西两园，风景优美，引惠民河上游水入园内，再放水入惠民河下游，故园内水为活水。“别有景象仙岛，园名玉津。珍果献夏，奇花进春。百亭千榭，林间水滨。珍禽贡兮何方，怪兽来兮何乡？郊薮既乐，山林是忘。则有麒麟含仁，驺虞知义。神羊一角之祥，灵犀三蹄之瑞。狻猊来于天竺，驯象贡于交趾。孔雀翡翠，白鹇素雉。怀笼暮归，呼侣晓去。何毛羽之多奇，罄竹素而莫纪也。忽断苑墙，又连池篽。介族千状，沙禽万类，尽游冰而往来，或浮沉而出处。柳笼阴于四岸，莲飘香于十里。屈曲沟畎，高低稻畦。越卒执耒，吴牛行泥。霜早刈速，春寒种迟。春红粳而花绽，簸素粒而雪飞。何江南之野景，来辇下以如移？雪拥冬苗，雨滋夏穗。当新麦以时荐，故清跸而亲至。辇从千官，郊陈万骑，既观获以云罢，亦宴犒而后已。”[②]从这段描写可知玉津园景色之奇绝，宛若人间仙境。宋真宗年间进士刘筠《上巳玉津园赐宴》诗云：“需云分渥泽，禊饮恣欢游。缇幕侵晨设，兰泉对席流。蕙肴清蓳莆，玉醴湛金瓯。春服萋萋盛，光风滟滟浮。桐华秾竞发，莺语巧相求。妙曲新声合，斜阳醉未休。”[③]穆修《城南五题其五·玉津园》诗云：“君王未到玉津游，万树红芳相倚愁。金锁不开春寂寂，落花飞出粉墙头。”[④]苏轼《玉津园》诗云：“承平苑囿杂耕桑，六圣勤民计虑长。碧水东流还旧派，紫坛南峙表连冈。不逢迟日莺花乱，空想疏林雪月光。千亩何时躬帝藉，斜阳寂历锁云庄。”[⑤]从这些诗人的描绘中，我们可以想见当时玉津园的巍峨壮观与其重要的军事、政治和宗教意义。

宜春苑，又名东御园，在开封城东，是宋太祖赵匡胤之弟赵廷美的花园。园临汴河，池沼秀丽。宋初皇族和官员多在此设宴游乐。梅尧臣《宜春宴射篇李

---

① 王溥：《五代会要》，上海古籍出版社 1978 年版，第 75 页。

② 杨侃：《皇畿赋》，曾枣庄、刘琳等主编：《全宋文》（第 10 册），上海辞书出版社、安徽教育出版社 2006 年版，第 322 页。

③ 傅璇琮等主编：《全宋诗》（第 2 册）卷一一一，北京大学出版社 1995 年版，第 1277 页。

④ 傅璇琮等主编：《全宋诗》（第 3 册）卷一四五，北京大学出版社 1995 年版，第 1613 页。

⑤ 苏轼著，王文诰辑注，孔凡礼点校：《苏轼诗集》卷三十六，中华书局 1982 年版，第 1934 页。

驸马请赋杂言》诗云:“风雨未过桐华时,宜春苑中梨萼披。天子赐宴群臣嬉,少年都尉方追随。”[①]王仲修《宫词》云:“宜春苑里望春台,台下仙花已半开。”[②]张公庠《宫词》云:“宜春苑傍夹城东,从驾宫嫔乐亦同。偶会不须张锦幕,游人已在百花中。”[③]王安石《宜春苑》诗云:“宜春旧台沼,日暮一登临。”[④]到南宋时,此园已经荒芜。范成大使金时经过汴梁宜春苑旧址有感而作《宜春苑》诗云:“狐冢獾蹊满路隅,行人犹作御园呼。连昌尚有花临砌,肠断宜春寸草无。”[⑤]

瑞圣园,初名北园,宋太宗太平兴国二年(977)改名为含芳园,宋真宗大中祥符三年(1010)又改名瑞圣园。孔武仲《题瑞圣园》诗云:“深沉百尺池,坐见渊鱼跃。蓊蔚千秋木,中闻鱼鸟乐。久与鱼鸟暌,尘土厌徽索。偶来叩异境,佳思得开廓。朝廷尚清熙,圣主守勤约。銮舆不游幸,花卉任荣落。便如到山林,不悟近城郭。心间与境一,足以慰寂寞。由来市朝味,未易胜林壑。因循不远引,佥信吾侪弱。”[⑥]曾巩《上巳日瑞圣园锡燕呈诸同舍》诗云:“北上郊原一据鞭,华林清集缀儒冠。方塘渰渰春先渌,密竹娟娟午更寒。流渚酒浮金凿落,照庭花并玉阑干。君恩倍觉丘山重,长日从容笑语欢。”[⑦]这些诗均赞美了瑞圣园的池塘风光、茂竹秘境,实为朝市中一处清幽佳地。

琼林苑和金明池位于开封城西的新郑门(顺天门)外,南为琼林苑,北为金明池,二者名虽异,实为一园。张择端的《金明池争标图》描绘的便是这座园林的景色。宋太祖曾于殿试后赐宴琼林苑,故又称琼林宴,后成为定制。王禹偁《初拜拾遗游琼林苑》诗云:“开宴曾游此缀行,五年为吏别仙乡。杏园莺蝶如相识,应怪重来蒨绶香。”[⑧]寇准《琼林苑应制》诗云:“凤跸出重城,宸游顺物情。槛花红蕊盛,苑树绿阴成。雨过池塘静,风来殿阁清。乐和尧酒满,千载乐升平。”史嵩之《宴琼林苑》诗云:“鸣跸高登秋暮天,西郊辇路直如弦。梨园花覆

---

① 傅璇琮等主编:《全宋诗》(第5册)卷二四九,北京大学出版社1995年版,第2938页。
② 傅璇琮等主编:《全宋诗》(第15册)卷八七六,北京大学出版社1995年版,第10196页。
③ 傅璇琮等主编:《全宋诗》(第9册)卷五一六,北京大学出版社1995年版,第6256页。
④ 傅璇琮等主编:《全宋诗》(第10册)卷五五二,北京大学出版社1995年版,第6589页。
⑤ 傅璇琮等主编:《全宋诗》(第41册)卷二二五三,北京大学出版社1995年版,第25847页。
⑥ 傅璇琮等主编:《全宋诗》(第15册)卷八七九,北京大学出版社1995年版,第10247页。
⑦ 傅璇琮等主编:《全宋诗》(第8册)卷四六一,北京大学出版社1995年版,第5605页。
⑧ 傅璇琮等主编:《全宋诗》(第2册)卷六三,北京大学出版社1995年版,第698页。

千官醉，愈觉君恩湛湛然。”①晏殊《上巳琼林苑宴二府同游池上即事口占》其一云：“殿后花枝白间红，楼前当道绿杨风。横飞彩槛波光外，倒写朱阑水影中。”其三云：“春留融冶日添长，万品无涯入醉乡。谁道人间泛仙境，水心楼殿半斜阳。”②宋庠《庚午春观新进士锡宴琼林苑因书所见》一诗描写了琼林苑和金明池的热闹景象：“秘苑仪星地，群英得隽年。飞绥鲸浦右，供帐斗城偏。表道槐阴直，凌氛柞影圆。丛楹开玉宇，华组会琼筵。湛湛融君渥，渠渠奖士贤。银珰尊右席，绿帻佑双笾。饰喜优坊伎，均恩醵礼钱。沼浮渑酒渌，坻聚舜庖膻。场迥歌声合，风回舞节妍。柳疑添绀幄，鹦解啄鸣弦。臣藿心倾日，需云象在天。绨囊斋睿什，钿轴照儒篇。宝思垂霓烂，欢声抃岳传。珍台纷蹇产，翠气浩宛延。池讶阳乌浴，桥疑汉鹊填。千夫拔河索，三令夺标船。帐殿沧波匝，钩梯复道连。瑶甍轩凤羽，云岛压鳌颠。牺舶驯灵囿，天黝蔽大田。江头拔兰紫，林下摘樱鲜。玉藻初盈沼，神芝欲冒廛。阳沟连禹洫，阴石骇秦鞭。冰静恩鱼出，园空瑞鹄旋。缭垣包井落，别渚上风烟。金埒争镳地，珠翳射雉阡。去辎雷远陌，归袂藻平川。乍集储胥外，还经驱娑前。子云嗟寂寞，无思状甘泉。”③孟元老《东京梦华录》卷七“驾幸琼林苑”条则为我们描绘了琼林苑的美景：“驾方幸琼林苑，在顺天门大街，面北，与金明池相对。大门牙道，皆古松怪柏。两傍有石榴园、樱桃园之类，各有亭榭，多是酒家所占。苑之东南隅，政和间创筑华觜冈，高数十丈，上有横观层楼，金碧相射，下有锦石缠道，宝砌池塘，柳锁虹桥，花萦凤舸，其花皆素馨、末莉、山丹、瑞香、含笑、射香等闽、广、二浙所进南花。有月池、梅亭牡丹之类，诸亭不可悉数。”④

十、艮岳

艮岳位于景龙门内道东，与延福宫相对，宋徽宗政和七年(1117)开始营建，宣和四年(1122)竣工，初名万岁山，后改名艮岳、寿岳，亦号华阳宫。靖康二年

① 傅璇琮等主编：《全宋诗》(第60册)卷三一六一，北京大学出版社1995年版，第37915页。

② 傅璇琮等主编：《全宋诗》(第3册)卷一七二，北京大学出版社1995年版，第1955页。

③ 傅璇琮等主编：《全宋诗》(第4册)卷一九九，北京大学出版社1995年版，第2274页。

④ 孟元老撰，邓之诚注：《东京梦华录注》，中华书局1982年版，第192页。

(1127)金人攻陷汴京后被拆毁。宋徽宗赵佶作有《艮岳记》以记其事,其文曰:“东南万里,天台雁荡,凤凰庐阜之奇伟,二川三峡云梦之旷荡,四方之远且异,徒各擅其一美,未若此山并包罗列又兼其绝胜,飒爽溟泽,参诸造化,若开辟之素有,虽人为之山,顾岂小哉!”①艮岳园中泉池溪泉,洲渚瀑布,乔木茂草,走兽飞禽,其风景之胜堪称奇绝。后此园于靖康年间毁于兵燹,令人扼腕叹息。

李龙高《艮岳》诗云:“鹿衔花去彩云气,万岁山前梦已迷。萼绿仙人何许觅,断崖枯树夜乌啼。”②李思衍《汴京怀古》诗云:“沧海成田艮岳荒,谁能行役不彷徨。青城北狩隔万里,花石南来宝几纲。土暗尘昏天水碧,风轻雨过女真黄。无人可语宣和事,九些陈留酹一觞。”③汪元量《夷山醉歌》云:“遥看汴水波声小,锦棹忘还事多少。昨日金明池上来,艮岳凄凉麋鹿绕。麦青青,黍离离,万年枝上鸦乱啼。二龙北狩不复返,六龙南渡无还期。”④如今,这座曾经辉煌的皇家园林,与它所代表的大宋盛事一起已经湮没于历史长河之中,留给人们的是无尽的向往与遗憾。

第三节　咏井泉陂瀑的诗词歌赋

有水井的地方即有人家,自古以来,井一直都是中华民族乡土家园的象征,具有不可移易的稳定性。《易·井》云:“改邑不改井。”又云:“井,法也。”唐孔颖达疏:“古者穿地取水,以瓶引汲,谓之为井。”传说是伯益发明了井。《吕氏春秋·勿躬篇》曰:“伯益作井。”《玉篇》曰:“穿地取水,伯益造之。”《淮南子·本经训》曰:“伯益作井,而龙登玄云,神栖昆仑。”伯益是黄帝的五世孙,禹帝时伯益被任命为执政官,禹临终授天下于益,益让位于启。

水井文化是中华文明的主要内容之一,它不仅影响了中国的社会结构,由

① 王明清:《挥麈后录》卷二〇,影印文渊阁《四库全书》本。
② 傅璇琮等主编:《全宋诗》(第72册)卷三七六三,北京大学出版社1995年版,第45377页。
③ 傅璇琮等主编:《全宋诗》(第69册)卷三六二三,北京大学出版社1995年版,第43379页。
④ 傅璇琮等主编:《全宋诗》(第70册)卷三六六六,北京大学出版社1995年版,第44015页。

此而衍生出的思想文化倾向也颇为明显。特别是当它成为一个文化符号和文学意象而存在时，在文学作品中便被赋予了广泛而深刻的文化内涵。有水井的地方就能安居乐业，《击壤歌》云："日出而作，日入而息。凿井而饮，耕田而食。帝力于我何有哉。"①远古时代的华夏先民每天以太阳的升落为指引，或劳作或休息，自己凿井，自己种地。这种安宁平静的生活状态一直是后世人们所向往和追求的生活境界。

水井的深不可测也容易令人产生畏惧和联想，认为有神灵守护。唐传奇《玉泉子》载："贾耽在滑台城北，命凿八角井，以镇黄河。于是潜使人于凿所侦之。有一老父来观，问曰：'谁人凿此井也？'吏曰：'相公也。'父曰：'大好手，但近东近西近南近北也。'耽问之，曰：'吾是井大夫也。'"②滑台城，即今河南滑县县城，北临古黄河，为军事要地。这则故事中的老父自称"井大夫"，并说贾耽所凿之井好是好，只是东西南北距离都太小了。

文献记载河南境内泉水、瀑布很多。《水经注·清水》载："黑山在县北白鹿山东，清水所出也。上承诸陂散泉，积以成川，南流西南屈，瀑布乘岩，悬河注壑二十余丈。雷赴之声，震动山谷。左右石壁层深，兽迹不交，隍中散水雾合，视不见底。南峰北岭，多结禅栖之士；东岩西谷，又是刹灵之图。竹柏之怀，与神心妙远；仁智之性，共山水效深，更为胜处也。其水历涧飞流，清泠洞观，谓之清水矣。溪曰瑶溪，又曰瑶涧。清水又南，与小瑶水合，水近出西北穷溪，东南流注清水，清水又东南流，吴泽陂水注之。水上承吴陂于修武县故城西北。……《魏土地记》曰：修武城西北二十里，有吴泽水。陂南北二十许里，东西三十里，西则长明沟。水有二源，北水上承河内野王县东北界沟，分枝津为长明沟。东径雍城南，寒泉水注之，水出雍城西北，泉流南注，径雍城西。……次北有苟泉水入焉，水出山阳县故修武城西南，同源分派，裂为二水。南为苟泉，北则吴渎，二渎双导，俱东入陂。山阳县东北二十五里有陆真阜，南有皇母、马鸣二泉，东南合注于吴陂也。次陆真阜之东北，得覆釜堆，堆南有三泉，相去四五里，参差次合，南注于陂。泉在浊鹿城西……又东，长泉水注之，源出白鹿山东南，伏流径十三里，重源浚发于邓城西北，世亦谓之重泉水也。……向子期所谓山阳旧

① 逯钦立：《先秦汉魏晋南北朝诗》，中华书局1983年版，第1页。
② 李昉等：《太平广记》卷第三百九十九引，中华书局1961年版。

居也,后人立庙于其处,庙南又有一泉,东南流注于长泉水。……而东周永丰坞,有丁公泉发于焦泉之右。次东得焦泉,泉发于天门之左,天井固右。……寺左右杂树疏颁。有一石泉,方丈余,清水湛然,常无增减,山居者资以给饮。……泉发于北阜,南流成溪,世谓之焦泉也。次东得鱼鲍泉,次东得张波泉,次东得三渊泉,梗河参连,女宿相属,是四川在重门城西并单川南注也。……城在共县故城西北二十里,城南有安阳陂,次东又得卓水陂,次东有百门陂,陂方五百步,在共县故城西。”①仅修武县境内的泉水就有寒泉、苟泉、皇母泉、马鸣泉、长泉、重泉、丁公泉、焦泉、鱼鲍泉、张波泉、三渊泉等十多处,亦有吴泽陂、安阳陂、卓水陂等湖泊,云台山瀑布高达二十余丈,声势浩大。再如温县,因有温泉而得名。《温县志》载:“约在公元前21世纪,此地已立国,以境内有温泉得名,称温国。履癸(夏桀王)二十六年,商灭温,温为商之畿内邑。”还有嵩山的卢崖瀑布,同样气势磅礴,如宋代李廌《将至嵩山远观瀑布》诗云:“晚晴紫翠溢平川,三十六峰凝霁烟。匹练依稀分秀岭,玉虹摇曳舞危巅。寒光定是连明汉,清气都疑贯九渊。可笑夜来风吹来,乱沟斜涧亦涓涓。”②卢崖瀑布位于太室山悬练峰下,一泓泉水腾空泻下,如云似雾,十分壮丽。

第四节　咏鱼稻水产的诗词歌赋

河南境内水资源丰富,也造就了鱼稻等水产品的丰饶与味美。反映周初至春秋中叶社会生活面貌的《诗经》中有24首写到了鱼,涉及鱼类品名达19种之多,这些诗篇有《召南·何彼襛矣》《邶风·谷风》《邶风·新台》《卫风·硕人》《卫风·竹竿》《齐风·敝笱》《豳风·九罭》《小雅·采薇》《小雅·鱼丽》《小雅·无羊》《小雅·小弁》《小雅·采绿》《小雅·苕之华》《周颂·潜》《鲁颂·駉》等。就其地区分布而言,这些诗篇中有关鱼的故事发生在河南的为数不少。

① 郦道元著,陈桥驿校证:《水经注校证》卷九,中华书局2007年版,第223页。

② 傅璇琮等主编:《全宋诗》(第20册)卷一二〇三,北京大学出版社1995年版,第13629页。

如前引《诗经·卫风·竹竿》一诗，出嫁前的卫女美丽活泼，她常常和女伴们一起拿着竹竿到淇水边去钓鱼，从侧面说明了当时淇水中鱼的数量之多。

鲤鱼，又称鲂鱼。黄河鲤鱼味美，尤以洛水鲤鱼为最。汉代无名氏《乌生》诗云："鲤鱼乃在洛水深渊中，钓竿尚得鲤鱼口。"①《艳歌》云："天公出美酒，河伯出鲤鱼。"②《初学记》第三十卷"鱼十"条载曹操《四时食制》云："（鳣鱼）常三月中从河上，常于孟津捕之。黄肥，唯以作鲊。淮水亦有。"③同条又引《毛诗义疏》曰："鲔鱼出海，三月从河上来。今巩县东洛度北崖上山腹穴，旧说北穴与江湖通，鳣鲔从北穴而来，入河。"魏曹植《名都篇》诗云："归来宴平乐，美酒斗十千。脍鲤臇胎鰕，寒鳖炙熊蹯。"④正始名士嵇康《酒会诗》云："林木纷交错，玄池戏鲂鲤。轻丸毙翔禽，纤纶出鳣鲔。"⑤西晋孙楚《出歌》云："茱萸出芳树颠，鲤鱼出洛水泉。"⑥北魏杨衒之《洛阳伽蓝记》卷三云："宣阳门外四里至洛水上作浮桥，所谓永桥也。……别立市于洛水南，号曰四通市，民间谓为永桥市。伊洛之鱼，多于此卖，士庶需脍，皆诣取之。鱼味甚美。京师语曰：'洛鲤伊鲂，贵于牛羊。'"⑦王维《洛阳女儿行》诗云："良人玉勒乘骢马，侍女金盘鲙鲤鱼。"⑧李白《赠崔侍郎》诗云："黄河二尺鲤，本在孟津居。点额不成龙，归来伴凡鱼。"⑨孟郊《与王二十一员外涯游枋口柳溪》诗云："灵味荐鲂瓣，金花屑橙齑。江调摆衰俗，洛风远尘泥。"⑩白居易《饱食闲坐》诗云："红粒陆浑稻，白鳞伊水鲂。庖童呼我食，饭热鱼鲜香。箸箸适我口，匙匙充我肠。八珍与五鼎，无复心思量。"⑪《和敏中洛下即事》诗云："水暖鱼多似南国，人稀尘少胜西京。洛中佳境应无限，若欲谙知问老兄。"⑫《二年三月五日斋毕开素当食偶吟赠妻弘农郡

---

① 逯钦立：《先秦汉魏晋南北朝诗》汉诗卷九，中华书局1983年版，第255页。
② 逯钦立：《先秦汉魏晋南北朝诗》汉诗卷十，中华书局1983年版，第281页。
③ 徐坚等：《初学记》，中华书局1962年版，第740页。
④ 逯钦立：《先秦汉魏晋南北朝诗》魏诗卷六，中华书局1983年版，第421页。
⑤ 逯钦立：《先秦汉魏晋南北朝诗》魏诗卷九，中华书局1983年版，第479页。
⑥ 逯钦立：《先秦汉魏晋南北朝诗》晋诗卷二，中华书局1983年版，第598页。
⑦ 杨衒之撰，范祥雍校注：《洛阳伽蓝记校注》，上海古籍出版社1958年版，第161页。
⑧ 《全唐诗》（增订本）卷一二五，第1258页。
⑨ 《全唐诗》（增订本）卷一六八，第1738页。
⑩ 《全唐诗》（增订本）卷三七六，第4232页。
⑪ 《全唐诗》（增订本）卷四五三，第5145页。
⑫ 《全唐诗》（增订本）卷四五九，第5253页。

君》诗亦云:“鲂鳞白如雪,蒸炙加桂姜。稻饭红似花,调沃新酪浆。佐以脯醢味,间之椒薤芳。老怜口尚美,病喜鼻闻香。娇騃三四孙,索哺绕我傍。山妻未举案,馋叟已先尝。”[①]北宋梅尧臣《鱼》诗云:“洛水美赪鲤,入河西去时。三春登玉浪,一日到天池。”黄庭坚《古风次韵答初和甫二首》其一云:“饥思河鲤与河鲂,喝思蔗浆玉碗凉。”[②]南宋李流谦《送任漕赴召》诗云:“屠龙觅肝荐雕俎,不如河鲂甘且旨。”[③]陆游《追忆征西幕中旧事》诗云:“不论夹道壶浆满,洛笋河鲂次第来。”[④]高斯得《物贵》诗云:“握薪重寻桂,尺鱼贵河鲂。”[⑤]巩丰《哀吕东莱》诗云:“走实厌众味,食鱼必河鲂。”[⑥]从上举历代文人的描述中,可见河鲤是多么的鲜美。

北宋时期,都城汴京护龙河中养有大量鱼类以供捕捞。刘攽《观鱼》诗云:“清濠环城四十里,蒹葭苍苍天接水。使君褰帷乘大舸,观鱼今从北阙起。开门渔师百舟入,大罟密罾云雾集。小鱼一举以千数,赤鲤强梁犹百十。”[⑦]《城东观鱼》诗亦云:“东城水深色如黛,居人来过不知爱。……万鱼挂网同时急,赤鲤长大犹人立。”[⑧]金明池也是垂钓的好去处,孟元老《东京梦华录》卷七“三月一日开金明池琼林苑”条载:“北去直至池后门,乃汴河西水门也。其池之西岸,亦无屋宇,但垂杨蘸水,烟草铺堤,游人稀少,多垂钓之士,必于池苑所买牌子,方许捕鱼。游人得鱼,倍其价买之。临水斫脍,以荐芳樽,乃一时佳味也。”[⑨]卷四“鱼行”条载:“卖生鱼则用浅抱桶,以柳叶间串清水中浸,或循街出卖,每日早惟新郑门、西水门、万胜门,如此生鱼有数千檐入门。冬月即黄河诸远处客鱼来,谓之‘车鱼’,每斤不上一百文。”[⑩]足见当时鱼产之丰富,价格之便宜。

---

① 《全唐诗》(增订本)卷四五九,第5250页。
② 傅璇琮等主编:《全宋诗》(第17册)卷九九六,北京大学出版社1995年版,第11418页。
③ 傅璇琮等主编:《全宋诗》(第38册)卷二一一五,北京大学出版社1995年版,第23899页。
④ 傅璇琮等主编:《全宋诗》(第39册)卷二一五四,北京大学出版社1995年版,第24249页。
⑤ 傅璇琮等主编:《全宋诗》(第61册)卷三一二九,北京大学出版社1995年版,第38548页。
⑥ 傅璇琮等主编:《全宋诗》(第50册)卷二六五七,北京大学出版社1995年版,第31147页。
⑦ 傅璇琮等主编:《全宋诗》(第11册)卷六〇五,北京大学出版社1995年版,第7150页。
⑧ 傅璇琮等主编:《全宋诗》(第11册)卷六〇五,北京大学出版社1995年版,第7150页。
⑨ 孟元老撰,邓之诚注:《东京梦华录注》,中华书局1982年版,第181页。
⑩ 孟元老撰,邓之诚注:《东京梦华录注》,中华书局1982年版,第130页。

河南洛阳、孟津、南阳、开封、卫辉等地的水产资源也很丰富。据陈文华《关于中国稻作起源的几个问题》①一文所载，洛阳西高崖、渑池仰韶村、郑州大河村在距今5000多年前的新石器时代就已经开始种植水稻。两汉至唐宋时期，洛阳及其附近一直都是水稻产区。《资治通鉴》卷一百九十九载，唐高宗永徽五年(654)："是岁大稔，洛州粟米斗两钱半，粳米斗十一钱。"《宋史·食货志》载：洛阳"土沃民众，有鱼稻之饶"。汲县，即今河南卫辉，位于黄河北部、太行东麓、卫水之滨，水资源丰富，素有"北方水城"之美誉。汉乐府《汲县长老为崔瑗歌》云："上天降神明，锡我仁慈父。临民布德泽，恩惠施以序。穿沟广溉灌，决渠作甘雨。"②《太平御览》卷二百六十八引《崔氏家传》云："崔瑗为汲令，开沟造稻田，泻卤之地更为沃壤，民赖其利，长老歌之。"河南的辉县所产之稻"明而白洁，异于它稻。魏、齐以来，常以荐御"③。南阳位于河南省西南部，三面环山，属南阳盆地，土壤肥沃，河流环绕，水量丰富。东汉张衡《南都赋》云："陪京之南，居汉之阳。割周楚之丰壤，跨荆豫而为疆。体爽垲以闲敞，纷郁郁其难详。尔其地势，则武阙关其西，桐柏揭其东。流沧浪而为隍，廓方城而为墉。汤谷涌其后，淯水荡其胸。推淮引湍，三方是通。……于其陂泽，则有钳卢玉池，赭阳东陂。贮水渟洿，亘望无涯。其草则藨苎薠莞，蒋蒲蒹葭。藻茆菱芡，芙蓉含华。从风发荣，斐披芬葩。其鸟则有鸳鸯鹄鹥，鸿鸨驾鹅。鶵鶂鸊鹈，鹔鹴鸥鸬，嘤嘤和鸣，澹淡随波。其水则开窦洒流，浸彼稻田。沟浍脉连，堤塍相輑，朝云不兴，而潢潦独臻。决渫则暵，为溉为陆。冬稌夏穱，随时代熟。其原野则有桑漆麻苎，菽麦稷黍。百谷蕃庑，翼翼与与。"④从中可见作者对家乡南阳激浪长河、宜人景色的热爱，以及南阳物产之丰饶。另据《后汉书·邓晨传》记载，东汉邓晨任汝南太守时，"兴鸿郤陂数千顷田，汝土以殷，鱼稻之饶，流衍它郡"，可谓是鱼米之乡，也赢得了无数赞誉，如白居易《内乡村路作》诗云："渭村秋物应如此，枣赤梨红稻穗黄。"⑤

---

① 陈文华：《关于中国稻作起源的几个问题》，《农业考古》1990年第2期。

② 逯钦立：《先秦汉魏晋南北朝诗》汉诗卷八，中华书局1983年版，第207页。

③ 李吉甫撰，贺次君点校：《元和郡县图志》卷十六"河北道"一，中华书局1983年版，第443页。

④ 张衡著，张震泽校注：《张衡诗文集校注》，上海古籍出版社1986年版，第168页。

⑤ 《全唐诗》(增订本)卷四四三，第4970页。

第五节 写水摹水的山水画

艺术创作以自然景观为抒情对象，宗炳《画山水序》云："山水以形媚道而仁者乐，不亦几乎？"艺术家用艺术的形式表现自然水景，体味乐之至境，表现出"天地与我并生，而万物与我为一"[①]的天人合一境界和自然回归意识，折射出人与山水之间的和谐关系。河南境内的水文化与艺术创作之间亦有着千丝万缕的联系，下面我们就从山水画的角度进行深入分析。

水静深流远、含蓄空灵、澄澈明净，故中国哲学家爱以水为譬，解释虚无空明、包罗万象的精神境界。以写意为主的中国山水画，自然也常把水景作为绘画的主要创作对象。山水画萌芽于魏晋南北朝，隋唐五代体制渐备，到宋元时期蔚为大观。山川河流一直是历代画家钟爱的创作对象，作为自然景观的河南山水，以其独特的地貌特点，汇聚天地之灵气，从而形成了中国古代画家笔下极具个性神采的创作对象。

晋顾恺之的《洛神赋图》，取材自曹植的《洛神赋》，虽然是人物画，但它是以洛水为背景展开的，描绘了洛水优美的自然风光，可以说是以水为表现对象的先驱之作。

五代时期，中原地区虽然遭受了连年战乱的严重破坏，但文化根基雄厚，因此，山水画的创作依然取得了很大成就和新的进展，如关仝(907—960)的《山溪待渡图》和《关山行旅图》。关山位于太行山南麓，河南辉县上八里镇境内。这幅画风格豪放，画风硬朗，画中的景色具有鲜明的北方特点：山峰矗立，飞瀑直泻，烟林掩映下的冈阜、楼阁迷蒙清幽，淙淙的溪流与奔腾的瀑布形成鲜明的对比，两种不同的水流形成强烈的视觉冲击。画中河右边是起伏的山峦，河左岸有一座木桥横跨河上，桥上及岸边的旅人，或步行，或骑驴，缓步走来。画面下方是一家小店，一位妇人正在烧水，几个小孩子正在玩耍嬉戏，还有一只小船停

① 方勇译注：《庄子·齐物论》，中华书局2010年版。

泊河边。显然这幅图画表现的是关陇一带的山野景色。

北宋时期可以说是中国山水画创作的第一个高峰，当时东京是全国政治、经济、文化的中心。郭熙、王希孟、李唐等一批承前启后的山水画大家奠定了河南山水画雄厚的根基。郭熙（1000—1090?），字淳夫，河阳温县（今河南孟州东）人。他于宋神宗熙宁元年（1068）被召入画院，后任翰林待诏直长。存世作品有《早春图》《关山春雪图》《窠石平远图》《幽谷图》等。《早春图》画幅左侧中间部位画家自题："早春。壬子年郭熙画。"这幅画描写的是早春的山间，瑞雪消融，云雾缭绕，山峦耸立，泉水淙淙，充满了勃勃生机。《关山春雪图》画幅左下方山石上有"熙宁壬子二月奉王旨画关山春雪之图，臣熙进"的款识，可知此图与《早春图》为同年所绘。画面中白雪覆盖的关山崔嵬峭拔、溪水潺潺，似有一股清洌之气扑面而来。

张择端，字正道，琅琊东武（今山东诸城）人，居住于东京（今河南开封）。宣和年间任翰林待诏，擅画楼观、屋宇、林木、人物。他的宏伟画作《清明上河图》《金明池争标图》等，都反映了北宋开封的城市面貌和人民的生活场景。《清明上河图》中，虹桥下水流和缓，桥上挤满了各色人等，有挑担的，有骑马的，也有赶脚的，河面上有来往的船只，汴河两岸繁忙而有序的景象如在眼前。《金明池争标图》描绘了汴京（今河南开封）金明池水戏争标的场面。画面中金水池上熙熙攘攘，比赛正在激烈进行，一派热闹场面。《东京梦华录》卷七"驾幸临水殿观争标锡宴"条记载："上有层楼台观，槛曲安设御座。龙头上人舞旗，左右水棚，排列六桨宛若飞腾。至水殿，舣之一边。水殿前至仙桥，预以红旗插于水中，标识地分远近。所谓小龙船，列于水殿前，东西相向；虎头、飞鱼等船，布在其后，如两阵之势。须臾，水殿前水棚上一军校以红旗招之，龙船各鸣锣鼓出阵，划棹旋转，共为圆阵，谓之'旋罗'。水殿前又以旗招之，其船分而为二，各圆阵，谓之'海眼'。又以旗招之，两队船相交互，谓之'交头'。又以旗招之，则诸船皆列五殿之东面，对水殿排成行列，则有小舟一军校执一竿，上挂以锦彩银碗之类，谓之'标竿'，插在近殿水中。又见旗招之，则两行舟鸣鼓并进，捷者得标，则山呼拜舞。并虎头船之类，各三次争标而止，其小船复引大龙船入奥屋内矣。"①

① 孟元老撰，邓之诚注：《东京梦华录注》，中华书局1982年版，第181页。

赵令穰，字大年，汴京（今河南开封）人，生卒年不详，宋太祖赵匡胤五世孙。官至光州防御使、崇信军观察留后。因他是皇族，不能远游，他的笔下多为开封、洛阳郊外景色，从中可以窥见当时两京郊野的大致风貌。他的这幅《湖庄清夏图》，作于宋哲宗元符三年（1100）。这幅山水小景中池水弥弥，荷叶田田，烟树环绕，景色清幽，颇有平原特色。

除了上举写景山水画，图写园林的尺幅小画之中也少不了水的点缀。如在孟元老《东京梦华录》中就有“曲折池塘秋千画舫”的记载，《艮岳记》亦载“上下设两关，出关下平地，有大方沼，中有两洲”。这些灵动活泼的小小水景，如溪流、泉水、飞瀑等，不仅给园林增添了无限的趣味，也给山水画创作提供了极佳的创作素材，如南宋马远的《西园雅集图》。宋元丰初，驸马都尉王诜邀苏轼、苏辙、黄庭坚、米芾、蔡肇、李之仪、李公麟、晁补之、张耒、秦观、刘泾、陈景元、王钦臣、郑嘉会、圆通大师（日本渡宋僧大江定基）等十六人，来自己的西园中游园。后米芾为记，李公麟作《西园雅集图》，此为南宋马远摹本。从图中可以看出此图虽以人物为主，但对水景的描绘亦极为细腻传神：如练的溪水绕山石潺湲而去，不时有水花溅起，画面清幽惬意，充满生机勃勃的野趣。

第十二章 河南水文化遗产

河南拥有悠久的历史、丰富的水资源,数千年的治水、用水、亲水、乐水等实践活动,为这一地区遗留了数量众多、种类丰富的宝贵水文化遗产。这些水文化遗产蕴含着中原地区特有的文化精神、思维方式,体现着中原地区人民的生命力和创造力,镌刻着中原儿女绵延不绝的水文化记忆,是中原水文化的重要载体。

第一节 水文化遗产的概念

水文化遗产是在遗产与文化遗产概念的基础上发展而来的,因此,在理解水文化遗产之前有必要对遗产与文化遗产进行回顾。我们知道,文化遗产是人类在认识自然、适应自然、利用自然,同时也是发展、完善自身过程中的历史积淀。因此,文化遗产具有公共属性的本质,同时反映和渗透于人类活动的各个方面,内涵丰富,价值多元。

一、遗产与文化遗产

对遗产概念的认识是逐步深入与完善的。20 世纪 70 年代,“遗产”一词出现于欧洲,其含义通常指从祖先处继承下来的东西。在西方,遗产有多种名称,如遗产(heritage)、遗产地(heritage site)、遗产产业(heritage industry)、遗产吸引物(heritage attraction),说法不尽相同,但其基本含义都包括遗产及遗产所在地域共同构成的吸引物。[①]

1954年5月联合国教科文组织通过的《武装冲突情况下保护文化财产公约》、1980年9月通过的《关于保护与保存活动图像的建议》等条约中，作为保护对象的文化遗产都集中在文物、景观、标本、考古遗址、建筑群、录像等包括记录载体在内的历史遗存。1972年11月，联合国教科文组织通过了《保护世界文化与自然遗产公约》，公约第一章第一条中的"文化遗产"指以下三类："第一类为文物：从历史、艺术或科学角度看具有突出的普遍价值的建筑物、碑刻和碑画，具有考古性质成分的结构、铭文、窟洞以及联合体；第二类为建筑群：从历史、艺术或科学角度看，在建筑式样、分布均匀与环境景色结合方面，具有突出的普遍价值的单立或连接的建筑群；第三类为遗址：从历史、审美、人种学和人类学角度看具有突出的普遍价值的人类工程或自然与人联合工程以及考古地址等地方。"[②]从这些条款中我们可以看出，该公约对"文化遗产"的内容阐释显然只涉及物质文化遗产，且集中于文物、建筑和遗址。同样，世界遗产委员会此后几十年间的活动范畴也未将非物质文化遗产纳入。可见，虽然隐约涉及了非物质文化遗产，但该公约的制定与执行基本局限在物质文化遗产的范畴。

20世纪八九十年代以后，联合国教科文组织对于文化遗产的概念有了较大的改变。考虑到这些非物质文化也属人类的共同遗产，以及它们不容乐观的留存现状，联合国教科文组织采取了积极的措施。2003年10月17日、联合国教科文组织第32届大会通过了《保护非物质文化遗产公约》，其对非物质文化遗产的定义为：被各群体、团体、有时为个人所视为其文化遗产的各种实践、表演、表现形式、知识体系和技能及其有关的工具、实物、工艺品和文化场所，而且须与普遍接受的人权、平等、可持续性及文化群体之间相互尊重等原则相一致。包括以下几个方面：口头传说和表述，包括作为非物质文化遗产媒介的语言；表演艺术；社会风俗、礼仪、节庆；有关自然界和宇宙的知识和实践；传统的手工艺技能。

---

① 颜丽丽：《我国世界遗产旅游开发研究——以武当山为例》，上海师范大学硕士学位论文2005年，第7页。

② 北京大学世界遗产研究中心：《世界遗产相关文件选编》，北京大学出版社2004年版，第4页。

文化遗产是一个宽泛的概念。我国自1949年以来,一直是把先人留下的文化遗产称为文物。[①] 根据2002年颁布的文物保护法有关规定,文物类文化遗产主要包括以下内容:具有历史、艺术、科学价值的古文化遗址、古墓葬、古建筑、石窟寺和石刻、壁画;与重大历史事件、革命运动或者著名人物有关的以及具有重要纪念意义、教育意义或者史料价值的近代现代重要史迹、实物、代表性建筑;历史上各时代珍贵的艺术品、工艺美术品;历史上各时代重要的文献资料以及具有历史、艺术、科学价值的手稿和图书资料等;反映历史上各时代、各民族社会制度、社会生产、社会生活的代表性实物。[②] 文化遗产不仅是过去人类遗留的物质性遗存,一切与人类发展过程有关的工艺、技术、知识、礼仪、风俗习惯等也被视为文化遗产的重要组成部分。[③]

因此,文化遗产包括有形文化遗产和无形文化遗产。有形文化遗产又称物质文化遗产,是指具有文化价值和一定物质形态的所有资源,包括历史城镇、建筑物、考古遗址、文化景观和历史物件等,如北京的颐和园、长城等;无形文化遗产又称非物质文化遗产,是指具有较高历史和艺术价值的语言、戏剧、音乐、舞蹈、宗教、神话、礼仪、习惯、风俗、节庆、手工艺等不能够固化的人类财富。物质文化遗产又可分为可移动的和不可移动两部分。总之,文化遗产是人类适应自然、改造自然和发展自身过程中的历史积淀。[④] 文化遗产是人类在长期的社会发展中物质、精神和意识的产物,是物质文化遗产和非物质文化遗产的综合体。

二、水文化遗产

关于水文化遗产的概念,谭徐明将水文化遗产定义为“是历史时期人类对水的利用、认知所留下的文化遗存”,并将水文化遗产按工程和非工程分为两大类,认为每大类遗产物质与非物质性态融为一体,共同构成其科学、技术、文化

---

① 樊传庚:《新疆文化遗产的保护与利用》,中央民族大学博士学位论文2005年。
② 吴美萍:《文化遗产的价值评估研究》,东南大学硕士学位论文2006年。
③ 曹兵武:《文化遗产:概念发展与社会进步》,《中国文物报》2006年7月14日。
④ 王星光、贾兵强:《中原历史文化遗产可持续发展研究》,科学出版社2009年版,第7页。

价值[①]；张志荣《全国水文化遗产分类图录》结合全国水文化遗产普查，将水文化遗产分为不可移动水文化遗产、可移动水文化遗产、非物质水文化遗产、水利记忆遗产、水文化线路和水文化景观等类别；李芸、张明顺通过对什刹海地区水文化、水文化遗产的全面梳理，将什刹海水文化遗产划分为四大类：河湖水系文化遗产、水利设施文化遗产、园林景观文化遗产以及其他非工程性态的文化遗产。

综上所述，根据文化遗产的定义，结合水文化内容的特点，我们认为水文化遗产是人类在治水兴水、管水用水、亲水护水等与水有关活动中所形成的具有较高历史、艺术、科学、教育等价值的文化遗存以及传统文化的表现形式。

第二节　水利文化遗址

河南是中国古代水利开发较早的地区之一。在几千年的历史长河中，修筑了数以万计的水利设施。这些水利设施涉及农田灌溉、生活用水、防洪排涝、漕运航运等诸多领域，在经济社会生活中发挥过重要作用。据考古资料，早在龙山时代就出现了水井，在河南汤阴白营龙山文化遗址发现的一口水井，木井栏高 2.65 米，井壁木架有 46 层 11 米高。[②] 魏文侯二十五年（前 422），西门豹治邺，开漳水十二渠以灌溉农田。目前，河南全省共发现战国至清代的水利遗存上百处，主要分布于郑州、洛阳和南阳地区。包括引水灌溉的渠首、渠道和运河、陂塘、防洪堤坝等遗址、建筑以及反映引水灌溉、水运、水文的碑刻、摩崖石刻等，从而为河南古代水利的研究提供了较为丰富的实物资料。

---

① 谭徐明：《水文化遗产的定义、特点、类型与价值阐释》，《中国水利》2012 年第 21 期。

② 方西生、孙德萱、赵连生：《河南汤阴白营龙山文化遗址》，《考古》1980 年第 3 期。

一、秦汉时期水利文化遗产

漳水十二渠位于漳河上,是中国北方最早的大型引河渠系工程之一,筑有十二级堰坝,引灌临漳、魏县、安阳的田地。战国时代,黄河、漳河等在冀南、豫北的临漳、安阳一带交错泛滥成灾,引起土壤严重碱化,被称作“恶田”。约公元前400年,李悝任魏相,任用水利专家西门豹和史起引漳灌邺,从而变“恶田”为水浇良田。西门豹渠闸门沟遗址位于今安阳市安丰乡西高穴村西北。如今闸门建筑虽已淤塞不见,但仍可见沙石垒砌的残岸,闸门以西河滩的引渠已被现在的幸福渠所占用。今安丰乡境内的前净渠、后净渠两村,留有天平渠旧迹。渔洋渡口也是渔洋村的一处重要遗址,曾是漳河上的重要渡口。

秦汉时期是中国水利建设的高潮期,施工技术及生产工具都达到了很高的水平。汝南郡的鸿隙陂是利用自然地势修建的用于灌溉的水库,位于汝阳(今汝南)东汝水和洪水之间,使大片土地得到灌溉,汝南郡成为当时富饶的鱼米之乡。《水经注》卷二十九载:“湍水又径穰县,为六门陂。汉孝元之世,南阳太守召信臣以建昭五年,断湍水,立穰西碣。至元始五年,更开三门为六石门,故号六门碣也。溉穰、新野、昆阳三县五千余顷,汉末毁废,遂不修理。”①六门碣的兴建,使灌溉面积大为增多。今邓州市城西韩洼村村南有60米宽的引水口,引水口东西两侧有长堤,西堤长约200米,东堤长约50米。

二、隋唐两宋时期水利文化遗产

隋唐至两宋时代的水利事业也很发达。隋唐时期修筑的大运河,其中通济渠大部分和永济渠一部分都在今河南地区。通济渠又名御河,大业元年(605)开工修建。通济渠自洛阳西苑引谷水、洛水,向东流经今偃师、巩义,而后注入

---

① 郦道元注,杨守敬、熊会贞疏,段熙仲点校,陈桥驿复校:《水经注疏》,江苏古籍出版社1989年版,第2521页。

黄河。从今荥阳市北面的板渚，引河水在荥泽入汴水，过大梁东南流经陈留、雍丘、襄邑、宁陵、宋城、谷熟，再利用古蕲水河道，过永城，进入今安徽境内，在江苏盱眙对岸入淮河。大业四年(608)，开凿永济渠。永济渠的起点在通济渠渠首板渚对岸的沁水入黄河处，其地在今河南武陟县西北。渠道转向东北，会清、淇二水，过新乡、汲县(今河南卫辉)，“因淇水之入河，立淇门以通河，东北行”①。这样在淇水上建立了分水入永济渠的淇门。而后又过黎阳，经内黄县北进入今河北境内，最后到达涿郡(今北京)。北宋的水利建设，经宋真宗、宋仁宗、宋英宗三朝发展，到宋神宗时达到了高潮。据韩茂莉统计，从熙宁三年到九年(1070—1076)，黄河沿岸诸路共修水利田 1503 处，灌溉田地达 1300 多万亩，占全国水利总灌溉面积的 36%。②

三、元明清时期水利文化遗产

元明清时期的水利遗址发现较少。元明清时期相对安定，少有长时间的战乱，成为水利稳定发展的客观条件。但北方地区水利滞后引发人们不重水利，反过来又致落后状况更趋严重，这样渐给人们造成北人不重水利的假象。“夫旱潦者天时也，沟洫者地利也，引而导之者人力也，督人力、尽地利以相天时之不及者善政也。前辈穆文简公有言：江北之待天时，不如江南之尽人力。尽江南之人力，不如修三代之善政。”③在清代前期河南却普遍存在不讲水利的现象，“地方官平日不能留心讲求，及至被水成灾，又不亟筹疏泄”④。

---

① 徐坚等：《初学记》卷六《河第三·叙事》，中华书局 1962 年版，第 120 页。

② 韩茂莉：《宋代农业地理》，山西古籍出版社 1993 年版，第 36 页。

③ 娄枢：《娄子静文集》卷三《怀庆太守重开丹沁河渠记》，《四库全书存目丛书·集部》第 85 册，第 539 页。

④ 陈振汉等：《清实录经济史资料·农业编(第二分册)》，北京大学出版社 1989 年版，第 303—304 页。

四、河南水文化遗址

（一）郑州商城宫殿区商代蓄水设施

郑州市顺河路东段南侧配合黄河中心医院家属楼基建工程的发掘中，发现一段用石板砌筑而成的商代蓄水设施。该遗迹基本上呈西北—东南向，长度在100米左右，宽约20米，初步推测为一个长方形水槽或蓄水池，断面呈倒梯形。从结构看，该水池在当时地面下挖2米左右，底部和护坡先用白料姜末土夯实，然后再在底部铺一层石板。从清理的石板来看，这些石板应为人为加工而成，石板平面基本呈长方形，长度在0.5—0.8米之间，宽度在0.3—0.5米之间，厚度在0.1米左右，上下两面一般都经过粗略加工，底部砌完后，在护坡的夯土内侧砌出护坡石。从遗迹的形状来看，是在宫殿的中心区域附近人为砌成这样大规模的蓄水设施，在当时生产力落后的情况下，对于城市供水特别是对宫殿区的供水将起着十分重大的作用。①

（二）济源市五龙口古代水利设施

五龙口古代水利设施位于济源市东北16千米的沁水口，2013年被列为第七批全国重点文物保护单位。

五龙口古代水利设施的建造可追溯至秦始皇时期，其位于五龙口镇沁河出山口处，发源于山西沁源县的沁河进入河南境内后，便由黄土高原进入豫西北的平原，河水在五龙口镇附近进行停顿以及积蓄，形成了丰富的水源，为小麦、玉米等作物的生长提供了很好的自然条件。同时，太行山的南边悬崖深谷纵横，对夏季风有很明显的阻挡作用，因此迎风坡降水比较多，形成暴雨区，而背风坡降水比较少，形成干旱区。因而在沁河五龙口流域降水的季节性变化很大。一般来说，冬春季节比较干枯，夏秋则洪水泛滥成灾，沁河把黄土高原上的

---

① 宋国定、曾晓敏：《郑州商城宫殿区商代蓄水设施》，《中国考古学年鉴（1993）》，文物出版社1995年版，第176页。

大量泥沙冲刷下来,造成了沿途河道淤积甚至决裂,引发洪涝灾害。中国历代政府对此极为重视,先后在此修建并完善水利设施。据《济源县志》载:秦统一中国后,开始在此凿渠灌田,"以枋木为门,以备蓄泄",所以名之曰"枋口堰"。之后历代修建广济渠、广惠渠等,并在渠首修闸门,最终形成五龙分水之势,故名"五龙口"。五龙口水利设施的修建,既能防止旱涝灾害,又可保证灌溉。

五龙口水利工程是河南省开创年代最久、保存最为完好的古代水利设施。与战国时期的漳河渠、都江堰、郑国渠同是我国较早的水利工程,但囿于地理位置,所接水系的不同,而没有后几处知名,但其功用可与之媲美。[①] 根据《沁河志》记载,枋口堰是中国水利史上第一个采用暗渠达到"隔山取水"的水利工程,也是人类历史上首次利用水流弯道原理取水的水利工程。

五龙口水利设施,不仅有着巨大的实用价值,亦有着巨大的科学价值,同时也有着丰富的文化价值。对该工程的记述现有白居易的《游济源枋口偶题石上》、北宋文彦博的《再游枋口》、明代开凿渠首的记事以及清代重修各渠的重要碑碣等。

(三)洛阳汉代砖券水渠

该遗址位于洛阳市纱厂南路与汉屯东路交叉口的东北角洛阳手表厂院内。汉代砖券水渠呈"L"形,先东西方向,残长 12 米,再向南拐弯呈南北方向,残长 9 米。自身高 1.65 米,券顶。底铺人字形砖,砖大小为 39 厘米×19 厘米×8.5 厘米。水渠直接建于生土中,底部距现在地表 4.8 米,顶部被汉代地层和汉代坑所叠压。内填淤土,底部西高东低。这里位于汉河南县城的东北角,当为汉河南县城的引水或排水设施。[②]

(四)镇平县沿陵河水坝遗址

沿陵河水坝遗址是考古工作者在文物调查过程中发现的一处汉代水利遗址,位于今镇平县贾宋镇马河湾村东北严陵河中游河道上,在汉代可能属涅阳

---

① 陈良军、李保红:《五龙口水利设施考古研究》,《济源职业技术学院学报》2012 年第 3 期,第 4—8 页。

② 俞凉亘:《洛阳手表厂汉代砖券水渠》,《中国考古学年鉴(2002)》,文物出版社 2003 年版,第 268 页。

县。坝基宽 15 米,高约 3 米,为石块灌石灰浆砌成,石块中间加有砖瓦残片,有的石块下面垫有五铢钱。石坝两端为夯土所筑的引坝,呈梯形。大坝东边的渠首,现存长 40 米、宽 3 米。渠为东南走向,尚有凹沟可见。①

(五)唐河县汉垱遗址

汉垱遗址位于唐河县龙潭乡韩庄北。据传汉垱是汉代唐河流域的重要水利工程,现残存 100 余米长夯筑坝基,高出地面 0.5—3 米,下有成排的叠砌石条,石条旁有杉木桩,桩距 1 米左右。②

(六)唐河县西汉堰陂遗址

堰陂遗址位于唐河县上屯乡上下杨背之间。残存土堰坝高 3 米、宽 3 米,长约 1 千米。据载,西汉时在泚水(今唐河)上先后兴修了大湖、赵渠等水利工程,此水利工程为汉召父渠、杜母堰的组成部分。《南阳府志》记载:"羊(杨)陂(背)在县西南四十里羊洞保,周围七百九十一丈",与遗址位置基本相符。③

(七)新野县汉代召父渠渠首遗址

召父渠渠首遗址位于新野县沙堰镇西南,位于白河故道南岸。渠首尚存长 200 米,宽 20 米。汉召信臣任南阳太守期间,曾利用水泉,开通沟渎,筑堤闸数十处,灌田三万多顷,史称"召父渠"。此为所筑堤闸之一。④

(八)邓州市汉堤遗址

汉堤遗址位于邓州市赵集乡堤南高村北,为汉代所修筑的湍河河堤。现仅残存 200 余米,已辟为缓坡耕地,高约 1 米。⑤

(九)邓州市汉代六门堤遗址

六门堤遗址位于邓州市城区西边湍河南岸,汉代水利工程,为召父渠遗迹。

---

① 国家文物局主编:《中国文物地图集·河南分册》,中国地图出版社 1991 年版,第 535—536 页。
② 国家文物局主编:《中国文物地图集·河南分册》,中国地图出版社 1991 年版,第 539—540 页。
③ 国家文物局主编:《中国文物地图集·河南分册》,中国地图出版社 1991 年版,第 540 页。
④ 国家文物局主编:《中国文物地图集·河南分册》,中国地图出版社 1991 年版,第 544 页。
⑤ 国家文物局主编:《中国文物地图集·河南分册》,中国地图出版社 1991 年版,第 559 页。

该渠乃汉南阳太守召信臣于西汉建平五年(前34)所筑。原长100千米,初开三门,西汉元始五年(5)改为六门。后历代重修,明末废。现存闸门缺口等遗迹,稍高出地面。①

(十)邓州市汉代钳卢陂遗址

钳卢陂遗址位于邓州市刘集乡陈桥村西南,为"召父渠"著名堤闸之一。南北走向,今仅存废堤一段,高出地面约1米。②

(十一)方城县堵阳东陂遗址

堵阳东陂遗址位于方城县城关镇大凉亭村北,为古代水利工程遗迹,是一东西走向的土堤,全长1.8千米。堤高10米,顶宽15米,底宽50米。堤系夯筑,夯层厚0.1—0.14米。《裕州志》载:"堵阳东陂,在州东五里。"③

(十二)洛阳市隋唐时期石堤遗存

石堤遗存位于隋唐洛阳城洛南里坊区遗址西北隅。自洛河南岸大堤北约20米处始,断断续续由西南向东北方向延伸,直至洛河主河道南侧附近,大致呈带状分布,总长约350米。暴露于地面、沙坑中的堤石,总计140余块。堤石大多属青石质,形制规整,体积较大,周边有人工打制的斜向凿痕。根据堤石分布的疏密及其相对位置,大致可分为西南部、中部、东北部等三个区域。西南部一带零星发现的堤石有15块,多埋于河沙之下,距河床地表深约1.5—3米。河床中部地势较高。堤石分布区域较大,在南北长约100米、东西宽约20米的范围内,有110余块堤石散见于河沙之中,多为2、4、5、8、10块为一组,集中分布,排列无序。堤石长85—108厘米,宽42—76厘米,厚40厘米。有两块堤石上部边缘各有一铁细腰凹槽。有一凸字形堤石,为页岩质,长85厘米,宽76厘米,厚30厘米。在北距中部南端32米的一个沙坑中,分别发现铁锛和铜钱各一。铁锛锈蚀严重,断为两半,通长14.8厘米,上部宽5.4厘米,厚2.8厘米,刃部宽4.2

① 国家文物局主编:《中国文物地图集·河南分册》,中国地图出版社1991年版,第559页。
② 国家文物局主编:《中国文物地图集·河南分册》,中国地图出版社1991年版,第559页。
③ 国家文物局主编:《中国文物地图集·河南分册》,中国地图出版社1991年版,第572页。

厘米,厚 0.7 厘米。铜钱为会昌“开元通宝”,面有锈蚀。东北部一带所见堤石共 14 块,大多暴露在河床之上,分布在东西长 11 米、南北宽 5 米的范围内,北距洛河主河道 13 米。

根据唐代李吉甫《元和郡县图志·河南道一》记载:“洛水,在县西南三里。西自苑内上阳之南弥漫东流,宇文恺筑斜堤束令东北流。当水冲,捺堰九折,形如偃月,谓之月陂,今虽渐坏,尚有存者。”《唐六典》卷七记载:“开元二十四年,上以为谷、洛二水或泛溢,疲费人功,遂敕河南尹李适之出内库,和雇修三陂以御之。一曰积翠,二曰月陂,三曰上阳。尔后二水无力役之患。”由今洛阳牡丹桥发现堤石的地望来看,其位于隋唐东都城西部中段,紧邻西苑,堤石分布呈西南—东北走向。结合文献以及堤石形制、出土铁镑、会昌开元钱等遗物分析,这处洛河河床上的石堤遗存应是隋唐时期的月陂。

(十三)隋唐洛阳城古洛河河堤与天津桥遗存

在洛阳市滨河路路基工程施工中,在瀍河以西、牡丹桥以东的洛河两岸,发现古洛河的南堤两段、北堤一段和古桥遗址一处。发现了隋唐古洛河南北石河堤近千米,堤宽 2.5—3.5 米,残高 0.4—2 米,它东起南关,西至牡丹桥,断断续续有数千米。从发掘来看,石堤在垒砌之前,先于沙石中平整堤基,然后铺一层黄土,其上铺垫方木,方木之上垒砌石头。在某些地段和某些临水一侧的易毁部分,石堤的石头间用腰铁进行锁固,以抗击洪水。

古桥遗存位于洛阳桥以西近 400 米的现洛河北岸,共发掘 4 个桥墩,间距 15 米左右。其中由南往北排列的第二号桥墩保存较好,残长约 20 米,宽 2 米,高 1 米,方向 53°。桥墩均用石英石垒砌,石头大小、形状同石堤的第一期用石,桥墩底部铺垫方木,面上用腰铁纵横锁固。桥墩遗存北面正对隋唐东都城的端门,处于应天门与定鼎门的连接线上,与天津桥位置相重合,所以我们认为即天津桥遗址。天津桥始建于隋大业元年(605),唐代建成石桥,之后多次被洪水冲毁,又多次修建。到宋代,天津桥得以重修并继续使用,宋以后天津桥就彻底废弃了。①

---

① 余扶危、潘付生、俞凉亘:《隋唐洛阳城古洛河河堤与天津桥遗存》,《中国考古学年鉴(2001)》,文物出版社 2002 年版,第 210 页。

（十四）洛南新区唐代石筑水利设施

该水利设施位于洛南新区的文化西路工地，在隋唐洛阳城南城墙外，为一处由青石垒砌而成的建筑遗迹。东西长 40 米，南北宽 10 米，残高 2 米左右，大致呈方形，其南北两壁的中部分别向外弧出。石材为长方形，大小不等，一般长 1—1.5 米，宽与厚均是 0.6—0.7 米。根据发掘情况，该建筑分两期建设，第一期始建于唐代，第二期为稍后进行了改建和利用。隋唐时期在修建东都洛阳城时，曾修建了大量水利设施，此处石砌建筑遗址的功能应与水利设施有关。这处水利设施在洛南属首次发现，已进行了原址保护。①

（十五）中牟水溃隋唐古河道遗址

该遗址位于今郑州市中牟县官渡镇水溃村西北约 500 米处，发掘面积达 2600 余平方米，基本弄清了古河道地层堆积状况。另外，为了查清隋唐大运河中牟段的走向问题，做了具有针对性的调查和钻探。初步认为流经杨桥—永定庄—十里店—七里店—万胜—杨佰胜—土寨—水溃—韩庄—大胖的古河道疑似历史上的隋唐大运河故道，这与文献记载的运河走向大致相符。流经杨桥—永定庄—十里店—七里店—万胜—杨佰胜—土寨—水溃—李庄—板桥—前於—店李口—开封徐口、朱仙镇的河道可能为贾鲁河故道，其部分河道沿用了隋唐大运河故道。中牟县雁鸣湖镇境内的运粮河在狼城岗镇瓦坡村正西向东南流经潘店—王庄—后董庄—韩庄—大胖的河道，怀疑其与历史上的汴河不无关系。结合前黑寨村西出土的铁锚等情况，初步推测：在西至大孟镇李南溪村东、东达开封县汴河堤村、南至官渡旅游区、北到大孟镇大吕村范围内，古时候可能存在一处水库性质的水利设施，暂将其称为“水樻”，其或与水溃古河道调节水量有关。前黑寨村西在修建公路时出土的带有铁链的铁锚便是明证，这也从侧面说明该区域曾有船舶行驶。

（十六）隋唐洛阳城漕渠和新潭遗址

该遗址位于洛河北岸，在洛阳市老城区，调查范围约 240 万平方米，基本确

---

① 俞凉亘、申建伟、潘海民：《洛南新区唐代石筑水利设施》，《中国考古学年鉴（2005）》，文物出版社 2006 年版，第 258 页。

定了隋唐洛阳城内漕渠和新潭的位置与大致范围。漕渠起自今南关码头西南，枝分洛水，东北流经今凤化街，再折向东经贴郭巷小学家属院、柳林街、新街小石桥北，汇入瀍河。过瀍河经桂圆街、塔西新村南，东出外廓城，其宽35—43米，部分地段宽110米左右。

（十七）万金渠

万金渠有着悠久的历史，距今已有1300多年的历史，其始建于唐咸亨三年（672），相州刺史李景自西高平村筑堰，引洹水入渠东流溉田，因“其利不下万金”而得名。之后历朝都整修和疏浚干支渠。到了清代，南北两干渠成为南万金渠、北万金渠，乾隆十年（1745）又新开中万金渠，灌溉面积不断扩大。

最初万金渠的功能比较单一，主要用作灌溉，后来又衍生出了其他功能，比如明代作为环城河的水源和出水口，新中国成立后又成为城市排污和防洪的重要组成部分，同时还能满足工业用水的需求。

万金渠已经不仅是传统意义上的水利工程，而是一处与安阳发展密切相关的历史文化遗产，万金渠的历史也反映了当地经济、社会、文化的发展状况。然而随着近年来城市的发展，大量的城市居民生活污水、垃圾以及工业废水排入万金渠内，造成了万金渠水系的严重污染。这些污水、垃圾的排入，使得万金渠的功能不能得以发挥。千年来万金渠在防洪、灌溉等方面发挥作用，然而现在却得不到人们应有的重视和保护，实在是令人担忧。

（十八）隋唐大运河郑州段

中国隋唐大运河是世界上开凿时间最早、延续时间最长、流程最长的人工河流。隋唐大运河是一个河流的体系，在多条自然河道的基础上，经人工开挖和维护而形成的沟通南北的连续水道系统。它造福了沿河两岸的居民，造就了沿岸城市的繁荣；它连续的水网促进了中国的统一，它繁忙的水运推动了半个中国经济的发展；它的影响不仅是一两个朝代，在延续至今两千年的时间里，几乎每个朝代都利用它发达的水利而发展。

隋唐大运河以东都洛阳为中心，北达涿郡（今北京），南抵余杭（今杭州）。运河南北跨10多个纬度，穿越东南沿海和华北大平原，自北向南依次经过北京、天津、河北、山东、河南、安徽、江苏和浙江等八个省市；自北向南依次沟通中国五大水系：海河、黄河、淮河、长江和钱塘江，全长共 2700 多千米；自北向南依次分为四个部分：永济渠、通济渠、邗沟、江南运河。隋唐大运河的开挖促进了隋唐以及以后历代南北经济、文化的交流，维护了全国统一和中央集权。

隋唐大运河郑州市惠济区段东至贾鲁河，西至师家河村，全长 20 多千米，属于隋朝大运河通济渠的一部分，唐宋时称汴河，现称索须河，其中地上部分 16 千米，地下淹埋 4 千米。河床宽 200 多米，水面宽 40 多米。

2004 年 7 月，第 28 届世界遗产委员会会议在苏州举行。国家文物局局长单霁翔在会议上表示："中国将对大运河申报世界文化遗产的可能性和工作方案进行全面科学的评估论证，并在评估结果出来后，正式启动申报工作。"大运河最早的申报范围只涵盖京杭大运河部分。

2006 年 5 月，200 多名全国政协委员和专家学者对京杭大运河进行全面深入的考察调研。经委员、专家和学者认真研究，通过一致声明："世界上最长的大运河，应为隋朝时期开凿的隋朝大运河，而非元代改道及明清疏浚的京杭大运河。"后由国家文物局积极、诚恳、广泛地听取多方意见，并决定采纳各方面专家、学者的意见建议，重新制定《中国世界文化遗产预备名单》目录。目录中，改"京杭大运河"为"中国大运河"，使得中国大运河遗产的完整性和真实性得到进一步保护。2014 年 6 月 22 日，第 38 届世界遗产大会宣布，中国大运河项目成功入选世界文化遗产名录，成为中国第 46 个世界遗产项目。

经过资料整理，可以判定为隋唐大运河郑州市惠济区段遗产廊道及相关的物质遗产的有河道、航运工程、水利工程、运河聚落村落、建筑物、湿地、林地等，内容较为丰富，涉及惠济区 4 个镇办、15 个行政村，也包括部分非物质文化遗产。

1.水利工程（索须河）

位于郑州市惠济区内，经考古发掘，隋唐大运河郑州市惠济区段和现今索须河河道重合，西起丰硕桥，东到祥云寺村和贾鲁河交汇处，全长共约 15 千米，目前隋唐大运河郑州市惠济区段河道部分河段水面宽达 40 余米，河堤基宽达 20 余米，顶宽近 7 米，河床宽 200—300 米不等。《隋书 · 食货志》载："开皇八年……谓之御河。运河两侧河畔修筑御堤御道，种植柳树。"记载中描述大运河两岸筑河防大堤，称为"隋堤"，隋堤上种植柳树，称为"隋柳"，是明清时期著名"荥泽八景"之一。2010 年底，通济渠荥阳故城段（含丰硕桥至与贾鲁河交汇处的索须河段）进入大运河申遗“立即列入项目”。

2.航运工程（惠济桥）

位于郑州市惠济区西北的惠济桥村，东西走向，全桥由青石构造。三孔石桥，桥面长 14.44 米，宽 5.08 米。据《荥泽县志》记载，桥两侧原有桥楼，据当地人描述桥上原有青石栏杆，绘制精美图案，“文革”时期被毁，据考古判定建于元末明初。《荥泽县志》中有诗句曰：“野店山桥送马蹄，白沙青石洗无泥。泊船秋夜经春草，明日看云还杖藜。”据《荥泽县志》，“惠济长桥”是明清时期荥泽地区著名的“荥泽八景”之一。

（十九）京杭运河开封段汴河故道遗址

大运河开封段始于公元前 361 年魏惠王开凿的鸿沟水系，是汴河的重要组成部分，金元之际，黄河改道，汴河及河堤日渐淤没，前后沿用约 1500 年。经考古调查发现，运河故道大致呈西北—东南走向流经开封，全长约 80 千米，其中市区段约 25 千米，祥符区段约 25 千米，杞县段约 30 千米。

开封段运河，即汴河故道，已失去通航能力和输水能力，今多淤没于地表以下，大多地段地表已基本平整，只有极少部分地段地表尚存洼地。汴河故道基本呈东西走向，开封县和杞县段故道呈西北—东南走向，西北起祥符区汴河堤村，东南至杞县肖营村，与今天的惠济河走向基本一致。运河故道大部分位于惠济河北岸 1—3 千米不等，部分地段与今惠济河重合。

（二十）北宋东京州桥遗址

北宋东京城号称“四水贯都”，州桥是北宋东京城内汴河与城市中轴线——御街交叉处的一座规模宏大、结构严谨的古代桥梁。随着隋唐大运河的开通，为适应城市发展的需要，唐政府扩修汴州城，第一次真正把汴河纳入城市内部，并在汴河与城市中轴线交会处修筑了汴州桥。北宋时期定都开封，汴州桥亦改名为御桥。北宋中期的州桥已是用石砌岸并雕有海马云气纹饰，同时州桥还建有二楼。北宋之后，汴河作用大减，由于连年的战争，再加上南宋与金对汴河实行分治，汴河便逐步荒废断流，州桥亦不再为人所重。金元时期，黄河历浸，汴河日废。

1984 年进行的考古发掘表明，该桥为南北向砖石结构的拱形桥，南北长 17

米，东西宽30米，保存基本完好。桥址位于今开封市大南门里中山路中段，南至小纸坊街东口53米，北距大纸坊街东口50米，东西距州桥百货楼和原开封皮鞋厂办公楼均为0.3米。现在发现的州桥遗址应始建于北宋，金元时期未有大的变动。明初进行了较大规模的改造，明末被黄河淤没于地下。州桥遗址现为开封市重点文物保护单位。

（二十一）北宋东京东水门遗址

东水门，也称汴河下水门，是汴河流出北宋东京外城时在东墙处的出口，位于开封市区内，在今开封市火葬厂大门的西侧一处墙体缺口处，缺口南距外城东南角约730米，南北宽35米。汴河流经城垣处，是防御的薄弱环节，因此修建水门。

（二十二）北宋东京西水门遗址

西水门，也称汴河上水门，是汴河流入北宋东京外城时在西墙处的入口，位于现开封市区内，南距新郑门遗址约910米。

（二十三）南阳市襄汉漕渠遗址

襄汉漕渠遗址位于今南阳市宛城区新店乡魏莫庄村南，俗称“十万大沟”，呈东北—西南走向，长约1千米，宽40米。北宋太平兴国三年（978）正月，西京转运使程能所开修石塘，目的是将河水引至京师开封。后山水暴涨，石塘坏而废之。①

（二十四）洛阳市明代水渠

老城青年宫明代水渠位于今洛阳市老城区中州路以南、兴华街以东。有明代暗渠1条，呈南北走向，现存渠长约58米，宽0.75—0.9米，深0.7—0.75米，渠顶距地表0.5—1.2米。该暗渠底部两壁为砖砌，砖长46厘米、宽25厘米、厚15厘米；暗渠顶部为砖券，砖长30厘米、宽15厘米、厚5厘米。根据发掘过程中的迹象来看，该暗渠曾有过至少两次人为改道。渠内水流方向为由南向北

---

① 国家文物局主编：《中国文物地图集·河南分册》，中国地图出版社1991年版，第532页。

流。以前在该工地以北也发掘出过相同的砖筑暗渠，据此判断该暗渠应一直向北延伸，与以前发现的暗渠相连。①

（二十五）阡陌堰遗址

阡陌堰遗址位于今唐河县湖阳镇邢庄西，系古代水利工程，年代不详。残存东西两堤各高 4 米，宽 8 米，两堤相距 1 千米。西堰堤中部偏南有一深坑，南北长 300 米，东西宽 150 米，俗称“堰窝”。1969 年在东堤挖出一刻有“阡陌堰”之石碑，故名。②

第三节　水与都城遗址

水是自然环境中与人类关系最为密切的要素，是城市选址的先决条件。“从某种程度上来说，城市水源是城市赖以生存的生命线，没有水源的城市难以兴起，也无法延续发展。”③在古代都城选址中，应处理好城市与水之间的关系。城市的水利包括生活生产用水、漕运、防洪、城防、园林以及生态等多种功能，历史上城市水源主要是来自于地面水，如河流、湖泊等。正因为如此，自秦以后，中国古代统一王朝的都城都选址在河流沿岸，甚至一些地方割据势力也把自己的根据地定于河流的沿岸或者说是有丰富水源的城市，有学者称这绝不是偶然现象，而是中国都城发展的必然规律。

---

① 武海：《洛阳市老城青年宫明代水渠》，《中国考古学年鉴（2007）》，文物出版社 2008 年版，第 320 页。

② 国家文物局主编：《中国文物地图集 · 河南分册》，中国地图出版社 1991 年版，第 540 页。

③ 马正林：《中国城市历史地理》，山东教育出版社 1998 年版，第 303 页。

一、洛阳

（一）洛阳盆地的主要河流

洛阳位于豫西盆地的北部，东、南有嵩山，西为熊耳山的东延丘陵部分，北是邙山，邙山北部就是黄河，中部是河流冲积平原，构成典型的盆地地形。

洛河又称洛水，《水经注·洛水》云："洛水出京兆上洛县讙举山，东北过卢氏县南，又东北过蠡城邑之南，又东过阳市邑南，又东北过于父邑之南，又东北过宜阳县南，又东北出散关南，又东北过河南县南，又东过洛阳县南，伊水从西来注之。又东过偃师县南，又东北过巩县东，又北入于河。"[①]从以上记载可以看出，洛水发源于今陕西南部的洛南县，先后经卢氏县、洛宁县和宜阳县进入洛阳盆地，向东经今洛阳市，左合涧河和瀍河，再向东在偃师境内汉魏洛阳故城南与伊河相会，后经巩义注入黄河。

在洛河北岸有两条支流，一支为瀍河。瀍河又称瀍水，"瀍水出河南谷城县北山，又东过偃师县，又东入于洛"。瀍河发源于孟津县古县乡会瀍沟，东南流，在今洛阳老城东注入洛河。另一支为涧河，涧河又称涧水、涧谷水或谷水，由上游的谷、涧二水汇合而成。"涧水出新安县南白石山，东南入于洛。"谷水发源于河南渑池县，涧水发源于河南新安县，二水东北流，在新安县函谷关东汇为一水，再向东进入洛阳盆地，在谷城东南注入洛河。

伊河又称伊水，"伊水出南阳鲁阳县西蔓渠山。又东北至洛阳县南，北入于洛"。[②] 伊河发源于栾川县境内，向东经嵩县和伊川县进入洛阳盆地；经汉魏洛阳故城南注入洛河，与洛河并称为伊洛河。

从商周开始，一直到近现代洛阳的城市布局迁移大都是沿着这几条河流进行变化的。据历史文献记载统计，洛阳地区自夏商以至唐宋，共有 13 个王朝建都于此。[③] 这些都城城址基本上是沿着洛河营建的，但是城址随着朝代的不同

---

① 郦道元著，陈桥驿校证：《水经注校证》，中华书局 2007 年版，第 354—356 页。

② 郦道元著，陈桥驿校证：《水经注校证》，中华书局 2007 年版，第 378 页。

③ 段鹏琦：《洛阳古代都城城址迁移现象试析》，《考古与文物》1999 年第 4 期，第 40—49 页。

而东挪西移。造成这一现象的原因是不同历史时期周边地理环境变迁以及政治、经济、文化等因素。不管是自然因素还是社会因素，都与河流的兴衰变迁也就是水源问题有着密切的联系。

（二）水与周都洛邑

周灭商后，周武王命周公在洛阳营建洛邑，周公经过实地调查和规划之后开始营建工作。《逸周书·度邑解》载："自洛汭延于伊汭，居易无固，其有夏之居。我南望过于三涂，北望过于有岳，丕瞻过于河，宛瞻于伊洛，无远天室。"[①]《史记·周本纪》云："自洛汭延于伊汭，居易毋固，其有夏之居。我南望三涂，北望岳鄙，顾詹有河，粤詹雒、伊，毋远天室。营周居于洛邑而后去。"[②]近五十年来，在瀍河两岸考古学家发现了大面积的西周遗址，有学者认为该处即为西周洛邑城址所在。[③]

公元前770年，周平王由镐京迁都洛邑，都王城。《水经注·谷水》载："谷水出弘农渑池县南墦冢林谷阳谷。《山海经》曰：'傅山之西有林焉，曰墦冢，谷水出焉，东流注于洛，其中多珚玉。'……谷水又径河南王城北……谷水又东流径乾祭门北……东至千金堨……谷水又东流，注于洛水矣。"[④]《水经注·谷水》又载："洛水东径九曲南……而南流入于洛……洛水又东，枝渎左出焉……枝渎又东，径周山……又东北径柏亭南……又东北径三王陵，东北出焉……枝渎东北历蒯乡，径河南县王城西……枝渎又北入谷。"[⑤]根据文献记载，洛邑距离谷水最近，当以谷水为主要水源。周代洛邑的建城与水源有着密不可分的联系，而周代的王城也为后来在洛阳建都的几个王朝提供了参考。

（三）水与汉魏洛阳城

汉魏洛阳故城作为东汉、曹魏、西晋和北魏四代王朝的都城长达数百年。这与当时的政治和军事形势有密切的关系，另一方面也与城市对于自然条件的

---

① 黄怀信等：《逸周书汇校集注》，上海古籍出版社1995年版，第512—513页。

② 司马迁：《史记》，中华书局1963年版，第129页。

③ 叶万松、张剑、李德方：《西周洛邑城址考》，《华夏考古》1991年第2期，第70—76页。

④ 郦道元著，陈桥驿校证：《水经注校证》，中华书局2007年版，第388—404页。

⑤ 郦道元著，陈桥驿校证：《水经注校证》，中华书局2007年版，第368页。

整治和利用有密切的关系。

东汉建都以后，为了稳定和发展国都，必须在周围建立强大雄厚的农业生产基地并创造水运交通条件。东汉建武五年(29)，在王梁的建议下，利用河流修建了水利工程阳渠，“穿渠引谷水注洛阳城下，东泄巩川，及渠成而水不流”。① 阳渠的开凿本来可以解决洛阳城内的供水和漕运问题，由于水源不足和坡度太小未能成功。建武二十四年(48)，张纯重开阳渠，从洛阳西南堰洛水东北流，横绝谷水，流经洛阳城南，又东南流，在今偃师市南再汇入洛河。由于增加了水源，增大了坡度，漕运畅通，统治阶级以及洛阳城内的百姓皆称便。由此可见，阳渠是东汉洛阳城的主要供水渠道和漕运的必由之路，也成了洛阳的护城河。②

曹魏时，又利用谷水修筑了千金堨和千金渠。《水经·谷水注》记载：“谷水又东流径乾祭门北，子朝之乱，晋所开也，东至千金堨。……《洛阳记》曰：千金堨旧堰谷水，魏时更修此堰，谓之千金堨。积石为堨而开沟渠五所，谓之五龙渠。渠上立堨，堨之东首，立一石人，石人腹上刻勒云：太和五年二月八日庚戌造筑此堨，更开沟渠，此水衡渠上，其水，助其坚也，必经年历世，是故部立石人以记之云尔。盖魏明帝修王、张故绩也。堨是都水使者陈协所造。《语林》曰：陈协数进阮步兵酒，后晋文王欲修九龙堰，阮举协，文王用之。掘地得古承水铜龙六枚，堰遂成。水历堨东注，谓之千金渠。”③

北魏孝文帝迁都洛阳，北魏洛阳城的布局是考虑到地理条件而规划的。北魏时将城向南扩大至伊洛水旁，城南伊洛水旁水道运输极为便利，因此，洛阳城伊洛水旁成了市场繁荣之区，商品供应齐全，方便了人们生活所需。《洛阳伽蓝记》卷三《菩提寺》载：“别立市于洛水南，号曰四通市，民间谓永桥市。伊洛之鱼，多于此卖，士庶须脍，皆诣取之。鱼味甚美，京师语曰：‘洛鲤伊鲂，贵于牛羊。’”④曹尔琴先生说：“北魏洛阳城的市恰好相反，市设在宫城南面，且在大城之外。这样的布局自然与利用地理条件不无关系。大市正在千金堨引来的谷水与洛水之间，又当西去大道之侧。马市与小市都在城西阳渠附近，也就是漕

① 范晔：《后汉书》，中华书局1965年版，第775页。

② 马正林：《中国城市历史地理》，山东教育出版社1998年版，第326页。

③ 郦道元著，陈桥驿校证：《水经注校证》，中华书局2013年版，第374—375页。

④ 杨衒之撰，周祖谟校释：《洛阳伽蓝记校释》，中华书局1963年版，第117页。

运渠道的近处。至于四通市正是洛伊之间夹河长洲上的大市。这几市的设置与交通条件密切相关,也可以说明汉魏洛阳城水陆交通便利正是建都的一个因素。”①

(四)水与隋唐洛阳城

隋炀帝大业元年(605)下诏在汉魏洛阳城故城西十八里处经营东都,炀帝刻意将宫城对准伊阙山口,使城市与独特的自然景观联系起来。隋唐洛阳“前直伊阙,后据邙山,左瀍右涧,洛水贯其中,以象河汉”②。“洛、瀍两河流经城中,伊、洛、瀍、涧(即谷水)尽为所用,水源极其丰富。洛水以北主要靠谷水、瀍水、涧水、泄城渠、漕渠供水;洛水以南主要靠通济渠、通津渠、伊水、运渠供水,形成完整的供水渠网。实际上是以洛水为基干,所有渠道均与洛水贯通。洛阳城址的西移,就是为了争取更为充沛的水源,控制整个河谷,成为水路交通中心。隋炀帝开凿的通济渠和永济渠,沟通了南北水路交通,成为京杭大运河的先驱,其水运中心就是洛阳。”③从经济和商业的角度讲,洛阳城内纵横的河渠为航运提供了便利条件。通过横贯全城之洛水,以及漕渠、运渠、通济渠,还有伊水、瀍水、谷水入城与诸渠汇合,形成了一个以洛水为主干的城市水道网。城内三市均有渠道相通,这对交通运输和商品集散是极其便利的,从而促进了洛阳商品经济的繁荣。

在最初建城时,人口少,都居住在河流两侧二级台地上,即使大水暴发,也不至于有太大的损失。政府还在洛水两岸筑有河堤,初建城时宇文恺为约束东流的洛水,就在西苑筑斜堤,使其东北流。唐初上官仪《入朝洛堤步月》云:“脉脉广川流,驱马历长洲。鹊飞山月曙,蝉噪野风秋。”唐高宗承贞观之后,天下无事。宰相上官仪尝凌晨入朝,循洛水堤,步月徐辔,即兴吟咏了这首诗。随着城市经济的发展,人口的增多,人们已经活动到河流两旁地势低一些的地方,距水更近,就不免受到更大的灾害。隋唐洛阳城在短短的三百年中发生26次大水灾,水灾不仅冲毁宫室城门、桥梁、城防、寺庙等,而且冲没农田、溺杀兵民,造成

① 曹尔琴:《洛阳,从汉魏至隋唐的变迁》,《唐都学刊》1986年第1期。

② 欧阳修、宋祁:《新唐书》卷三十八《地理二》,中华书局1975年版,第976页。

③ 马正林:《中国城市历史地理》,山东教育出版社1998年版,第329页。

很大的经济损失。这大概是建立东都时所未料及的。

隋唐东都洛阳建城时充分地考虑到城市用水的问题,采取种种措施和方法,合理地疏导洛河、伊河、瀍河和谷水,解决了用水和漕运的问题,同时也提高了东都洛阳的影响力,使之成为与长安相媲美的世界性大都市。

二、开封

开封位居中原,北濒黄河,南临淮水,东接齐鲁,西通秦陇,自古有"八省通衢""四战之地"之称。作为一座具有悠久历史文化的城市,早在七千年前的新石器时代,中国古代先民们已在这块沃土上辛勤劳动,拓展着人类文明的曙光。春秋时期,郑庄公"开拓封疆",在此筑城,名曰开封。从此先后有战国魏,五代梁、晋、汉、周,北宋和金在此建都,号称"七朝古都",在中国城市发展史上占有重要地位。两千多年来,开封城市饱经沧桑,走过了兴起、鼎盛和衰落的历程。

(一)魏都大梁

大梁是开封城市史上第一个真正意义上的国都,是开封城市发展史上的一个重要阶段。公元前365年魏惠王迁都大梁,开始加强对大梁周边水利设施的建设,疏浚河道、兴修水利工程等,并于魏惠王十年(前360)开凿沟通黄河水系和淮河水系的人工运河——鸿沟。《水经注》引《竹书纪年》记载:魏惠成王"十年,入河于甫田,又为大沟而引甫水者也"[①],"三十年三月,为大沟于北郭,以行圃田之水"[②]。鸿沟的开凿,改变了之前聚落呈团状向内发展的态势,城市逐渐向运河的方向发展,城市的整体布局由之前的近水分布变为临河发展。同时,鸿沟还贯通了豫东平原的主要河流诸如濮、睢、济、颍、泗等,《史记·河渠书》载:"荥阳下引河东南为鸿沟,以通宋、郑、陈、蔡、曹、卫,与济、汝、淮、泗会。"[③]形成以大梁为中心的四通八达的水道交通网,促进了河流沿岸工商业的发展,

① 郦道元著,谭属春、陈爱平点校:《水经注》,岳麓书社1995年版,第330页。
② 郦道元著,谭属春、陈爱平点校:《水经注》,岳麓书社1995年版,第335页。
③ 司马迁:《史记》卷二九《河渠书》,中华书局1959年版,第1407页。

由此造就了北至燕赵、南达江淮，交通便利、形势富饶的名都大邑大梁。

但是在秦统一六国的过程中，秦将王贲利用鸿沟引水连灌大梁城三个月之久，魏王投降，魏国灭亡。大梁城毁损非常严重，数百年之间，开封未能恢复生气。

（二）唐代汴州城

战国以后，开封历经秦、汉、魏晋南北朝、隋达七百年而未能重兴。隋炀帝大业元年（605）开始，隋炀帝先后命人开通了通济渠、永济渠，并结合原有的河道汴水、邗沟等，沟通了钱塘江、长江、淮河、黄河、海河五大水系，以东都洛阳为中心，形成了北达涿郡（今北京）、南至余杭（今杭州）的庞大水运交通网络，将南方和北方紧密地联系在一起。唐朝建立以后，随着经济的迅速发展，大运河作用日益凸显，汴州因地临汴水而成为重要的水陆都会，成为南北经济、文化交流的重要枢纽，成为关中、江淮之间粮食输送的重要中转站，唐朝政府采取了一系列的措施，对开封进行了大规模的整修，开封得到了迅速的发展。唐德宗贞元十四年（798），董晋修筑了汴州城的汴河东西水门。韩愈《汴州东西水门记》云："维汴州河水自中注，厥初距河为城，其不合者，诞寘联锁于河，宵浮昼湛，舟不潜通。然其襟抱亏疏，风气宣泄；邑居弗宁，讹言屡腾；历载已来，就究孰思。皇帝御天下十有八载，此邦之人，遭逢疾威，嚚童噭嗥，劫众阻兵，懔懔栗栗，若坠若覆。时维陇西公受命作藩……乃作水门，为邦之郛，以固风气，以闬寇偷。黄流浑浑，飞阁渠渠，因而饰之，匪为观游。天子之武，维陇西公是布；天子之文，维陇西公是宣。"[①]董晋修筑汴河水门，一则加强了对汴河水利的调控，同时也使得汴州城交通更加方便。董晋对汴州城的修筑，极大地提高了汴州城的城市发展水平，也为北宋时期开封的发展打下了坚实的基础。

（三）北宋东京

经历几百年的沉淀和积累，开封城市发展在宋代到顶峰。960年，赵匡胤发动"陈桥兵变"，改国号为宋，定都开封。宋朝为了加强漕运，便利交通，先后多次对汴河进行修整，"每岁自春及冬，常于河口均调水势，止深六尺，以通行重载

---

① 韩愈著，马其昶校注，马茂元整理：《韩昌黎文集校注》卷二《汴州东西水门记》，上海古籍出版社1986年版，第80—81页。

为准”[①]。将洛水引入汴河，使得汴河水势平缓，泥沙大减，极大地提高了汴河的通航能力。宋仁宗皇祐三年(1051)，郭谘向朝廷进言：“作汴乘索河三十六陂之流，危京师，请自巩西山七里店孤柏岭下凿七十里，导洛入汴，可以四时行运。”[②]为保证堤岸的稳固，北宋政府还下令在汴河两岸种植树木，“缘河州县长吏，常以春首课民夹岸植榆柳以固堤防”[③]。

北宋政府还对城内的蔡河、五丈河、金水河等进行了一系列的修治。蔡河(惠民河)是北宋时期四条重要的穿城河流之一，地位仅次于汴河。北宋政府对惠民河进行了开凿和疏浚工作，“诏发京畿、陈、许丁夫数万，以右领军卫上将军陈承昭督之，道闵水自新郑与蔡水合”[④]。“命右神武统军陈承昭帅丁夫数千凿渠，自长社引潩水至京，合闵河。潩水出密之大騩山，历许田，会春夏霖雨则大溢害稼。”[⑤]五丈河开凿于唐朝武则天时期，北宋政府对五丈河采取疏浚、引水注入的方法，“太祖建隆二年正月，遣使往定陶规度，发曹、单丁夫数万浚之。三月，幸新水门观放水入河。先是，五丈河泥淤，不利行舟。遂诏左监门卫将军陈承昭于京城之西，夹汴水造斗门，引京、索、蔡河水通城壕入斗门，俾架流汴水之上，东进于五丈河，以便东北漕运。公私咸利”[⑥]。金水河主要为皇宫提供用水。宋真宗大中祥符二年(1009)九月，“诏供备库使谢德权决金水，自天波门并皇城至乾元门，历天街东转，缭太庙入后庙，皆甃以碧甓，植以芳木，车马所经，又累石为间渠”[⑦]。

发达的交通使开封发展成为“四方所辏，天下之枢，可以临制四海”[⑧]的重要都城，因而“甸服时有水旱，而不至艰歉者，有惠民、金水、五丈、汴水等四渠，派引脉分，咸会天邑；舳舻相接，赡给公私，所以无匮乏。唯汴水横亘中国，首承大河，漕引江湖，利尽南海，半天下之财赋，并山泽之百货，悉由此路而进”[⑨]。可

---

① 脱脱等:《宋史》卷九三《河渠三·汴河上》，中华书局1977年版，第316页。

② 脱脱等:《宋史》卷三二六《郭谘传》，中华书局1977年版，第10532页。

③ 李濂撰，周宝珠、程民生点校:《汴京遗迹志》卷六《河渠二》，中华书局1999年版，第82页。

④ 李焘:《续资治通鉴长编》卷二，中华书局2004年版，第38页。

⑤ 李焘:《续资治通鉴长编》卷五，中华书局2004年版，第122页。

⑥ 脱脱等:《宋史》卷九四《河渠志》，中华书局1977年版，第2338页。

⑦ 脱脱等:《宋史》卷九四《河渠志》，中华书局1977年版，第2341页。

⑧ 脱脱等:《宋史》卷九三《河渠志》，中华书局1977年版，第2320页。

⑨ 脱脱等:《宋史》卷九三《河渠志》，中华书局1977年版，第2321页。

见,北宋王朝之所以把开封定为都城,开封之所以能迅速崛起,发达的交通和完善的水利是关键条件。

三、安阳

“洹水安阳名不虚,三千年前是帝都。”这是中国历史学家、考古学家郭沫若对安阳的赞美诗句。作为殷商王朝后期的都城遗址,殷墟曾是中国历史上最早的一个长期稳定的都城,是青铜器时代中期东方一个独具特色的王城,更是中国最早的文字甲骨文的发祥地。自公元前 14 世纪商代第 20 代王盘庚把商都迁于殷,历经八代十二王 273 年,盛享“王朝古都”之美誉,使其成为世界文明古国中最著名的古都之一。

(一)殷都周围的河流

东汉中期以前,华北平原上河流纵横,湖沼密集,自然水体比今天要多。对于殷都来说,与之息息相关的河流主要有东边的洹水、古黄河、漳水,南边的沁水、淇水、荡水、淇水等。

洹水,今名洹河,亦称安阳河,卫河支流,位于河南安阳境内。今天的洹河发源于太行山南麓,流至林州的横水后潜入地下,潜流到安东新区善应露出地面。东流入内黄至范阳口入卫河,全长约 170 千米。洹水入卫河后向北流去,最后汇入海河,从天津入海。安阳殷都出土的商代甲骨卜辞中有许多关于洹水的记载,多为对洹水的占卜或祭祀,后世文献对洹水的记载也很多。

古黄河,殷墟出土的甲骨文中已有关于黄河的记载,如《菁》四载“有出虹自北饮于河”,“河”即黄河。据著名历史地理学家谭其骧先生研究,在汉以前直至新石器时代,黄河下游一直是取道河北平原注入渤海的。先秦时期,古黄河是从荥阳北上经安阳殷墟正东而过的。

漳水,今称漳河,位于殷都遗址北约 20 千米,发源于山西省,在安阳境内流经林州及安东新区北部,是河南、河北两省交界西部的分界河。漳河有两条较大的源流:一条为浊漳水,源出山西长子县发鸿山,至平顺县下马塔村进入河南林州境内;一条是清漳水,源出山西平乐县。两源交汇于今河北磁县观台镇。

沁水，发源于今山西沁源西北绵山东麓，流经沁源、安泽、沁水、阳城等县，穿越太行山进入河南境内，经济源、沁阳，于武陟县西营附近注入黄河。

羑水，今称羑河，是荡水的一条支流。发源于今鹤壁韩大牛泉，沿安阳、汤阴县边界流至四伏厂汇入今汤河，全长 20 千米，流域面积约 516 平方千米。

淇水，今称淇河，卫河支流，发源于今山西陵川县，流经河南林州南部，经鹤壁淇县注入卫河，流经安阳境内 91 千米，流域面积约 2013 平方千米。

（二）水与殷都的关系

洹水对于殷都选址的重要性，相对于其他几条河流显得更为明显，因为它不仅起着军事防御、浇灌农田的作用，更是殷都城市用水的主要来源。

现代考古没有发现殷墟筑有城墙，商代的文献资料和甲骨文也未有盘庚迁殷后筑城的记载。这是因为：第一，盘庚之后所建殷都边鄙地区防卫较好，不用担心外族入侵到殷都及其周围地区。"古代王都不一定必有城墙，加强周围四境的军事防御也同样可起到保卫都城的作用。"[①]因为殷地地处中原，周边防卫力量强大，对外族的入侵不用过分担心。第二，殷都周围地形、地势有利于防守。殷都位于今安阳市西北小屯、武官村和侯家庄一带，有洹河南北两区，其范围约 24 平方千米。洹河南岸主要以小屯村为中心，是王宫区和宗庙区，王宫周围有制陶、制骨的作坊。洹河北岸主要是陵墓区，以武官村和侯家庄为中心，主要是商王墓、贵族墓及数千个祭祀坑。陵墓区东部有制骨器作坊。在王宫及陵墓区西部有制铜器作坊。王宫区选择的地理位置很优越，其北、东两面为洹河，其西有一条巨大壕沟，有很好的护卫作用。[②] 西面壕沟长 1100 米，南面壕沟长 650 米，壕沟宽约 10 米，深约 5 米，壕沟与洹河连接，当时沟内当有较深的河水，这对殷都有很好的防卫作用。

从 20 世纪 90 年代至 21 世纪初，从中美洹河流域考古调查情况看，在西周之前，洹河未曾有大规模的改道。洹河既然为商都及其附近居民提供了比较稳定和充足的水源，据专家推断，文丁以前殷都有人口 14 万，帝乙、帝辛时有人口

---

① 张国硕：《夏商时代都城制度研究》，河南人民出版社 2001 年版，第 155 页。

② 王迎喜：《安阳通史》，中州古籍出版社 2003 年版，第 19 页。

约23万①,这么多的人口没有充足方便的水源是难以想象的。因此,一旦因旱灾等原因导致水源减少或枯竭,商都居民生活将大受影响,商王朝的国家机器当不能正常运转。我们知道,商朝末年商王朝的政治中心一度转往殷都之南的朝歌一带,就是与洹河水流变化有关。

从洹北商城和殷墟所处的位置看,一在洹河之北,一跨洹河两岸。其北有漳河,南有淇河,东有古黄河,这样商都周围就有了一张交通网络。无论是人马来往,还是运送物资,洹河及其周围的几条河流在运输方面均起着重要的作用。

四、郑州

郑州地处中原腹地,北临黄河,西南傍依嵩山余脉,东边毗连豫东大平原。这里自然条件得天独厚,气候温和,土壤肥沃,物产丰富。扼东西南北交通之要冲,地理位置十分重要。

古代郑州地区水资源是很丰富的。一方面由于这里曾遭受海侵,直到更新世晚期才基本退水,形成了陆地湖泊沼泽区,因此,古代郑州水资源丰沛,地下水位比较高,取水比较方便。另一方面古代郑州地区水系十分发达,分布有众多河流。西部有汜水、京水、索须水流经境内,贾鲁河、金水河和熊耳河则穿过市区向东流去。这样既有利于防洪,又方便城市用水;既有利于都城防卫,又有利于都城的发展。商城西北有荥泽,东有圃田泽,还有《郑县志》所载的城东约25千米的"城湖"、城东约10千米的"梁家湖"、城东约6.5千米的"螺蛳湖"等大大小小的湖泊泽薮,由此便构成了星罗棋布、纵横交错的水文景观。

从有关考古发掘资料看,郑州商城对水资源的利用主要体现在两个方面:一是利用河流湖泊构筑都城防御体系。郑州商城防御体系,除城墙外主要还有护城河、护城壕等设施。郑州商城利用自然河流湖泊构筑防御体系,在外郭城的修筑上体现得更为明显。从外郭城的形状看,其大约呈不规则的U形,南部、东南部和西部、西北部(也可能包括北部)有夯筑城垣,而东部和东北部则没有建筑城垣。二是掘地凿井保障都城用水。郑州商城遗址发现50多年来,积累

---

① 宋镇豪:《夏商人口初探》,《历史研究》1991年第4期,第92—106页。

了丰富的实物资料,其中商代水井占有十分重要的地位。在河南中医学院家属院发掘出商代水井,上部为大的井坑,可能为避免土壁塌方;下部为较小的井口,井深 9 米,可能已在当时的水面之下,说明商代开凿之时,可能有部分为水下作业,用相当的深度保证水源的充足。在郑州电力专科学校的宫殿基址附近也发现有商代水井,井口为圆角长方形,长 2.1 米,宽 1.3 米,井深7.8 米,井底长 2.68 米,宽 1.42 米。井的下部有用圆木榫卯纵横叠套的井框,井框底部有用粗大方木制成的井盘。井框四周和井盘外侧有青膏泥层围护,井底沙土层上铺有 20—25 厘米厚的陶片层,以过滤井水。

商代的郑州,地理位置重要,河湖沼泽纵横交错,植被丰富,生态环境优越,适合建都。在生产力水平相当低下的商代前期,正是优越的生态环境条件为商文化的孕育、形成与发展提供了可能。

第四节　水文化历史文献

水文化历史文献,指以研究和记载古代水文化发展为重要内容的图书、档案和碑刻等历代记录。中国古代水文化历史文献的主要类型以图书和档案为主,二者共同构成了丰富的古代水利文献资源。

水是生命之源,生产之基,生态之要,关系国计民生、社会安定和政权的兴衰以及文化的繁荣。中国历史上的多数王朝,把兴修水利作为安邦治国之策,在浩繁的历史、科技典籍中,积累了宝贵的治水经验,留下了大量的水利文化著作和文献资料。河南古代水利文献中记载的大量史籍,反映了当时防洪治河、农田水利、航运工程、城市水利等水利发展情况。古代水利的工作重心以防洪治河、农田水利和航运工程为主,因此,河南古代水利文化的记载亦以三者为重,综合叙述。河南水文化的主要文献大致分为以下三个时期。

一、先秦至秦汉时期

战国秦汉时期是中国水利史发展的第一个高潮期,也是水利事业扩大社会影响的开端。河南作为国内最重要的核心区域之一,在这一时期,人们运用自己的智慧,在前人的基础上创造和发明了一系列的水利设施,并将其应用到社会生产和生活当中,对当时的社会产生了极大的影响。大型水利工程、城市水利建设、水利管理等都极大地改变了当时人们的社会生活,并且产生了大量的史料。这一时期的著作中,涉及水利的主要有《山海经》《尚书·禹贡》《周礼·职方氏》《史记》《汉书》等。

(一)《山海经》

《山海经》是我国先秦时期的一部重要文化典籍,它是一部富于神话传说的地理书。《山海经》大约成书于战国至汉初,据说是四千多年前由大禹和伯益所作,西汉时期刘向、刘歆父子最早将其整理成文,西晋郭璞曾为《山海经》作注。《山海经》中记载了 40 个方国、550 座山、300 条水道、258 处水系、100 多个历史人物、400 多种怪兽。《山海经》在叙述河流时,不仅注意到河流的发源与流向,还注意到河流的支流或者流进支流的水系,甚至有某些水流的伏流和潜流的情况,以及盐池、湖泊、井泉等方面的记载。

(二)《尚书·禹贡》

《尚书·禹贡》是中国第一篇区域地理著作,是战国时魏国人托名大禹的著作。全书 1193 字,以自然地理实体(山脉、河流等)为标志,将全国划分为九州,并对每州的疆域、山脉、河流、植被、土壤、物产、贡赋、民族、交通等自然和人文地理现象作了简要的描述,叙述了 9 条主要河流和水系的名称、源流、分布特征,以及疏导的情形。

(三)《周礼·职方氏》

《周礼·职方氏》扼要叙述了全国的山川、泽薮、水利、物产、人口及男女比例等。水利中特别列出有灌溉之利。

（四）《史记·河渠书》

《史记·河渠书》是我国第一部水利通史，系统地介绍了从大禹治水到汉武帝时期的中国水利，主要是涉及黄河的治理和人工水道的开凿。其内容从传说中的大禹治水开始，延续到汉元封二年（前109）黄河瓠子堵口，及其以后各地区倡兴水利、开渠引灌等史实，共13段25事。其中防洪6事、航运3事、灌溉11事、航运兼灌溉5事，所叙河流有黄河、长江、淮河、济水、淄水、漳水等。它是系统介绍古代中国水利及其对国计民生影响的权威性记录。司马迁在此书篇末，历叙他阅历过的江、淮、河、济等众多水系和地区，从而得出一个结论："甚哉，水之为利害也！"这深刻地反映了他对水可为利又可为害的两面性认识和对水利问题的重视与关切。

（五）《汉书·沟洫志》

《汉书·沟洫志》为东汉班固著，是汉代编著的第二部中国古代水利通史，记载了大禹治水到王莽时期的重要水利史实。按《沟洫志》所述内容，有具体河名、水系和年代可考的约56事。所涉及的河流有：黄河（包括支流）46事，长江6事，淮河4事，济水、淄水各2事，漳水1事。按工程技术分类，56事中属于防洪的34事（其中黄河占33事），航运4事，灌溉13事，航运兼灌溉5事。《汉书·沟洫志》是中国第一部水利断代史，书中所载的理论和实践不仅具有历史意义，对后世治水工作也有影响。其后的水利专志，体裁多仿此书。

（六）《汉书·地理志》

《汉书·地理志》是我国正史中第一部地理志，开创了正史地理志的先河和范例，为后世所效仿。《汉书·地理志》对于江河的发源地、流向和汇流的来龙去脉叙述较为完备，一般在有关县下注明江河发源地是出于某山某谷、流入某水，或收纳某水、注入某水，还注明流经几个郡县、流程多少里等。因此说，《汉书·地理志》是考证我国古代江河和经济的珍贵资料。

二、三国至宋元时期

东汉以后,黄河出现了一个长期安流的局面。因此隋唐时期黄河灾害不多,修建较少。五代和宋时黄河灾害严重,宋人治理黄河较多。北宋时期由于辽和夏政权的存在,农田水利的建设上仅胜于唐代后期。金代不重视农田水利,元代有所改善,但是由于政治经济不健全,致使取得的成就有限。

东汉以后的许多史书水利专篇统称《河渠志》。随着社会的不断发展,水利显得尤为重要,所以《河渠志》形成两大特点:一是篇幅和字数的容量增大,记述更加详备,不像《史记》和《汉书》那样简略;二是对水利的记述以河流为纲,更加科学和系统化。魏晋南北朝时期的水利资料分散在“本纪”及有关“志”“传”中。这些有关各志虽然涉及水利资料,但都不完整。如《史记·平准书》《汉书·食货志》中有一些农田水利和漕运资料,《汉书·五行志》记有水旱资料,《地理志》记有全国水道资料,《百官公卿表》记有水利官制资料等。

隋唐时期涉及河南水利的记载资料不多,只有《资治通鉴》《元和郡县图志》《太平寰宇记》《文苑英华》《全唐文》中有少量关于水利的珍贵资料记载。

(一)《水经注》

《水经注》是北魏郦道元所著,是古代中国地理名著,共四十卷。《水经注》以河水和江水为主线,详细记载了 1252 条大小河流及有关的历史遗迹、人物掌故、神话传说等,是中国古代最全面、最系统的综合性地理著作。该书还记录了不少碑刻墨迹和渔歌民谣,文笔绚烂,语言清丽,具有较高的文学价值。由于书中所引用的大量文献很多散失了,所以《水经注》保存了许多资料,对研究中国古代的历史、地理有很重要的参考价值。

在自然地理方面,《水经注》记录了大小河流 1252 条,从河源到入海口,不仅广泛搜罗干流、支流、河谷深度、河床深度、水量和水位季节变化等材料,而且详细记载了河流的含沙量、冰期以及沿河所经的伏流、瀑布、湖泊、急流等各方面的情况。

此外,《水经注》还记载了众多的湖泊,有洞庭湖、太湖等淡水湖,蒲昌海(今罗布泊）等咸水湖，还有沼泽等，总数达500多处。除地上水外，又记载了许多地下水，如泉水数百处，以及多处关于火井、温泉、汤井的记载，甚至还有各地水井如疏勒井的深度记载，等等。

《水经注》有如此深远的影响，这与郦道元严谨的治学态度是分不开的。为了著作此书，他搜集了大量文献资料，引书多达437种，辑录了汉魏金石碑刻多达350种，还采录了不少民间歌谣、谚语、方言、传说、故事等，对所得各种资料进行了认真的分析研究，并亲自实地考察，寻访古迹，追本溯源，采取实事求是的科学态度。这本书实际上是中国北魏以前的古代地理总结。

（二）《元和郡县图志》

《元和郡县图志》是唐代李吉甫所著，又常简称为《元和志》。全书创作完成于唐宪宗元和八年（813），是现存最早的古代总地志，对古代政区地理沿革有比较系统的叙述。

《元和郡县图志》有极其丰富的自然地理记录。在每县下记载着附近山脉的走向、水道的经流、湖泊的分布等。全书记载的水道有550余条，湖泽陂池130多处，不仅记载了人所共知的大川大泽，也记载了一些小的河流和陂泽。

（三）《宋史·河渠志》

《宋史》是由元丞相脱脱主持编写的，于至正五年（1345）成书。《宋史·河渠志》是其中一篇，采用先按水系（或地区）分门别类，再按史事发生的年代先后，依次编述。所叙内容有具体河名、水系和年代可考的，约580事。编排次序是黄河、汴河、洛水、蔡河、广济河、金水河、白沟河、京畿沟洫、白河、三白渠（附邓、许等州沟渠）、漳河、滹沱河、御河、塘泺、河北诸水、岷江水、褒斜六堰、东南诸水等河流水系的治理、兴利情况。

（四）《金史·河渠志》

《金史》为元代官修，由脱脱主持编写，成书于至正四年（1344）。金王朝进入中原后，与南宋以淮河为界，南北对峙，《河渠志》所述水利史实地理范围仅是黄河、海河两流域。《金史·河渠志》首列黄河38事，记述金天眷元年至贞祐五年（即南宋绍兴八年至嘉定十年，1138—1217）史事，篇幅占该志的一半以上，是该志的重点;次为潜渠 18 事、卢沟河 6 事、滹沱河 3 事、漳河 3 事,合计 68 事。

(五)《元史·河渠志》

《元史》的作者是明代的宋濂。《河渠志》是《元史》的十三志之一,全文计 3 万余字,分为三卷。从其内容可以看出前两卷为洪武二年初修,记述元太宗七年迄至顺元年(1235—1330)史事;后一卷为洪武三年续修,记述大德八年迄至正二十年(1304—1360)史事。按所叙内容有具体河名、水系和年代可考的,约 165 事。该志编排在总序之后可分为:通惠河 5 事、坝河 2 事、金水河 3 事、隆福官前河 2 事、海子岸 3 事、双塔河 2 事、卢沟河 2 事、白浮瓮山 6 事、浑河 9 事、白河 10 事、御河 6 事、滦河 7 事、河间河 2 事、冶河 3 事、滹沱河 4 事、会通河 33 事、黄河 13 事、济州河 2 事、涤河 2 事、广济渠 4 事、三白渠 2 事、洪口渠 4 事、扬州运河 3 事、练湖 5 事、吴松江 3 事、淀山湖 3 事、盐官州海塘 7 事、龙山河道 2 事;黄河 5 事、蜀堰 1 事、径渠 8 事、金口河 1 事。

三、明清时期

明清时期高度发达的社会政治、经济、文化等因素致使本期水利文献内容丰富翔实,式样繁多,记载准确且数量急剧增加,占现存水利文献的 90%以上。农田水利、治河防洪、航运工程等水利事业在全国范围内得到前所未有的发展。

这一时期治水比较重要的有明晚期的潘季驯治理黄河,他提出了“束水攻沙”法,对明代以后的治河工作产生深远影响。潘季驯总结前人经验教训,创作《河防一览》并成功治理黄河,充分说明水利文献在明清时期水利实践活动中的指导作用更加明显和重要。

清代统一,疆域扩大,全国水利普遍发展,农田水利以地方小型自建为主。清代河南水利建设在康、雍、乾三朝达到高潮,除治理黄河外,这一时期出现了大量系统汇编的水利文献资料、水利管理著作和水利工程图说。

表 12.1　明清河南水利文献

序号	书名	作者	朝代	河流
1	《治河总考》	车玺	明	黄河
2	《治河统考》	吴山	明	黄河
3	《问水集》	刘天河	明	黄河、运河
4	《治水筌蹄》	万恭	明	黄河、运河和其他河
5	《河防一览》	潘季驯	明	黄河、淮河、运河
6	《治水或问》	庞尚鸿	明	黄河
7	《古今疏治黄河全书》	黄克赞	明	黄河
8	《河漕统考》	黄承元	明	黄河
9	《王端毅公奏议》	王恕	明	黄河
10	《奏议》	李颐	明	黄河
11	《治河奏疏》	曹时聘	明	黄河
12	《总河奏议》	李若星	明	黄河
13	《治河奏疏》	周堪赓	明	黄河
14	《河防疏略》	朱之锡	清	黄河、淮河、运河
15	《靳文襄公奏疏》	靳辅	清	黄河、淮河、运河
16	《张公奏议》	张鹏翮	清	黄河、淮河
17	《河防志》	张希良	清	黄河、淮河
18	《河防刍议》	崔维雅	清	黄河、淮河、运河
19	《河工蠡测》	刘永锡	清	黄河
20	《河干问答》	陈法	清	黄河、淮河、运河
21	《豫东宣防录》	白钟山	清	黄河、淮河
22	《河渠纪闻》	康基田	清	黄河、运河
23	《治河奏疏》	完颜麟庆	清	黄河、淮河、运河
24	《黄运两河修防谕旨奏疏章程》		清	黄河、运河
25	《陈侍郎奏稿》	陈士杰	清	黄河
26	《潘彬卿方伯遗稿》	潘骏文	清	黄河
27	《治水述要十卷河防杂著四种》	周馥	清	黄河
28	《水利图说》	杨汝楫	清	固始水利
29	《行水金鉴》	傅泽洪	清	黄河、长江、淮河、济水、运河
30	《续行水金鉴》	俞正燮	清	黄河、长江、淮河、运河、永定河

此外,这一时期还有大量的石刻文献。以石头为载体记录水利情况的档案就是石刻水利档案。古人在修建水利工程后都会将修筑的过程、治理时间等内容刻在石碑上,立于河流旁边或者贮藏于当地水神庙中。这样就保留了大量的水利碑刻,是我们研究当时水利情况的重要史料。

河南现存水利碑刻分布区域极广,可以说遍布河南全境。当然,郑州、洛阳、开封、南阳、安阳、济源以及登封、偃师、辉县、卫辉、汤阴等地,无疑是河南现存水利碑刻的集中地。关于河南水利碑刻,有两个概念要弄清:其一是曾在河南境内存在过的水利碑刻;其二是河南境内现有的已知水利碑刻。我们试举例说明。

表 12.2　河南部分水利碑刻

碑刻名称	时间	现存地
《灵宝西路井渠碑》	明嘉靖二年(1523)	河南灵宝大王镇西路井村委员会院内
《杨家窑凿井碑记》	明嘉靖二十一年(1542)	河南三门峡陕州区贾庄村
《新开廉让渠碑记》	清雍正年间(具体不详)	河南
《广济利丰两河断案碑》	清雍正八年(1730)	
《谕东河总督白钟山碑》	清乾隆二年(1737)	河南武陟县木栾店
《盘头渠水规》	清乾隆三十年(1765)	河南三门峡库区
《鹿台村轮灌碑记》	清乾隆三十年(1765)	河南灵宝故县镇露台村旧舞楼后墙壁上
《井水汲水便用疏》	清嘉庆十年(1805)	河南汝阳县蟒庄村老井房
《修筑陂池是序》	清道光七年(1827)	河南三门峡湖滨区交口乡富村玉皇庙内南墙壁上
《路井下硙渠水断结碑》	清道光十六年(1836)	河南灵宝大王镇西路井村委员会院内
《施地筑陂池碑记》	清道光二十年(1840)	河南渑池县洪阳镇东北庄头村
《下硙路井渠道管理断结碑》	清道光二十三年(1843)	河南灵宝大王镇路井村李成群院内
《京控开封府原断》	清道光二十五年(1845)	河南灵宝

续表

碑刻名称	时间	现存地
《金渠园碑记》	清道光二十八年(1848)	河南新安县芦院村
《复详看》	清咸丰元年(1851)	河南灵宝大王镇路井村委员会院内
《仁泉渠碑记》	清光绪三年(1877)	河南渑池县仁村乡原仁村小学西院墙外壁上
《施裕源渠水口碑》	清光绪三年(1877)	河南新安县铁门镇“千唐志斋”中
《修创三侯祠记》	清光绪七年(1881)	
《捐助新安渑池水利银两业已开工试办并拟章程请示禀》	清光绪十年(1884)	
《平龙涧河争水碑记》	清光绪二十七年(1901)	河南新安县铁门镇南窑村学校内
《重修井碑》	清光绪三十三年(1907)	河南偃师邙岭乡吉家沟村
《宏阳渠碑记》	清光绪三十四年(1908)	
《涧南渠轮灌断结碑》	清宣统元年(1909)	河南渑池县刘少奇旧居院内
《同议渠碑记》	清宣统元年(1909)	河南渑池县洪阳乡吴庄村大路旁躺置

第五节　非物质水文化遗产

非物质水文化遗产是指各族人民世代相传并视为其水文化遗产组成部分的各种传统文化表现形式以及与传统水文化表现形式相关的实物和场所。

河南省位于我国中东部的中原腹地，是中华民族的发祥地之一，是中国历史上的政治、经济、文化中心，在历史上曾经创造了无数的辉煌文化。在中国5000年的文明史中，先后有20多个王朝在河南建立都城，洛阳、开封、安阳分别是“七大古都”之一。因此，河南的非物质文化遗产不仅数量非常丰富，并且历史悠久。2007 年、2009 年和 2011 年先后有 372 项入选河南省省级非物质文遗产名录，各地市也纷纷公布了市级非物质文化遗产名录。

一、河南省入选国家级非物质文化遗产名录中的非物质水文化遗产项目

2006 年 5 月国务院批准文化部确定的第一批国家级非物质文化遗产名录（共计 518 项），其中河南省有 18 项非物质文化遗产项目，其中非物质水文化遗产 1 项。2008 年 6 月国务院批准文化部确定的第二批国家级非物质文化遗产名录（共计 510 项）和第一批国家级非物质文化遗产扩展项目名录（共计 147 项），河南省共有 24 项非物质文化遗产项目，其中非物质水文化遗产 3 项。2014 年 11 月国务院批准文化部确定的第四批国家级非物质文化遗产名录（共计 153 项），河南省有非物质水文化遗产 1 项。

表 12.3 河南省入选国家级非物质文化遗产名录中的非物质水文化遗产项目

类别	序号	编号	项目名称	申报地区或单位	批次
传统医药	442	Ⅸ-3	四大怀药种植与炮制	河南省焦作市	1
民间文学	544	Ⅰ-57	盘古神话	河南省桐柏县、泌阳县	2
	545	Ⅰ-58	邵原神话群	河南省济源市	2
	1229	Ⅰ-135	河图洛书传说	河南省洛阳市	4
传统音乐	597	Ⅱ-98	江河号子	黄河水利委员会 河南黄河河务局	2

二、河南省省级非物质文化遗产名录中的非物质水文化遗产项目

除了以上列入国家级非物质文化遗产名录的项目，河南省人民政府于 2007 年 2 月公布了第一批河南省省级非物质文化遗产名录（148 项），其中非物质水文化遗产 12 项。2009 年 6 月公布了第二批省级非物质文化遗产名录 129 项，其中非物质水文化遗产项目 11 项。2011 年 12 月公布了第三批省级非物质文化遗产名录 95 项和河南省省级非物质文化遗产扩展项目名录 37 项，其中非物

质水文化遗产项目7项。在河南省的非物质水文化遗产名录中,非物质水文化遗产总计31项,其中民间文学7项、传统音乐5项、民间美术2项、传统手工技艺13项、传统医药1项、民俗4项。具体情况如下:

表12.4 河南省省级非物质文化遗产名录中的非物质水文化遗产项目

类别	序号	编号	项目名称	申报地区或单位	批次
民间文学	3	Ⅰ-3	盘古神话	泌阳县、桐柏县	1
	8	Ⅰ-8	邵原创世神话群	济源市	1
	12	Ⅰ-12	大禹神话传说	禹州市	1
	4	Ⅰ-22	河图洛书传说	孟津县、洛宁县、巩义市	2
	5	Ⅰ-23	洛神的传说	洛阳市、巩义市	2
	10	Ⅰ-28	王祥卧冰传说	遂平县	2
	1	Ⅰ-12	大禹神话传说	登封市	扩展项目
传统音乐	49	Ⅲ-16	洛阳海神乐	洛阳市	1
	50	Ⅲ-17	黄河号子	河南黄河河务局	1
	31	Ⅲ-26	沙河船工号子	漯河市	2
	32	Ⅲ-27	丹江号子	淅川县	2
	10	Ⅲ-17	黄河号子	三门峡湖滨区	扩展项目
民间美术	20	Ⅱ-2	黄河澄泥砚	郑州市惠济区、孟州市、陕县、新安县	1
	3	Ⅱ-2	黄河澄泥砚	温县	扩展项目
民俗	129	Ⅺ-2	洛阳水席	洛阳市	1
	119	Ⅹ-7	伦掌孟村九曲黄河灯展会	安阳县	2
	126	Ⅹ-14	青龙宫庙会及祈雨习俗	武陟县	2
	90	Ⅹ-18	九流渡添仓会	浚县	3

三、河南非物质水文化遗产类型

河南省地处中原,在历史上曾经创造了无数的辉煌文化。河南省非物质水文化遗产无论是种类还是数量在全国都名列前茅。根据上表,我们可将河南非物质水文化遗产划分为民间文学、传统音乐、民俗等。简列以下几种进行阐述：

（一）黄河号子

黄河号子是一种古老的中国民歌，于2008年被国务院列入国家级非物质文化遗产名录。黄河号子属于劳动号子的一种，先民们在与洪水的抗争中，共同协作，逐渐形成有一定节奏、一定规律、一定起伏的声音（号子）。在黄河治理过程中出现了不同的工种，黄河号子也相应分成许多类别，诸如抢险号子、土硪号子、船工号子、运土号子、捆枕和推枕号子等，各地区也出现不同的流派，各种号子异彩纷呈，争奇斗艳。据《宋史·河渠志》记载："凡用丁夫数百或千人，杂唱齐挽，积置于卑薄之处，谓之埽岸"，这种"杂唱"就是号子。

1.黄河抢险号子

分为骑马号（快号）、绵羊号（慢号）、小官号（慢号头、快号）和花号四种。主要用于打桩、拉骑马、拉捆枕绳、推枕等。骑马号节奏明快，声调高亢激昂，催人上进。绵羊号节奏缓慢，可使人们的紧张情绪得到调整，常在人们疲倦困乏时使用。小官号节奏先慢后快，柔中有刚，融紧张气氛于娱乐之中。花号曲调优美，常与骑马号配合使用，使人们的疲倦之意顿时消失。其内容大多取自于历史故事，还有一些佳词名句。还有一些题材是触景生情之作，随编随喊。

2.黄河土硪号子

土硪号子是人们参与集体劳动时，为了统一劳动节奏、协调劳动动作、调整劳动情绪而唱的一种民歌。建筑工地打工、打硪等劳动几乎都有不同的劳动号子相伴，黄河中下游每年春秋两季筑堤劳动中流传的"工号"最为壮观。

土硪号子主要有老号，也叫慢号，其特点为"一掂一打"，即众人随着节奏用少许力气将硪提（掂）离地面一尺余，然后落下，打第二硪时将硪拉离地面2.5米以上后落下，交替进行。新号预备号，也叫新号过门或三声冲，无号词，一般四句，用于号头，亦称四句号头。新号开始时的动作与老号基本相同，也是"一掂一打"，但节奏有所区别。缺把号，也叫裁尾巴或挡山号，分慢缺把和快缺把两种。紧急风，比缺把号更快的一种号，也叫快二八。硪头（领号之人）喊号口述硪词，每句最后以"呀"结束，应号者则以"嗨呀"相对。板号，也叫沾地起。顾名思义，石硪沾地后随即拉起，是速度最快的号。硪头喊号仅叫硪词，应号者快速接号。大定刚号，节奏缓慢，常在硪工疲乏时使用，用于调节紧张的情绪。

打丁号,也叫扒坑号,打地基时,在墙柱等部位或需加强强度的部位,连打多硪,用于增强压实度。重叠号,号子喊到高兴时,硪头将号词两句并一句,应号者根据硪头意思连打两硪或多硪。二人对号,为调节现场气氛,喊号时常以两硪头互相提问、交替应答的形式,以减轻硪头喊号强度。综合号,实际使用时,常将前述多种号子串在一起,使其有张有弛,快慢相间。打硪者表情随之变化,将紧张的劳动气氛融于娱乐之中,神清气爽,斗志昂扬。唱到高兴时,常以二人交替对唱,使气氛达到高潮,在激励自身的同时,给旁观者以美的享受。土硪号子号词根据生活中的一些笑料及历史故事或经典经验等编排而成,熟练时可即兴创作。

3.黄河船工号子

分为拨船号子、行船号子、拉篷号子、爬山虎号子和推船号子等。船工们祖祖辈辈生活在黄河上,漂泊在木船上,他们对黄河了如指掌,视船如命,在与黄河风浪搏斗的实践中,创作出了丰富多彩、独具特色的船工号子。声声号子,抒发了船工们复杂的感情,反映了他们的喜、怒、哀、乐、忧、怨、悲、欢。如"艄公号子声声雷,船工拉纤步步沉。运载好布千万匹,船工破衣不遮身。运载粮食千万担,船工只把糠馍啃。军阀老板发大财,黄河船工辈辈穷",深刻反映了黑暗岁月中船工的悲惨生活。而"一条飞龙出昆仑,摇头摆尾过三门。吼声震裂邙山头,惊涛骇浪把船行",则体现了船工们对大自然以及美好生活的向往和热爱。

(二)青龙宫庙会及祈雨习俗

青龙宫庙会及祈雨习俗是融民间艺术、宗教信仰、物资交流、文化娱乐为一体的传统民俗文化盛会。

始建于明永乐年间的青龙宫,距今已有约600年历史。据清道光年间的《武陟县志》记载,青龙神在明永乐年间化身为贫困少年,受雇于万花庄高家。适逢大旱,青龙夜间现身行雨,高家感念,以女妻之。后青龙神归隐于云台青龙峡,高女逝后托梦与亲人:凡遭遇旱灾前去求雨,有求必应。高家为龙王奶奶建冢,官府为龙王建庙,香火旺盛。此后,中州大地老百姓为使四季风调雨顺常来祭祀。加上文人墨士碑石纪念,百姓口头相传,久而久之成为今天的庙会。

(三)九流渡添仓会

浚县是国家级历史文化名城,位处豫北,属鹤壁市管辖。黄河、大运河、御河、卫河分别在不同历史时期流经于此,从而孕育了众多的历史文化品类。浚县九流渡添仓会祭祀活动以其历史悠久、源远流长、气势恢宏、庄严神圣闻名于三市五县。据《浚县志》《玄帝庙建立碑记》记载,九流渡添仓会祭祀活动已有600年的历史了。其分布区域涵盖浚县、滑县、淇县、卫辉、延津五县,影响鹤壁、新乡、安阳等市。

祭祀活动历时三天。正月十八日上午,祭祀活动序幕拉开,众会首率会众肩抬金车玉辇齐到高村老庙将水神、火神请出,安放神棚之内。烧茴香,道锣前导,龙旗舞动,锣鼓喧天,鞭炮齐鸣,至玄帝庙礼请水、火,谓之请神。祭祀活动正式开始,礼仪庄重肃穆,依次展开:一、水神、火神启跸。香火缭绕中,水神、火神移驾龙辇,銮驾启动,周游九村,驾临神棚。二、水神、火神归大位。九村会首顶礼膜拜,安放二神于神棚中。三、跑马匹祭祀神明。在祭司引导下,舞者着兽皮,戴假面,持刀、铲于神棚前起舞祭祀。四、九村会首献贡。九村献出八仙、花草虫鱼、飞禽走兽各色面制贡品,争奇斗艳,竞献神明。五、九村会首敬香。按照会规,九村会首依次上香。六、总会首恭读祭文。由祭祀活动主办村总会首朗朗诵读,颂扬水、火为民造福的无量功德,读后焚烧祭文,以上达天庭。七、九村会首跪拜祈福。祈求水、火来年薪火传承,风调雨顺,户户添仓。八、九村社火祭神。十九日黎明,玄武庙洪钟大鼓轰鸣,声闻九村,30多家社火5000人众,闻声而动,依次入列,谓之排道。前有两人化妆骑马,手执令旗、令箭,冲路指挥,谓之探马。后随两尊门狮引路,秦琼、敬德长跷跟进,谓之门神护卫。社火鱼贯而行,水、火龙辇居中,巡游九村。之后,社火队齐集神棚,依次献技,上香叩拜,谓之谢神。夜幕降临,龙灯、宫灯、吉祥灯……华灯初放,烟火升腾,社火扎场表演,两台大戏开锣,谓之酬神。九、燃放长鞭。午夜时,神棚前三丈多高的白杨树上缠绕着一挂长鞭,若九曲盘龙,昂首向上。令下鞭响,九村回荡,燃放两个多小时的“长鞭”给人们留下了无限的希望,今年的“场边”又是一堆一堆金色的食粮,九流渡家家户户又要“添仓”。十、水神、火神回銮。二十日上午,九村会首集中神棚,礼请二神移驾龙辇,回銮玄帝庙、火神庙,祭祀活动告成。

从九流渡添仓会祭祀活动的流变史看,它完整地保留了各个时期的原始风貌,承载了大量的历史文化信息,为今人解读民族民俗文化历史提供了不可多得的历史依据,已具有农耕文明与工业文明相融合的文化特质。600年来,起到了与人民大众忧喜相关的不可替代的生活、精神和文化认知作用,从而确立了它的历史价值、文化价值和社会价值。

结语

人类自步入文明时代始，不同的文化土壤培育出了五彩绚丽的文明之花。中国古代的农耕文明孕育了璀璨的华夏文化，铸就了中华民族团结统一、爱好和平、勤劳勇敢、自强不息的民族精神。弘扬中华文化，是一个宏大课题，也是一项系统工程，必须打好基础，扎扎实实地摸清中华文化的“存量”。河南水文化史研究就属于中华水文化乃至中华文化的“存量”研究对象之一。“不知有汉，无论魏晋。”如今时代，弘扬中华水文化乃至中华文化，焉能以“存量”之昏昏，使人于“增量”而昭昭？

中华水文化作为中华文化的重要组成部分，源远流长，博大精深。履行弘扬中华水文化之责任，承续弘扬中华文化之使命，势必要坚持存量与增量的辩证统一，实现传承与创新的有机结合。当代人更应懂得“观今宜鉴古，无古不成今”的道理，更应该把继承优秀传统文化，坚守中华民族文明底蕴的责任担在肩上，更应该按照习近平总书记要求的那样，把跨越时空、超越国度、富有永恒魅力、具有当代价值的文化精神弘扬起来，让收藏在博物馆里的文物、陈列在广阔大地上的遗产、书写在古籍里的文字都活起来。河南水文化史研究的主旨及价值也就在于此。

“一方水土养一方人”，这句话有很深的文化内涵。人类与自然环境之间的关系历来是人类文化学专家、人文地理学学者关注的中心议题之一。人类文化学、人文地理学的研究早已表明，“一方水土养一方人”与“一方人有一方文化”是完全可以同日而语的。一方面，一个区域所特有的水体资源、地理环境、气候状况、风土民情、经济发展等因素生成造就了这一区域独具特色的文化内容，而另一方面，或者反过来看，这种独特的地域文化同样也会影响当地的政治、经济和社会，或者说在该地区的政治、经济和社会发展过程中，它会一直起着稳定、平衡、协调、推动的作用。可以说，一个地域独特且优秀的地域文化，是一种不可替代的宝贵资源。一代一代的河南人，要生存、要生活、要生产，要建设自己的家园,要发展自己的事业,就要面对黄土背朝天,“横眉冷对恶水指,俯首甘为善水牛”;就要与天斗、与地斗、与水斗,靠斗争达和谐,用逆袭求凯旋,凭顺应保平安;就要在面对水自然中认识水自然,在认识水自然中适应水自然,在适应水自然中改造水自然。

事实上,不仅是“一方水土养一方人”,而且是“一方人创一方文化”,进而是“一方文化引领一方发展”。

第一,河南水文化形成、积淀于中华民族母亲河怀抱,传承、创造于华夏历史文明核心区。中华文明始于治水,水是孕育中华文明的摇篮。河南是中华民族的发祥地,从这里可以看出河南水文化与中华民族摇篮的渊源关系。河南水文化作为中华水文化的缩影,它既是传承和弘扬的宝贵资源,又是滋生和培育中国水文化的丰厚给养。

河南是传统的也是当代的文化大省,是现在的也应当是未来的华夏历史核心文明传承创新区。传承弘扬中原文化,重振中原雄风,水文化建设使命重大,还正在前进的路上。面对人民群众日益丰富多彩的社会文化生活需求,既要继续大力弘扬传承大禹治水精神、治黄文化、治淮文化、红旗渠精神等中原文化的精髓,又要在新的实践中大力培育具有中原风貌、河南特色、时代特征和国际影响力的水文化品牌,营造可持续发展的文化氛围,努力使今天的中原更加出彩。

第二,河南水文化根植于数代政治、经济、文化中心,影响于数朝治国安邦大局。河南水文化,不是一般的地域水文化,而是中华水文化的根源和主干,在中华水文化发展史上占有突出位置,发挥着核心作用。中国传统文化,无论是在神话传说里,还是在生活习俗中,特别是在治国理政的实践中,都蕴含着丰富的水文化因素。河南水文化尤其是防水利水文化、用水兴水文化、调水供水文化、节水惜水文化、管水护水文化等对于社会安定、安邦富民产生的重大影响不可低估。

“善治国者,必先治水。”大禹治水成功使他成为部落领袖,大禹传位于自己的儿子启,建立了我国第一个奴隶制国家夏朝,标志着中华民族从此进入文明史的新阶段。秦始皇统一中国在我国历史上具有划时代的意义,而水利事业的发展是其中的一个重要因素。汉朝是我国历史上水利发展的重要时期,汉武帝还亲自指挥了黄河在南岸瓠子口决口的堵口工程,西汉时期出现了“用事者争言水利”的局面,因此有了“文景之治”。曹魏因发展水利,先拥中原,后灭蜀吴。

宋朝定都开封，朝野争相为治水献计献策；张择端的《清明上河图》所描绘的开封的漕运景况，生动反映出全国乃至世界当时的政治、经济、文化中心开封的繁华。经过艰难曲折的治水兴水历程，河南水文化得以世代延续，薪火相传，并由此而影响深远。

第三，河南水文化服务于中原更加出彩雄图大略，助推河南振兴伟大实践。如今河南已拥有“一纵四横”（南水北调与四大流域水系）的中原水网，其战略地位作用日益凸显。积极推进具有河南特色的水文化大发展大繁荣，打造昂扬向上的河南人文精神，为中原经济区建设、中原崛起、河南振兴提供强大精神动力和智力支持，关系重大，岂能等闲视之。

经历了5000多年历史变迁的中华文明，积淀着中华民族最深层的精神追求，代表着中华民族独特的精神标识。河南水文化史及其资源是中华文明的重要组成部分，既为中原人民乃至中华民族生生不息、发展壮大提供了丰厚滋养，也必将为实现中原更加出彩乃至中华民族伟大复兴中国梦提供强大精神支持。不难预测，河南水文化史的研究，其深入与拓新将会与时俱进，其意义与价值将会与日俱增。

参考资料

一、古籍

1.脱脱等:《宋史》,中华书局 1977 年版。
2.张衡:《张衡诗文集校注》,张震泽校注,上海古籍出版社 1986 年版。
3.杨衒之:《洛阳伽蓝记校注》,范祥雍校注,上海古籍出版社 1958 年版。
4.郦道元:《水经注校证》,陈桥驿校证,中华书局 2007 年版。
5.高诱注:《吕氏春秋》,上海书店 1992 年版。
6.蔡邕:《琴操》,吉联抗辑,人民音乐出版社 1990 年版。
7.李吉甫:《元和郡县图志》,贺次君点校,中华书局 1983 年版。
8.欧阳询撰:《艺文类聚》,汪绍楹校,上海古籍出版社 1985 年版。
9.徐坚等:《初学记》,中华书局 1962 年版。
10.王应麟:《玉海》,上海古籍出版社 1987 年版。
11.王明清:《挥麈后录》,影印文渊阁《四库全书》本。
12.王溥:《五代会要》,上海古籍出版社 1978 年版。
13.朱肱:《酒经》,影印文渊阁《四库全书》本。
14.李昉等:《太平广记》,中华书局 1961 年版。
15.李焘:《续资治通鉴长编》,中华书局 2004 年版。
16.孟元老:《东京梦华录注》,邓之诚注,中华书局 1982 年版。
17.洪兴祖:《楚辞补注》,中华书局 1983 年版。
18.陶宗仪:《说郛》,北京市中国书店 1986 年据涵芬楼 1927 年版影印。

19.彭孙贻:《茗斋集》,《四部丛刊续编》本。
20.董斯张:《广博物志》,影印文渊阁《四库全书》本。
21.马骕:《绎史》,王利器整理,中华书局 2002 年版。
22.王先慎:《韩非子集解》,钟哲点校,中华书局 1998 年版。
23.傅泽洪:《行水金鉴》,商务印书馆 1936 年版。
24.彭定求等编:《全唐诗》(增订本),中华书局 1999 年版。
25.石声汉:《氾胜之书今释(初稿)》,科学出版社 1956 年版。
26.张双棣:《淮南子校释》,北京大学出版社 1997 年版。
27.杨衒之撰,周祖谟校释:《洛阳伽蓝记校释》,中华书局 1963 年版。
28.夏纬瑛:《吕氏春秋上农等四篇校释》,农业出版社 1956 年版。
29.逯钦立:《先秦汉魏晋南北朝诗》,中华书局 1983 年版。
30.傅璇琮等:《全宋诗》,北京大学出版社 1995 年版。
31.程俊英、蒋见元:《诗经注析》,中华书局 1991 年版。

二、著作

1.中国民间文学集成全国编辑委员会,中国民间文学集成河南卷编辑委员会:《中国民间故事集成·河南卷》,中国 ISBN 中心 2001 年版。
2.《南阳汉代画像石》编辑委员会:《南阳汉代画像石》,文物出版社 1985 年版。
3.习近平:《之江新语》,浙江人民出版社 2007 年版。
4.马世之:《史前文化研究》,中州古籍出版社 1993 年版。
5.马正林:《中国城市历史地理》,山东教育出版社 1998 年版。
6.中国水利文学艺术协会:《中华水文化概论》,黄河水利出版社 2008 年版。
7.王星光等:《生态环境变迁与社会嬗变互动——以夏代至北宋时期黄河中下游地区为中心》,人民出版社 2016 年版。
8.王星光、贾兵强:《中原历史文化遗产可持续发展研究》,科学出版社 2009 年版。
9.向柏松:《中国水崇拜》,上海三联书店 1999 年版。
10.朱海风:《南水北调工程文化初探》,人民出版社 2017 年版。
11.朱海风主编:《中外水文化研究》(5 本),中国水利水电出版社 2017 年版。
12.朱海风主编:《水文化研究丛书》(8 本),中国社会科学出版社 2014 年版。

13.朱海风等:《中原水文化资源开发利用与数据库建设》,中国社会科学出版社2017年版。
14.许顺湛:《黄河文明的曙光》,中州古籍出版社1993年版。
15.吴庆洲:《中国古城防洪研究》,中国建筑工业出版社2009年版。
16.吴裕成:《中国的井文化》,天津人民出版社2002年版。
17.宋豫秦等:《中国文明起源的人地关系简论》,科学出版社2002年版。
18.张正、王瑜廷主编:《盘古神话》,中州古籍出版社2006年版。
19.张纯成:《生态环境与黄河文明》,人民出版社2010年版。
20.时子明:《河南自然条件与自然资源》,河南科学技术出版社1983年版。
21.李文初:《中国山水文化》,广东人民出版社1998年版。
22.李学勤、徐吉军:《黄河文化史》(上),江西教育出版社2003年版。
23.李宗新等:《中华水文化概论》,黄河水利出版社2008年版。
24.杨育彬:《河南考古》,中州古籍出版社1985年版。
25.汪加伦、张芳:《中国农田水利史》,农业出版社1990年版。
26.邹逸麟:《黄淮海平原历史地理》,安徽教育出版社1997年版。
27.周维权:《中国古典园林史》,清华大学出版社2008年版。
28.周魁一:《中国科学技术史·水利卷》,科学出版社2002年版。
29.国家文物局主编:《中国文物地图集·河南分册》,中国地图出版社1991年版。
30.河南省文物考古研究所:《舞阳贾湖》,科学出版社1999年版。
31.罗桂环等:《中国环境保护史稿》,中国环境科学出版社1995年版。
32.范文澜等:《中国通史》(第一册),人民出版社2009年版。
33.郑肇经:《中国水利史》,商务印书馆1937年版。
34.侯仁之:《黄河文化》,华艺出版社1994年版。
35.姚汉源:《中国水利发展史》,上海人民出版社2005年版。
36.贾兵强、朱晓鸿:《图说治水与中华文明》,中国水利水电出版社2015年版。
37.贾兵强:《科技黄河研究》,中国社会科学出版社2014年版。
38.贾兵强:《中国先秦水利文化研究》,中国水利水电出版社2018年版。
39.钱穆:《中国文化史导论》,商务印书馆1994年版。
40.梁家勉:《中国农业科学技术史稿》,农业出版社1992年版。

41.黄怀信等:《逸周书汇校集注》,上海古籍出版社 1995 年版。
42.黄河水利史述要编写组:《黄河水利史述要》,黄河水利出版社 2003 年版。
43.程民生:《古代河南经济史》(下),河南大学出版社 2012 年版。
44.葛全胜等:《中国历朝气候变化》,科学出版社 2011 年版。
45.董恺忱、范楚玉:《中国科学技术史·农学卷》,科学出版社 2000 年版。
46.靳怀堾:《中华文化与水》(上卷),长江出版社 2005 年版。

三、论文

1.开封地区文管会、新郑县文管会:《河南新郑裴李岗新石器时代遗址》,《考古》1978 年第 2 期。
2.毛燕靓:《中国与“两希”洪水神话的比较研究——以鲧禹治水、诺亚方舟、丢卡立翁洪水神话为例》,《剑南文学(经典教苑)》2013 年第 5 期。
3.王四代:《生命意识的“启示录”——论洪水神话的悲剧精神》,《云南民族学院学报》1990 年第 4 期。
4.王邨、王松梅:《近五千余年来我国中原地区气候在年降水量方面的变迁》,《中国科学》(B 辑)1987 年第 1 期。
5.王质彬:《黄河流域农田水利史略》,《农业考古》1985 年第 2 期。
6.王星光、杨运来:《明代黄河水患对生态环境的影响》,《黄河科技大学学报》2008 年第 4 期。
7.王星光、彭勇:《历史时期的“黄河清”现象初探》,《史学月刊》2002 年第 9 期。
8.王星光、徐栩:《新石器时代粟稻混作区初探》,《中国农史》2003 年第 3 期。
9.王星光:《大禹治水与早期农业发展略论》,《中原文化研究》2014 年第 2 期。
10.王星光:《李家沟遗址与中原农业的起源》,《中国农史》2013 年第 6 期。
11.王瑞平、陈超:《浅析南水北调移民精神——以河南省南水北调丹江口库区移民为例》,《河南水利与南水北调》2014 年第 7 期。
12.北京大学考古文博学院、郑州市文物考古研究院:《河南新密市李家沟遗址发掘简报》,《考古》2011 年第 4 期。
13.史鸿文:《论中华水文化精髓的生成逻辑及其发展》,《中州学刊》2017 年第 5 期。
14.田莹:《论隋唐洛阳城的池沼》,《唐都学刊》2008 年第 1 期。

15.刘雅杰:《古代先民的水崇拜及其民俗透视》,《山东工商学院学报》2007 年第 4 期。
16.安志敏:《河南安阳小南海旧石器时代洞穴堆积的试掘》,《考古学报》1965 年第 1 期。
17.安金槐、李京华:《登封王城岗遗址的发掘》,《文物》1983 年第 3 期。
18.朱海风:《水文化与水科学融通共振是当代中国治水兴水的重要路径》,《中州学刊》2017 年第 8 期。
19.朱海风:《应重视中国治水历史深层次经验教训研究》,《华北水利水电大学学报》(社会科学版)2015 年第 1 期。
20.朱海风:《试论大禹精神及红旗渠精神脉络与中原治水文化内涵发展》,《河南水利与南水北调》2014 年第 5 期。
21.朱海风:《深入理解水之重要价值》,《中国水利报》2011 年 2 月 17 日。
22.严文明:《中国史前文化的统一性与多样性》,《文物》1987 年第 3 期。
23.张民服:《河南古代农田水利灌溉事业》,《郑州大学学报》(哲学社会科学版)1990 年第 5 期。
24.张民服:《黄河下游段河南湖泽陂塘的形成及其变迁》,《中国农史》1988 年第 2 期。
25.张倩:《汉代中原腹地的水利开发与农业区域特征研究》,《求知导刊》2015 年第 4 期。
26.张履鹏:《谷子的起源与分类史研究》,《中国农史》1986 年第 1 期。
27.张慧远:《从神话到哲学:中国古代水思想探析》,《求索》2007 年第 2 期。
28.李乐乐、刘青:《传承和弘扬中原独特的水文化》,《河南水利与南水北调》2013 年第 3 期。
29.杜水生:《中国北方旧石器时代晚期文化的分期分区及相关问题》,《考古学报》2007 年第 2 期。
30.邱宜文:《洪水神话的现代启示》,《嘉义大学通识学报》2012 年第 10 期。
31.邹逸麟:《历史时期黄河流域水稻生产的地域分布和环境制约》,《复旦学报》1985 年第 3 期。
32.陈文华:《关于中国稻作起源的几个问题——〈中国的稻作起源〉序言》,《农业考古》1990 年第 2 期。

33.陈良军、李保红:《五龙口水利设施考古研究》,《济源职业技术学院学报》2012年第3期。

34.陈隆文:《水患与黄河流域古代城市的变迁研究——以河南汜水县城为研究对象》,《河南大学学报》(社会科学版)2009年第5期。

35.陈超:《河南农业水文化传承与创新研究》,《华北水利水电大学学报(社会科学版)》2016年第4期。

36.陈雷:《弘扬和发展先进水文化　促进传统水利向现代水利转变》,《中国水利》2009年第22期。

37.周国兴:《河南许昌灵井的石器时代遗存》,《考古》1974年第2期。

38.孟凯:《先秦道家崇"水"思想及其影响》,《学术论坛》2011年第3期。

39.河南文物所:《长葛石固遗址发掘报告》,《华夏考古》1987年第1期。

40.河南省文物研究所登封工作站、中国历史博物馆考古部:《登封战国阳城贮水输水设施的发掘》,《中原文物》1982年第2期。

41.河南省文物研究所、周口地区文化局文物科:《河南淮阳平粮台龙山文化城址试掘简报》,《文物》1983年第3期。

42.竺可桢:《中国近五千年来气候变迁的初步研究》,《考古学报》1972年第1期。

43.郑州市博物馆:《郑州大河村遗址发掘报告》,《考古学报》1979年第3期。

44.金家琴、李志华:《从洪水神话中,看出中西哪些同与不同》,《解放日报》2018年1月2日。

45.赵志军、张居中:《贾湖遗址2001年度浮选结果分析报告》,《考古》2009年第8期。

46.赵保佑:《中原文化及其现代价值》,《中州今古》2001年第5期。

47.贾兰坡等:《山西峙峪旧石器时代遗址发掘报告》,《考古学报》1972年第1期。

48.贾兵强:《大禹治水精神及其现实意义》,《华北水利水电学院学报》(社会科学版)2011年第4期。

49.贾兵强:《治水与中华农业文明的形成与发展》,《华北水利水电大学学报》(社会科学版)2017年第4期。

50.贾兵强:《基于文献计量方法的我国水文化研究态势分析》,《中州学刊》2017

年第 10 期。
51.贾兵强:《隋唐时期黄河中下游地区气候变化初步研究》,《农业考古》2014 年第 3 期。
52.曹尔琴:《洛阳,从汉魏至隋唐的变迁》,《唐都学刊》1986 年第 1 期。
53.曹伯勋:《中国第四纪气候研究及对我国未来气候与环境变化的讨探》,《中国区域地质》1990 年第 2 期。
54.曹桂岑:《淮阳平粮台龙山文化城址出土的陶甗和陶水管》,《华夏考古》1991 年第 2 期。
55.黄文英:《中外洪水神话的母题及其变异》,《西南民族大学学报》(人文社科版)2010 年第 9 期。
56.游修龄:《黍粟的起源及传播问题》,《中国农史》1993 年第 3 期。
57.谭徐明:《水文化遗产的定义、特点、类型与价值阐释》,《中国水利》2012 年第 21 期。
58.钱珂等:《隋唐洛阳城景观水系构景艺术研究》,《西南林学院学报》2010 年第 2 期。
59.薛世平:《华夏民族的水崇拜》,《福建农林大学学报》(哲学社会科学版)2005 年第 4 期。

后 记

在历尽艰辛的生存、生产和生活中，河南人民世世代代与水共处，和而不同，斗而不破，结下了难分难解的人水情缘，逐渐形成了亲水爱水、兴水用水、防水利水、管水护水的思想理念、风俗习惯和生产生活方式，创造了特别厚重的精神财富和物质财富，即内涵深厚、源远流长、博大精深的水文化。基于河南水文化在华夏历史文明中的重要地位，持续深入地开展河南水文化专门研究，是我们华北水利水电大学水文化学术团队确立的一个研究方向。

本书作为中原水文化研究的阶段性成果，作为河南水文化史研究的首部专著，凝聚了华北水利水电大学多位同事的心血汗水，是团队合作与集体智慧的结晶。本书的框架结构由朱海风审定。本书撰写的具体分工是：绪论、第五章、结语由朱海风撰写，第一章由史鸿文撰写，第二章由贾兵强撰写，第三章由刘明、王瑞平撰写，第四章、第十一章由史月梅撰写，第六章、第七章、第八章由陈超撰写，第九章由陈超、费先梅撰写，第十章由贾兵强、陈超撰写，第十二章由尚群昌撰写。书稿完成后，经由贾兵强、朱海风审阅，做了具体的修订、统稿和协调工作。贾兵强在组织方面，不仅督促大家完成章节写作和修改工作，而且还承担了与丛书编委会和出版社的联系工作。

在本书的写作和出版过程中，河南省社会科学院把本书列入“河南专门史大型学术文化工程丛书”并给予大力支持，大象出版社的责任编辑李建平、杨天敬也付出艰辛的劳动，借此机会特向他们表示诚挚的感谢。

在撰写本书过程中，参阅了大量文献，并尽可能在文后标注相应的参考文献以表尊重和感谢,只是个别文献由于内容表述上接近等未能逐一标出,这里谨向这些文献的所有作者一并致谢。

由于河南水文化史的研究涉及多学科且内容繁杂,加之作者的知识水平所限,本书难免出现这样或那样的不足,敬请各位专家、学者和读者们批评指正。

朱海风

2019 年 8 月